中外图书情报学科知识图谱比较研究

Comparative Study of Chinese and Foreign Library and Information Sciences by Mapping Knowledge Domain

杨思洛 等/著

科学出版社

北 京

图书在版编目(CIP)数据

中外图书情报学科知识图谱比较研究／杨思洛等著．—北京：科学出版社，2015.10

（计量学研究丛书）

ISBN 978-7-03-045714-1

Ⅰ. ①中… Ⅱ. ①杨… Ⅲ. ①图书情报学-对比研究-中国、国外-图谱 Ⅳ. ①G250－64

中国版本图书馆 CIP 数据核字（2015）第 222567 号

责任编辑：邹　聪　王酉艳／责任校对：胡小洁

责任印制：徐晓晨／封面设计：无极书装

编辑部电话：010-64035853

E-mail：houjunlin@mail. sciencep. com

科学出版社出版

北京东黄城根北街 16 号

邮政编码：100717

http://www.sciencep.com

北京凌奇印刷有限责任公司 印刷

科学出版社发行　各地新华书店经销

*

2015 年 10 月第　一　版　开本：720×1000　B5

2021 年 1 月第五次印刷　印张：21 1/2

字数：415 000

定价：98.00 元

（如有印装质量问题，我社负责调换）

总 序

20 世纪 60 年代以来，在图书馆学、文献学、科学学、情报学领域相继出现了三个类似的术语：Bibliometrics、Scientometrics 和 Informetrics，分别代表着三个十分相似的定量性分支学科，即文献计量学、科学计量学和信息计量学（情报计量学）（简称“三计学”）。经过几十年的努力研究和推动，“三计学”都不同程度地取得了一定进展，得到了学术界的广泛承认。文献计量学、科学计量学和信息计量学（情报计量学）之间的关系十分密切。尽管它们的研究对象和目的有所不同，但三者的起源相同，并且享有共同的原理、方法和工具，因此，学术界习惯于将它们统称为“三计学”，而且随着科学技术的发展和三门计量学的不断拓展，它们之间出现了合流的趋势，还产生了共同的国际学术组织——国际科学计量学和信息计量学学会（International Society for Scientometrics and Informetrics，ISSI）。20 世纪 90 年代以来，随着计算机技术、网络技术的迅速发展和广泛普及，以及知识经济与知识管理的兴起，数字化、网络化和知识化成为信息社会与知识经济时代的显著特征，“三计学”研究的广度和深度不断扩展，信息管理领域又相继出现了以网络信息和数据为计量对象的网络信息计量学或称网络计量学（Webometrics）和以知识单元为计量对象的知识计量学（我们译为 Knowledgometrics），与“三计学”一起并称为“五计学”。“五计学”分别以文献、数据、信息（包括网络信息、情报）、知识和科学活动为研究对象，既有共同基础、交叉融合，又各有侧重、自成体系，成为信息管理领域计量研究的五朵奇葩。“五计学”的形成和发展历程反映了信息管理领域定量研究的不断创新及随着时代和社会背景的变化而不断演变的轨迹，既是文献计量学和科学计量学研究的继承和发展，也是信息管理领域定量研究的拓展与创新。

文献计量学（Bibliometrics）是以文献体系和文献计量特征为研究对象，采用数学、统计学等的计量方法，研究文献情报的分布结构、数量关系、变化规律和定量管理，并进而探讨科学技术的结构、特征和规律的一门分支学科。早在 1969 年，英国计算中心的普里查德（A. Pritchard）开创性地提出用“文献计量学”（Bibliometrics）这一新名称来代替统计书目学（Statistical Bibliography）一词，并认为文献计量学是“将数学和统计学的方法运用于图书及其他交流介质研究”的一门学科。文献计量学概念提出后就得到了图书、情报、信息界的积极响应。经过半个世纪的努力，文献计量学已经形成为一门独立的科学学科，并得到了国际学术界的广泛承认。

科学计量学是以社会环境为背景，运用数学方法计量科学研究的成果，描述科学的体系结构，分析科学系统的内在运行机制，揭示科学发展的时空特征，探索整个科学活动的定量规律的一门学科，被人们称为“科学的科学”。科学计量学是以科学本身作为对象进行定量研究的学科。这里所指的“科学”，不仅指作为知识体系的科学，而且也包括作为社会活动的科学。科学计量学是伴随着科学学在现代科学技术革命的历史背景下孕育形成的。人类对科学本身的定量研究，可以上溯到 19 世纪下半叶，到 20 世纪 60 年代得到广泛的发展。1961 年美国科学史家普赖斯发表了《巴比伦以来的科学》，为科学计量学的诞生奠定了基础。他通过对科学杂志、文献等的统计研究，论证了科学知识指数增长律。由此他被认为是“科学计量学之父”。1963 年，美国费城科学信息研究所的加菲尔德博士创立“科学引文索引”（SCI），为科学计量学研究提供了数据基础。前苏联学者弗·纳利莫夫在 1969 年提出了“科学计量学”（Наукометрия）这一术语，转译为英文 Scientometrics。20 世纪 70 年代，我国的科学学工作者开始全面、系统地将国外有关科学计量学的研究成果介绍到国内，使科学计量学研究在我国蓬勃发展起来。它在促进科学学理论研究和影响国家科学政策方面，已经初显身手，并且正在发挥着越来越大的作用。

信息计量学是采用定量方法来描述和研究信息（情报）的现象、过程和规律的一门学科。它是数学和统计学与情报学广泛结合而形成的情报学的一个新兴的定量性分支学科。“信息计量学”（原称“情报计量学”）名称最早出自德文 Informetrie 一词，是由德国学者昂托·纳克（Otto Nacke）最先提出的。在其后的文献中很快就出现了与之对应的英文术语 Informetrics。1980 年 9 月，在德国法兰克福召开了第一次情报计量学（含科学计量学）研讨会，纳克在会上宣传了他提出的“情报计量学”概念。1981年，在我国期刊上也出现了信息计量学的德文和英文术语，并将其译为情报计量学。Informetrics一词不仅在英语国家中迅速流传开来，而且还得到了国际文献联合会（FID）的认可，标志着一门新兴分支学科的兴起。早在1980年，FID就设立了情报计量学委员会（FID/IM）。1987年，第一届文献计量学与情报检索理论国际研讨会在比利时举行，著名情报学家布鲁克斯在会上提议，应将Informetrics术语补充到拟于1989年在加拿大召开的第二届国际学术会议的名称中去，得到了与会学者的普遍赞同和支持。但直到1995年6月，在美国芝加哥召开的“第五届科学计量学和情报计量学国际会议”上才更名，情报计量学替代文献计量学出现在会议名称中，现名为“国际科学计量学和信息计量学学会”（ISSI）。由于在1987年以来的有关国际学术会议出版的论文集上都有Informetrics标题，因此，国外一些著名情报学家都把1987年看成是Informetrics被国际情报学界正式承认的一年。

我国学术界对Informetrie（德文）和Informetrics（英文）术语及其所代表的学科也及时地作出了反应，并给予了应有的关注和重视。早在1981年就有相关论文发表。1988年正式出版的《文献计量学》不仅详细论述了“三计学”的关系，而且还较早系统地提出了情报（信息）计量学的内容框架。只是到了1992年，我国有关部门将Information对应的译名“情报”改译为“信息”之后，我们对Informetrics的译名“情报计量学”也作了相应的改变，译成为“信息计量学”。

网络信息计量学，也称网络计量学，英文为Webometrics或Cybermetrics。它是采用数学、统计学等定量分析方法，对网上信息的组织、存储、分布、传递、相互引证和开发利用等进行定量描述和统计分析，以揭示其数量特征和内在规律的一门新兴分支学科。网络信息计量学研究始于20世纪90年代后期，最初表现为文献计量学在网络中的应用。自1997年阿曼德等在Journal of Documentation上发表了《万维网上的信息计量分析：网络信息计量学方法探讨》一文，首次提出了Webometrics一词。这一概念很快得到了国际学术界的积极响应，迅速掀起了网络信息计量学研究的热潮，并引起了社会各界的广泛关注。1997年，以研究网络信息计量学为核心的网络电子期刊Cybermetrics在西班牙马德里创刊，标志着网络信息计量学作为一门独立的新兴学科从传统的信息计量学研究中独立出来。随后以Cybermetrics和Webometrics为主题的研究大量出现。早在2000年，在一次国际会议上我们率先发表了“网络信息计量学及其应用研究”一文，首次论述了该学科的由来、概念，产生背景、研究对象、目的意义、范围和内容等基本问题，后来被学术界广泛认同和引用，在国内外都产生了广泛学术影响。

网络信息计量学的研究对象是网络信息。可以分为三个层次：一是以“比特”形态存在的最基本的网络信息单元，其类型包括数字信息、文字信息，以及集文字、图像和声音于一体的多媒体信息等；二是关于网上文献（如数字论文、电子期刊、电子图书等）的信息及其相关特征信息；三是关于网络结构单元的信息，包括以网站、网页、链接、数据库等结构为信息单元的信息资源。网络计量学主要是由网络技术、网络管理、信息资源管理与信息计量学等相互结合、交叉渗透而形成的。其研究的根本目的是通过对网上信息的计量研究，为网上信息的有序化组织和合理分布、为网络信息资源的优化配置和有效利用、为网络管理的规范化和科学化提供必要的定量依据，从而改善网络的组织管理和信息管理，提高其管理水平，促进其经济效益和社会效益的充分发挥。

知识计量学是以整个人类知识体系和知识活动作为研究对象，采用计量学方法对知识载体、知识内容、知识活动及其影响等进行定量研究的一门交叉性学科。20 世纪 90 年代以来，随着科学技术的飞速发展，知识化已成为当前科技、经济和社会发展的重要因素和显著特征。知识经济和知识管理在全球范围内普遍兴起，知识作为社会竞争中一种重要的战略资源和经济资源受到了人类前所未有的重视和关注。从不同的角度和不同的层面出发对知识本身及各种知识活动进行广泛的研究成为知识社会关注的焦点，而其中有关知识及其影响的测度、计量也成为重要的研究课题。虽然许多学科领域都从不同的角度出发间接或直接地对知识计量进行了研究，取得了一定的研究成果。但由于各自研究的目的和角度不相同，从而使得知识计量研究零碎、分散且不系统。创建知识计量研究这一相对独立的交叉学科，可以集中有关学科的优秀研究成果，从“知识单元”这一共同的角度入手，对不同领域、不同形态的知识计量进行系统的研究和分析，从而在更深的层次上解决知识计量研究的难题。研究表明，从基于知识载体的计量转移到对知识本身的计量，包括知识体系的宏观计量和知识内容本身的数量、质量、价值和关系的计量，成为发展的必然趋势。

从文献计量学引入我国开始，武汉大学信息管理学院以邱均平教授为首的研究团队从 1980 年以来长期、持续地关注信息管理领域的计量学研究，并且率先发表了一系列在国内外都有重要影响力的学术论文，出版了一套反映信息管理领域定量研究成果的“计量学研究丛书”，这不仅在国内信息管理领域是首例，而且在国际上也未见报道。

我们团队在我国率先开展“三计学”的教学与研究，取得了丰硕的研究成果。在过去多年文献计量学教学和研究的基础上，邱均平编著的《文献计量学》于 1988 年在科学技术文献出版社正式出版。该书首次从理论、方法和应用相结合的角度构建了文献计量学的内容体系，是我国出版最早的、为数不多的文献计量学经典著作之一，受到学术界同行的热烈欢迎和好评。它不仅被多所高校采用，作为图书馆学、情报学和信息管理学等学科领域的核心教材，而且被引率至今一直名列前茅，经久不衰。这“无疑是对我国情报学研究和情报学教育的积极贡献，具有开创性的意义”（著名情报学家杨沛霆语）。

之后，我们团队又开展了大量有关“三计学”方面的研究，在国内外产生了重大影响。随着信息技术和信息科学的迅速发展，信息资源电子化、数字化和网络化日益普及，给人类社会、经济、科技和文化等各个领域的发展都带来了巨大的影响和深刻的变革。在这种新的社会环境和技术条件下，文献计量学研究出现了许多新的发展方向和趋势。面对这一新形势、新趋势和新课题，我们团队又在国内率先开展了信息计量学和网络信息计量学研究，并于2000～2001年以“信息计量学”和“网络信息计量学”为题在《情报理论与实践》杂志上发表了系列研究论文，在国内外学术界产生了巨大反响，被引率一直居高不下，成为开展信息计量学和网络信息计量学研究必看的经典系列文章。2007年1月，《信息计量学》一书在武汉大学出版社出版。该书是我们团队长期从事“三计学”教学与研究的结晶，是反映网络信息时代“三计学”发展特征，面向图书馆学、情报学和信息管理学及相关学科领域教学与研究现实需要的产物，被列入“教育部面向21世纪课程教材”和“高等学校信息管理类核心课教材”，被遴选为国家精品课程和国家级“十二五”规划教材。2010年7月，在三项国家自科基金项目和两项教育部基金项目资助及大量前期原创性成果积累的基础上，国内第一本以《网络计量学》命名的著作在科学出版社出版，弥补了国内网络计量学领域研究的不足。至此，我国网络计量学研究开始进入系统研究和快速发展时期。

我们团队早在20世纪80年代初就开始关注国外知识计量和知识网络方面的研究动向，并发表了一系列研究成果。著名科学计量学学者赵红州、蒋国华在1995年曾指出：科学计量学和经济计量学两门姊妹学科问题，对于迎接知识经济时代，开展知识经济学研究具有特殊意义。看来很有必要将科学计量学拓展到知识计量学，并与经济计量学结合起来，从宏观和微观上对知识生产和应用，知识投入和产出，知识存量和流量，知识分配和转移，知识价值和价格等，进行广泛的跨学科的综合研究。但是令人遗憾的是，知识计量学在此后很长一段时间并没有得到深入研究和进一步发展。直到2009年，在国家社科基金项目“基于知识单元的知识计量研究（CTQ009）”和国家自科基金项目“基于作者学术关系的知识交流模式和规律研究（70973093）”的资助下，我们团队在国内发表了一系列具有影响力的原创性研究成果，完成了一系列项目研究报告，并在此基础上有了2014年《知识计量学》一书在科学出版社的出版，填补了国内知识计量学研究的空白。

完成“五计学”的系统研究并形成信息管理领域计量学研究的完整体系，一直是我们团队的共同愿望和奋斗目标。在文献计量学、信息计量学、网络计量学和知识计量学研究的雄厚基础之上，《科学计量学》一书的出版被提上研究议程。经过近五年的精心酝酿、组织、研究和写作，《科学计量学》书稿已初步完成，即将在科学出版社出版。至此，信息管理领域的“五计学”系列著作的出版已画上了一个圆满的句号。

“计量学研究丛书”的显著特点主要是：①连续性和系统性强。从文献、科学活动的计量，到信息、网络信息的计量，再到知识及知识活动的计量研究，是一个连续的和不断深入研究的过程，我们为此连续研究了30多年。现在完成和出版的五个计量学的专著形成了一套系列丛书，构建了信息科学领域计量学研究的完整体系。②创新性和原创性强。五个计量学的著作都是以“著”或“编著”形式出版的，都是在多项国家级项目研究成果和发表大量原创性论文的基础上，经过系统化、规范化的总结、归纳、提炼和升华而成的。《文献计量学》是邱均平的个人专著，是我国早期出版的几部经典著作之一；《信息计量学》、《网络计量学》和《知识计量学》都是以这些学科命名的国内的第一部专著；《科学计量学》也是国内为数不多的重要著作之一。五个计量学的专著既有某些共同的交叉的内容，也有各自的具有个性特色的内容体系。它们都有各自不同的计量研究对象，计量研究的目的和内容也不一样，有些类似的规律或定律的表现形式和数值大小各有差异和特色。既融入了作者自己的研究成果，形成各自的个性特色，又反映了国内外的前沿研究成果，构成了一个统一的计量学研究体系。③水平高、学术性强。“计量学研究丛书”的著者都具有博士学位或高级职称，都是教学、科研第一线的骨干教师或学科带头人，既具有较高的学术水平和雄厚的科研基础，又有撰写著作的经验，从而为打造高水平、高质量的系列著作提供了人才保障。同时，按照理论、方法、应用三结合的思路构建各个著作的内容体系，体现内容上的前瞻性、创新性、科学性、系统性和实用性。注重整套丛书的规范化建设，采用统一版式、统一风格，表现出较高的规范化水平。

从文献计量学、科学计量学到信息计量学，再到网络计量学，最后到知识计量学，既是学科发展深化演变的创新过程，同时也是我们追随学科发展轨迹孜孜探求的旅程。但愿我们所做的这些科研成果和贡献，能够深入推动“五计学”的不断发展和繁荣。我们站在前人的肩膀上，也愿意成为后人的肩膀。

“计量学研究丛书”的顺利完成和正式出版，首先要感谢各位副主编和编著者的积极参与和配合，还要感谢科学出版社领导的支持和责任编辑邹聪女士的辛勤工作。由于计量学研究的艰巨性、复杂性，“计量学研究丛书”中的不足或偏颇之处在所难免，恳请同行专家和读者批评指正。

邱均平
2014年3月于武汉大学

前言

新时期图书情报学科的结构如何？发展趋势怎样？国内外的差异有哪些？这些关系学科发展的重要问题，一直为业界人士所孜孜探究，但却未能得到很好的解决①②。科学知识图谱是以科学文献知识为对象，以“五计学”理论和方法为基础，显示学科或领域的发展进程与结构关系的一种图形，具有“图”和“谱”的双重性质与特征。相关领域的实践探索表明，知识图谱作为一种有效的、综合性的可视化分析方法和工具，被广泛应用并取得了较可靠的结论，被越来越多的学者所重视。通过知识图谱较形象、定量、客观、真实地显示一个学科的结构、热点、演化与趋势，无疑为学科的基础研究提供了一种新的视角③。目前普遍认为国内外图书情报学科发展存在差异和差距，而比较分析作为一种认识事物本质和规律的重要研究方法，是中外学科差异分析的重要途径④。因此，系统地对比研究中外图书情报学科知识图谱，具有重要的科学意义和实际指导作用。

本书坚持“借鉴与创新”相结合的原则，站在国家创新体系建设和学科发展的高度，面向数字网

---

① 黄长著，等．网络环境下图书情报学科与实践的发展趋势［M］．北京：社会科学文献出版社，2010.

② 赖茂生，王琳，李宇宁．情报学前沿领域的调查与分析［J］．图书情报工作，2008，52（3）：6－10.

③ 刘则渊，陈悦，侯海燕．科学知识图谱：方法与应用［M］．北京：人民出版社，2008.

④ 孟广均．国外图书馆学情报学最新理论与实践研究［M］．北京：科学出版社，2009.

络环境，采用理论研究与实际应用相结合的方法，对中外图书情报学科知识图谱进行了系统的比较研究。最终目的是通过中外学科的系统对比分析，为国内图书情报学科发展提供参考与借鉴；通过知识图谱理论、方法及技术的系统研究与实践，为科学知识可视化的研究和实践提供指南。

本书是“五计学”理论与方法的应用及深化，具体研究主题为“中外图书情报学科知识图谱比较研究”，其研究内容是图书情报学、知识图谱、比较研究、学科内容四大方面的结合。首先是对知识图谱理论的研究，然后绘制图书情报学科合作模式、引证模式、学科结构、研究趋势四个方面内容的系列知识图谱，最后进行中外对比分析，并通过咨询领域专家对结果进行调整，获取有关结论，为科学知识图谱研究的完善以及图书情报学科的发展提供科学依据和实例。按照“基本概念—理论阐述（宏观分析）—规律实证研究（微观统计）—综合策略”的研究路线，深入探讨新时期中外图书情报学科知识图谱的异同及促进策略。

除绪论和相关对策建议外，本书研究内容共分五大部分：

(1) 知识图谱的理论探讨。对知识图谱研究概况的分析，首先，阐述知识图谱、知识可视化与信息可视化相关概念及其相互关系；其次，通过文献计量方法，对知识图谱研究现状进行可视化展示；再次，系统论述了知识图谱绘制的流程、方法和相关软件工具，并总结了国外知识图谱的十大应用领域；最后，对目前知识图谱研究应用存在的问题及其原因进行了系统梳理。

(2) 中外图书情报学科合作模式可视化对比分析。首先，对科学合作可视化进行理论探讨；其次，分别对图书情报、档案学科合作模式进行总体比较；最后，运用社会网络分析方法，对图书馆学、情报学科的中外合作模式进行可视化对比分析。

(3) 中外图书情报学科引证模式可视化比较分析。可视化比较分析了国内外图书情报学科引证模式，先是对引证行为、引文分析和引证模式等理论内容进行探讨，然后分别对国内外图书馆学、情报学和档案学的学者引证行为进行系统对比分析。

(4) 中外图书情报学科结构可视化比较分析。首先对学科结构可视化的相关理论内容进行简述；其次，从关键词共现、作者文献耦合、作者互引等不同角度对国内外图书情报学科结构进行对比分析；再次，从期刊引证的层面，分析国内外图书情报学科内部以及与其他学科的知识交流结构；最后，运用作者文献耦合和作者关键词耦合对国外情报学的重要领域——科学计量学科结构进行系统分析。

(5) 中外图书情报学科研究趋势可视化比较分析。首先，从理论上把握学科研究趋势可视化；其次，从宏观上对国外图书馆学、情报学、档案学三学科间的发展及趋势进行了可视化对比分析；最后，分别对国内外图书馆学和情报学研究现状和趋势进行了可视化对比研究。

一方面，对一个学科的整体把握分析需要有深厚的知识积累，要有面向长远发展的战略眼光，要有严密的科学思维；特别是对于图书情报学这样一门处于发展变化阶段的社会科学，把握起来更加困难。另一方面，科学知识图谱本身是一种新兴的领域，对其应用研究处于初级阶段，把它用于国内学科对比可视化分析是种尝试，目前国内外均处于探索阶段，缺乏可借鉴的成熟理论和方法。经过专家的指导和帮助及成员的共同努力，本书对中外图书情报学科知识图谱进行了比较探索，并取得了一些成果。但因为时间、精力、知识结构和能力有限，本书还存在一些不足，敬请各专家同行批评指正，我们将在未来研究中重点关注和解决。

本书的出版得到全国优秀博士学位论文作者专项资金资助项目“网络环境下学者合著与引证行为规律研究”（2014094）和浙江省哲学社会科学重点研究基地“浙江省信息化与经济社会发展研究中心”资助。本书是在国家社会科学基金项目（项目编号：11CTQ015）的研究成果基础上修改而成的。在课题选题、立项和研究过程中，得到国家哲学社会科学规划办公室和图书馆、情报与文献学学科评审组的大力支持，感谢其为课题研究提供了较为充足的经费和学术指导；感谢课题负责人所在单位给予的帮助，特别是社科处在项目的监管，财务处在经费的开支，图书馆在文献资料的保障等方面提供的便利，还有学校和学院为顺利开展课题研究而提供的工作条件和物质保障。

在本书写作过程中，我们广泛吸取了国内外相关的研究成果，参考和引用了大量文献资料，已有的成果是本书研究的起点，谨向被引用的和参考文献的学者表示最诚挚的谢意！

本书是课题组所有成员共同努力的结果，也集成了课题组成员及其合作者发表的系列期刊论文成果，成员包括韩瑞珍、宋艳辉、温芳芳、王菲菲、马凤、文庭孝、曾倩等。参与本书撰写的人员来自多个单位，大家克服困难、集体攻关，进行了跨单位、跨学科的卓有成效的合作研究。感谢本书合作成员的辛勤付出和协作精神。本书的完成，既是我们共同研究阶段性的结束，也是我们新的起点，未来我们将在已有研究的基础上，创新研究内容和研究模式，进行更深入、更有成效的合作研究，为我国图书情报事业的发展尽绵薄之力！

感谢所有帮助过、支持过我们的人们！

杨思洛

2015年3月4日于美国密尔沃基

目 录

总 序

前 言

第1章 绪 论 …… 1

1.1 新时期图书情报学科的变革 …… 2
1.2 图书情报学科知识图谱研究述评 …… 12

第2章 知识图谱研究概况 …… 29

2.1 知识图谱、知识可视化与信息可视化 …… 30
2.2 知识图谱的研究现状可视化 …… 35
2.3 知识图谱绘制方法与工具 …… 50
2.4 国外知识图谱应用研究现状 …… 66
2.5 知识图谱研究存在的问题及其原因 …… 77
2.6 本章小结 …… 87

第3章 中外图书情报学科合作模式可视化对比分析 …… 89

3.1 科学合作可视化分析 …… 90
3.2 中外图书情报学科合作模式总体比较 …… 94
3.3 中外档案学科合作模式总体比较 …… 103
3.4 基于社会网络分析的中外情报学合作模式比较 …… 113
3.5 基于社会网络分析的中外图书馆学合作模式比较 …… 124
3.6 本章小结 …… 134

第4章 中外图书情报学科引证模式可视化比较分析 ……… 136

4.1 引证模式可视化分析 …… 137
4.2 中外图书馆学科学者引证行为比较 …… 144
4.3 中外情报学科学者引证行为比较 …… 157
4.4 中外档案学科学者引证行为比较 …… 166
4.5 本章小结 …… 176

第5章 中外图书情报学科结构可视化比较分析 ……… 178

5.1 学科结构可视化分析 …… 179
5.2 基于关键词共现的国内外图书情报学主题内容 …… 185
5.3 基于作者文献耦合的国内外情报学内容结构 …… 198
5.4 基于作者互引分析的国内外情报学科结构 …… 208
5.5 基于期刊引证分析的国内外图书情报学科知识交流 … 232
5.6 基于作者耦合分析的国外科学计量学科结构分析 … 244
5.7 本章小结 …… 261

第6章 中外图书情报学科研究趋势可视化比较分析 ……… 264

6.1 学科研究趋势可视化分析 …… 265
6.2 国外图书情报与档案学科研究前沿与整体趋势 …… 270
6.3 国内外图书馆学科研究现状与趋势可视化比较 …… 285
6.4 国内外情报学科研究现状与趋势可视化比较 …… 299
6.5 本章小结 …… 312

第7章 相关对策建议 ……… 314

7.1 关于知识图谱研究与应用的具体建议 …… 315
7.2 关于国内图书情报学科发展的战略建议 …… 321

第1章

绪　论

科学知识图谱将改变你看世界的方式。

——美国著名信息可视化专家、中国长江学者讲座教授陈超美[①]

① 刘则渊，陈悦，侯海燕. 科学知识图谱：方法与应用［M］. 北京：人民出版社，2008.

在知识经济时代，科学技术是第一生产力；科学研究成为知识创新的重要途径，成为一个国家可持续发展的根本源泉，是保证科技进步的不竭动力。党的十八大报告强调指出："科技创新是提高社会生产力和综合国力的战略支撑，必须摆在国家发展全局的核心位置。"科学知识图谱是以科学知识为对象，显示学科的发展进程与结构关系的一种图形，具有"图"和"谱"的双重性质与特征。通过知识图谱，可以较形象、客观、真实地显示一个学科或特定领域的内容结构、发展历程、演化与趋势，为科学研究提供方向和指南；而研究各学科的进展、演化模式及规律是图书情报学科的基本任务之一。因此，如何从知识图谱出发，通过对学科结构和前沿的把握来推动科学研究的发展是政府管理部门、学术界都十分关注的重要课题，也是摆在图书情报学科面前的一项紧迫而艰巨的研究任务。

1.1 新时期图书情报学科的变革

1.1.1 图书馆学科的发展

作为知识的载体，由于人类传承文明、积累经验、交流知识的需要，图书和文献在人类早期就有出现，并且在人类发展进程中发挥了关键性作用。中外关于文献的整理和利用实践可以追溯到远古时代，如古巴比伦王国的泥板文献和国内的河图洛书、殷墟甲骨文献。历史上已有关于文献收集、整理、存储及利用方面的经验和知识，为图书馆学的形成奠定了基础。德国著名的数学家和哲学家莱布尼茨是近代图书馆学的先驱。近代正式的图书馆学始于19世纪，1807年德国学者马丁·施莱廷格最早使用了"图书馆学"这个概念，认为图书馆学研究对象可概括为藏书的整理，其内容是图书的配备和目录的编制；1808年，他出版了教材《试用图书馆学教科书大全》，建立了以图书整理为核心的图书馆学知识体系；1887年，杜威在美国哥伦比亚大学创办了世界上第一个图书馆学院，标志着图书馆学科正式得到教育界和科学界的承认①。

在施莱廷格后的两个世纪，图书馆学科不断发展，20世纪70年代计算机技术在图书馆与情报工作中广泛实践应用，区域性、自动化的图书馆网络形成，机读目录广泛应用，国际图书馆协会联合会（International Federation of Library

① 黄长著，等. 网络环境下图书情报学科与实践的发展趋势［M］. 北京：社会科学文献出版社，2010.

Associations and Institutions，IFLA，简称“国际图联”）将世界书目控制列为核心计划；图书馆学（Library Science）发展为图书情报学，后来又进一步演变为图书情报研究（Library and Information Studies）。20世纪80年代信息技术迅速发展，信息时代到来，以美国为首，世界各国众多大学将图书馆学院易名为图书馆学情报学院或信息研究学院，图书馆学、情报学在硕士、博士层次合二为一①。2003年，美国7所著名的图书情报学院的院长齐聚北卡罗莱那中央大学图书情报学院（School of Library and Information Sciences of North Carolina Central University），共同提出了“信息学院运动”（Information Schools Movement，简称“iSchool运动”）。此后，20所美国图书情报学院及与图书情报相关的学院（包括加拿大多伦多大学）于2004年共同创建了iSchool项目，致力于以信息、技术和人的关系为中心的研究与实践，目前成员包括国内武汉大学、南京大学在内的全世界图书情报领域顶尖的55所大学机构②③。

中国图书馆学是从近代西方引进的，发源于20世纪20年代。1920年，美国学者韦棣华和中国第一位图书馆学留学生沈祖荣先生创办图书科是图书馆学发展的源泉之一。回顾近100年图书馆学发展史，经历了三个关键时期：首先是20世纪30年代出现的新图书馆运动和新图书馆学派；其次是50年代开展了关于什么是图书馆学和图书馆学研究对象的大讨论；最后是在80年代初兴起，并于80年代中期达到鼎盛的发展战略研究④。随着以计算机网络技术为代表的现代信息技术快速发展，并在图书馆领域广泛应用，图书馆学研究与实践进入了新的阶段，近年来图书馆学研究在许多方面获得发展，逐步呈现出全面推进、注重创新的良好局面。当前，我国图书馆学领域存在九大研究内容：知识经济下的图书馆发展、数字环境下的图书馆建设、高校图书馆及服务、公共图书馆及服务、图书情报学、文献资源建设与共享、信息资源开发与利用、文献标引与编目、参考咨询。这些研究内容与社会大背景密切结合，呈现出管理、技术、人文和相互融合四个研究维度，以及面向应用、立足服务、深化发展的特征⑤。但是，随着图书馆学科内部与外部环境的变化，相关学科理论远未成熟，存在的问题不容忽视，如基础理论研究长期低迷徘徊，学科规范和范式难以建立，学科概念和术语变幻频繁，研究对象等一些基本的核心内容至今没有统一认

① 陈传夫，马费成．《数字时代图书馆学情报学研究论丛》总序［J］．图书情报知识，2007，(2)：112-113.

② 陈传夫．专题：iSchool运动与图书馆学情报学教育变革［J］．图书情报工作，2007，(4)：5.

③ iSchools Directory［EB/OL］．［2014-5-16］．http：//ischools.org/directory.

④ 李明杰，肖秋惠．图书馆学的理性回归之路——关于21世纪图书馆学发展的思考［J］．中国图书馆学报，2001，(6)：14-17.

⑤ 邱均平，丁敬达，周春雷．1999—2008年我国图书馆学研究的实证分析（上）［J］．中国图书馆学报，2009，(5)：72-79.

识，基础理论研究低层次重复，研究成果带有明显的经验性、无序性和不确定性①。

1.1.2 情报学科的发展

情报学产生的四大背景，一是情报学起源于文献学，其依据可以追溯到1895年创建的国际目录学会，随之相关杂志和学会纷纷由文献改为情报；二是图书馆学背景，情报学是在图书馆学教学和研究的基础上产生的，如许多最初图书馆学专业改名为图书情报专业；三是现代科学发展带来的情报危机，大科学时代所导致的情报爆炸和情报危机使得专门的、以科学技术文献、信息、情报为加工处理对象的机构出现；四是第二次世界大战的影响，使得情报资料工作的需要增加②。1945年7月，美国科学研究和开发办公室主任布什（Vannevar Bush）在《大西洋月刊》上发表了《正如我们所想的那样》（*As We May Think*）一文，首次提出了机械化检索的设想，这一极具影响力的文献被视为情报科学的开端。此后计算机信息检索一直被认为是情报学研究的核心内容。20世纪50年代，情报科学初步形成了学科的研究体系和内容，包括情报组织、情报存储与检索、机器翻译和情报需求；随着计算机技术的日渐成熟，情报科学在20世纪60～70年代进入了快速发展的阶段，主要研究以计算机为中心的自动化情报检索系统及与之相应的处理技术，冷战时期的情报需求也进一步促进了情报科学工作的开展；20世纪80年代情报科学的技术应用研究盛行，理论研究相对薄弱，这一问题逐渐为学术界所意识到，并且受到了布鲁克斯等学者的重视；90年代中期以后，互联网兴起。网络社会的重大变革促成了情报科学发展的新境界，一系列新思想、新方法、新技术应运而生，情报研究对象由传统纸质文献转变为数字信息，进一步转变为知识③；21世纪以来，随着全球进入后信息时代——数字时代，美国克林顿政府开始实施国家信息基础设施计划（NII）、全球信息基础设施计划（GII），各国纷纷仿效进行信息化建设，互联网深入普及应用并升级换代，网格计算、云计算、Web2.0等新技术涌现，微信、微博等新应用层出不穷。欧美初步建成信息社会，全球进入无缝信息环境；世界贸易组织（World Trade Organization，WTO）的建立和WTO一揽子贸易协定生效，使经济全球化并逐步进入知识经济时代；各国继续加强图书馆学、情报学学科调整；图书馆学、情报学学科内容向情报科学（Information Sciences）

---

① 李明杰，肖秋惠．图书馆学的理性回归之路——关于21世纪图书馆学发展的思考［J］．中国图书馆学报，2001，(6)：14-17.

② 马费成．情报学发展的历史回顾及前沿课题［J］．图书情报知识，2013，(2)：4-12.

③ 靖继鹏，马费成，张向先．情报科学理论［M］．北京：科学出版社，2009.

汇集[①]。

在国内，情报学发展基本上是追随国外相关研究发展的脚步，情报学发展除受学科自身发展规律影响外，还深受社会经济、国家政策和信息技术的影响：社会经济是其发展基础；国家政策对情报学发展具有重要导向作用；信息技术直接作用于情报学的各个方面。我国在20世纪50年代也开始发展情报科学研究，受前苏联影响很大；60～70年代由于历史原因情报科学研究出现停滞；在70年代末期开始复苏[②]。改革开放以来，我国情报学发展主要可分为三个阶段：复苏与发展时期、发展转折期、快速发展时期。我国情报学在理论、实践、专业教育等各方面取得了进展，但目前仍存在许多亟待解决的问题，面临着种种挑战，有些问题甚至攸关存亡，这是我们必须正视的现实[③]。

总的来说，情报科学是20世纪40年代中期为适应现代科学技术发展，克服大科学时代的情报危机而发展起来的一门新兴学科。它走过了坎坷的半个多世纪，然而还未走到成熟的彼岸。情报学有过辉煌，有过高潮，也有过混沌和迷茫、失落和低迷。关于情报、情报科学的基本概念众说纷纭；情报与信息的关系至今仍在争论中；关于情报科学的基本原理、理论基础观点，研究者各持己见；情报科学的研究范式、方法论体系都在探索、挖掘之中；情报科学的学科结构、理论体系更是由于国外学派观点不同，很难融合；学科的生长动力与规律、学科的生命力和发展潜力等理论探索是长期的、艰难的任务[①]。

1.1.3 档案学科的发展

西方档案学最早起源于16世纪的德国；具有近代意义的档案学产生于法国资产阶级革命后开始的一系列档案改革；1898年出版的《荷兰手册》已经有了对档案学理论——来源原则的完美阐述，标志着档案学科正式产生[④]；1917年的俄国十月革命不仅开启了世界历史的新纪元，也揭开了档案史现代时期的序幕，同时世界档案学思想走向了逐步成熟与完善的阶段，档案学理论与实践进入繁荣发展时期。这个时期名家辈出，名著迭现，是一个思想理论最丰富、最活跃的时代。纵观档案学发展，这个时期档案研究成果远超其他时期，涵盖了档案管理的大部分重要内容，如档案开放原则、利用理论、档案法规、档案高

① 陈传夫，马费成.《数字时代图书馆学情报学研究论丛》总序［J］.图书情报知识，2007，(2)：112－113.

② 靖继鹏，马费成，张向先.情报科学理论［M］.北京：科学出版社，2009.

③ 邱均平，杨思洛，王明芝，等.改革开放30年来我国情报学研究论文内容分析［J］.图书情报知识，2009，(3)：5－17.

④ 王播，武华维.档案学科发展历程及其价值［J］.档案，2010，(5)：26－28.

等教育等；包括了档案学大部分核心理论，如来源原则、文件生命周期理论及后来的文件连续体理论、现代档案鉴定理论等，以及这个时期的行政官员决定论、职能鉴定论、文件双重价值论、利用决定论、宏观职能鉴定论、电子文件双重鉴定、后保昔时代的档案范式等[①]。现代信息技术条件下，档案学科理论和档案管理实践发展也面临着众多问题。新时期档案管理面临诸多更加复杂、艰难的挑战性问题，如如何解决档案信息原始性、凭证性的保障问题，档案信息利用中的利益、权益保护问题，电子文件的归档、鉴定问题等。档案学基础理论层的虚弱、欠缺乃至空位是现实实践层混乱的根源之一[②]。

在我国，档案学思想和档案工作历史久远，但是现代的档案学诞生于20世纪30年代，主要可分为以下三大阶段：1930～1949年是我国档案学发展的初期，期间在借鉴西方的档案学思想同时，主要进行了文件管理和档案整理方面的实践与研究；新中国成立后，档案学研究进入了全新的发展时期，研究范围从以往对业务活动的经验总结逐步过渡到档案学理论问题的研究；进入21世纪后，我国档案学又进入新的转型期，随着社会的进步，政治、经济、文化的不断发展，各种新技术、新理论、新方法的不断更新，我国档案学又进入了一个新的发展时期[③]。

档案学是研究档案现象及其本质和规律的一门学科，是一门实践性很强的应用科学，同时也是一门与社会政治意识形态密切联系的人文学科，其内容范围和研究取向随着社会、政治和经济的发展在不断拓展和深化。20世纪90年代以来，随着全球进入知识经济时代、数字时代、互联网时代，数字化生存方式更加凸现，使建立在档案和文件实体管理基础上的档案学理论正面临着巨大的竞争和挑战，档案学术研究存在诸多问题有待解决，档案实践工作也受到各方压力。例如，如何从实际出发，根据客观环境的变化，以史为鉴，面向未来，坚持特色、创新与融合的思路，加强计算机网络技术对档案学理论渗透影响的研究，拓展档案学研究空间，重塑档案学的学科形象和学术范式等[④]。

1.1.4 图书情报学科的融合

图书馆、情报、档案学科同宗同源，最开始图书馆和档案馆是合二为一的，其职能和目的也大致相同。由于社会发展的需要，这三门学科进行了分流，经过各自独立的发展阶段，又各自为政地形成了三个实践系统：图书馆系统、情

① 武文秀．解析国外现代档案学思想繁荣的原因［J］．云南档案，2008，(9)：3－4.
② 冯惠玲，张辑哲．档案学概论［M］．北京：中国人民大学出版社，2001.
③ 苏卫东．新时期档案学研究综述［J］．机电兵船档案，2014，(1)：25－27.
④ 金波．数字时代的档案学科建设［J］．图书情报知识，2007，(4)：5－9.

报系统及档案馆系统。19世纪初出现了图书馆学，19世纪末形成了档案学，19世纪末20世纪初出现了文献学，20世纪中期诞生了情报学。这四门学科最初的研究对象和学科定位有所不同，图书馆学研究的是图书资料，档案学研究文书档案，文献学研究期刊论文等，情报学研究科学文献情报的自动化检索。由于出发点不同，并且从产生之时就朝着建立各自独立的研究领域方向迈进（特别是情报学），它们在很长一段时期呈现出强烈的“离心化”发展趋势。可是，随着实践的深入，图书馆、档案、文献和情报工作的对象逐渐出现了趋同趋势——它们都要处理图书、期刊及其他各种数字文献，虽然侧重点有些不同，但随着信息技术的快速发展，相关研究对象和工作融合趋势明显。著名科学家钱学森在《论系统工程》中指出：“从系统工程技术的角度来看情报资料、图书、文献和档案都是一种信息，这种系统工程的目的是信息的存储、信息的检索和提取、信息的传播和显示，所以整个技术可以称为信息系统工程。”由于这些学科研究的对象都是文献信息，只是研究对象的侧重点不同，在理论、方法、手段等方面必有诸多的相似之处，所以在当代它们之间出现了“集成化”趋势。特别是随着科学技术迅速发展，新技术、新方法的老化周期越来越短，现代科学日益向微观方面纵深发展，学科之同相互交叉、相互渗透也越来越多，科学研究方法也在向整体化发展，这标志着科学发展到了一个更高级的综合阶段，“大信息观”的出现正说明了这一现象①。

图书馆、情报、档案学科一体化在20世纪50年代已露端倪。1967年，联合国教科文组织将“图书馆组及书目、情报工作与科学名词委员会”改名为“情报工作、图书馆与档案部”。1974年9月，该组织又在巴黎召开了全面规划国家文献、图书馆、档案馆基础结构的世界科技情报服务系统大会，提出了建立“国家情报系统”（NATLB）的计划。许多国家据此采取了推动三个学科综合发展的相应措施。由于三个学科研究的对象、内容和所采用方法不论是在机构、工作流程上，还是在资源和事业上都有共性，所以它们的一体化自然顺理成章。特别是现代计算机网络技术的发展，新问题的出现，三个学科之间更是错综复杂，呈现出一种融合的趋势，主要表现在：①研究对象的同一化；②研究人员的一体化；③专业教育的融合；④专业期刊的交叉。三个学科的一体化也受到越来越多的业界学者和实践工作者的认同。例如，叶继元教授甚至认为图书馆学和情报学基本重合，作为过渡性名称，可以称为“图情学”②。在实践中也有一些机构进行了三者的一体化，从其表现形式进行分类：一种类型是把图

---

① 杨思洛，李剑，秦素娥．信息资源管理学——图书馆学、情报学、档案学学科一体化的发展方向［J］．情报资料工作，2005，(5)：7－10.

② 叶继元．图书馆学、情报学与信息科学、信息管理学等学科的关系问题［J］．中国图书馆学报，2004，(3)：11－23.

书、情报、档案集中到一个机构，实现其全面一体化，如美国国会图书馆藏有图书、手稿档案（包括23位美国总统的手稿）和科技报告等，所以美国国会图书馆既是图书馆又是档案馆，还是情报研究机构。另一种类型是把图书、情报和档案相互交叉地保管在一部门，实行部分的一体化。例如，图书馆工作与情报工作实现一体化，这种模式比较普遍，如中国科学院国家科学图书馆、中国社会科学院图书馆（文献信息中心）、上海图书馆等；也有的将图书馆与档案工作合在一起，如玻利维亚国家图书馆和档案馆、柬埔寨国家档案图书馆等①。

图书、情报、档案具有同源性，三者的本质属性都是信息，载体都是文献，均具有知识性、社会服务性及相互之间的可转化性，其服务对象和目的相似。但图书、情报、档案三者有各自的属性和特点，同时也有各自局限性，三者的定位和本质属性决定了其功能的有限性，只有加强三者的横向联合，才能优势互补。图书馆学研究的是面向信息服务的信息组织，情报学研究的是基于信息组织的信息开发和信息检索，而档案学研究的是面向信息利用的信息保存。三者是同宗学科，学科之间有着相互联系、相互浸润的关系，在学术研究和实践领域有着越来越多的融合和交叉，因此对它们的实践进展和研究成果保持密切关注，正确认识和把握各自特征，才能使得三个学科长期独立存在和长久持续地发展②。特别在新环境下，三个学科都面临着新的挑战和相似的系列问题，更加需要共同面对、融合发展。

虽然我国古代就有图书情报的实践活动，也有相关学科思想的萌芽，但是现代图书情报学科产生于西方，英文名称为 Library and Information Science，英国和美国有时也用 Library and Information Studies。在引入国内时存在翻译的问题，例如 Information Science 和情报学之间并不是严格的对应关系。目前图书情报学科的界定也不十分明确，如在 Web of Science（WoS）中，Library and Information Science 类期刊中就包括了大量的信息科学、信息管理与信息系统方面的期刊，但是档案学、出版科学类期刊没有包括其中。在国内，国家标准学科代码中一级学科是“图书馆、情报与文献学”，包括图书馆学、文献学、档案学、博物馆学、图书情报文献学及其他学科。在教育部的学科分类中，图书情报与档案管理类包括图书馆学、信息资源管理和档案学三个本科专业；图书馆、情报与档案管理包括图书馆学、情报学和档案学三个研究生专业。而在专业硕士目录中，则有“图书情报硕士”。

近年来，在我们的学科分类中，似乎没有一个学科像图书馆学情报学那样，

① 杨思洛，李剑，秦素娥．信息资源管理学——图书馆学、情报学、档案学学科一体化的发展方向[J]．情报资料工作，2005，(5)：7-10.

② 陈晶晶．浅议图书、情报、档案管理的学科边缘界定及其功能属性[J]．图书馆工作与研究，2012，(11)：32-35.

围绕学科名称、定义和研究范围等发生如此多的争议，争议中各方都可举出大堆支持的理由，更可提出众多对方观点的问题与不足，如一级学科的改名、二级学科的确定、改名或更新等[①]。我们认为，图书情报学为我国大陆地区的习惯用法，在我国台湾被称为图书馆与资讯科学。广义地说，图书情报学包括了图书馆学、情报学、档案学、出版发行学等学科；狭义地说，图书情报学主要是目前的图书馆学和情报学。本书侧重对狭义图书情报学的研究，也兼顾广义图书情报学内容。

1.1.5 图书情报学科的挑战

马克思主义唯物辩证法认为，变化是绝对的，整个世界是在运动变化的，任何事物都是在发展变化的；而变化的根源在于事物的内因和外因。同样，科学的发展不仅受学科内部一些因素（内因）的影响，而且也深受外部环境（外因）的影响。内因的影响和作用是决定性的，而外因则通过内因对学科产生影响。当然，图书情报学也不例外[②]。新时期，知识经济时代，随着计算机网络技术的普及与深入应用，图书情报学科理论和实践都受到严重挑战，处在变革与完善之中。

在新的互联网络时代，数字资源极大丰富，文献信息服务方式和知识载体的多元化趋势日益明显，信息和知识的传播手段、传递渠道、传送方式和对象有了根本性的改变，表现出了前所未有的多样性和复杂性。随着新的替代性机构的出现，加上传统知识链中节点的变化，多年来作为知识保存中心、信息传播中心、文献服务中心的图书情报机构的核心地位开始遭到削弱并有被边缘化的危险；用户的知识消费观和获取知识的习惯发生了变化，传统上一直被动地作为服务对象的广大读者越来越多地绕开图书情报单位，自行到互联网上去寻找自己需要的各种信息和知识[①]。此外，图书情报学专业教育存在很多问题，我们身临其中都能切身地感受到专业教育发展的步履蹒跚，面临着重重危机和种种尴尬：相关专业在社会中的影响较小，招生困难，绝大部分生源靠调剂；专业的就业面相对较窄；被强势专业不断地蚕食，发展空间不断受到挤压，日益边缘化；教师队伍结构不合理；教学理念及模式陈旧；等等[③④]。

追往昔，图书情报科学的发展显得步履蹒跚；看今朝，它又遇到学科建设

---

① 黄长著，等. 网络环境下图书情报学科与实践的发展趋势［M］. 北京：社会科学文献出版社，2010.

② 罗立琴，马恒通. 在挑战与变革中求生存谋发展——评《网络环境下图书情报学科与实践的发展趋势》［J］. 图书情报工作，2011，(15)：133-135.

③ 肖希明. 图书馆学教育的根本出路在于教育体制的改革［J］. 大学图书馆学报，2004，(1)：47-49，59.

④ 陈志新. 关于我国图书情报学教育若干问题的思考［J］. 图书馆理论与实践，2009，(7)：29-33.

的难关；展望明天，它面临着建立起自己的学科规范、构建自己的理论体系等诸多困难。这一严峻的现实摆在我国图书情报理论工作者面前①。面对存在的危机，以及急需解决的新问题、新情况，我们只有认清形势，直面问题与不足，理清图书情报学科历史，系统分析学科的现状和环境，把握机遇，掌握未来发展趋势，图书情报学科才能得到很好地发展，发挥应有的社会作用，取得应有的学科地位。

1.1.6 国内外学科的比较研究

比较研究法可以理解为是根据一定的标准，对两个或两个以上有联系的事物进行考察，寻找其异同，探求普遍规律与特殊规律的方法②。比较研究方法是最基本的分析工具，是分析事物属性的逻辑思维方法，在科学研究的过程中，比较研究方法扮演了关键的角色，往往被用于验证命题，归纳和发现新命题，以及进行理论构建等③。例如，分类方法就是以比较为基础，而各种评价和管理理论与实践也渗透着比较的思维和理念，人们的种种决策也往往是在比较后得出的。目前，可以从不同的角度、层面、范围和对象等标准对比较研究方法进行分类，如内部比较方法和外部比较方法、宏观比较方法和微观比较方法、纵向比较方法和横向比较方法、实体比较方法和形式比较方法等④。比较与学科结合，在各学科中也形成了系列分支学科，从早期的比较解剖学、比较生物学等自然科学，扩展到比较文学、比较经济学、比较教育学、比较政治学、比较法学等社会科学领域中。

比较研究方法在图书情报学科也得到了重视与较多的研究。较正式、系统的比较研究源于 16 世纪的比较解剖学，随后其他学科也纷纷跟进。比较图书馆学的许多概念实际上是源自比较教育学，早在 1627 年的《关于图书馆建设的意见》中便包含了比较图书馆研究的内容，1954 年，美国蔡斯·戴恩首次提出比较图书馆学概念⑤。在我国，早在 20 世纪 30 年代就有了关于比较图书馆学的探讨，随着民国时期对西方科学知识的借鉴与学习的盛行，比较方法也在图书馆领域得到重视。1935 年，程伯群出版《比较图书馆学》一书，同年张宏书也发表了《比较图书馆》一文；不过，此后对比较图书馆学理论研究很少有人问津，新中国成立后由于政治和社会的影响，相关研究少有人关注；直到 70 年代末 80

① 靖继鹏，马费成，张向先．情报科学理论［M］．北京：科学出版社，2009.
② 比较研究法［EB/OL］．［2014-5-16］．http://baike.baidu.com/view/3848907.htm.
③ 戴维·科利尔，章远．比较研究方法［J］．比较政治学前沿，2013，(1)：236-271.
④ 贾佳．浅谈比较研究方法［J］．法制与经济，2012，(2)：51-52.
⑤ 佟富．比较图书馆学综述［J］．图书馆学通讯，1989，(2)：40-45，92.

年代初，比较图书馆学理论研究才又复苏并逐渐兴起，出现了一批研究者，取得了一些引人瞩目的进展①。20世纪90年代，我国比较图书馆学研究进入了一个高潮时期，相关研究更加深入，在各种图书馆学理论专著中出现了比较图书馆学专门章节的论述，并且出现了《比较图书馆学引论》等专著。

比较情报学是一门把比较方法作为主要研究方法，从不同的角度去研究世界各国情报事业中一切可比较事物的异同，揭示影响它们发展的最主要的条件和因素，从而探索其发展趋势和一般规律的学科②。相对于比较图书馆学，比较情报学的研究较少，在20世纪80～90年代，源于情报学理论研究和情报工作实践的需要，有一些研究对比较情报学概念、研究对象和目标、产生背景和存在问题进行了探讨。

进入21世纪，世界图书情报事业的一体化进程不断加速。各国图书情报界在承认图书情报学科研究和实践存在差异性的同时，纷纷取长补短，越来越关心如何学习和相互借鉴各国家和地区的发展经验，交换各种学科的信息和科学思想。这一切又唤起了人们对各个不同国家和地区的图书情报体系和模式进行比较研究的浓厚兴趣③。目前，虽然专门探讨比较研究的论著逐渐减少、逐渐式微，但随着学科交叉与融合，各国家和各地区专业交流和合作日益频繁，比较研究方法和思想渗透到许多的研究中。在图书情报学领域，各种横向的国家和地区间比较，以及纵向的历史阶段间比较研究众多。

古罗马著名学者塔西陀曾说："要想认识自己，就要把自己同别人进行比较。"比较是认识事物的基础，是人类认识、区别和确定事物异同关系的最基本的思维方法，也是人们的一种基本思维方式。比较研究法现已被广泛运用于科学研究的各个领域④。由于社会、经济、文化等差异，科学研究特别是社会科学在各国家和地区的差异明显。

"中外"的"中"指我们中国，而"外"则指本国以外的其他国家。但是由于研究的精力和时间等方面限制，不可能把中国和其他所有国家进行比较。一般的做法是选取典型的一些国家进行对比分析。我们比较的目的是发现差异和自身的不足，促进国内相关科学的发展和进步，所以在中外比较分析时往往选取一些科学研究较先进的发达国家情况进行分析。

本书中的中外比较研究，主要限制在国内的情况与以美国为主的情况进行

---

① 李金波．1978年以来我国比较图书馆学理论研究进展［J］．图书馆学研究，2004，(7)：10-12，26.

② 王存，靖继鹏．关于比较情报学的一些基本理论问题的探讨［J］．情报科学，1991，(4)：18-21，79.

③ 梁立凤．比较图书馆学的客体和对象研究［J］．现代情报，2007，(5)：24-25，28.

④ 比较研究［EB/OL］．［2011-6-16］．http：//baike.baidu.com/view/1023989.htm.

比较，所选择的数据样本的语言是中文和英文。一方面，目前无论是本学科还是其他学科，美国都在世界上处于领先地位；另一方面，我们研究时选取的国外数据样本，虽然大都基于美国汤姆森科技信息集团（Thomson Scientific）的WoS中的数据，但是这个数据库收集了世界各地的专业顶尖期刊，虽然很多期刊是由美国创办的，但大部分都是国际性的专业刊物。

1.2 图书情报学科知识图谱研究述评

知识图谱的研究主要源于两大学科领域：一是计算机科学领域的数据、信息、知识与知识域可视化研究；二是图书情报领域的引文分析可视化、知识地图和知识网络等研究。目前，两者的研究方向和内容正在走向融合，但是利用知识图谱进行学科结构、热点、演化与趋势等方面的研究则主要源于引文分析可视化。在国外，Price、Garfield、Small等是早期的开拓者①。近年来，随着SCI引文索引的推广、计算机网络技术的普及应用，以及图像处理、可视化技术的深入发展，知识图谱研究得到了快速发展②③。目前研究集中在：知识图谱实现的理论探讨；方法和算法研究；工具和软件引进与研发；具体学科的应用研究④⑤。由于知识图谱研究主要集中在图书情报学科领域，在相关研究和应用中，大部分研究以图书情报学科为例，或者专门针对该学科进行分析。

1.2.1 国外研究述评

由于对学科前沿和趋势的把握是图书情报学的重要研究内容，从学科知识可视化研究的早期开始，就有业界学者对本学科知识图谱的分析。知识图谱是

① 侯海燕．基于知识图谱的科学计量学进展研究［D］．大连理工大学博士学位论文，2006.

② Chen C. CiteSpace II：detecting and visualizing emerging trends and transient patterns in scientific literature［J］. Journal of the American Society for Information Science and Technology，2006，57（3）：359－377.

③ Chen C. Searching for intellectual turning points：progressive knowledge domain visualization［J］. Proceedings of the National Academy of Sciences of the United States of America（PNAS），2004，101（1）：5303－5310.

④ Börner K，Chen C，Boyack K W. Visualizing knowledge domains［J］. Annual Review of Information Science and Technology，2003，37（1）：179－255.

⑤ 秦长江，侯汉清．知识图谱——信息管理与知识管理的新领域［J］．大学图书馆学报，2009，（1）：30－37，96.

对知识单元及其关系的可视化展示，所以知识单元关系的构建是关键因素，不同的关系其侧重点，作用的优劣势也不相同。按构建知识关系方面划分，相关研究包括以下六个方面。

1. 基于共引的知识图谱分析

对共引的关注由来已久，但是作为分析学科结构的方法兴起于 White 的研究。1981 年，White 和 Griffith 提出以作者共被引关系作为分析学科（领域）结构的途径，并且以情报学为例，对作者共被引可视化学科结构进行了系统研究。他们认为，作者共被引分析（author co-citation analysis，ACA）为学科结构分析提供了新技术，也可扩展到其他相关领域，与文献层面一样，作者层面也是文献分析的重要单元①。1990 年，McCain 提出了作者共引分析的六个步骤：选择共被引作者、检索共被引频次、构造共被引矩阵、转化为相关系数矩阵、多元分析和结果解释②。1994 年，Persson 采用作者共被引分析情报学期刊 *JASIS*，分析高同被引文献簇关联的施引文献群，认为施引文献构成了研究前沿，而将被引的文献称作研究前沿的知识基础，并且两者间具有一致性③。1998 年，White 和 Griffith 又使用作者共引分析方法，可视化展示了情报学的学科结构；并且以 8 年为时间段对情报学科进化进行了分析，展示了情报学的两大分支领域及作者的分布情况等内容④。

此后，作者共被引分析成为可视化学科结构的热点。通过使用和 White 同样的数据源和方法，Zhao 和 Strotmann 分析了情报学科在互联网兴起的 10 年（1996～2005 年）的结构，提出了一种识别学科结构可视化结果的新的因子分析方法，并且与已有的研究结果对比分析，显示了互联网对学科的显著影响⑤。Zhao 和 Strotmann 也对比了所有作者共引分析与第一作者共引分析，以情报科学为例，选择 Scopus 作为数据源，发现第一作者共引分析利于分析一些独著的理论研究者，而所有作者共引分析可绘制出学科最新的图谱，在识别合作作者

---

① White H D，Griffith B C. Author co-citation：a literature measure of intellectual structure [J]. Journal of the American Society for Information Science，1981，32 (3)：163 - 171.

② McCain K W. Mapping authors in intellectual space：a technical overview [J]. Journal of the American Society for Information Science，1990，41 (6)：433 - 443.

③ Persson O. The intellectual base and research fronts of JASIS 1986 - 1990 [J]. Journal of the American Society for Information Science，1994，45 (1)：31 - 38.

④ White H D，McCain K W. Visualizing a discipline：an author co-citation analysis of information science 1972 - 1995 [J]. Journal of the American Society for Information Science，1998，49 (4)：327 - 355.

⑤ Zhao D，Strotmann A. Information science during the first decade of the web：an enriched author co-citation analysis [J]. Journal of the American Society for Information Science and Technology，2008，59 (6)：916 - 937.

群时有优势①。Schneider 等比较分析了作者共引分析的不同方法——两种不同的分析单位，即仅仅统计第一作者和统计所有作者，两种不同的矩阵生成方法，即传统的多变量方法和所谓的 Drexel 方法，发现包括所有作者的基于多维尺度的二进制图中数据表现更为恰当，包括所有作者的同被引计数在图谱中聚集效果更好；两种矩阵生成方法产生的图有一些相似，但是 Drexel 方法所产生的结果明显有较低的应力值，更易于集中成组②。

最近，Klavans 和 Boyack 通过文献共引分析比较了情报学的全域与局部知识图谱。局部图通过代表性的情报学期刊所有论文为数据源，全域图则是先绘制全部科学图谱，然后在此背景下定位特定的学科领域。他们认为全域图比局部图能更精确地区分学科结构；通过文献层面的情报学科结构实证分析，全域图在聚类方面具有更高的文本一致性，情报学与计算机科学有紧密的交互，而且计算机科学在交互中起主导作用③。因为传统的共引分析仅仅简单地统计共引频次存在缺陷，Jeong 等提出基于内容的共引分析，即根据作者引文的内容（上下文语境）来测度作者共被引联系，具体提取情报科学期刊论文的全文中施引的语句，计算相似度；实证表明该方法可得到与传统的作者共引分析相似的情报学科结构图，而且比传统方法能提供更多的学科内部结构细节内容④。此外，也有学者对基于位置的共引分析学科结构的尝试，具体关注两被引对象在施引论文中的位置，来决定其联系程度，如在同一位置，或者同一句、同一段中的引用情况。

2. 基于文献耦合的知识图谱分析

文献耦合分析由 Kessler 于 20 世纪 60 年代提出，Kessler 在系列研究中对文献耦合分析进行了改进和完善，最初用于科技文献的分类、科技信息的提供和检索，后来扩展到学科结构的识别和可视化⑤。基于之前的系列发现和理论考察，Jarnev-

① Zhao D，Strotmann A. Comparing all-author and first-author co-citation analyses of Information Science [J]. Journal of Informetrics，2008，2（3）：229－239.

② Schneider J W，Larsen B，Ingwersen P. A comparative study of first and all-author co-citation counting，and two different matrix generation approaches applied for author co-citation analyses [J]. Scientometrics，2009，80（1）：103－130.

③ Klavans R，Boyack K W. Using global mapping to create more accurate document-level maps of research fields [J]. Journal of the American Society for Information Science and Technology，2011，62（1）：1－18.

④ Jeong Y K，Song M，Ding Y. Content-based author co-citation analysis [J]. Journal of Informetrics，2014，8（1）：197－211.

⑤ Kessler M M. Comparison of the results of bibliographic coupling and analytic subject indexing [J]. American Documentation，1965，16（3）：223－233.

ing 提出文献耦合可以结合聚类手段形成一种知识图谱的新方法，可以与流行的共被引分析互为补充。通过在文献耦合分析中引入全链接聚类，来考察不同聚类之间容易被人为忽略的核心文档之间的链接。实证表明，虽然有一定的缺陷限制其应用，但所提出的方法能很好地对学科结构可视化①。Ma 分析了文献耦合和作者耦合的关系，以及三种作者耦合强度的计算方法。他利用作者耦合对图书情报学的知识结构进行可视化分析，并与作者同被引分析得到的图书情报学知识结构进行比较研究。实证发现，作者耦合分析能够较好地挖掘一个学科的“前沿知识结构”，它与作者同被引相结合可以更科学、更全面地发现一个学科的知识结构；同时也讨论了影响因素、研究样本的选择和可视化等问题②。

Zhao 和 Strotmann 等通过文献耦合分析，多次描绘情报学的学科结构。2008 年，Zhao 和 Strotmann 使用作者文献耦合分析了情报学的知识结构，具体把 10 年（1996～2005 年）样本数据分为两个时间段进行比较分析，发现与作者共被引分析相比，作者文献耦合能展示一个研究领域的当前状态的更实际的图谱③。2014 年，他们又使用作者文献耦合和作者共引对情报学科结构最近的 10 年（2006～2010 年）进行了可视化展示，发现网络技术继续对情报学科发展（特别是研究前沿）起重要的驱动作用（虽然没以前那么直接）；在最近 10 年情报学研究视野在变宽，更加受到网络科学的影响，全文分析方法部分取代传统计算机科学的影响；对 h 指数和知识图谱的研究成为两大亮点；与以前的研究对比发现，信息检索系统和网络计量学领域有所萎缩；通过知识基础和研究前沿两方面的把握，在未来信息检索系统研究会持续低迷，而网络计量学领域则有重新受到重视的趋势（部分归因于新兴的网络科学）④。

3. 基于共词的知识图谱分析

对学科结构可视化研究可基于不同层面，通过多种方法达到。文献的基本架构包括字、词、句、段和部分等层次，词语是表现内容和语义最重要的单元之一。词来源的基本途径是直接使用论文的关键词，现在扩展到从论文摘要、标题和全

---

① Jarneving B. Bibliographic coupling and its application to research-front and other core documents [J]. Journal of Informetrics，2007，1 (4)：287－307.

② Ma R. Author bibliographic coupling analysis：a test based on a Chinese academic database [J]. Journal of Informetrics，2012，6 (4)：532－542.

③ Zhao D，Strotmann A. Evolution of research activities and intellectual influences in information science 1996－2005：introducing author bibliographic coupling analysis [J]. Journal of the American Society for Information Science and Technology，2008，59 (13)：2070－2086.

④ Zhao D，Strotmann A. The knowledge base and research front of information science 2006－2010：an author cocitation and bibliographic coupling analysis [J]. Journal of the American Society for Information Science and Technology，2014，65 (5)：995－1006.

文中抽取，也有一些研究尝试把基于语义的词和基于关系的引证网络分析结合起来，更好地可视化学科结构。从共词角度分析学科结构具有直接性、客观性等优点，同时也存在一词多义、一义多词等问题。Besselaar 和 Heimeriks 提出使用标题单词作为研究主题内容的指标，参考文献则被用来赋予单词含义的关联语境，研究主题由单词、参考文献之间的结合联系程度来呈现。他们认为，该方法有独特的优点，并且对情报科学进行了实证分析①。Yang 等针对可视化医学信息学研究领域的主题结构的变化、主题演变过程及其主题内部关系的改变，使用了三种不同的共词方法，认为聚类树图显示了学科结构，战略坐标揭示了特定主题的重要性，社会网络图表示学科内部的联系，三种可视化方法可结合起来使用②。

Milojevic 等通过论文标题中的共词分析来可视化图书情报学科结构，发现图书情报学科三大分支，即与传统图书馆相关的内容、与情报相关的分支、相对独立的文献计量学和科学计量学内容，信息查寻行为正逐步分离独立，图书情报学科在不断变化，特别是受互联网的影响较大③。Wang 等为实现共词分词过程中专家知识的集成，提出一种基于语义的共词分析法，认为该方法利用主题图来描述专家知识，以该主题图为指导进行共词分析，能有效克服共词分析中存在的问题④。Zong 等使用共词分析法，可视化展示了中国图书情报学博士学位论文的研究内容结构，包括研究领域的内外结构及主题间的联系；从 6 个学位论文数据库和 10 个博士授权单位中综合获取；研究发现了一些研究主题，同时相关主题并不稳定，在不断变化之中⑤。链接分析是网络计量学的关键内容，但是链接数据的获取仅仅通过商业搜索引擎这一途径，急需改进。Vaughan 和 You 提出一种网络计量新概念，认为网页中词语的共现也是机构关系的一种重要测度，词可以从一般搜索引擎和博客搜索引擎中得到，具体从 Google 和 Google Blog 中收集数据，使用多维尺度法可视化展示，并与共链接结果对比表明词共现分析是与共链一样有用的方法⑥。

---

① Besselaar P，Heimeriks G. Mapping research topics using word-reference co-occurrences：a method and an exploratory case study [J] . Scientometrics，2006，68 (3)：377 - 393.

② Yang Y，Wu M Z，Cui L. Integration of three visualization methods based on co-word analysis [J] . Scientometrics，2012，90 (2)：659 - 673.

③ Milojevic S，Sugimoto C R，Yan E，et al. The cognitive structure of library and information science：analysis of article title words [J] . Journal of the American Society for Information Science and Technology，2011，62 (10)：1933 - 1953.

④ Wang Z，Li G，Li C. Research on the semantic-based co-word analysis [J] . Scientometrics，2012，90 (3)：855 - 875.

⑤ Zong Q J，Shen H Z，Yuan Q J. Doctoral dissertations of Library and Information Science in China：a co-word analysis [J] . Scientometrics，94 (2)：781 - 799.

⑥ Vaughan L，You J. Word co-occurrences on Webpages as a measure of the relatedness of organizations：a new webometrics concept [J] . Journal of Informetrics，2010，4 (4)：483 - 491.

4. 基于合作的知识图谱分析

目前，基于合作的知识图谱分析主要是通过社会网络分析等方法可视化展示合作网络，也主要从合著的角度来分析学科合作情况；已有很多学者分析合作网络集中在网络拓扑结构和网络统计机理。Yan 和 Ding 从新的角度，即应用网络中心性来测度合作网络微观特征和影响力分析，具体构建了进化型的合作网络，并使用接近中心性、中介中心性、度中心性和 PageRank 四种中心性测度指标，发现这些指标与引文量存在显著相关性①。Hou 等在学者层面可视化分析了科学计量学的合作网络结构，综合使用关键词的社会网络分析、共现分析、聚类分析和频次分析等方法；发现科学计量学研究者的微观合作网络，整个网络中较大的合作领域及不同的合作子网络，合作网络中的合作重点与中心②。Liu 等使用二进制无向网络模型（binary undirectional network model）代表合作网络，分析了著名国际会议中数字图书馆研究的合作情况；他们也提出了基于权重的有向网络模型表示合作网络，使用 AuthorRank 识别作者在合作网络中的影响力；通过专家验证，显示了 PageRank 和 AuthorRank 等算法在度、接近性和中介中心性等指标测度方面的优势③。

合著是科学合作的一种有形和有据可查的表现形式，几乎科学合作网络的每个方面都可使用文献计量学的方法，从分析合著的角度可靠地追踪；对合著网络进行可视化展示则能进一步直观、方便地分析合作行为和方式。Glänzel 和 Schubert 主要从学者和国家层面（国家间的合作）分析，从文献数据和研究结果发现 20 世纪后期在合作数量上和结构上所发生的重大变化，这些变化很大程度上归因于全球化趋势和欧洲的政治体系重构；他们也强调了使用文献计量方法定期对投入与产出的定量监管的必要性④。Kretschmer 提出一种新的可视化合作网络方法，并且认为也可用于网络分析；具体研究了合作网络中学者的产出与地理距离之间的关系，发现随着合著网络图中边的密度增加，大多数学者通过网络连接在一起，即存在若干个由顶点和边构成的组，而在某些学科中最大的一个组顶点数占总数的比例可高达 80%～90%；她还发现作者生产力和文

---

① Yan E，Ding Y. Applying centrality measures to impact analysis：a coauthorship network analysis ［J］. Journal of the American Society for Information Science and Technology，2009，60（10）：2107－2118.

② Hou H，Kretschmer H，Liu Z. The structure of scientific collaboration networks in Scientometrics ［J］. Scientometrics，2008，75（2）：189－202.

③ Liu X，Bollen J，Nelson M L，et al. Co-authorship networks in the digital library research community ［J］. Information Processing and Management，2005，41（6）：1462－1480.

④ Glänzel W，Schubert A. Analysing scientific networks through co-authorship ［A］//Moed H F，Glanzel W，Schmoch U. Handbook of Quantitative Science and Technology Research：The Use of Publication and Patent Statistics in Studies of S&T Systems ［C］，2004：257－276.

献合著网络的最短距离的相关性，与低产量作者相比，高产作者与数据库中所有作者之间的平均距离较短①。合作行为在不同科学领域和学科间存在巨大差异，能影响到科学绩效与交流。Ding 等研究了信息检索研究领域的合作模式；具体分析了合作水平、期刊合作分布、学科合作分布、国家合作分布；发现合作研究呈明显上升趋势，并且与许多学科合作（包括心理学、计算机和医学等）②。

目前，对合作网络和合作现象研究较多，但是对合作的机理和动机等基本理论问题研究较少，随着合作的日益频繁和重要，这一问题更加突出。为深入了解学者为什么和怎样合作在一起，Hart 对学术图书馆方面文献的合著进行了调查，他对合著论文的作者进行问卷调查，内容涉及合作重点、合作方式、合作模式等五大方面③。按照一般的认知，合著论文将比独著论文、多作者论文将比少作者论文具有更高的质量，因为论文的完成需要大量的时间和精力投入，也有系列流程需要完成，多作者显然更具优势。但是，通过使用被引量代表论文的质量，Hart 的实证结果显示，没有证据表明作者越多，其论文质量越高④。

5. 基于互引的知识图谱分析

互引（直引）分析的研究也曾引起过研究人员的注意⑤，但是由于数据可获得性等原因而被忽视⑥，直到最近才被大家逐渐重视。研究内容主要为互引所形成的学者引证引同，基于互引的知识转移和传播情况，集中在期刊互引来进行知识交流、主题分类，以及期刊评价的相关内容⑦⑧。Zhang 等通过使用不同的文献计量学指标和数据统计分析方法，识别出在一个互引网络中，特定期刊的

---

① Kretschmer H. Author productivity and geodesic distance in bibliographic co-authorship networks and visibility on the Web [J]. Scientometrics，2004，60 (3)：409－420.

② Ding Y，Foo S，Chowdhuryc G. A bibliometric analysis of collaboration in the field of information retrieval [J]. The International Information & Library Review，1998，30 (4)：367－376.

③ Hart R. Co-authorship in the academic library literature：a survey of attitudes and behaviors [J]. The Journal of Academic Librarianship，2000，26 (5)：339－345.

④ Hart R. Collaboration and article quality in the literature of academic librarianship [J]. The Journal of Academic Librarianship，2007，33 (2)：190－195.

⑤ Shibata N，Kajikawa Y，Takeda Y，et al. Detecting emerging research fronts based on topological measures in citation networks of scientific publications [J]. Technovation，2008，28 (11)：758－775.

⑥ Boyack K W，Klavans R. Co-citation analysis，bibliographic coupling，and direct citation：which citation approach represents the research front most accurately? [J]. Journal of the American Society for Information Science and Technology，2010，61 (12)：2389－2404.

⑦ 孙海生，张曙光．情报学核心作者互引网络分析 [J]．情报杂志，2011，30 (3)：78－83.

⑧ 张勤，马费成．国内知识管理领域知识交流结构研究——基于核心作者互引网络的分析 [J]．情报学报，2012，31 (9)：925－933.

作用和发现科学期刊中信息流动的结构模式；不仅测度了特定期刊在交流网络中的地位，也揭示出它们的知识背景、语言障碍和缺乏国际性是阻碍期刊在交流网络中发挥作用的重要因素；通过对不同领域间的链接分析也识别出一些高度跨学科性的期刊①。Neeley 提出一种科学文献中测度跨学科联系的方法，具体从使用度和重要性两方面选择核心期刊进行互引分析，把这方法对管理学和社会科学文献进行测试。结果表明，与社会科学文献依赖管理学文献和两学科相互依赖相比，管理学文献更依赖社会科学文献②。

Shibata 通过选择三个典型领域的样本数据，对比了利用同被引分析、文献耦合分析和互引分析所获得的网络图在识别新兴研究前沿方面的性能。结果发现，在时间维度上，互引分析能够最快地探测到新兴的较显著的研究前沿，文献耦合分析次之，而同被引分析则最慢；互引分析的聚类系数最高，在探测研究前沿方面，互引分析引起误差的可能性最小，不过，互引分析不太方便用于大规模文献集合③。Wang 等认为，作者共被引分析和作者耦合分析都在探讨学科结构及其研究现状和趋势等方面产生了一定程度的影响，但在作者互引方面还多集中在基于引用认同和引证图像的引证行为本身的描述，而对于作者引证关系背后所隐含的知识交流、作者研究相关度、学术共同体发现等方面却没有过多涉及。他们将科学计量学领域内的核心作者作为实证对象，可视化展示了作者互引关系，并通过因子分析可视化学科的结构④。

6. 基于多种方法的结合的知识图谱分析

为识别和解释共被引聚类的结构和变化，Chen 等提出多维共被引分析方法，该方法集成了网络可视化、光谱聚类、自动聚类标签、文本摘要等多种技术；以情报学为例，收集 12 种期刊 1996～2008 年的数据，从三方面可视化情报学结构——对比式作者共引分析、进化式作者共引和文献共引分析⑤。Boyack

---

① Zhang L, Glänzel W, Liang L. Tracing the role of individual journals in a cross-citation network based on different indicators [J]. Scientometrics, 2009, 81 (3): 821-838.

② Neeley J D. The management and social science literatures: an interdisciplinary cross-citation analysis [J]. Journal of the American Society for Information Science, 2007, 32 (3): 217-223.

③ Shibata N, Kajikawa Y, Takeda Y, et al. Comparative study on methods of detecting research fronts using different types of citation [J]. Journal of the American Society for Information Science and Technology, 2009, 60 (3): 571-580.

④ Wang F, Qiu J, Yu H. Research on the cross-citation relationship of core authors in Scientometrics [J]. Scientometrics, 2012, 91 (3): 1011-1033.

⑤ Chen C, Ibekwe-SanJuan F, Hou J. The structure and dynamics of cocitation clusters: a multiple-perspective cocitation analysis [J]. Journal of the American Society for Information Science and Technology, 2010, 61: 1386-1409.

和 Klavans 发现可视化聚类效果方面，基于文献互引要好于基于文献共引，基于文献耦合的方法最差；但是如果把三种方法综合起来，效果要好于任何一种单一的方法①。Jarneving 比较了同被引和文献耦合分析在描绘研究前沿的效果，发现两组文献簇分别有 1/3 左右的文献与另一组重合，分别对这两个文献簇中的文档进行了词语匹配，发现两种方法通过不同的途径描绘出了研究前沿②③。

也有一些学者结合引文分析和共词分析可视化学科结构。1991 年，Braam 等结合使用了同被引分析和词语分析，在研究领域的层面上识别科学内容结构和研究焦点；通过系列实践研究，他们认为同被引分析和词语分析的结合是研究科学研究动态的一种有效方法，能获得比单纯同被引分析更加全面的景象④。Besselaar 等在 2006 年尝试了词语-参考文献的共现，认为这种“词语-参考文献”共现的方法，结合了文档的两种相关的属性，能够更容易地确定研究专业的精细结构⑤。Lut 和 Wolfram 绘制图书情报学科结构图谱，具体使用向量空间模型的静态和动态作者共词方法、潜在狄利克雷分配（latent Dirichlet allocation，LDA）算法的作者共主题方法，并与传统方法（结合多维尺度分析和层次聚类的作者共引分析）对比，实证发现两种共词方法产生相似的图谱，而基于主题的方法产生更独特的图⑥。

Yan 和 Ding 分析了可视化学科结构的 6 种学术关系网络（机构文献耦合、互引网络、共引网络、主题网络、合作网络、共词网络），具体从机构层面展开，使用余弦相似度测量 6 种网络；使用了图书情报学科的 59 种期刊数据（1965～2010 年）；发现主题网络和合作网络有最低的相似度，互引和共引网络、耦合和共引网络、共词和主题网络分别有较高的相似度；在研究学科结构时，最好能混合和综合多种方法以达到较好的效果⑦。

---

① Boyack K W，Klavans R. Co-citation analysis，bibliographic coupling，and direct citation：which citation approach represents the research front most accurately? [J] . Journal of the American Society for Information Science and Technology，2010，61 (12)：2389 - 2404.

② Jarneving B. A comparison of two bibliometric methods for mapping of the research front [J] . Scientometrics，2005，65 (2)：245 - 250.

③ 王立学，冷伏海．简论研究前沿及其文献计量识别方法 [J] ．情报理论与实践，2010 (3)：54 - 58.

④ Braam R，Wed H，Raan V. Mapping of science by combined co-citation and word analysis II：dynamical aspects [J] . Journal of the American Society for Information Science，1991，42 (4)：252 - 264.

⑤ Besselaar P，Heimeriks G. Mapping research topics using word-reference co-occurrences：a method and an exploratory case study [J] . Scientometrics，2006，68 (3)：377 - 393.

⑥ Lu K，Wolfram D. Measuring author research relatedness：a comparison of word-based，topic-based，and author cocitation approaches [J] . Journal of the American Society for Information Science and Technology，2012，63 (10)：1973 - 1986.

⑦ Yan E，Ding Y. Scholarly network similarities：how bibliographic coupling networks，citation networks，cocitation networks，topical networks，coauthorship networks，and coword networks relate to each other [J] . Journal of the American Society for Information Science and Technology，2012，63 (7)：1313 - 1326.

1.2.2 国内研究述评

在我国，20世纪80年代，赵红洲以图表的方式探索了科学发展规律与科学知识前沿[①②]。到90年代，王崇德和崔雷等通过共引和共词等方法，进行了简单的知识可视化聚类[③-⑥]。进入21世纪，相关研究逐渐增多，2005年陈悦和刘则渊发表了论文《悄然兴起的科学知识图谱》，科学知识图谱概念正式提出[⑦]，2005年后相关研究进行入快速发展时期。

1. 对学科知识可视化的宏观分析

对学科知识可视化的宏观分析在早期较多，内容涉及知识图谱、文献可视化、科学可视化、文献信息可视化等方面，具体论述包括学科知识可视化的定义、作用、意义、特征，总体介绍国内外的进展等方面。邓三鸿等认为，知识地图是进行知识分析和管理必不可少的一个工具；较系统地分析了知识地图的构建方法、使用方法及其评价方法；并以CSSCI 2001为例，建立了图书情报学的专业性知识地图[⑧]。赵蓉英通过对知识网络的概念、类型、结构及应用功能等方面进行全面系统的研究，探索知识网络研究的理论和方法，构建知识网络理论及其应用体系，并以中国知网为例进行了实证和案例分析，为知识的有序化组织和管理提供必要的理论依据和方法[⑨]。

陈悦和刘则渊认为，科学知识图谱是显示科学知识的发展进程与结构关系的一种图形，它的悄然兴起主要有两大背景：一方面是揭示科学知识及其活动规律的科学计量学从数学表达转向图形可视化表达的产物；另一方面是显示科学知识地理分布的知识地图转向以图象展现知识结构关系与演进规律的结果。在介绍有关科学知识图谱基本概念的基础上，从数据库、数据格式及存取、数据分析算法、可视化和互动设计、科学计量学等方面阐述了有关科学知识地图绘制的最新进展，并展望了其应用前景[⑦]。秦长江和侯汉清介绍了知识图谱的概

① 赵红洲．论科学结构［J］．中州学刊，1981，(3)：59－65，133.

② 赵红洲，蒋国华．知识单元与指数规律［J］．科学学与科学技术管理，1984，(9)：39－41.

③ 王崇德，佘姗．关于双同被引聚类的研究［J］．情报学刊，1992，(1)：17－22，34.

④ 崔雷．专题文献高被引论文的时间分布与同被引聚类分析［J］．情报学报，1995，(1)：54－61.

⑤ 崔雷．专题文献高被引论文的连续同被引聚类分析［J］．情报理论与实践，1996，(1)：47－49.

⑥ 崔雷．专题文献高频主题词的共词聚类分析［J］．情报理论与实践，1996，(4)：50－52.

⑦ 陈悦，刘则渊．悄然兴起的科学知识图谱［J］．科学学研究，2005，(2)：149－154.

⑧ 邓三鸿，金莹，杨建林．学科知识地图的构建——以图书、情报学为例［J］．情报学报，2006，25 (1)：4－8.

⑨ 赵蓉英．知识网络及其应用［M］．北京：北京图书馆出版社，2007.

念和主要应用领域，明确与知识地图、信息可视化、知识管理之间的关系；分析了构建知识图谱的理论、关键技术、相关软件；总结知识图谱的发展历史、国内研究存在的不足和国内外最新研究进展并提出建议和对策①。

2. 知识可视化软件的介绍与开发

工具和软件是知识可视化的必要基础，也是影响其推广应用的重要方面。目前所使用的知识可视化软件，大都是国外开发的。在早期主要是对国外一些知识图谱软件的介绍，如对引文编年可视化软件 HistCite 介绍与评价；可视化工具 VOSviewer 与 CiteSpace 的比较；对文献计量分析工具 Bibexcel 的介绍②-④。

随着知识图谱的兴起，国内也有一些学者从事相关软件的研制与开发工作。为解决国外软件不能兼容国内数据格式的问题，部分学者开发了相关程序进行数据自动转换与导入功能。姜春林和陈玉光结合 CSSCI 数据库数据格式特点，编制专门软件，解决了 Bibexcel 不能处理中文文献的瓶颈问题，实现了中文文献知识单元共现关系矩阵，并进行了可视化⑤。周春雷等以 CNKI 中参考文献管理软件 RefWorks 提供的题录文件为数据来源，应用所开发的软件工具从中抽取相关文献信息并转化为所需格式，并据此进一步实现文献计量的基本功能⑥。陈玉光等解决了 CiteSpaceⅡ不能用于专利知识可视化分析的瓶颈问题，并以德温特专利数据库中的数字通信技术为例，分别进行了发明者合作网络分析、专利权人合作网络分析和手工代码共现分析，实现了专利知识可视化的应用⑦。

崔雷开发了书目共现分析系统（Bicomb）用于处理书目数据库（如 PubMed、SCI、CNKI、万方等）记录，功能包括：抽取其中特定的字段；统计相应字段的出现频次；按照一定的阈值截取高频条目后，形成共现矩阵和条目-来源文献矩阵（如高频词-论文矩阵）；输出高频条目和矩阵（txt. 文档）⑧。刘

---

① 秦长江，侯汉清．知识图谱——信息管理与知识管理的新领域［J］．大学图书馆学报，2009，(1)：30－37，96.

② 李运景，侯汉清，裴新涌．引文编年可视化软件 HistCite 介绍与评价［J］．图书情报工作，2006，(12)：135－138.

③ 张力，赵星，叶鹰．信息可视化软件 CiteSpace 与 VOSviewer 的应用比较［J］．信息资源管理学报，2011，(1)：95－98.

④ 刘齐平．Bibexcel 在文献计量分析中的应用例说［J］．湖北第二师范学院学报，2011，(8)：83－84.

⑤ 姜春林，陈玉光．CSSCI 数据导入 Bibexcel 实现共现矩阵的方法及实证研究［J］．图书馆杂志，2010，(4)：58－63，42.

⑥ 周春雷，王伟军，成江东．CNKI 输出文件在文献计量中的应用［J］．图书情报工作，2007，(7)：124－126.

⑦ 陈玉光，丁堃，刘盛博．基于 CiteSpaceⅡ的专利知识可视化的实现机制及其应用［J］．情报学报，2010，29 (4)：663－670.

⑧ 系统简介［DB/OL］．［2014－5－16］．http：//202.118.40.6/bc.

启元和叶鹰利用C#编程技术基于.NET平台设计开发出文献题录信息统计分析工具软件SATI，可导入处理EndNote格式、NoteExpress格式及NoteFirst格式的国内文献题录数据和HTML格式的WoS国际文献题录数据，进行数据格式的转换、字段信息的抽取、词条频次的统计和知识单元共现矩阵、词条频率逐年分布矩阵及文档词条矩阵的构建，以辅助生成聚类图、多维尺度图谱、网络知识图谱、策略坐标图等可视化结果①。

也有学者开发统一的可视化试验系统。例如，朱学芳阐述了中文作者共被引分析系统可视化研究的实现方法，给出了实现原理与总体结构所包括的三个模块；通过合理划定子树布局区域、限定可分配角度，排列子节点，建立了完整的实验系统，实现了共被引次数居于前10位的作者的关联图视；系统还实现了人机交互，支持在人工监督下进行连续分析，具有作者研究情况查询等功能②。林奶福基于JUNG框架设计开发出学科领域可视化软件，并且在“教育技术学”学科领域进行实际效果验证③。

3. 对知识可视化方法的分析

对文献知识单元及其间的关系进行可视化，一些学者提出相关技术模型和实现算法。秦长江采用作者共被引分析方法，分别利用因子分析、聚类分析、多维尺度分析，以及社会网络分析方法和软件，构建农史学科学术群体和学科结构知识图谱，对各方法所构建的知识图谱的特点、差异和效果进行对比分析④。邱均平和董克构建了作者合作、作者共被引、作者文献耦合、作者关键词耦合及作者期刊耦合5种网络，利用聚类和网络关联分析比较不同共现网络揭示科学研究结构的能力⑤。王晓光和程齐凯构建了一个科研主题演化分析模型，并开发了网络社区演化分析软件NEViewer，其特色在于：设计一套时序网络社区演化分析框架，实现了多个网络社区演化分析算法，以冲积图和赋色网络图两种创新性的方式揭示了网络社区演化的宏观过程和微观细节⑥。安璐和李纲利

---

① 刘启元，叶鹰．文献题录信息挖掘技术方法及其软件SATI的实现——以中外图书情报学为例[J]．信息资源管理学报，2012，(1)：50-58.

② 朱学芳，周挽澜，常艳丽．可视化中文作者共被引分析系统实现研究[J]．情报学报，2008，27，(4)：572-577.

③ 林奶福．学科领域可视化设计与实现[D]．华东师范大学硕士学位论文，2012.

④ 秦长江．两种方法构建的作者共引知识图谱的比较研究[J]．情报科学，2010，28(10)：1558-1564.

⑤ 邱均平，董克．作者共现网络的科学研究结构揭示能力比较研究[J]．中国图书馆学报，2014，40(1)：15-24.

⑥ 王晓光，程齐凯．基于NEViewer的学科主题演化可视化分析[J]．情报学报，2013，32(9)：900-911.

用自组织映射（SOM）人工神经网络方法对学术期刊按其主题进行可视化组织；在修改常见的 SOM 显示方式统一距离矩阵（U-matrix）的基础上，提出增强型 U-matrix 及新的 SOM 显示方式“属性方差矩阵”（AV-matrix），构造了“关键属性投影”方法①。

吴江宁和王桂才基于可视化形式下对模型和结构的理解和获取能力，通过改进的 Force-directed 模型对聚类分析结果进行文本布局，表现文本间的语义相似关系；使用等值线生成算法构建层次性主题图，聚集和提炼文本主题；最终实现文本聚类分析结果的语义直观表达②。陆伟等提出一种新型的可视化技术，该技术能够快速显示复合结构数据集的整体视图，同时还能很方便地查看细节信息，并提供各种交互手段进行可视化分析；基于这种技术开发的 WHU-HT-MVIS 软件能够快速构造层次时序多维数据可视化应用③。赵一鸣等提出使用词汇集聚理论作为潜在主题可视化的理论基础，跳过事先选定种子词和统计共现矩阵的步骤，把词条表示在转置的向量空间中，通过多维尺度模型（MDS）算法把词条在转置向量空间中的邻近关系投影到三维空间图上，通过词汇的空间聚类来发现和表示潜在主题；引入数据编码的方法来克服 MDS 可视空间容量的局限，并设计了邻近矩阵、质心邻近矩阵、属性叠加邻近矩阵及三个层次的方法流程④。传统的共被引研究没有考虑到共被引的两篇文献在施引文献中的位置，只要两篇文献共同被引用，其共被引关系将被等同对待。根据共被引的两篇文献在施引文献中的位置，刘盛博等将共被引关系划分四个层次，分别是句子层次共被引、段落层次共被引、章节层次共被引和文章层次共被引，并提出一种基于引用内容相似度的共被引关系权重计算方法，将共被引位置与内容相结合，使共被引关系权重更具客观性和准确性⑤。

4. 学科知识可视化的实证分析

学科知识可视化具有技术性和应用性的特点，往往掌握一种方法或工具，就可以在所有学科或领域中应用，所以国内对学科知识可视化的实证分析研究众多，特别集中在图书情报学科。其中有代表性的有：马费成和宋恩梅对我国

---

① 安璐，李纲．基于自组织映射的期刊主题可视化组织［J］．情报学报，2011，30（2）：183－191.

② 吴江宁，王桂才．文本聚类分析结果可视化方法研究［J］．情报学报，2011，30（2）：115－120.

③ 陆伟，贺建根，王晓光，等．一种面向层次和时序结构的多维可视化技术［J］．情报学报，2012，31（11）：1131－1139.

④ 赵一鸣，张进，黎苑．基于多维尺度模型的潜在主题可视化研究［J］．情报学报，2014，33（1）：45－54.

⑤ 刘盛博，张春博，丁堃，等．基于引用内容与位置的共被引分析改进研究［J］．情报学报，2013，32（12）：1248－1256.

情报学领域的核心著者进行了同被引分析，以此揭示出我国情报学学科的结构和研究状况①；邱均平和马瑞敏利用 GoogleScholar 对我国图书情报界学者进行共被引分析研究，采用聚类分析和多维尺度分析方法，并利用 Pajek 进行可视化②；马瑞敏和倪超群提出“聚类分析”和“pathfinder 算法”为一体的可视化方法，阐述了其原理和实现步骤，在此基础上利用大样本数据，分时段研究了我国图书情报学知识结构，并分析了其发展演变的具体情况，发现随着时间的推移网络计量学、竞争情报等方向逐步兴盛，传统目录学、数字图书馆等方向走向分化或衰退③；宗乾进和沈洪洲利用自编程序与前沿信息计量工具以可视化知识图谱的方式展示 2009 年国内图书馆学研究热点和知识来源谱系④。

赵蓉英和许丽敏利用 CiteSpaceII 对所采集的数据进行文献共引分析和聚类分析，绘制出文献计量学研究发展演进的知识图谱，揭示了文献计量学领域的代表人物和代表文献；展现了文献计量学研究的热点领域，其中以科学引文和研究产出等为代表；同时呈现了文献计量学的发展趋势⑤。赵蓉英和王菊以知识图谱的方式，梳理了图书馆学的重要学术文献及学术代表人物，展示了研究经典基础文献和研究热点⑥。侯海燕等借助科学知识图谱的可视化技术手段，绘制出了全新的国际科学学研究热点演进趋势知识图谱，形象地展示近 10 年来国际科学学研究的热点领域及其发展态势⑦。刘则渊等以 SCI 数据库中两岸科学合作论文为数据来源，从贝尔纳关于科学合作的科学学视角，用科学计量学和知识可视化的方法，对海峡两岸科学合作的发展态势和研究前沿进行了探测⑧。

5. 其他领域对知识图谱研究的关注

近年来，大连理工大学刘则渊教授的研究团队引人注目，包括其对知识图谱的基础理论，对管理学、科学学、科学计量学、引文分析等领域知识图谱的研究。刘则渊本人在人民出版社出版《科学知识图谱：方法与应用》，对知识图

---

① 马费成，宋恩梅. 我国情报学研究分析：以 ACA 为方法 [J]. 情报学报，2006，25 (3)：259-268.

② 邱均平，马瑞敏. 网络环境下 ACA 方法的应用研究 [J]. 图书情报工作，2008，(2)：85-87.

③ 马瑞敏，倪超群. 基于作者同被引分析的我国图书情报学知识结构及其演变研究 [J]. 中国图书馆学报，2011，(6)：17-26.

④ 宗乾进，沈洪洲. 2009 年我国图书馆学研究热点和知识来源谱系——南京大学知识图谱研究组系列论文之一 [J]. 图书馆杂志，2011，(6)：13-19.

⑤ 赵蓉英，许丽敏. 文献计量学发展演进与研究前沿的知识图谱探析 [J]. 中国图书馆学报，2010，(5)：60-68.

⑥ 赵蓉英，王菊. 图书馆学知识图谱分析 [J]. 中国图书馆学报，2011，(2)：40-50.

⑦ 侯海燕，刘则渊，陈悦，等. 当代国际科学学研究热点演进趋势知识图谱 [J]. 科研管理，2006，(3)：90-96.

⑧ 刘则渊，滕立，朱晓宇. 海峡两岸科学合作的前沿与前景——两岸优势学科合作论文的可视化分析 [J]. 科学学与科学技术管理，2012，(6)：5-14.

谱进行总括性的介绍和研究；并且出版《知识计量与知识图谱丛书》第一辑和第二辑，丛书包括了涉及不同学科、不同领域的知识可视化专著10余部，这些大都是近年来刘教授所指导的博士生毕业论文修改而成的[①]。

较多学者使用CiteSpace软件绘制学科知识图谱。肖明等绘制2007～2010年以“CiteSpace”为主题词的论文的研究前沿及其知识基础的科学知识图谱，展现CiteSpace领域的知识结构关系，重要文献、机构、作者、期刊情况，指出CiteSpace研究存在的问题，并给出相应的对策建议[②]。侯剑华和陈悦利用CiteSpace软件对战略管理学领域的前沿及其演化进行初步探讨；提出研究存在的问题和进一步研究的展望[③]。侯剑华借助CiteSpace软件绘制工商管理学科知识领域的科学知识图谱，可视化展示了该学科知识领域的演进过程和研究前沿、研究热点等内容[④]。魏晓峰运用CiteSpace绘制国家或地区共现、学科主题共现、文献共被引和共词聚类网络等知识图谱，并且对有关文献进行主题分析，以探索国外信息可视化领域学术演进规律、研究热点、前沿领域与发展趋势[⑤]。侯剑华等利用CiteSpace软件绘制文献共引网络图谱，总结组织行为领域的关键节点文献及其在领域演进过程中的重要作用；分析了组织行为领域整体的演进情况，并且探测了领域前沿和热点趋势[⑥]。

此外，姜春林等通过Visual Basic 6.0自编程序和SPSS15.0软件，得到了高频关键词共词矩阵，作了多维尺度分析和聚类分析，绘制出经济学知识图谱，挖掘并形象地展示出近10年来该领域的研究热点[⑦]。马费成等以知识图谱绘制和分析为视角，用战略坐标图的对比绘制预测理论研究热点和应用前景，用概念网络的分析方法宏观把握国内生命周期理论的研究现状[⑧]。王琪和徐成立利用词频分析、共词分析和社会网络分析等方法，并借助社会网络分析软件与信息可视化软件，归纳总结了我国体育科学研究的发展历程、特征及趋势[⑨]。

---

① 刘则渊，等．科学知识图谱：方法与应用［M］．北京：人民出版社，2008.

② 肖明，陈嘉勇，李国俊．基于CiteSpace研究科学知识图谱的可视化分析［J］．图书情报工作，2011，(6)：91-95.

③ 侯剑华，陈悦．战略管理学前沿演进可视化研究［J］．科学学研究，2007，(S1)：15-21.

④ 侯剑华．工商管理学科演进与前沿热点的可视化分析［D］．大连理工大学博士学位论文，2009.

⑤ 魏晓峰．基于知识图谱的国外信息可视化研究演进、热点与前沿分析［J］．情报学报，2013，32（5)：533-547.

⑥ 侯剑华，陈悦，王贤文．基于信息可视化的组织行为领域前沿演进分析［J］．情报学报，2009，28（3)：422-430.

⑦ 姜春林，杜维滨，李江波．经济学研究热点领域知识图谱：共词分析视角［J］．情报杂志，2008，(9)：78-80，157.

⑧ 马费成，望俊成，张于涛．国内生命周期理论研究知识图谱绘制——基于战略坐标图和概念网络分析法［J］．情报科学，2010，(4)：481-487，506.

⑨ 王琪，徐成立．知识图谱视野下我国体育科学研究的发展路径——基于1991～2009年体育学博士论文关键词共词网络的可视化分析［J］．体育学刊，2010，(12)：118-125.

综上所述，尽管学界对知识图谱的探索在某些方面取得了一定进展，但是针对图书情报学科知识图谱的研究仍比较薄弱，相关分析都还处在起步阶段，缺乏整体上的系统研究，表现为：①国内基本上是借鉴和模仿国外的研究套路，分析方法和手段较为滞后。②对学科现状及趋势的分析本应是图书情报学的核心竞争力，但在国内，新的知识图谱研究却越来越被科技哲学等其他学科占领；图书情报学科相关研究急需加强。③尚未见有对中外图书情报学科知识图谱的系统对比分析。

1.2.3 本书的定位

本书研究主题为“中外图书情报学科知识图谱比较研究”，其研究是四大方面内容的结合，其定位见图 1-1。

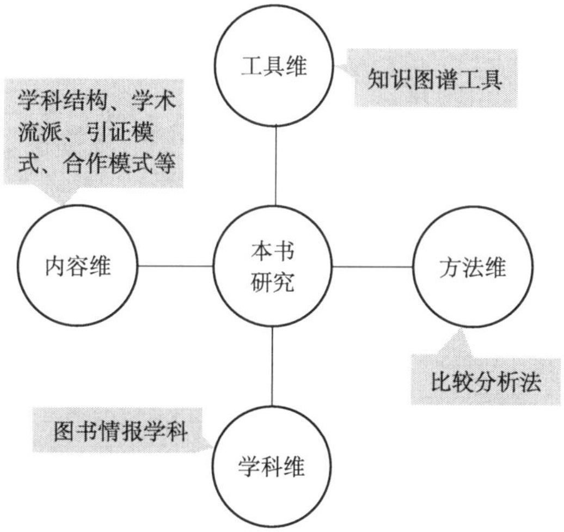

图 1-1 本书研究所涉及的四维内容图

本书以全球化与创新的视野，选择时下知识图谱这一关键命题，从图书情报学科入手，采取文献计量、社会网络分析、比较分析等研究方法，从理论与实践相结合、定量与定性分析互补的立场，以借鉴与创新为本，以网络化、数字化发展为背景，以图书情报学科和知识图谱的过去、现在、趋势为经，以国内外的相关研究与实践为纬，点面结合，纵横交错，专题深入与综合分析兼备，在复杂、频变的网络环境中，系统对比分析中外图书情报学科的异同，总结概括出知识图谱的一般规律与发展轨迹，为加强国家创新体系建设，促进学科发展提出对策与建议，见图 1-2。

如图 1-3 所示，我们重点研究了四大方面，而对虚线标志的部分则研究较少或者没有涉及，而且除图中所列出部分外，还涉及其他众多方面的内容。

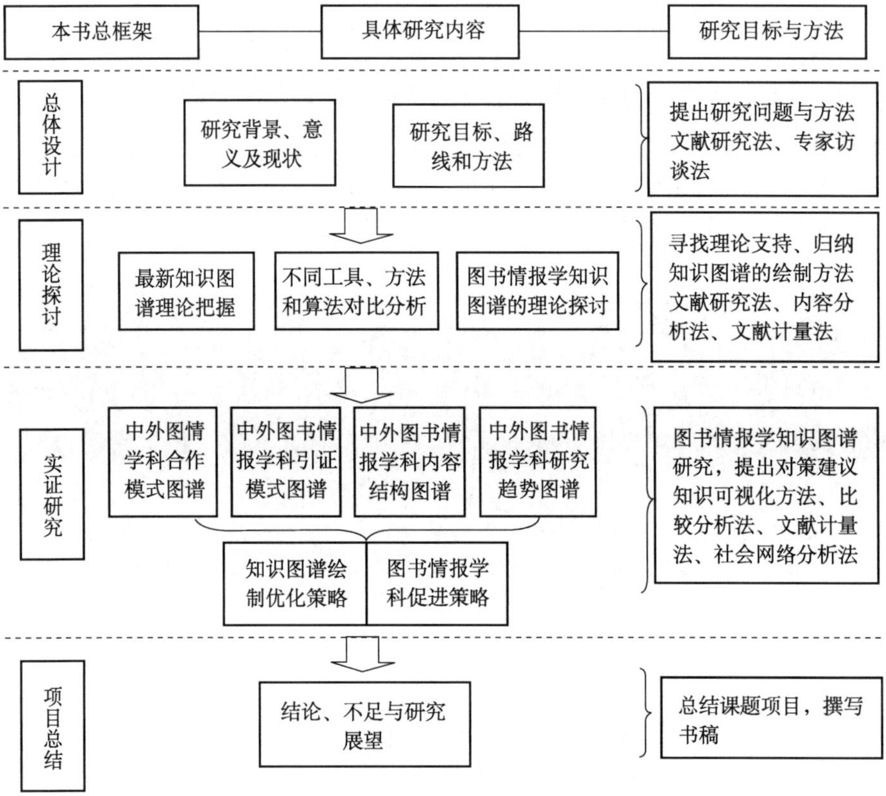

图 1-2　本书的研究构架

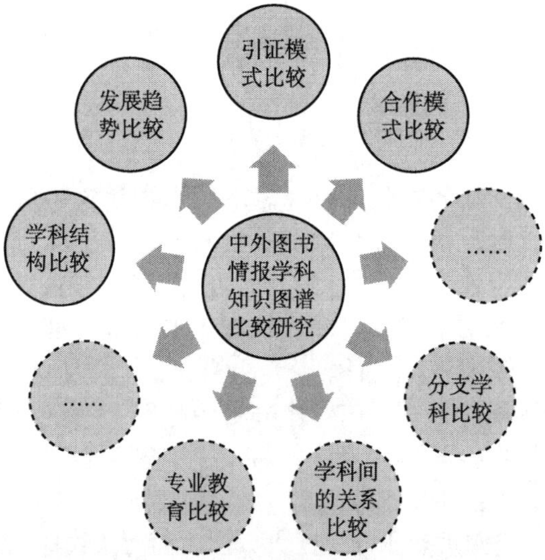

图 1-3　中外图书情报学科知识图谱比较研究所涉及的内容

第2章 知识图谱研究概况

工欲善其事，必先利其器。①

——春秋末期思想家、政治家、教育家，儒学学派创始人孔子

① 语出孔子《论语·卫灵公》：子贡问为仁。子曰："工欲善其事，必先利其器。居是邦也，事其大夫之贤者，友其士之仁者。"

毛泽东精辟地指出："我们不但要提出任务，而且要解决完成任务的方法问题。我们的任务是过河，但是没有桥或没有船就不能过。不解决桥或船的问题，过河就是一句空话。不解决方法问题，任务也只是瞎说一顿。"① 方法和工具，作为人类智慧的结晶和文明的象征，是生产和经济活动中最活跃的一个要素，成为区分技术社会形态与经济时代的主要标志。近代以来的科学发展历程表明，研究方式、方法和手段上的每一次重大改进与变革，往往会导致新的科学工作者发现、创造新的科学领域，甚至开辟新的科学时代。随着计算机为代表的信息技术深入普及应用，加上网络环境下知识和信息的海量增长，专门以科学知识为对象，对科学和学科结构、发展进程等方面进行可视化的研究兴起，知识图谱研究成为热点。

2.1 知识图谱、知识可视化与信息可视化

常言说，"百闻不如一见""一图胜万言"。视觉是人类获取信息和知识的最重要的途径之一；从简单地使用视觉信号到复杂的可视化技术应用有着长期存的过程，完成这个重要转变的是计算机技术的发展和应用。目前，可视化技术包括了科学计算可视化（visualization in scientific computing）、数据可视化（data visualization）、信息可视化（information visualization）、知识可视化（knowledge visualization）、知识域可视化（mapping knowledge domain）等领域②。

2.1.1 信息可视化

可视化是将大量的数据、信息和知识转化为一种人类的视觉形式，直观、形象地表现、解释、分析、模拟、发现或揭示隐藏在数据内部的特征和规律，提高人类对事物的观察、记忆和理解能力及整体概念的形成③。其中，信息可视化是重要的分支。自 18 世纪后期数据图形学诞生以来，抽象信息的视觉表达手段一直被人们用来揭示数据及其他隐匿模式的奥秘。信息可视化的英文术语"Information Visualization"是由斯图尔特·卡德、约克·麦金利和乔治·罗伯逊于 1989 年创造出来的。20 世纪 90 年代，期间新近问世的图形化界面，则使得人们能够直接与可视化的信息之间进行交互，从而造就和带动了十多年来的

① 王元骧．关于文艺理论研究的方法问题［J］．文艺理论与批评，1993，(3)：80-92，54.
② 杨峰．从科学计算可视化到信息可视化［J］．情报杂志，2007，(1)：18-20，24.
③ 张聪，张慧．信息可视化研究［J］．武汉工业学院学报，2006，(3)：45-48.

信息可视化研究的快速发展①。美籍华人陈超美在国际信息可视化的研究与实践中具有重要影响，1999 年率先发表了该领域的第一部专著《信息可视化》(2004 年再版)，创办了国际期刊《信息可视化》(*Information Visualization*) 并任主编。

信息可视化是可视化技术在非空间数据领域的应用，可以增强数据呈现效果，让用户以直观交互的方式实现对数据的观察和浏览，从而发现数据中隐藏的信息特征、关系和模式。信息可视化以认知心理学和图形设计为基础，可视化的数据来源分为一维数据、二维数据、三维数据、多维数据、时态数据、层次数据和网络数据②。目前，信息可视化具有 4 个发展趋势，即以结构为中心的可视化研究范式向潜在现象的动态属性可视化研究转移、信息可视化技术与分析科学相结合、以用户为中心、可视化技术产品化与商品化③。信息可视化在各个领域得到了十分广泛的应用，包括在医药学、生物学、工业、农业、军事等领域都有使用。最近几年在金融、网络通信和商业信息等领域信息可视化也被大范围的应用，成为信息可视化中新的研究热点；特别是大数据等相关技术的出现，信息可视化更受到社会各界的关注④。

2.1.2　知识可视化

视觉传播学者保罗·莱斯特曾说："今天的现实是，我们周遭的世界以视觉为主要媒介，我们对世界的理解不是通过文字，更多的是通过视觉。"⑤ 知识可视化是在科学计算可视化、数据可视化、信息可视化基础上发展起来的新兴研究领域，它应用视觉表征手段促进群体知识的传播和创新。知识可视化发展时间很短，正式成为一个新兴的研究领域起源于 2004 年，Eppler 和 Burkhard 共同发表论文《知识可视化——通向一个新的学科及其应用领域》(*Knowledge Visualization-Towards a New Discipline and its Fields of Application*)⑥。Eppler 认为，知识可视化主要研究视觉表征的使用，主要目的是改进两人或多人间知识的创造与转移；知识可视化是指能用来构建和传递复杂观点和内容的所有图形手段和方式⑦。

---

① 信息可视化 [EB/OL]. [2011-6-20]. http://baike.baidu.com/view/2574894.htm.

② 杨彦波，刘滨，祁明月. 信息可视化研究综述 [J]. 河北科技大学学报，2014，(1)：91-102.

③ 周宁，程红莉，吴佳鑫. 信息可视化的发展趋势研究 [J]. 图书情报工作，2008，(8)：35-38.

④ 刘芳. 信息可视化技术及应用研究 [D]. 浙江大学博士学位论文，2013.

⑤ 张霞. 知识可视化研究综述 [J]. 软件导刊（教育技术），2013，(2)：8-11.

⑥ 刘超. 近十年国外知识可视化研究发展述评 [J]. 上海教育科研，2012，(9)：32-36.

⑦ Eppler M J，Burkard R A. Knowledge visualization. Towards a New Discipline and its Field of Application，ICA Working Paper ＃2/2004 [R]. Schwartz D C Z. University of Lugano. Encyclopedia of Knowledge Management. Idea Group，2004.

知识可视化的目标在于传输见解（insights）、经验（experiences）、态度（attitudes）、价值观（values）、期望（expectations）、观点（perspectives）、意见（opinions）和预测（predictions）等，并以这种方式帮助他人正确地重构、记忆和应用这些知识①。在一个知识可视化框架中，对一个有效的知识传递，要注意以下三个方面：知识的类型指的是要识别需要传递的知识的类型；接受者类型指的是鉴别目标群体和接受者的前后关系；可视化类型是指建立一个简单的分类方法，把已存在的可视化方法组织成一个统一的结构②。知识可视化工具很多，根据不同的角度有不同的分类：从可视化方式的角度分为启发式草图、概念图表、视觉隐喻、知识动画、知识地图、科学图表；从认知工具的角度有概念图、思维导图、认知地图、语义网络、思维地图；从知识可视化分类理论的角度有知识地图、图画、矩阵图、维恩图、流程图、树形图、鱼骨图、组织图等③。目前，知识可视化研究中需要重点关注以下问题：首先，可视化技术必须同数据挖掘有更紧密的联系；其次，可视化系统需要提高数据可视化技术的人机交互能力；再次，可以先开发针对某类特定领域的可视化系统；最后，需要组织力量开发可视化商业软件④。

2.1.3 知识图谱

知识图谱（或称科学知识图谱、知识域可视化，Knowledge Domain Visualization、Mapping Knowledge Domain）是以科学文献知识为对象，显示学科的发展进程与结构关系的一种图形，具有“图”和“谱”的双重性质与特征，主要是对文献和文献内容的知识单元进行可视化。知识图谱作为对科学知识及其间的关系可视化所得出的结果，具有较为直观、定量、简单与客观等诸多优点，是一种有效的、综合性的可视化分析方法和工具，被广泛应用并取得较可靠的结论；目前已成为科学计量学、管理学、科学学和情报学等领域的研究热点与实践探索趋势⑤。

采用数学的方法，以图形的方式来表达知识的演进乃至知识本身并不是现代社会才有的现象，这来源于数学中的图论。在科学知识脉络的表达上，历来就有使用图谱的传统，由于以往科技发展水平缓慢以及需要处理的信息量相对

① 赵国庆，黄荣怀，陆志坚．知识可视化的理论与方法［J］．开放教育研究，2005，(1)：23-27.

② 周宁，陈勇跃，金大卫，等．知识可视化框架研究［J］．情报科学，2007，(4)：566-569.

③ 张霞．知识可视化研究综述［J］．软件导刊（教育技术），2013，(2)：8-11.

④ 袁国明，周宁．信息可视化和知识可视化的比较研究［J］．科技情报开发与经济，2006，(12)：93-94.

⑤ 杨思洛，韩瑞珍．国外知识图谱绘制的方法与工具分析［J］．图书情报知识，2012，(6)：101-109.

较少，人们仅仅使用简单的二维图形来表达知识的发展脉络[①]。知识图谱的正式起源最早可追溯到文献计量学和科学计量学的诞生时期，1938 年 Bernal 制作了早期学科图谱。1948 年 Ellingham 手工绘制了图表形象地展示了自然科学和技术分支学科间的关系[②]。同年，普赖斯用简单的曲线可视化科学知识指数增长规律，这些是知识图谱的早期探索成果。到 20 世纪 50 年代，加菲尔德创制《科学引文索引》，并以编年体形式手工绘制引文网络图谱，通过引证网络展示特定领域的知识历时转移和交流情况；随后“文献耦合”（Kessler，1963）、“科学引文网络”（Price，1965）、“同被引”（Small，1973）、“共词”（Callon，1983）、“引文可视化”（White，1998）等相继提出，科学知识可视化成为专门研究领域[③]。从 20 世纪末开始，随着计算机网络技术的迅猛发展，特别是信息可视化技术的突破，复杂网络理论和社会网络分析方法的引入，科学技术研究受到各国普遍重视，知识的数量、种类和结构呈快速变化，受到基因图谱、信息可视化、GIS 和超文本可视化发展的影响而正式提出知识图谱。国内对知识图谱相关研究有较长时间的探索，但是正式兴起于 2005 年，陈悦和刘则渊在《科学学研究》上发表《悄然兴起的科学知识图谱》一文，随后在图书情报学、科学学与科技政策管理等学科形成研究的热潮。大连理工大学刘则渊教授领导的团队的研究在国内最为突出。他们培养了大批硕博研究生，出版了系列专著，并且与国外的陈超美等学者进行了密切合作研究。

知识图谱具有的重要作用包括：①通过知识图谱较形象、定量、客观、真实地显示一个学科的结构、热点、演化与趋势，是学科基础研究的新视角。②在科学知识的动态变化系统内，可视化知识进程与知识之间的联系，展示科学的进化与认知结构，完成知识发现的 5W（why，what，where，when，who）[④]。③对图书情报学科具有更重要意义，目前图书情报研究“知识化”现象明显，知识图谱大有用武之地，不仅可以可视化学科知识结构，也有助于信息检索、分类与知识服务等。④知识图谱可描述、解释、预测和评价科学知识，学者发表的科学文献和其中知识单元的可视化，使得文献知识通过空间布局形象地展示，来揭示科学知识交流。

---

① 赵旭．从数学量度方式的变化看科学知识图谱的发展趋势［J/OL］．［2011－6－21］．http：//www. kmcenter. org/html/s25/201205/17-13898 _ 3. html.

② Hook P A. Domain maps：purposes，history，parallels with cartography，and applications［C］. Conference Proceedings of 11th Annual Information Visualization International Conference（IV 2007），Zurich，Switzerland.

③ 杨思洛．引文分析存在的问题及其原因探究［J］．中国图书馆学报，2011，（3）：108－117.

④ Börner K，Chen C，Boyack K. Visualizing knowledge domains［J］. Annual Review of Information Science and Technology，2003，（37）：179－255.

2.1.4 三者间的关系

可视化研究发展的境脉大致遵循着科学计算可视化、数据可视化、信息可视化、知识可视化的轨迹。信息可视化、知识可视化和知识图谱是目前可视化领域的三个主要概念和分支内容。三者存在密切的包含关系，如图 2-1 所示。

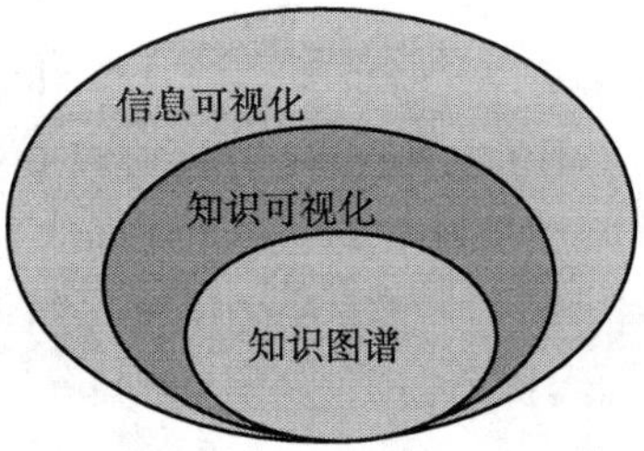

图 2-1 信息可视化、知识可视化和知识图谱的关系

首先，正如信息和知识之间的关系一样，信息与物质、能源并列为世界三大要素，信息是含义很广的概念，知识包含于信息之中。信息可视化可认为是对信息和数据的可视化展示，信息可视化这条术语囊括了数据可视化、信息图形、知识可视化、科学可视化及视觉设计方面的内容。

其次，信息可视化和知识可视化两者都是开发人类对高效处理视觉信息的能力，但是这两个研究领域使用这种能力的方式不同，研究侧重点各异。周宁等从 10 个方面进行了较系统的总结①。知识可视化与信息可视化的目标有所差别，信息可视化的目标在于从大量的抽象数据中发现一些新的信息或者简单地使存储的数据更容易被访问；知识可视化则侧重于通过提供更丰富的表达他们所知道内容的方式，以提高人们之间的知识传播和创新②。

最后，知识图谱是知识可视化的一部分，知识可视化是可以用来构建、传达和表示复杂知识的图形图像手段，知识同样是一个比较泛的概念，而且一般认为知识是在信息的基础上的深入。目前，主要是教育科学领域在研究和实践知识可视化，集中在利用知识可视化促进教学、改善知识概念的学习理解等。知识图谱则集中在对科学知识的可视化分析。由于文献是一切的知识的载体，而知识或信息具有无形性、较难的计量和把握性，所以目前不论是信息可视化，还是知识可视化和知识图谱，文献及其内容单元都是它们的可视化对象。在已

---

① 周宁，陈勇跃，金大卫，等．知识可视化与信息可视化比较研究［J］．情报理论与实践，2007，(2)：178－181，255.

② 赵国庆，黄荣怀，陆志坚．知识可视化的理论与方法［J］．开放教育研究，2005，(1)：23－27.

有研究的基础上，可把三者的特点归纳为表 2-1①。

表 2-1　信息可视化、知识可视化和知识图谱的比较

比较项目	信息可视化	知识可视化	知识图谱
可视化对象	非空间数据	人类的知识	科学知识
可视化目的	从大量抽象数据中发现新的信息	促进群体的知识创新和传播	展示学科，促进科学发展
可视化方式	计算机图形图像	绘制草图、知识图表、视觉隐喻	多维图表、视觉隐喻
交互类型	人-交互	人-交互	人-交互

2.2　知识图谱的研究现状可视化

在知识经济时代，图书情报学科面临着理论与实践的重大变革。实践工作方面，除过去的简单文献提供活动外，更需要深入挖掘知识内容，提供知识服务，特别是把握科学发展趋势，为各学科提供战略决策服务；理论研究方面，“知识化”趋势也十分明显。知识图谱是将科学知识以可视化的形式直观展示，且深入知识内部对其发展进程与结构关系进行系统分析。具体来说，知识图谱是把应用数学、图形学、信息可视化技术、信息科学等学科的理论与方法与计量学引文分析、共现分析等方法结合，用可视化的图谱形象地展示学科的核心框架、发展历史、前沿领域及整体知识架构的多学科融合的一种研究方法②。知识图谱研究是图书情报学科的重要研究内容，也成为其发挥作用，影响其他学科的重要方面。近年来，知识图谱悄然兴起，在国内相关研究不断涌现。与一般的文献计量论文不同，本节从不同层面、多角度统计分析，旨在总结现状，为相关研究和课题的开展提供参考，推进我国知识图谱研究的持续发展③。

2.2.1　数据来源与研究方法

本节选用中国知网作为研究的数据来源，具体检索词为“知识图谱”，通过篇名、关键词、主题三种方式，选择“精确”检索途径，检索时间段设定为1981～2011 年，具体检索日期为 2011 年 10 月 19 日。所得检索结果见表 2-2：①相关博士论文有 3 篇，因为许多博士论文没有授权给中国知网，有些论文公

① 刘超．近十年国外知识可视化研究发展述评［J］．上海教育科研，2012，(9)：32－36.

② 秦长江，侯汉清．知识图谱——信息管理与知识管理的新领域［J］．大学图书馆学报，2009，(1)：30－37，96.

③ 杨思洛，韩瑞珍．知识图谱研究现状及趋势的可视化分析［J］．情报资料工作，2012，(4)：22－28.

开存在时滞，故实际的相关论文数会更多（如通过“中国国家图书馆学位论文收藏中心”检索）。大连理工大学刘则渊教授指导的有2篇，其中侯海燕的博士学位论文《基于知识图谱的科学计量学进展研究》出版时间较早（2006年），被引量也较大（44次）。另外还有2009年南京农业大学秦长江的论文《基于科学计量学共现分析法的中国农史学科知识图谱构建研究》。②相关7篇硕士论文有4篇来自大连理工大学刘则渊教授的研究团队，另外3篇分别是中国科学技术大学闫明的《中国创新管理研究的知识图谱分析》、上海交通大学何南洋的《图书情报学知识图谱的构建及解读》、南京理工大学陈祖香的《面向科学计量分析的知识图谱构建与应用研究》。③相关16篇会议论文也有10篇来自大连理工大学，其他的则较为分散。这些论文来源较多的有“第二届中国科技政策与管理学术研讨会”“第四届中国科学学与科技政策研究会学术年会”“首届中国科技政策与管理学术研讨会”及“第12届中国科协年会第31分会场海峡两岸区域合作与协同发展论坛”等。④相关图书方面。经过不同的检索途径发现，2008年刘则渊在人民出版社出版的《科学知识图谱：方法与应用》，以及根据他指导的博士论文所出的系列图书，涉及科学学、管理学、科学计量学和专利等方面。此外还有李运景的《基于引文分析可视化的知识图谱构建研究》、汤建民的《基于中文数据库的知识图谱绘制方法及应用》。⑤相关课题方面。除涉及知识可视化相关课题外，专门针对知识图谱的国家社会科学基金项目有2007年陈悦的“基于科学知识图谱的中外创新管理研究”、2010年王贤文的“科学发现模式的知识图谱与逻辑结构”；在2011年社会科学基金项目指南中有“图书馆学情报学知识图谱研究”，实际立项有肖明的“基于多方法融合的中外图书馆学情报学知识图谱实证研究”和杨思洛的“中外图书情报学科知识图谱比较研究”。教育部人文社会科学研究项目有2009年汤建民的“基于国内文献数据库的学科知识图谱绘制方法研究”；2010年潘黎的“基于科学知识图谱的中外高等教育研究之比较”、胡海鹏的“应用科学知识图谱的外语学科30年发展研究”；2011年杨明海的“基于科学知识图谱的海外高层次创新型科技人才引进的岗位测算研究”、魏瑞斌的“学术机构知识图谱构建及其应用研究”。⑥以“关键词或篇名”方式检索出的相关期刊论文有178篇，这些将在后面详细分析。

表2-2　知识图谱研究文献的分布情况

检索方式	主题方式	关键词方式	篇名方式	关键词或篇名方式
中国学术期刊网络出版总库（所有期刊/核心期刊）	225	125	125	178
	164	93	87	131
中国优秀硕士学位论文全文数据库	21	7	5	7
中国博士学位论文全文数据库	21	3	2	3
中国重要会议论文全文数据库	22	10	9	16

本节使用文献计量分析法，将相关论文下载到Excel进行分类汇总处理，使用

VBA 自编程序和 BICOMS 软件对合著和共词分析，并通过 Pajek 和 CiteSpace 软件可视化结果。

2.2.2 研究论文时空分布

1. 论文的年代和期刊分布

衡量某领域发展的重要指标就是学术论文数量的变化，为其统计并绘制相应的增长曲线，对评价该领域所处的阶段，预测发展趋势具有重要意义。图 2-2 为 178 篇期刊论文按年度分布情况。2005 年，陈悦和刘则渊发表了国内第一篇相关论文《悄然兴起的科学知识图谱》，随后的 3 年大都是刘则渊团队的作品，后面年份则有所扩展。从论文的数量来看，2005～2007 年相关论文很少，相关研究处于起步阶段；从 2008 年开始，各年论文数量大幅增加，引起了多个学科领域的关注与重视；2011 年，仅仅是一部分数据，有理由相信在近几年，知识图谱研究仍将快速增长。从图 2-2 可看出，相关论文大部分都发表在核心期刊上（特别是在早期），说明知识图谱论文的质量较高，当然也与相关研究需要掌握一定的工具与技术，有一定的门槛相关。近年来，核心论文的比例有所减少，相关研究有扩散的趋势。

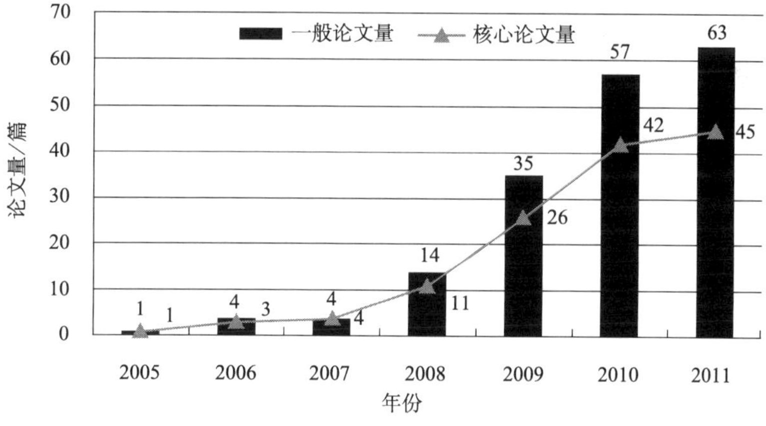

图 2-2 国内知识图谱研究文献的年份分布

研究相关论文的期刊分布是掌握领域的空间分布和领域重要的有效方法。178 篇论文发表在 76 种刊物上，大都是图书情报领域期刊和科学研究管理刊物。而通过对相关论文的学科统计，发现涉及的学科中，前 5 位为（括号内为论文量）：图书情报（56 篇）、科学研究管理（33 篇）、企业经济（14 篇）、计算机软件及计算机应用（10 篇）、高等教育（10 篇）。表 2-3 为载文量最多的前 9 种刊物（载文量大于 5 篇），这些刊物属于情报学和科学学领域，都是核心期刊。如果以期刊所载相关论文的篇均被引和下载量作为衡量期刊影响力指标，科学学领域的期刊明显高于图书情报领域，一方面由于被引和下载量具有累积性，发文较早自然较高；另一方面则是相关影响力的研究发表在科学学刊物上。对于下载量，《情报学报》的数据比较特殊，明显存在误差，可能是期刊社与数据库商之间的授权相关，这也在一定程度说明文献计量中原始数据选择的重要性。

表 2-3　相关论文载文量最多的 9 种期刊

刊名	载文量/篇	篇均被引/下载量/(次/篇)	刊名	载文量/篇	篇均被引/下载量/(次/篇)	刊名	载文量/篇	篇均被引/下载量/(次/篇)
图书情报工作	15	1.3/272	科学学研究	9	24.8/673	情报学报	6	1.5/2.5
情报杂志	11	3.7/248	现代情报	9	0.2/162	科技进步与对策	5	2.4/198
情报科学	10	0.9/294	情报理论与实践	7	3.3/370	科学学与科学技术管理	5	1.2/263

2. 论文的机构分布

178 篇论文涉及的单位中，发文量超过 2 篇的有 35 个机构，除中国科学院国家科学图书馆、军事医学科学院和中国科学学与科技政策研究会外，全部来自高校。这也说明知识图谱研究的力量集中在大学内。对机构的分析是了解领域研究力量分布，以及机构间合作情况的重要方面。机构分析有不同层次，其一是直接使用作者所著录机构情况，了解机构合作的微观结构，图 2-3 为机构间的微观合作情况，其中删除了孤立结点，从上到下按合作网络的节点多少排列。

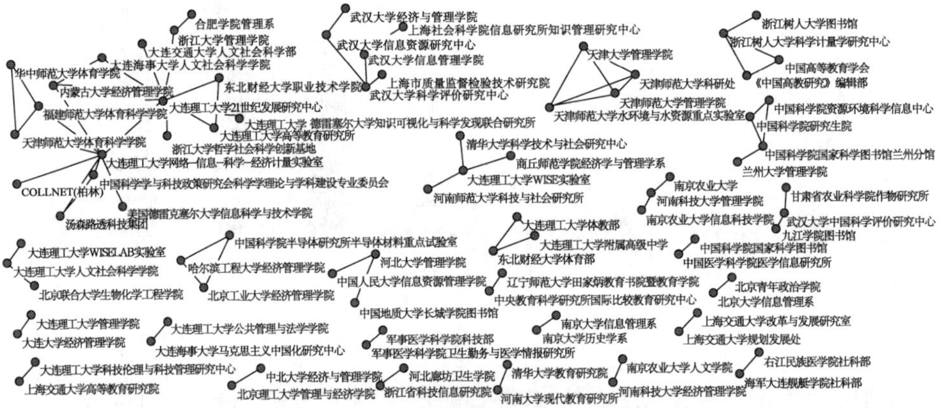

图 2-3　国内知识图谱研究机构的微观结构

其二是对著录信息调整补充，可展示其宏观结构，如对同一单位（高校）的合并，可了解高校间合作；对同一国家或地区合并，可明晰国家或地区间的交流状况。图 2-4 为高校这一层次的可视化，有利于了解领域研究中各高校的合作，即外部交流情况，克服直接微观层面的一些不足，如国内高校许多院系同时也设立了研究中心（所），一个学者在高校内部的身份有多种；另外有的内部机构著录也不统一（如大连理工大学 WISE 实验室）等。合作机构主要是：①在职读博、进修所形成的交流；②同学间关系或知识互补形成的合作；③同一类型机构的交流，如福建师范大学、华中师范大学和天津师范大学的合作，都是其体育学院合作发表体育方面的学术论文。

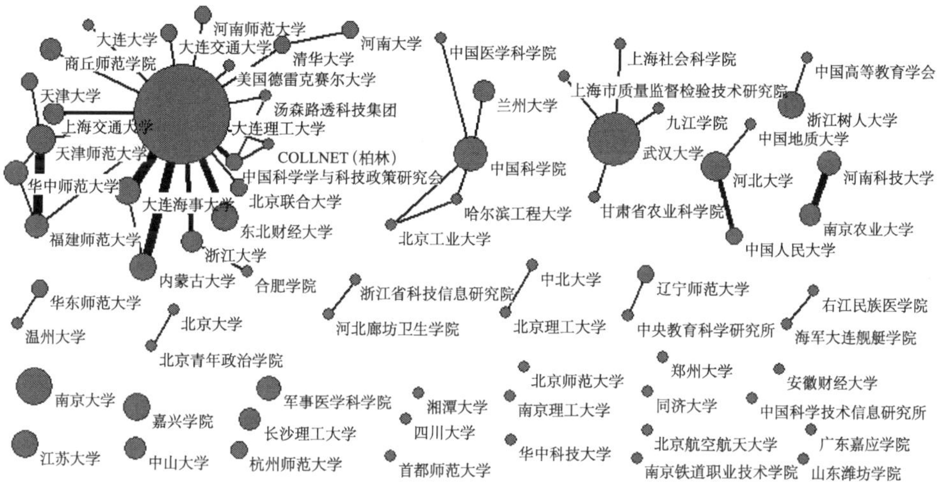

图 2-4　国内知识图谱研究机构的宏观结构

结合图 2-3 和图 2-4，研究机构大部分都是非图书情报领域，说明相关知识图谱研究的广泛性。其中，最有影响的是大连理工大学，它有多个院系（研究中心）从事这方面研究，而且合作交流频繁，特别是与国外机构交往密切；作为实力雄厚的图书情报院系，武汉大学信息管理学院及其研究机构也发挥重要作用；另外，中国科学院及相关机构是专门从事科学研究的，对科学知识的可视化自然与其紧密相关，也发表系列论文。图 2-4 节点大小表明论文量，对比图 2-3 可看出南京大学和军事医学科学院等单位发文量较多，但与校外并无合作关系；江苏大学和嘉兴学院则校内外机构合作都没有。

3. 论文的作者分布

178 篇论文共有 390 位作者，一方面有少量的高产作者，持续且深入地研究；另一方面则是大量作者分散分布，有 159 位作者仅发表 1 篇论文（41%）。表 2-4 为发表超过 6 篇的作者发文情况，其中领域 h 指数定义为在知识图谱领域发表 N 篇论文至少被引 N 次。作者合作网络图既可选择所有作者形成全景图，也可选择一定的频次阈值形成核心图。图 2-5 为相关发文量超过 2 篇的核心作者网络图，图中边线粗细代表合作频次，节点大小表示发文量，其中多人合作形成的网络图 1 个，4 人合作网络图 1 个，3 人和 2 人合作图分别有 4 个。图 2-6 为所有作者间的合作网络，图中边线粗细代表合作频次，但节点统一大小。结合表 2-4、图 2-5 和图 2-6，可发现有以下主要研究团队：①刘则渊团队。刘则渊主要从事科学学与科技政策管理研究，他是国内知识图谱研究的早期探索者，也是目前领域中影响力最大的学者，他成立大连理工大学网络-信息-科学-经济计量实验室(WISELAB)，并与国外多名著名学者合作。其团队人数众多，主要由他的研究生和同事组成，承担了系列课题，发表了众多论著。②汤建民团队。汤建民为浙江树人大学教师，其团队主要由其同事组成，他主要以国内数据为基础，运用传统可视化方法进行研究，承担了教育部课题。③赵蓉英团队。赵蓉英为武汉大学信息管理学院教授，多年从事信息计量教学与研究。其成员主要由她带的硕士生组成，近年来相关成果特别显著。④宗乾进团队。宗乾进及其团队成员都为南京大学信息系硕士生，近年来他们利用 CSSCI 数据的优势，组成南京大学知识图谱研究组，针对特定学科发表系列论文。⑤马费成团队。马费成为武汉大学信息管理学院教师，针对其主持的国家自然科学基金重点项目，绘制生命周期理论知识图谱。⑥卢章平团队。卢章平在江苏大学科技信息研究所工作，其团队主要围绕国家社会科学基金项目“欧美图书馆学博士学位研究课题分析”进行研究。

表 2-4　发表相关论文超过 6 篇的作者

作者	发文量/篇	篇均被引/下载量/(次/篇)	领域 *h* 指数	作者	发文量/篇	篇均被引/下载量/(次/篇)	领域 *h* 指数	作者	发文量/篇	篇均被引/下载量/(次/篇)	领域 *h* 指数
刘则渊	19	14/464	7	姜春林	10	8.8/363	3	宗乾进	8	0/133	0
许振亮	15	3.5/319	5	赵蓉英	9	0.8/369	1	葛莉	7	1/231	1
侯海燕	11	11.8/480	5	陈悦	8	24/644	5	陈兰杰	6	1/261	1

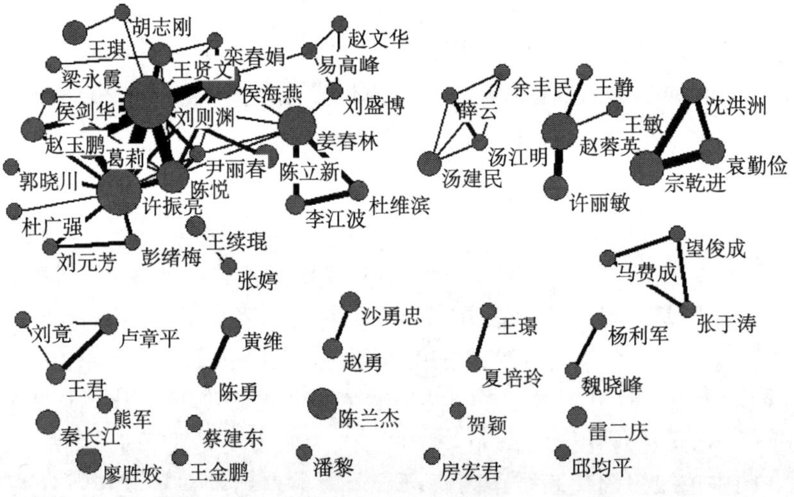

图 2-5　知识图谱研究的核心作者合作网络图

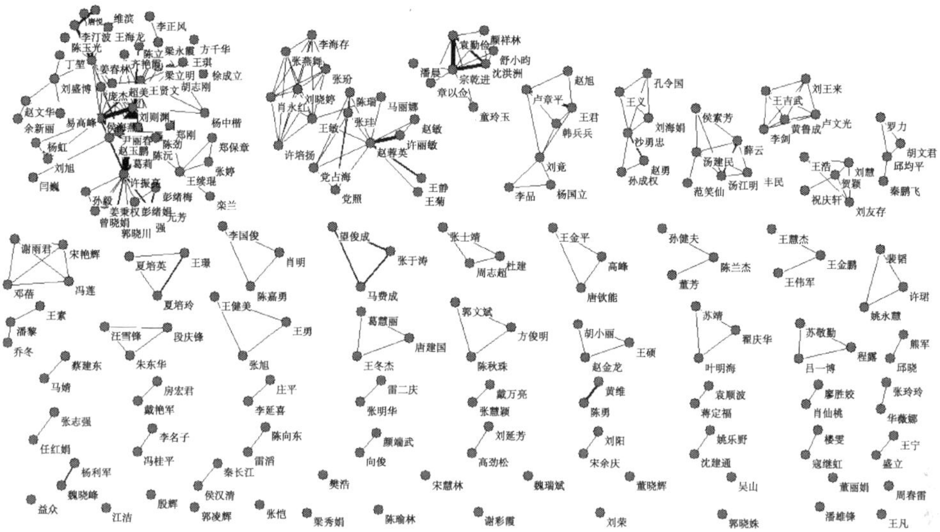

图 2-6　知识图谱研究领域所有作者合作网络图

2.2.3　高影响力论文分析

文献被引用是业界专家对其的一种共同肯定，也是评价其影响力的重要且客观的指标；通过对高影响力论文的分析，可快速地找到领域经典的文献。被引量是学术影响力的总体反映，被引 7 次以上的共有 20 篇论文。2005 年陈悦和刘则渊的《悄然兴起的科学知识图谱》是国内发表最早的论文，其被引量也最高，达 90 次。被引量最高的 20 篇论文有 13 篇是由刘则渊教授团队贡献的，充分说明了他的影响力。在发表的刊物方面，《图书情报》和《科学学研究》刊物各有 9 篇，其中 7 篇发表在《科学学研究》上，另外高等教育类刊物 2 篇。

在网络环境下，下载量反映了论文在网络中的影响和利用价值，各论文下载量远远大于被引量，从某种意义上说，下载频次可以更直接地显示论文被读者使用的情况，避免一些人为因素和不良引用动机的影响。相关论文中下载量大于 500 次的共有 25 篇，与高被引论文相比，显著差异就是其发表时间更晚，有 5 篇是近两年出现的，还有具体的次序有区别。下载量与被引量间关系是一个值得深入研究的问题，如是否近期下载量预示未来的被引量，被引量与下载量差异较大的论文有哪些特点等。秦长江和侯汉清在 2009 年发表的《知识图谱——信息管理与知识管理的新领域》下载量遥遥领先，高达 1303 次。下载量高的作者、期刊分布与高被引量情况大致相同；而且被引量最多的 20 篇论文与下载量最多的 25 篇论文中有 15 篇是相同的（被引量前 13 篇论文都包括其中），说明被引量与下载量之间确实存在一定相关性。表 2-5 为被引量与下载量均较高的论文，我们认为是领域的高影响力论文，这些论文主要由刘则渊教授团队完成，而且大都发表在科学学与科研管理类期刊上，说明了图书情报领域在知识图谱研究方面的薄弱与不足，有待加强。

表 2-5　被引和下载都较高的知识图谱研究论文

篇名	作者	刊名	发表年	被引频次	下载频次
悄然兴起的科学知识图谱	陈悦等	科学学研究	2005	90	801
当代国际科学学研究热点演进趋势知识图谱	侯海燕等	科研管理	2006	55	842
科学学理论体系建构的思考	刘则渊	科学学研究	2006	37	541
科学知识图谱：最有影响的 50 位科学计量学家	侯海燕	科学学研究	2007	28	535
知识图谱——信息管理与知识管理的新领域	秦长江等	大学图书馆学报	2009	18	1303
科学知识图谱的发展历程	陈悦等	科学学研究	2008	18	822
经济学研究热点领域知识图谱：共词分析视角	姜春林等	情报杂志	2008	16	536
国外创业型大学研究热点探析：共词可视化视角	彭绪梅等	清华大学教育研究	2007	15	611
国际科技政策研究热点与前沿的可视化分析	栾春娟等	科学学研究	2009	13	768
基于知识图谱的国际科学计量学研究前沿计量分析	侯海燕等	科研管理	2009	12	785
基于知识图谱的管理学理论前沿分析	陈悦等	科学学研究	2007	11	748
科学知识图谱研究综述	梁秀娟	图书馆杂志	2009	11	510
科学知识图谱应用研究概述	廖胜姣等	情报理论与实践	2009	9	755
引文分析领域前沿与演化知识图谱	梁永霞等	科学学研究	2009	8	825
《高等教育研究》研究热点及其知识基础图谱分析	易高峰等	高等教育研究	2009	7	880

2.2.4　研究论文主题分布

论文的关键词是其内容的浓缩和提炼，关键词的分布频次与特征，能显示某领域总体特征、研究内容之间的内在联系、学术研究的发展脉络与发展方向、学术研究的重点与热点等①。178 篇相关论文共有 775 个关键词，出现 2 次以上的关键词有 89 个，对这些词构建共现矩阵，然后再通过 Pajek 可视化，得到图 2-7，图中连线粗细代共现次数，节点大小代表词出现频次。从图 2-7 可以看出，相关关键词主要可分为四类：对知识图谱的理论分析的词汇；介绍知识图谱绘制工具与数据来源；论述绘制方法；知识图谱的具体应用领域。

① 马费成，张勤．国内外知识管理研究热点——基于词频的统计分析［J］．情报学报，2006，(2)：163－171.

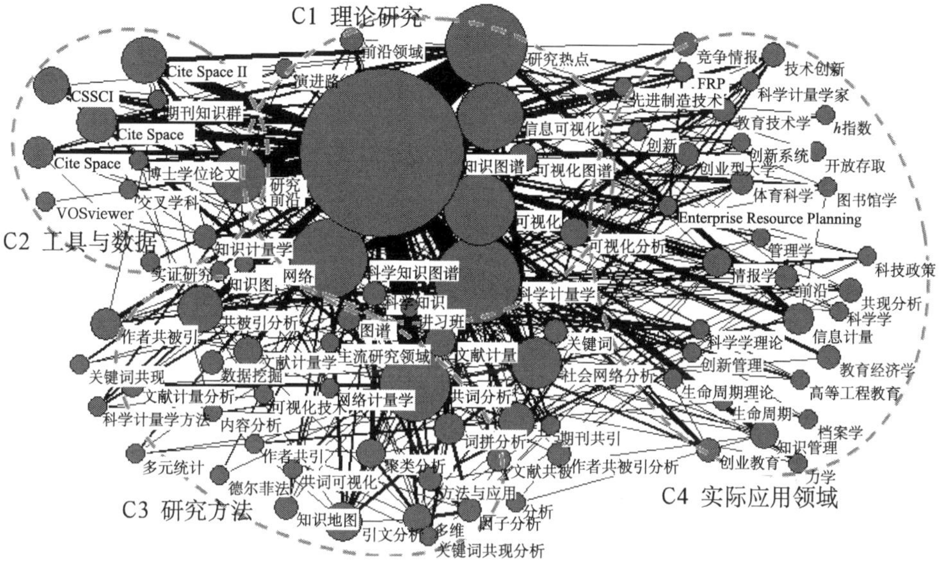

图 2-7　知识图谱研究论文关键词共现图谱

图 2-8 是对 2008～2011 年相关论文关键词的可视化展示，是通过 CiteSpace 的"time line"模式显示，关键词圆的大小表示词的频率，其中去除了"知识图谱"和"科学知识图谱"两词。时区图中关键词所在的位置根据该词的最早出现年份确定。从图 2-8 中可以看出各关键词在年度的频次及突变情况，也可知晓各年度研究热点。结合前面的分析及图 2-8，并浏览相关论文全文，下面分别对各部分内容进行详述。

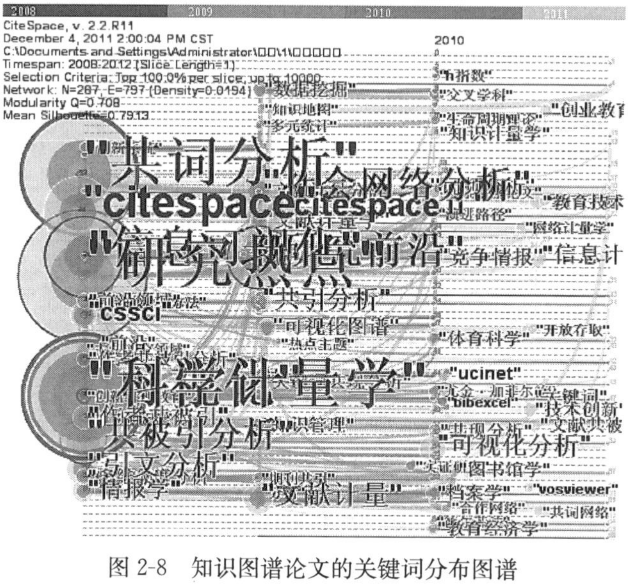

图 2-8　知识图谱论文的关键词分布图谱

1. 知识图谱理论研究

知识图谱理论是知识图谱应用研究的基础，国内研究大多从知识图谱的起源①、相关概念②、基本原理等方面进行论述③。陈悦和刘则渊最早对知识图谱进行定义，认为它是揭示科学知识及其活动规律的科学计量学从数学表达转向图形表达的产物，也是显示科学知识地理分布的知识地图转向以图像展现知识结构关系与演进规律的结果④。秦长江和侯汉清认为，知识图谱是信息管理与知识管理的新领域，并总结它的发展历史、相关概念、关键技术、相关软件和应用领域⑤。廖胜姣和肖仙桃对国外科学知识图谱的应用研究与发展现状进行研究，并总结国内外研究进展差异⑥。此外，梁秀娟结合国内外在引文分析和可视化方面的最新研究，从定性的角度，综述了科学知识图谱起源、概念、绘制方法、应用及研究展望⑦。魏瑞斌总结国内知识图谱期刊论文的外部特征和内容特征，提出今后的研究需要加强学科间的合作、加强基础理论研究、创新研究方法和优化数据质量⑧。

2. 绘制工具与数据

国内专门研究知识图谱绘制工具和数据来源的研究较少。姜春林和陈玉光结合 CSSCI 数据格式特点，解决了文献分析软件 Bibexcel 不能处理中文文献的瓶颈问题，实现了知识单元共现关系矩阵⑨。廖胜姣从界面和数据处理、绘图功能以及所绘制的图谱特点等方面着手，分析 SPSS 和 TDA 在绘制科学知识图谱方面的功能及不足之处⑩。另外，周春雷等对中国知网、万方数据的

① 陈悦，刘则渊，陈劲，等．科学知识图谱的发展历程［J］．科学学研究，2008，(3)：449-460.

② 唐钦能，高峰，王金平．知识地图相关概念辨析及其研究进展［J］．情报理论与实践，2011，(1)：121-125.

③ 杨国立，李品，刘竟．科学知识图谱——科学计量学的新领域［J］．科普研究，2010，(4)：28-34.

④ 陈悦，刘则渊．悄然兴起的科学知识图谱［J］．科学学研究，2005，(2)：149-154.

⑤ 秦长江，侯汉清．知识图谱——信息管理与知识管理的新领域［J］．大学图书馆学报，2009，(1)：30-37.

⑥ 廖胜姣，肖仙桃．科学知识图谱应用研究概述［J］．情报理论与实践，2009，(1)：122-125.

⑦ 梁秀娟．科学知识图谱研究综述［J］．图书馆杂志，2009，(6)：58-62.

⑧ 魏瑞斌．国内知识图谱研究的可视化分析［J］．图书情报工作，2011，(8)：126-130.

⑨ 姜春林，陈玉光．CSSCI 数据导入 Bibexcel 实现共现矩阵的方法及实证研究［J］．图书馆杂志，2010，(4)：58-63.

⑩ 廖胜姣．科学知识图谱绘制工具：SPSS 和 TDA 的比较研究［J］．图书馆学研究，2011，(5)：46-49.

自动统计、生成矩阵等各自编制了软件①。由于 CiteSpace 不能直接分析中文数据库资源，南京大学宗乾进和沈洪洲开发 POPCite 对所下载的文档进行预处理②。

对知识图谱绘制工具和来源数据大都在具体应用中提及。图 2-9 是对所有相关论文使用的绘制工具与数据来源的统计，有一些论文同时使用多种工具和数据库，另外也有少量定性研究论文没有使用工具与数据库。①知识图谱绘制工具中，CiteSpace 占有最大比例，它是由长江学者、大连理工大学特聘教授、美国德雷塞尔大学信息科学与技术学院教授陈超美博士开发，是适合进行多元、分时、动态复杂网络分析的可视化知识分析工具③。从 2004 年至今有多个版本，其特点是直接倒入数据库套录数据，可生成多种可视化图谱。Bibexcel 是一款专门的文献分析软件，可实现文献统计分析，常常作为知识可视化的前期处理工具。SPSS 是通用的社会统计软件，知识图谱研究常常用到其中的多维尺度分析、因子分析和聚类分析。Ucinet 和 Pajek 为目前最流行的社会网络分析软件，常用来对知识间的关系进行分析与展示，其中 Ucinet 集成了包括 Netdraw 在内的多个可视化软件。此外，有些工具有少量使用，Bicomb 为中国医科大学崔雷开发的针对中文数据库的类似于 Bibexcel 的文献分析软件；Wordsmith 为文字统计软件；TDA 为汤姆逊公司开发的文献分析工具；VOSviewer 为荷兰莱顿大学开发的专门用于信息可视化的工具；Systa 也是一个文献可视化软件。②知识图谱的数据大都来源于文献数据库，其中 WoS 占了大部分，WoS 包括 SCIE（SCI Expanded）、SSCI（Social Sciences Citation Index）、AHCI（Arts & Humanities Citation Index）及 CPCI（Conference Proceedings Citation Index）。国外数据库使用较多（特别是研究早期），一方面是知识图谱工具与软件大多来源于国外，对国外数据库支持更好（如早期 CiteSpace 不能分析中文数据）；另一方面是国外研究较为先进，要可视化领域的现状与趋势，用国外数据更合适。中国知网包括系列数据库，数据较全，获取简单，使用也较多，但对引文可视化的支持不好；CSSCI 数据质量较高，且便于引文分析，有较多使用。另外，维普和万方数据库也有论文使用；也有其他少数来源针对特定用途而被使用到。

---

① 周春雷，王伟军，成江东 . CNKI 输出文件在文献计量中的应用［J］. 图书情报工作，2007，(7)：124－126.

② 宗乾进，沈洪洲 . 2009 年我国图书馆学研究热点和知识来源谱系［J］. 图书馆杂志，2011，(6)：13－19.

③ 陈超美，陈悦，侯剑华，等 . CiteSpace Ⅱ：科学文献中新趋势与新动态的识别与可视化［J］. 情报学报，2009，(3)：401－421.

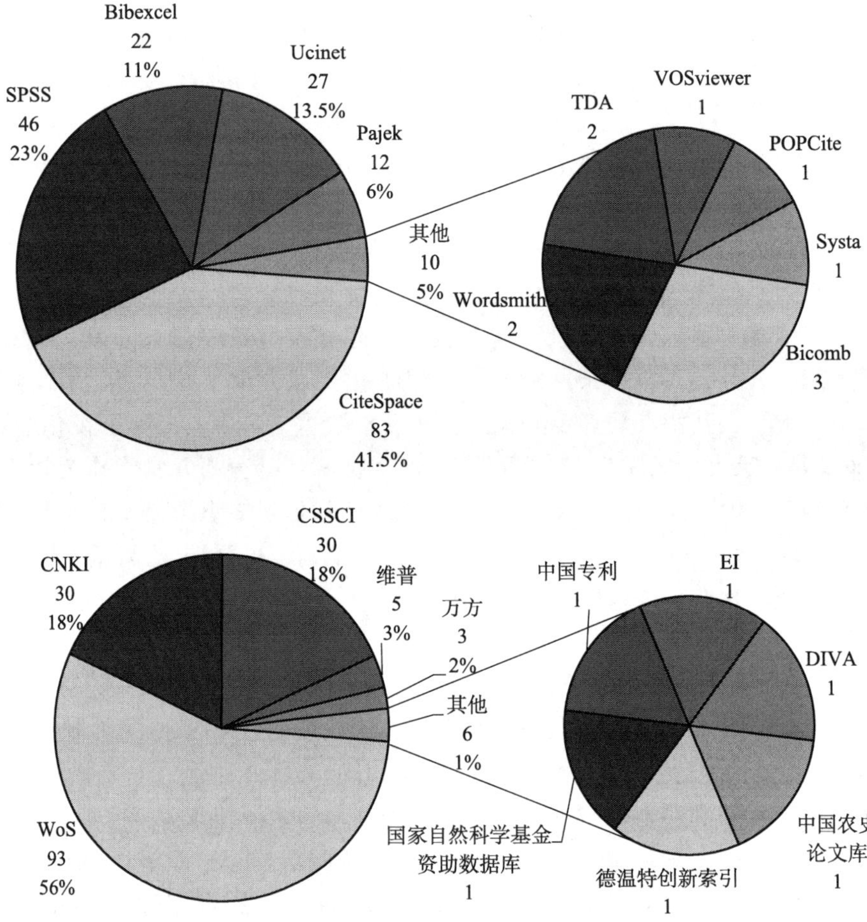

图 2-9 知识图谱研究论文使用的绘制工具与数据来源

3. 绘制方法

知识图谱绘制方法主要来源于信息计量学和社会网络分析等方面，国内相关研究主要借鉴和引进国外方法，专门提出或改进方法的论文很少。秦长江采用作者共引分析方法，分别利用传统的因子分析、聚类分析、多维尺度分析以及先进的社会网络分析方法和软件，对采用的两种技术方法所构建的知识图谱的特点、差异和效果进行对比分析①。周春雷提出引荐分析法，它综合了引文分析法和知识图谱等方法，通过分析高影响力作者的施引列表来寻找该作者眼中的学界同行，从而获得较为精确的领域研究结构全景图②。

① 秦长江．两种方法构建的作者共引知识图谱的比较研究［J］．情报科学，2010，(10)：1558－1564.

② 周春雷．引荐分析法：一种新的引文分析法［J］．情报学报，2010，(4)：671－678.

通过浏览全文，图 2-10 为知识图谱研究论文使用的绘制方法统计。需要说明的是，所列方法分类并不十分严格，主要依据各方法出现频次；对简单的论文数量统计和关键词频率统计没有分析；实际研究中也常常同时多种方法使用，如文献共引和关键词共现结合；也有些工具自身使用相关的可视方法，如在使用 CiteSpace 可视化分析时，软件常常自动包含“最小生成树”“关键路径算法”等计算方法，这些都无法统计。

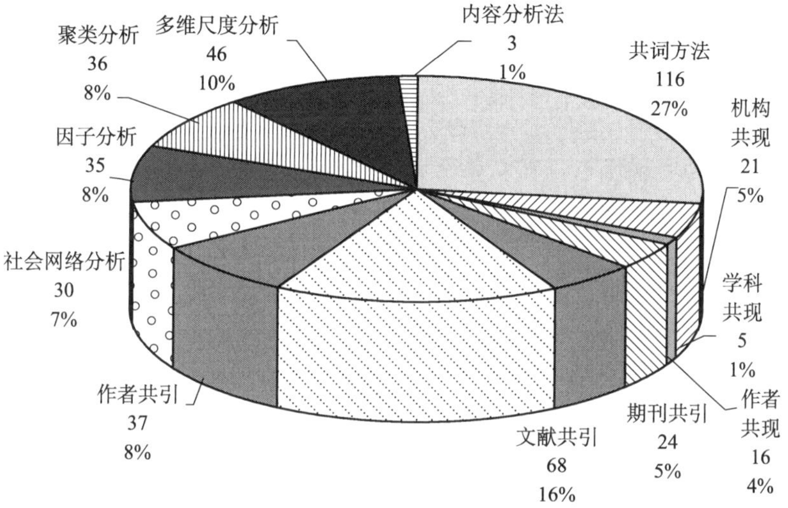

(a) 绘制方法

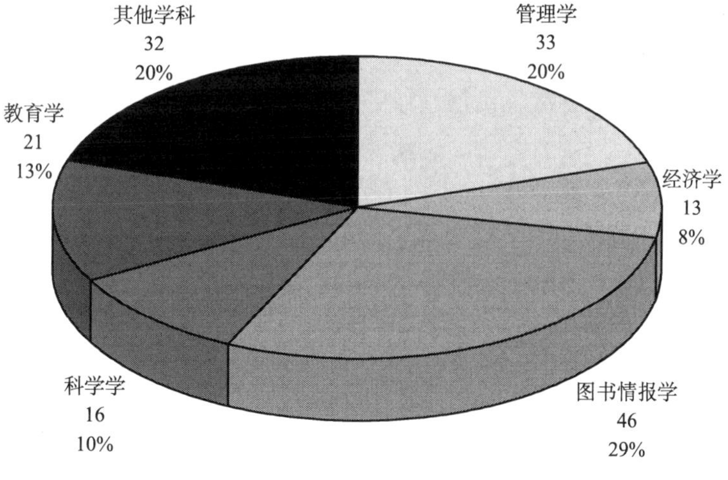

(b) 应用领域

图 2-10　知识图谱研究论文使用的绘制方法和应用领域

涉及的绘制方法可分为三大类：①共现分析。共词方法在绘制图谱中使用最多，它主要分析关键词共现，因为关键词是从论文中提炼的能够反映基本内容的词，也是论文的浓缩与精华，也具有规范性，是对领域现状与趋势的重要研究源；另外也包括对主题和摘要的分析，如利用 CiteSpace 的突变词探测技术和算法，结合词频时间分布，将频次变化率高的词从主题词中探测出来，构建发展趋势图谱。机构共现主要研究机构之间的合作情况，除单位合作外还包括国家之间的合作交流；学科共现主是针对一些论文著录有多个学科的情况，可用来表示特定研究领域涉及的学科，以及这些学科之间的联系程度；作者共现则分析某领域合作情况与合作网络。②共（被）引分析。文献共引方法也使用较多，主要是在利用 CiteSpace 软件时使用此方法对领域的经典文献、知识结构进行分析。期刊共引用来研究领域核心期刊群体的结构、领域的主流研究类别及其关系；作者共引则常常研究学术流派和学科结构。③多元统计。知识图谱绘制中使用较多的为多维尺度分析、聚类分析和因子分析。多维尺度分析通过低维空间展示知识间的联系，并利用平面距离来反映对象之间的相似程度，常常与层次聚类分析结合。因子分析是指从变量群中提取共性因子，以少数变量表达大部分内容的统计技术。各方法往往与特定的工具软件相对应，如在采用聚类方法和因子分析时大多选择 SPSS；在社会网络分析时多选择 Ucinet 和 Pajek；对文献共引分析和主题探测分析则使用 CiteSpace。内容分析法是运用多个统计、推理、比较的分析方法来透过文献现象看本质，最早萌发于新闻界，后来扩展到图书情报乃至整个社会科学领域①。内容分析法与其他方法有很大交叉，通过浏览全文发现有 3 篇论文专门提到此方法。

4. 具体应用领域

国内对知识图谱的具体应用研究较多，具体应用相对简单，步骤也较为雷同；因为通过一套研究工具与方法，应用于不同领域就可写出系列论文。图 2-10（b）为知识应用不同领域所占比例；表 2-6 为所有的研究论文中，知识图谱所应用的领域。已有的研究涉及对特定主题、学科、期刊、学者等多方面的可视化研究；有的领域有多篇研究论文（以括号中数字表示），大都为同一学者所做的系列研究，也有不同作者从不同角度对同一领域的研究。另外，有 2 篇论文对国内外企业知识共享和科学学两个领域都进行研究，在国内外统计中都计入。表 2-6 中的学科分类主要依据论文的数量来划分，社会科学领域的研究较多；与知识图谱相关的图书情报、科学学研究也较多。在“其他学科”分类中主要是一些自然科学、体育领域，也包括少量的人文科学。

---

① 邱均平，邹菲．关于内容分析法的研究［J］．中国图书馆学报，2004，(2)：14－19.

表 2-6　知识图谱研究论文中的应用领域

学科	国内	国外
管理学	社区及社区服务、生态可持续发展、中小企业管理、德尔菲法、管理学、技术创新（3）、企业知识共享、专利研究	知识管理（2）、科技人力资源、政府绩效管理、区域创新系统、先进制造技术（2）、管理学、ICT 领域、技术创新（3）、虚拟社区、ERP（2）、企业风险管理、管理伦理、技术预见、创新管理（2）、创新系统、企业知识共享、专利信息
经济学	数量经济学、教育经济学（3）、金融学、经济学、物流学	信息经济学、物流研究、会计学、旅游研究、社会资本研究、创业研究
图书情报学	图书情报学、档案学（2）、情报学（2）、图书馆学、知识图谱、CiteSpace、期刊评价、参考咨询、生命周期理论（2）、搜索引擎、公共与高校图书馆、信息可视化、《情报科学》、《图书馆理论与实践》、开放存取（2）、引文分析	图书情报学、情报学（2）、图书馆学（2）、竞争情报（3）、医学情报、网络搜索引擎、电子文件管理、信息资源管理、h 指数、知识组织、网络计量学、文献计量学（2）、知识计量学、知识发现、信息政策、公共信息资源管理、信息素养、期刊影响因子、加菲尔德、引文分析、科学知识图谱
科学学	《中国科技期刊研究》、科学学（2）、科学基金管理、科技政策	同行评议专家、科学计量学家（2）、科学计量学（2）、科技政策、科学传播学（2）、科学学（2）、《科学哲学》
教育学	教育技术学（3）、教育研究、《高等教育研究》、高等教育、独立学院、民办高等教育	E-learning、创业教育（3）、创业型大学（3）、二语习得、高等工程教育（2）、远程教育、高等教育、大学战略管理
其他学科	自然辩证法、农史学科（3）、力学、制浆造纸、极地研究、《体育科学》、体育科学、脑认知研究、循证医学	社会网络分析（2）、认知神经科学、奥林匹克运动（2）、体育科学、高原训练、生物安全、军事医学、工程伦理、虚拟现实、食品检测、公共卫生与预防医学、生物制氢、纳米科技、LED、油料作物、生物科学与工程、生态文明、力学（2）

2.2.5　研究结论

选用中国知网作为研究的数据来源，借助 CiteSpace 可视化分析的独特功能，从文献计量学的视角对国内知识图谱研究论著进行可视化，得出如下结论：①从不同层面、不同角度系统展示了相关论文的年代、期刊、作者、机构、高影响力论文分布；近年来，相关论文快速增长，但核心论文的比例有所减少，相关研究有扩散的趋势；载有相关论文较多的这些刊物大都属于情报学和科学学领域，都是核心期刊。②对比分析知识图谱研究的核心作者与所有作者合作网络，并进行可视化展示，发现了刘则渊团队、汤建民团队、赵蓉英团队等领域研究团队及高产作者。③一方面，直接使用作者所著录机构情况，了解机构合作的微观结构；另一方面，在高校这一层次的可视化，展示其宏观结构。发现研究机构大部分都是非图书情报领域，说明相关知识图谱研究的广泛性。但是，武汉大学信息管理学院及其研究机构，中国科学院国家科学图书馆也发挥重要作用。④结合下载量与被引量分析了高影响力论文。发现被引量与下载量之间确实存在一定相关性，领域的高影响力论文主要由刘则渊教授团队完成，而且大都发表在科学学与科研管理类期刊上，说明图书情报领域在知识图谱研究方面的薄弱与不足，有待加强。⑤通过高频关键词的共现分析，发现相关关键词主要可分为四类，即对知识图谱的理论分析，介绍知识图谱绘制工具与数据来源，论述绘制方法，还有知识图谱的具体应用领域。结合浏览相关论文全文，对知识图谱研究主题的四方面进行深入阐述①。

通过较系统的分析，发现近年来国内知识图谱研究取得了很大进展。目前，一方面，相关内容的理论研究深度和广度有所加大，有越来越多的领域从事这方面的研究；另一方面，知识图谱实践研究也在不断深化，相关应用也越来越广泛。知识图谱研究有着美好的前景和重要意义，同时也期待新的发展、突破和繁荣。

2.3 知识图谱绘制方法与工具

在知识图谱的研究中，对绘制方法与工具的研究一直是其重点，国外众多学者关注于知识图谱绘制方法的改进及提出新的方法，开发功能强大、使用简单、展示形象的可视化软件。我们试图对国外的相关最新研究进展进行系统总结，为相关研究提供参考与借鉴。本节把“知识图谱”主要限定在科学图谱（science mapping）、文献计量图谱（bibliometric mapping）、文献图谱（literature mapping）、知识域可视化（mapping knowledge domain）等内容②，主要是对狭义知识图谱的分析，即运用文献计量学方法，通过文献知识单元分析来可视化科学知识的结构、关系与演化过程，对知识地图、认知地图、概念地图、天体图、地形图等内容没有关注。通过阅读，发现已有的许多论著涉及多个方面，如纯理论思辨性论文很少，一些论文提出新的方法与思路，同时往往通过案例予以实证；对某一领域或学科可视化研究中也常用到系列知识图谱方法和工具。本节主要阐述其两大重点内容：知识图谱绘制流程和绘制的专门软件。需要说明的是，知识图谱绘制方法与工具涉及的内容众多，既包括了传统的文献计量学方法和技术，也包括了知识和信息的可视化技术，还涉及知识挖掘和计算机网络技术等。例如，在构建知识单元间关系时就会使用到引文分析法、共被引分析法、多元统

---

① 杨思洛，韩瑞珍．知识图谱研究现状及趋势的可视化分析［J］．情报资料工作，2012，(4)：22－28.

② Cobo M J, López-Herrera A G, Herrera-Viedma E. Science mapping software tools: review, analysis, and cooperative study among tools [J]. Journal of the American Society for Information Science and Technology, 2011, 62 (7): 1382－1402.

计分析法、词频分析法、社会网络分析法等方法①。

2.3.1　知识图谱的绘制流程

早在 1997 年，White 和 McCain 将文献计量可视化的步骤归纳为 5 点②。针对新环境下的知识可视化，Börner 等将其分为 6 部分，即提取数据、定义分析单元、选择方法、计算相似度、布局知识单元及解释分析结果③。Cobo 等则将其分为 7 部分，即数据检索、处理、网络提取、标准化、作图、分析及可视化④。我们认为知识图谱绘制过程可由 8 部分组成（当然，针对特定的分析，有些步骤并不是必须的），具体内容见图 2-11。

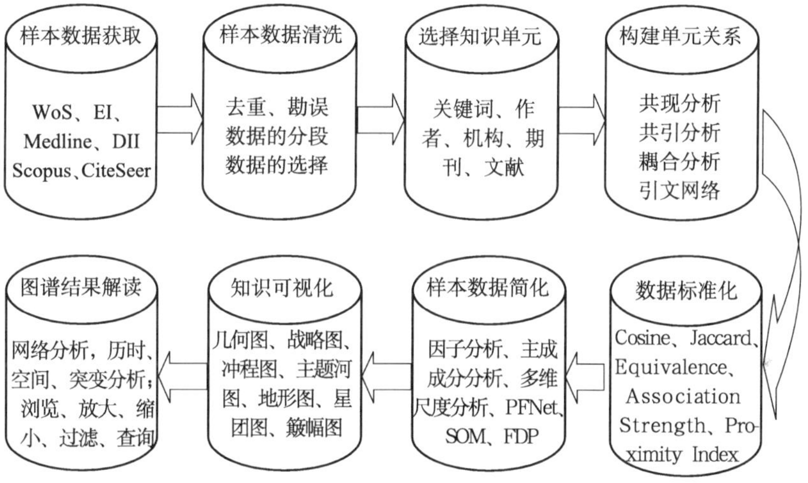

图 2-11　知识图谱绘制的一般流程

1. 数据检索

样本数据的检索与获取是绘制知识图谱的前提和基础。大型文献数据库的

① 杨思洛，韩瑞珍．国外知识图谱绘制的方法与工具分析［J］．图书情报知识，2012，(6)：101－109.

② White H D，McCain K W. Visualization of literature［J］. Annual Review of Information Science and Technology，1997，(32)：99－168.

③ Börner K，Chen C，Boyack K. Visualizing knowledge domains［J］. Annual Review of Information Science and Technology，2003，37：179－255.

④ Cobo M J，López-Herrera A G，Herrera-Viedma E. Science mapping software tools：review，analysis，and cooperative study among tools［J］. Journal of the American Society for Information Science and Technology，2011，62 (7)：1382－1402.

建立并提供网络访问，可以较大批量下载数据，为样本获取提供方便。最常用的数据库有 WoS、Scopus、Science Direct 等；专利数据则有美国专利商标局的 USPTO 和 Derwent Innovations Index（DII）；也出现了 Google Scholar、arXiv、CiteSeerX 等许多新的专业或综合性网络数据库。已有许多研究对各类数据库的功能、收录范围、覆盖广度、质量对比分析，结果表明文献数据库都各有特色，特别是一些新兴的网络数据库具有新的功能，如网络引文数据库 CiteSeer，利用有网络全文的优势，实现了基于语境的引文分析功能，使用时需要根据研究的对象和目的来选择或综合应用①②。

目前，科学知识图谱常常通过引证和共词关系可视化科学知识结构来获得，但是越来越多的科学知识是通过网络交流和获取，学术网站网关记录了远远多于引文数据的网络日志，这些日志保存了即时出版行为和大量的用户请求记录（是由多种用户在众多不同领域形成的点击流）。Bollen 等使用出版商、机构联盟等著名学术机构网站中超过 10 亿用户的记录，来自世界各地的用户涉及自然、社科和人文学科，从系列用户交互日志中提取了点击流模型（一阶马尔可夫链）；经过与已有词汇集对比证明点击流模型有效，最后通过期刊网络可视化展示了各学科间的关系、澄清了人文社会科学与自然科学间的联系；他认为点击流数据能够产生更清晰、更详细、更及时的科学图谱③。在另一研究中，Bollen 认为通过期刊的使用记录来可视化学科知识，更能反映最新的情况；样本记录来自 Los Alamos 国家实验室研究团队，具体使用主成成分分析和 K 核聚类，并与一般文献计量分析 WoS 数据得到的结果对比异同④。Leydesdorff 使用中国科学引文索引（CSCD）进行期刊共引的可视化（使用 2001 年所收录的所有 991 种期刊），发现 CSCD 与 SCI 存在的差异，如包括大量的大学学报、期刊更具有跨学科性质⑤。

Park 通过网络计量方法研究了韩国 e-science 研究的内容变化、学科范围与研究机构；具体使用 LexiURL 提取“yahoo. com”网站中的数据，获得 810 站点的 1055 网页，然后可视化网页间的链接及网页中的术语；发现网络基础设施

---

① Gavel Y，Iselid L. Web of Science and Scopus：a journal title overlap study [J] . Online Information Review，2008，32 (1)：8 - 21.

② Roth D L. The emergence of competitors to the Science Citation Index and Web of Science [J] . Current Science，2005，89 (9)，1531 - 1536.

③ Bollen J，Van de Sompel H，Hagberg A，et al. Clickstream data yields high-resolution maps of science [J] . PLoS One，2009，4 (3)：e4803.

④ Bollen J，Sompel H. Mapping the structure of science through usage [J] . Scientometrics，2006，69 (2)：227 - 258.

⑤ Leydesdorff L，Bihui J. Mapping the Chinese science citation database in terms of aggregated journal-journal citation relations [J] . Journal of the American Society for Information Science，2005，56 (14)：1469 - 1479.

（cyber-infrastructure）等是重要术语，由政府资助的 e-science 研究的网络影响不大且自成体系①。在拉美，交互式科学中心和博物馆是科学交流的关键机构，Gouveia 和 Kurtenbach 对 18 个这些机构的网站间关系进行了可视化展示；具体使用 AltaVista 收集数据，使用聚类和多维尺度分析网站间的共链情况，并分析其中几个网站内的所有链接；发现语言障碍和人们对机构的认知是影响共链的重要因素②。Harries 认为，与引文类似，学术网站间的链接能用来可视化学科结构及学科间的联系；具体对数学、物理和社会科学的系列网站对比分析，发现了链接与引文的类型、不同学科的链接特征、站内链接与站外链接的差异③。

2. 数据预处理

知识可视化的质量、合理性和可靠性很大程度上依赖于所用数据的精确性和全面性，不准确或不全面的数据往往造成不精确甚至错误的结果。即使目前最权威、公认质量很高的 WoS，也存在数据著录格式（如人名和地名不统一）和遗漏的问题。从数据库检索出原始数据需要经过系列预处理才能进行分析，如改正字符错误，统一或增补国家和机构名等。另外，为进行历时分析或分时段的对比分析需要对数据进行分段处理；如果样本数据过大，也需要进行有代表性的抽取，如选择高被引论文、机构或发文最多的作者等。

作者是知识创新和管理的主体，但对作者的识别与去重一直是重要问题，涉及作者、机构与国家等知识单元计量与可视化的准确度（尤其是微观层次的分析），特别是随着网络环境下作者数量剧增、中国等发展中国家作者的大量出现，这一问题更加复杂。目前，存在的方法有人工识别、模糊匹配、多阶段匹配。结合心理学的认知地图和网络分析中的 ASF（approximate structural equivalence），Tang 和 Walsh 提出一种基于知识相似度（如计算所发表论文参考文献的相似程度）的识别作者唯一身份的新算法；通过实证表明该方法算法更简单，但是识别的精确度却更高④。2003 年 5 月 9～11 日在美国加利福尼亚大学尔湾分校举办了主题为“知识域可视化”的会议，共发表了 20 多篇学术论文介绍知识图谱研究的成果，内容涉及知识可视化的样本数据格式及获取、算法与方法、

① Park H W. Mapping the e-science landscape in South Korea using the webometrics method [J]. Journal of Computer-Mediated Communication，2010，15（2）：211－229.

② Gouveia F C，Kurtenbach E. Mapping the web relations of science centres and museums from Latin America [J]. Scientometrics，2009，79（3）：491－505.

③ Harries G. Hyperlinks as a data source for science mapping [J]. Journal of Information Science，2004，30（5）：436－447.

④ Tang L，Walsh J P. Bibliometric fingerprints：name disambiguation based on approximate structure equivalence of cognitive maps [J]. Scientometrics，2010，(84)：763－784.

可视化设计和应用研究等，并在 PNAS（国家科学院院刊）发表专题，Shiffrin 和 Börner 对此有详细介绍①；会议中特别提到突出的问题，认为知识可视化的基础是高质量的样本数据，对不同格式和不同质量数据的清洗和预处理是必不可少的过程；对样本数据最好能免费自由地公共获取。

3. 构建知识单元

知识单元是知识处理的基本单位，是一切知识管理活动的前提和基础。在知识可视化过程中，常见的知识单元有关键词、题名、作者、机构、刊名、分类号、学科等，目前，也扩展到摘要、参考文献和全文之中；此外，也有两种或两种以上的单元结合进行可视化分析（如共词与共被引结合），来达到更好的效果②。不同的知识单元具有不同作用，如期刊图谱可以获取学科的全貌，也能对各学科的定位及其关系可视化，还能进行特定学科的微观分析。而文献这一层面是使用最广的知识单元，被用于知识评价、知识检索、学科结构、竞争情报等多方面③。作者知识单元最典型的应用包括：通过作者共引分析来推断学科知识结构与流派，利用合作网络可视化学者与地域间的合作交流情况。利用关键词知识单元构建语义网，这些词可来自论文的各个部分（标题、摘要、关键词或全文），这些词组成的图谱可明晰特定领域的研究内容、未来的研究趋势等。

除简单个体统计外，对知识单元关系可视化研究需要定义测算指标，目前一致认同的是 1997 年 White 和 McCain 的描述④。他们把知识单元关系分为两种：一种是文献（单元）间的直接联系，用前缀“inter”表示，如期刊间的“inter-citation”表示所统计期刊间的引用频次关系；另一种是知识单元在一个文献（单元）内的共现，用前缀“co”表示，如“co-word”表示两个关键词在同一文献中出现。第一种一般通过关系网络来展示，第二种则使用较多，如共词、共被引、共分类号、共标引词等。对知识单元的关系通过简单的频次计数形成网络，同时假设知识单元对学科具有表征作用。例如，共词分析的基本假设是，每一个研究领域都可通过系列重要的关键词来表示，而每篇文献也可由

① Shiffrin R M，Börner K. Mapping knowledge domains [J]．PNAS，2004，101 (1)：5183-5185.

② Janssens F，Glanzel W，De Moor B. A hybrid mapping of information science [J]．Scientometrics，2008，75 (3)：607-631.

③ Börner K，Chen C，Boyack K. Visualizing knowledge domains [J]．Annual Review of Information Science and Technology，2003，(37)：179-255.

④ White H D，McCain K W. Visualizing a discipline：an author co-citation analysis of information science，1972-1995 [J]．Journal of the American Society for Information Science，1998，49 (4)：327-356.

其关键词来代表。通过关键词间的相似度对比分析可定量地衡量文献间的相似度，从而展示文献关系，进而达到可视化学科领域的目的。另外，Zitt 等将知识单元关系分为基于引证关系的和基于词语义的（citation-based and word-based）两种截然不同的方式；通过实证分析，以块状矩阵图对比展示了其异同，认为两种方式不能替代或混合在一起，而只能相互补充作用①。

知识单元关系分析中，Small 可视化引文分析的语境，具体分析学术论文中施引部分中，相临文本的语义（对被引文献的态度和喜好）；分为全局和局部两个层次对比分析出现的词语语义特点，在其样本中发现“不确定”和“效用”分别是学科间和学科内的最重要引用语境②。Small 也将共引中的语境分析运用于学科间知识交流的可视化；他认为通过分析引文上下文的关键术语可以了解作者引用时的动机和想法，跨学科引证主要体现施引者“类比”和“表达不确定性”两种语义③。

从 20 世纪 90 年代起，对全文文本的统计分析与文献计量研究的相互借用与结合已有初步探索，Glenisson 则有系统的系列研究。他认为全文文本挖掘与文献计量结合是一种可行的方法，文献计量可视化适合结构方面的分析；全文挖掘能提供额外的信息，扩展、改进、描述和解释文献计量形成的结构图④。van Eck 认为，术语图（比论文关键词更广）是通过展示术语间的联系来可视化特定学科领域的结构，术语需要人工选择或领域专家判断，存在的缺点是主观性强、费时费力；他提出一种术语的自动识别新方法，以运筹学为例，所产生的术语图通过该领域专家分析表明方法非常理想⑤。借鉴 h 指数思路，Schubert 提出基于 h 指数相似度的期刊聚类可视化算法，通过实证分析，认为其结果能对现有的学科分类方法进行补充和完善⑥。

Ahlgren 和 Jarneving 对比分析了文献耦合和论文文摘抽词这两种知识图谱关系构建方法。具体使用《信息检索》期刊上的 43 篇论文为样本；由业内专家对其人工分类；通过 Cosine 对原始数据标准化。无论是耦合强度和文摘词干频

---

① Zitt M，Lelu A，Bassecoulard E. Hybrid Citation-word representations in science mapping：portolan charts of research fields?［J］. Journal of the American Society for Information Science，2011，62（1）：19－39.

② Small H. Interpreting maps of science using citation context sentiments：a preliminary investigation［J］. Scientometrics，2001，87（2）：373－388.

③ Small H. Maps of science as interdisciplinary discourse：co-citation contexts and the role of analogy［J］. Scientometrics，2010，83（3）：835－849.

④ Glenisson P. Combining full text and bibliometric information in mapping scientific disciplines［J］. Information Processing and Management，2005，41（6）：1548－1572.

⑤ van Eck N J，Waltman L，Noyons E，et al. Automatic term identification for bibliometric mapping［J］. Scientometrics，2010，82（3）：581－596.

⑥ Schubert A，Soós S. Mapping of science journals based on h-similarity［J］. Scientometrics，2010，83（2）：589－600.

次的排序，还是由两种方法形成的聚类结果，这两种方法的相似度都很低；两种方法形成的聚类结果与专家得出的分类结果相似度也不高①。在后续的研究中，Ahlgren 和 Colliander 使用同样的样本和方法，对 5 种知识单元间的关系（包括 2 种基于文本术语、1 种基于引证关系的文献耦合、2 种文本和耦合相结合），用 9 种方法进行了实证分析；具体应用 Rand 指数对比了这些方法形成的分类与人工分类的相似性，相似算法使用一阶和二阶两种。结果表明通过这些自动的可视化分类可达到较高的准确度；基于二阶算法，一种基于文本和基于混合方法的效果最好②。Jarneving 对比了在研究前沿可视化中，文献共引和耦合两种方法；以 JCR 中环境科学高被引的 50 种期刊 73 379 篇论文为例，对比了使用两种方法形成的聚类与内容③。Börner 对比讨论了用不同的方法，综合、及时地洞察学科知识；并提议使用语义网作为已有知识关系分析的可行替代和补充；详细例证对比了 3 种用来描述和了解学科知识的方法，即问卷调查、文献库中的引文数据和个人书目记录④。

4. 数据分析

为便于可视化，简单地频次计算的单元数据，往往需要标准化与简化。标准化常常通过数据间的相似度测量，主要有两大类：一是集合论方法（set-theoretic measures），包括 Cosine、Pearson、Spearman、Ochiai 指数和 Jaccard 指数；二是概率论方法（probabilistic measure），主要有合力指数（association strength）和概率亲和力指数（probabilistic affinity）。van Eck 从理论和实证分析得出第二类方法更适合于共现的知识单元分析⑤。为发现知识间的关系，更好地展示各单元，需要样本数据的进一步处理，即简化分析：①因子分析，将关系紧密的变量归为一类，以较少的几个共同因子来反映原始资料的大部分信息，达到对知识分类与聚类的目的，其中有主成分分析。②多维尺度分析，通过低

---

① Ahlgren P，Jarneving B. Bibliographic coupling，common abstract stems and clustering：a comparison of two document-document similarity approaches in the context of science mapping [J]. Scientometrics，2008，76（2）：273 - 290.

② Ahlgren P，Colliander C. Document-document similarity approaches and science mapping：experimental comparison of five approaches [J]. Journal of Informetrics，2009（3）：49 - 63.

③ Jarneving B. A comparison of two bibliometric methods for mapping of the research front [J]. Scientometrics，2005，65（2）：245 - 263.

④ Börner K. Making sense of mankind's scholarly knowledge and expertise [J]. Environment and Planning B：Planning and Design，2007，34：808 - 825.

⑤ van Eck N J，Waltman L. How to normalize cooccurrence data? An analysis of some well-known similarity measures [J]. Journal of the American Society for Information Science and Technology，2009，60（8）：1635 - 1651.

维空间（通常是二维）来展示多维空间中知识间联系，降维达到简化便于辨析的目的。③自组织映射图，模拟人的神经中枢网络，采用无导师学习的分类方法，把任意输入信息变换到二维离散网格上，并尽可能地保持原知识的拓扑有序结构。④寻径网络图谱（PFNET），模拟人的记忆模型和联想式思维方式，建立知识单元间最有效连接的路径，经过较复杂的模型运算删除网络中大部分连接，只保留最重要的，目的是对复杂大型的网络进行最大限度的简化。此外，还有聚类分析（cluster）、潜在语义分析（latent semantic）、力导向布局（force directed placement，FDP）、三角法（triangulation）、最小生成树法和特征向量法（eigenvector）等。

基于知识单元可视化和聚类的原理和假设前提不同，Waltman 等提出知识可视化和聚类结合的统一方法，特别适合于同一对象不同层次的可视化；认为 VOS（visualization of similarities）可视化技术和基于权重和参数变量的模块化聚类方法，都源自相同的基本原则，并以情报科学（1999～2008 年）为例实证分析[①]。van Eck 等对比了传统的多维尺度分析（MDS）和新兴的 VOS 方法，在理论算法上分析了两者的数学关系；通过作者、期刊和关键词三方面图谱实证对比，VOS 比 MDS 产生的图谱更加真实与形象（特别是针对较大规模的样本）[②]。

近年来，在高质量语义可视化知识图谱中，Pathfinder 算法常常用来对大规模、复杂的知识单元关系网络简化，但是传统的 Pathfinder 算法复杂（计算网络结点的四次方），Binary Pathfinder 算法的改进也不太明显。Quirin 基于经典的 Floyd-Warshall 最短路径图形算法，提出 Fast Pathfinder 算法，结构简单且计量时间减少（结点的三次方），通过实证分析算法的有效性[③]。Cointet 和 Chavalarias 提出非对称范式临近算法（asymmetrical paradigmatic proximity）从大规模底层微观数据中提取知识结构和范式，该算法的优点是既不要处理全文，也不要在动态构建学科范式的多层结构时对术语进行特别处理[④]。具体从几百万文献中提取“复杂系统科学”的概念术语，他们详细阐述了三层知识图谱的绘制，从微观、中观和宏观三个层面展示领域知识的进化情况[⑤]。Leydesdorff

① Waltman L，van Eck N J，Noyons E. A unified approach to mapping and clustering of bibliometric networks [J]. Journal of Informetrics，2010，4 (4)：629 - 635.

② van Eck N J，Waltman L，Dekker R，et al. A comparison of two techniques for bibliometric mapping：multidimensional scaling and VOS [J]. Journal of the American Society for Information Science and Technology，2010，61 (12)：2405 - 2416.

③ Quirin A. A new variant of the Pathfinder algorithm to generate large visual science maps in cubic time [J]. Information Processing and Management，2008，44：1611 - 1623.

④ Chavalarias D，Cointet J P. Bottom-up scientific field detection for dynamical and hierarchical science mapping，methodology and case study [J]. Scientometrics，2008，75 (1)：37 - 50.

⑤ Cointet J P，Chavalarias D. Multi-level Science mapping with asymmetrical paradigmatic proximity [J]. Networks and Heterogeneous Media，2008，3 (2)：267 - 276.

提出双连接（bi-connected）图形分析算法来可视化知识结构网络，具体使用了JCR（2001）中的期刊共引数据对所有期刊可视化与分类①。Polanco 等在传统SOM 基础上，提出 Multi-maps，通过图谱扩展，使用多个图从特定角度展示数据；他们分析了图谱的产生机制、聚类及聚类的命名，还有各图之间的联系；并且以转基因植物专利为例实证分析②。共词分析的基本假设是，不同的学者研究同一问题（领域），使用相同的词语来描述其研究内容，因此不同的研究领域或学科可通过不同的词语或共词模式来识别。但是，在自然语言中广泛存在一词多义和一义多词的情况，传统的因子分析和聚类分析对知识可视化存在问题。Kwakkel 和 Cunninghar 提出了混合因子分析模型（mixtures of factor analyzers，MFA），通过实证表明该方法效果更优③。

测度各知识单元间的联系是文献计量的核心任务之一，Gmur 以组织科学 194 篇高被引论文为例，用 6 种不同的算法（包括原始矩阵、Pearson、因子分析和另外 3 种标准化）进行可视化，对比分析了网络聚类数量、大小、密度和差异④。Klavans 和 Boyack 对不同知识可视化算法设计了整套定量评价框架，包括四大标准——精确度、覆盖面、可测度规模和稳健性，具体测评 10 种算法在期刊共引图谱中的情况；结果表明在小样本量时，对原始数据测度时 Pearson 算法是最精确的，但是综合考量（包括大样本量和降维处理中），Cosine 和改进的 Cosine 算法效果更好⑤。Moya-Anegon 等对比分析了 SOM、MDS 和 Ward 聚类 3 种方法；具体以图书情报学科为例，以作者共引和期刊共引两种角度进行分析得出 6 个图谱；认为 3 种方法是从不同的角度分析同一事物，三者互补；SOM 试图呈现局部修正后的投影视图，而 MDS 尝试保持所有点间的距离；SOM 的框式可视化图更符合人的视觉器官，用户（特别是非专家）观察起来更加舒适和直观；MDS 适合于变量集聚类结构的展示⑥。Mccain 对比分析了在知识图谱中的文献计量与知识抽取两

---

① Leydesdorff L. Clusters and maps of science journals based on bi-connected graphs in Journal Citation Reports [J]. Journal of Documentation，2004，60 (4)：371－427.

② Polanco X，François C，Lamirel J. Using artificial neural networks for mapping of science and technology：a multi-self-organizing-maps approach [J]. Scientometrics，2001，51：267－292.

③ Kwakkel J H，Cunningham C W. Managing polysemy and synonymy in science mapping using the mixtures of factor analyzers model [J]. Journal of the American Society for Information Science and Technology，2009，60 (10)：2064－2078.

④ Gmur M. An analysis and the search for invisible colleges：a methodological evaluation [J]. Scientometrics，2003，57 (1)：27－57.

⑤ Klavans R，Boyack K W. Identifying a better measure of relatedness for mapping science [J]. Journal of the American Society for Information Science and Technology，2006，57 (2)：251－263.

⑥ Moya-Anegon F，Herrero-Solana V，Jimenez-Contreras E. A connectionist and multivariate approach to science maps：the SOM，clustering and MDS applied to library and information science research [J]. Journal of Information Science，2006，32 (1)：63－77.

种方法，具体以软件工程为例，一方面运用作者共引和PFNet算法分析60位高被引作者；另一方面，运用知识抽取的卡片分类法，通过46个软件工程专家主观得出领域的知识图谱；经过对比，他认为两方法可互补优势，起到交叉验证的作用①。

5. 可视化与解读

知识图谱需要将处理后的知识在人机界面中有效、精确地展示。早在1996年Shneiderman就以“整理现状、引导未来”为目标，从四方面规范了信息可视化框架②。在此基础上，Börner等认为知识可视化是将非空间数据转换为图的过程，便于人的认知与理解；可明晰知识模式与趋势，并发现隐藏的结构；绘制图谱需要精深的专业知识与多方面技术。Börner对知识可视化提出具体要求：具有理解大量数据样本的能力，无论文规模的大小限制；减少可视化过程时间；对复杂数据集具有良好的理解展示能力；揭示未引起注意的关系与知识；数据集能同时从多个角度展示；结果成为有效的知识决策源③。知识单元及其关系可以通过不同模拟来可视化展示，如几何图、战略图、冲积图、主题河图（theme river）、地形图、星团图、簸幅图等。例如，主题河图可视化中，用河流做隐喻来描述文献主题随时间的变化；主题的变化随着外部事件的时间线索而显示出来；主题河由术语的频次支流组成，支流的宽度依据术语在不同时间段上出现频次的不同而发生变化④。

在知识图谱的解读过程中，常常需要对图谱进行相应操作，包括浏览、放大、缩小、过滤、查寻、关联和按需移动等。解读主要从以下几方面着手：历时分析，从时间角度对系列知识单元的模式、趋势、季节性和异常进行分析，认识现象的本质；往往通过不同时间段的对比，发现领域（知识）在不同时期的变化情况①。突变检测，通过检测短时间内知识单元的急剧变化，主要用来分析知识的前沿趋势，能发现知识演变的转折点和焦点。空间分析的数据来源于文献所著录的机构信息，主要分析知识的空间分布，明晰知识的地理位置关系②。网络分析，一般借鉴社会网络分析理论，对知识节点及其关系进行测定，相关指标有中心性分析（点度中心性、中间中心性、接近中心性）、凝聚子群分析（派系、

---

① Mccain K W. The use of bibliometric and knowledge elicitation techniques to map a knowledge domain: software engineering in the 1990s [J]. Scientometrics, 2005, 65 (1): 131-144.

② Shneiderman B. The eyes have it: a task by data type taxonomy for information visualizations [C]. Paper presented at the Symposium on Visual Languages, Boulder, CO: Proceedings of IEEE, 1996.

③ Börner K, Chen C, Boyack K. Visualizing knowledge domains [J]. Annual Review of Information Science and Technology, 2003, 37: 179-255.

④ Havre S, Hetzler E, Whitney P, et al. ThemeRiver: visualizing thematic changes in large document collections [J]. IEEE Transactions on Visualization and Computer Graphics In Visualization and Computer Graphics, IEEE Transactions on, 2002, 8 (1): 9-20.

n-派系、n-宗派、k-丛）、核心—边缘结构分析①。Khan 等认为，运用基于数学图论的社会网络分析，可以可视化科学知识的精髓；并提出“核心网络”的概念，它是通过在理论结构、模型和概念间构建网络，来可视化科学知识②。

对于知识的地理位置分布，可使用通用软件，如网络工具 Google Earth 和 Google Maps，地理信息系统软件 ArcGis，空间计量软件 Geoda，社会网络分析软件 Pajek 等；在 CiteSpace 软件中可直接输出这些软件所需的数据格式。Leydesdorff 研究各种格式转换的小程序，并评价使用这些软件，认为在城市或单位这一层次的全局视图中，WoS 和 Scopus 等数据可直接使用，但是在组织或机构这一层面数据就存在些问题；这些软件各有优缺点，具体选择依据所研究目的；Pajek 在可视化时有强大的分析功能，而 Google Maps 及相关产品具有丰富的网络功能③。Buter 认为，知识图谱在科技管理与科技政策制定领域没有得到广泛应用，主要是因为用户不能及时地理解从而使用它们。他认为，可以把定性的“概念图”与文献计量图结合起来并开发了相应工具。他一方面研究定性的“概念图”对文献计量图的认知和使用的影响；另一方面研究“概念图”中的最优格式、“概念图”和文献计量图中术语间的关系④。Klavans 和 Boyack 认为，在评价跨学科和多学科研究影响时，全局性的大图更有优势；通过与 Small 和 Griffith 等已有 8 个全局图谱对比评价，认为使用 VxOrd 软件和 Cosine 算法更适合大图绘制；具体使用的定量评价指标包括局部精确度、区域精确度、学科差异和聚类一致性⑤。

2.3.2 知识图谱的绘制工具

因为知识图谱研究目的的多样性，处理数据对象的复杂性，还有方法的差异，再加上目前知识图谱研究还处于初级阶段，相关的绘制工具和软件有很多类别。总体上可分为两大类：一是通用软件，如 SPSS 是通用的社会统计软件，

---

① Börner K，Chen C，Boyack K. Visualizing knowledge domains [J]. Annual Review of Information Science and Technology，2003，37：179－255.

② Khan G F，Moon J，Park H W. Network of the core：mapping and visualizing the core of scientific domains [J]. Scientometrics，2011，89：759－779.

③ Leydesdorff L，Persson O. Mapping the geography of science：distribution patterns and networks of relations among cities and institutes [J]. Journal of the American Society for Information Science and Technology，2010，61 (8)：1622－1634.

④ Buter R K. Combining concept maps and bibliometric maps：first explorations [J]. Scientometrics，2006，66 (2)：377－387.

⑤ Klavans R，Boyack K W. Quantitative evaluation of large maps of science [J]. Scientometrics，2006，68 (3)：475－499.

知识图谱研究常常用到其中的多维尺度分析、因子分析和聚类分析；Pajek 是一个基于 Windows 的用于将大型网络可视化的社会网络分析软件；Ucinet 和 Pajek 为目前最流行的社会网络分析软件，常用来分析与展示知识间的关系，其中，Ucinet 集成了包括 Netdraw 在内的多个可视化软件；此外还有词频分析软件 Wordsmith Tools 和处理地理位置信息的 GIS 相关软件。二是专门软件，专门用于知识图谱绘制的软件，也有许多类型，有些是针对某些特定领域，如专门的网络知识可视化软件、专利分析可视化工具等；有些是个人未公开的，许多学者根据自己的特殊研究需要专门开发特定程序。参考 Cobo 等的研究①，我们对 9 种常见的专门绘制软件总结如表 2-7 所示。

表 2-7 常用的知识图谱绘制软件对比

软件名称	是否免费	预处理	网络构建	标准与简化	图谱解读
Bibexcel	是	数据和网络减化	DBCA，ACAA，CCAA，ICAA，ACA，DCA，JCA，CWA 等	Cosine，Jaccard，Vladutz，Cook	社会网络
CiteSpace	是	分时间段，数据、网络减化	DBCA，ACAA，CCAA，ICAA，ACA，DCA，JCA，CWA 等	Cosine，Dice，Jaccard	突变检测，地理空间，社会网络，历时分析
CoPalRed	否	去重、分时间段，数据减化	CWA	Equivalence 指数	社会网络，历时分析
IN-SPIRE	否	数据减化	CWA	Conditional probability	突变检测，社会网络，历时分析
Leydesdorff 系列软件	是		ABCA，JBCA，ACAA，CCAA，ICAA，ACA，CWA	Cosine	
Network Workbench Tool	是	去重，分时间段，数据、网络减化	DBCA，ACAA，DCA，CWA，DL	用户定义	突变检测，社会网络，历时分析
Science of Science Tool	是	去重，分时间段，数据、网络减化	ABCA，DBCA，JBCA，ACAA，ACA，DCA，JCA，CWA，DL 等	用户定义	突变检测，地理空间，社会网络，历时分析
VanagePoint	否	去重，分时间段，数据减化	ACAA，CCAA，ICAA，ACA，DCA，JCA，CWA 等	Pearson，Cosine，Max Proportional	突变检测，地理空间，社会网络，历时分析
VOSViewer	是			Association Strength	社会网络

注：ABCA 指作者耦合分析；DBCA 指文献耦合分析；JBCA 指期刊耦合分析；ACAA 指作者合作分析；CCAA 指国家合作分析；ICAA 指机构合作分析；ACA 指作者共引分析；DCA 指文献共引分析；JCA 指期刊共引分析；CWA 指共词分析；DL（direct linkage）指直接引证网

① Cobo M J，López-Herrera A G，Herrera-Viedma E. Science mapping software tools：review，analysis，and cooperative study among tools [J]. Journal of the American Society for Information Science and Technology，2011，62（7）：1382－1402.

(1) Bibexcel是由瑞典科学计量学家Persson开发的专门文献计量免费软件①。其分析功能强大，可从WoS、Scopus等众多数据库中读取数据，提取多种知识单元及关系数据，并通过不同方法简化和规范化数据。但是，它的可视化功能弱，常常用于知识可视化前期的数据预处理，然后输出Pajek、Netdraw和SPSS进一步可视化。

(2) CiteSpace为知识图谱分析工具，由长江学者、大连理工大学特聘教授、美国德雷塞尔大学信息科学与技术学院教授陈超美博士开发，是适合进行多元、分时、动态复杂网络分析的免费可视化知识分析工具②。该软件运行于Java平台，可以读取几乎所有常见格式的文献数据，包括专利、医学数据和中文数据。数据关系矩阵可以使用Cosine、Dice、Jaccard标准化。具体的图谱有3种可视化模式，即聚类视图、时间线和时间区域模式，可以聚类展示不同时间段内知识的演化；运用突变检测在知识领域对知识趋势进行展现。

(3) ColPalRed由西班牙格拉纳达大学的EC研究团队开发的商业软件，使用共词单元来分析文献③，能将已有知识转化提炼，发现新知识；在数据预处理中能将关键词语规范化（如一义多词情况）。它有三方面的分析：结构分析，在主题网络中展现知识，包括词语及其关系；战略分析，通过中心度和密度，在全局主题网络中为每个主题定位；动态分析，分析主题网络随时间的演变，可以鉴别出主题的路径、分支、出现及消失。ColPalRed使用战略图、语义主题网络对结果可视化，每个主题有一个标签，该标签名称是相关主题网络中最中心的节点（词汇）的名称。每个主题在战略图中，用球形表示，球的大小与其包含的文档数成正比；主题网络中的关键词也用球表示，球的大小和关键词的频率成正比。

(4) IN-SPIRE是商业文献可视化软件，具有通过揭示文献间的联系、趋势与潜在主题来获取新知识和新认知的能力，使用模拟自然图像来使用户便利地发现文献间的关系和相似文献集④。该工具可读取常见的数据（ASCII、HTML/XML、EXCEL及CSV）。它使用向量空间模型来计算文档间相似度，每个文档使用一个向量表示；常通过词语来构建图谱，具有关键词自动抽取、突变术语检测和主题聚合等新算法，如快速分割聚类的算法，聚类后若干主题（文档的集合）形成，每个主题由高频关键词来命名。它提供两种可视化：Galaxies是模仿星空的分布，ThemeScape是在前者基础上构建，形成三维图，将主题看成沉积层，形成自然地貌图，其山峰高度表示在该领域的主题强度，山峰的外

---

① BibExcel [EB/OL]. [2011-10-16]. http://www8.umu.se/inforsk/Bibexcel.

② IBM HTTP Server [EB/OL]. [2011-10-16]. http://cluster.cis.drexel.edu/~cchen/citespace.

③ CopalRed [EB/OL]. [2011-10-16]. http://ec3.ugr.es/copalred.

④ IN-SPIRE [EB/OL]. [2011-10-17]. http://in-spire.pnnl.gov.

延对应星空图中主题的亮度。它也提供了系列工具来发现隐藏的知识，如时间功能（time silcer）可发现某个主题的增长和萎缩，星际变化中主题的融合；面分析（facets）可方便快速地获取和识别特定主题的文档集；术语详细分析可发现各种可视化图中词语的关系及其历时分布。

（5）Leydesdorff 系列软件[①]是由荷兰阿姆斯特丹大学的著名科学计量学家 Leydesdorff 开发的，由针对特定功能而设计的系列小程序组成，可以处理共词、合作、耦合、共引等知识单元关系。结果可以通过外部软件，如 Pajek、Ucinet、Network Bench Tool 和 Science of Science（Sci^2）展现出来；特别是可以分析国际和大学的合作，以及城市间合作，对合作网络可通过 Google Maps 等外部软件可视化。对各文献数据库批量数据的组织，设计专门程序，其中关系矩阵用 Cosine 规范。该套程序对数据预处理功能不强，如要进行历时分析，需要使用其他软件对数据分段。他也提出“层叠图”（overlay map），并开发了工具用于可视化科学知识单元中的静态布局与动态变化[②]。

（6）Network Bench Tool 是由美国印第安纳大学开发的免费软件，为生物医学、社会科学和物理学研究提供一种对大规模网络进行分析、建模和可视化的工具[③]。它提供特殊的算法来处理文献数据，可以读取几乎所有常见数据格式来构建和分析知识网络和图谱。它可以完成数据预处理、不同类型网络构建、知识网络的分析，知识可视化整个流程，也可进行历时性分析。数据的预处理包括去重、分时间段、探测和整合同义词；可以构建多种网络，如共引、合作、共词和耦合等，也可以形成作者-文档网络或直接引证网络；可使用众多算法分析知识网络，并进行突变探测；具体图形可视化则是通过外部插件程序。

（7）Sci^2 工具也是由美国印第安纳大学开发的免费软件，专门用于研究科学结构的模块化工具，可从时间、空间、主题、网络分析和可视化等多角度，分析微观（个体）、中观（局部）和宏观水平（整体）的知识单元[④]。它可输入常见格式数据；提供多种方法处理数据，为后续分析做准备。Sci^2 工具包括 DrL 等算法和一些可视化插件；可以构建常见的知识单元网络，还能形成作者-引证、论文-引证、作者-论文等直接关系网络。它可通过多种算法可视化实现学术团体检测和骨干鉴定；历时分析可对数据进行时间段分割并突变检测；空间分析是通过地理编码和地理空间主题图完成；主题分析是对词语突变检测和共词分析来执行；网络分析则可进行统计分析和在网络上应用不同算法。

---

① Leydesdorff L [EB/OL] . [2011 - 10 - 17] . http: //www. leydesdorff. net.

② Rafols I, Porter A L, Leydesdorff L. Science overlay maps: a new tool for research policy and library management [J] . Journal of the American Society for Information Science and Technology, 2010, 61 (9): 1871 - 1887.

③ Network workbench [EB/OL] . [2011 - 10 - 17] . http: //nwb. slis. indiana. edu.

④ Sci^2 [EB/OL] . [2011 - 10 - 17] . https: //sci2. cns. iu. edu/user/index. php.

(8) VantagePoint 是美国搜索技术公司 (Search Technology Inc.) 开发的免费文本挖掘与可视化软件①，可从大量的结构数据中发现模式和关系，快速确定知识内容（人物、内容、时间和地点）。它有 180 多个输入接口，可输入几乎所有的数据格式；也能处理书目数据中不同知识单元；其图形界面分为三大部分，其中，中间的主工作区域展示图谱；左边的标题视图列出所选样本的标题；右边细节窗口显示所选单元的详细内容。它具有较强的数据去重和分段功能，通过模糊近似匹配和词汇集来提炼主题词语；在处理过程中可形成多种关系，如共现矩阵、自相关矩阵、跨相关矩阵和因子矩阵；在数据标准化过程中使用常见的 Pearson、Cosine 算法；也可形成跨相关图、自相关图和因子图谱。在最新的版本中有两个新功能，一是为便于数据交换与共享，可以 XML 输出标准数据；二是可按知识的区域进行地图化展示。

(9) VOSviewer 是荷兰莱顿大学开发的免费软件②。它是 van Eck 和 Waltman 基于 VOS 可视化技术专门针对文献知识单元的可视化工具，其突出特点是图形展示能力强，特别适合分析大规模样本数据③。它不能从文献数据中抽取和构建共现矩阵，数据预处理需要外部程序执行。可视化中具体使用相似性度量从共现矩阵中创建相似矩阵；所形成的二维图，元素间的距离反映其相似性，具体是所有的单元优化后，通过最小化加权的欧几里得距离平方和来实现。它可使用 VOS 聚类技术（基于模块化聚类）探测学术团体，也可使用其他技术构建众多二维图谱。图谱形成后有 4 种视图浏览：①标签视图。通过圆圈和标签的大小来代表节点的重要程度；通过智能算法，可根据图形的放大和标签的重叠程度展现最重要的标签；拥有相同颜色的节点属于同一聚类。②密度视图。图谱中各节点颜色是根据该节点的密度来确定的，密度取决于周围节点数量和权值。③聚类视图。只有每个节点已指定到特定聚类中，这个视图才可以使用，该视图和密度视图相似，区别在于节点密度的展示是对每个聚类分开进行。④分散视图。这是一个简单视图，没有标签，仅用圆圈表示节点。

此外，Garfield 开发的 HistCite 软件包，能够方便地利用 WoS 数据，通过某一研究领域的文献及相互引用情况，来分析和判定其中的关联以及把握学科的进展，产生编年图谱；特别突出高被引文献并且按年代排列，该软件也能对原始数据中的错误及参数进行探测与编辑，还能对相关术语排序与分析④。Zhang 等开发了专门针对纳米技术领域的可视化软件——Nano Mapper，它基于

---

① VantagePoint [EB/OL]. [2011-10-17]. http://www.thevantagepoint.com.

② VOSviewer [EB/OL]. [2011-10-17]. http://www.vosviewer.com.

③ van Eck N J, Waltman L. Software survey: VOSviewer, a computer program for bibliometric mapping [J]. Scientometrics, 2010, 84 (2): 523-538.

④ Garfield E. Historiographic mapping of knowledge domains literature [J]. Journal of Information Science, 2004, 30 (2): 119-145.

网络，在数据库适应性、可视化与分析功能、算法等方面，具有许多重要特色与优点①。Thomson Data Analyzer 是 Thomson 科技集团基于 VantagePoint 技术开发的文献知识分析工具；Systa 和 Bibliometric Network Analysis (BibTechMon) 也是常见的文献可视化软件。Grauwin 和 Jensen 开发了开源的知识可视化软件 Biblio Toolbox，并以法国里昂一个研究机构为例，构建不同角度的科学机构图谱②。

不同的可视化软件具有不同的特点，且使用不同的算法去聚类和可视化结果。因此，把握不同软件的特点，根据研究目的对其进行合理的组配使用能够达到较为理想的研究效果③。具体可分为三种组合方式：①基于流程的组合方式。知识图谱绘制需要通过不同的步骤来完成。因此，最常见的软件组合模式便是依据可视化分析的流程，逐步使用相应的软件。例如，数据预处理、网络类型选择及数据标准化（如 TDA、Bibexcel、SATI、CoPalRed、VantagePoint 及 SciMAT 等）——聚类和可视化（如 SPSS、Ucinet、Netdraw、Pajek、VOSviewer、CiteSpace 及 Science of Science 等）——图表优化（如 Gephi、Photoshop 及 Inkscape 等）。②基于文件格式的组合方式。不同的软件工具支持不同格式的文件，同时不同软件又支持特定相同格式的文件，这就给软件之间的组合使用提供了有效途径，这也是知识图谱绘制的流程能够顺利运行的内在因素。③基于软件模块的组合方式。不同软件有自己独特的功能，如 Gephi 和 VOSviewer 能够生成漂亮的视图、Pajek 能够处理大量数据且提供网络统计指标，Sci^2 能够进行几乎所有类型的科学知识可视化分析。因此，为了博采众长、高效率地进行知识图谱绘制，可根据需要，在不同软件之间进行特定模块的直接调用④。

2.3.3　研究结论

在知识图谱的研究中，对绘制方法与工具的研究一直是其重点，国外众多学者关注于知识图谱绘制方法的改进及提出新的方法，开发功能强大、使用简单、展示形象的可视化软件⑤。

通过对国内外最新研究现状的把握，从知识图谱的绘制流程角度（数据检索、数据预处理、构建知识单元、数据分析、可视化与解读），系统梳理知识图

① Zhang Y, Dang Y, Hu P. Knowledge mapping for rapidly evolving domains: a design science approach [J]. Decision Support Systems, 2011, 50 (2): 415-427.

② Grauwin S, Jensen P. Mapping scientific institutions [J]. Scientometrics, 2011, 89: 943-954.

③ Waltman L, van Eck N J, Noyons E. A unified approach to mapping and clustering of bibliometric networks. Journal of Informetrics, 2010, 4 (4): 629-635.

④ 陈必坤．学科知识可视化分析研究［D］．武汉大学博士学位论文，2013.

⑤ 杨思洛，韩瑞珍．国外知识图谱绘制的方法与工具分析［J］．图书情报知识，2012，(6)：101-109.

谱绘制方法。把知识图谱的绘制分为通用和专用软件，较全面地总结了知识图谱的专门绘制软件，并且重点对比分析了 9 种专门软件：Bibexcel、CiteSpace、CoPalRed、IN-SPIRE、Leydesdorff 系列软件、Network Bench Tool、Sci^2 工具、VanagePoint、VOSviewer。

2.4 国外知识图谱应用研究现状

知识图谱是以科学知识为对象，显示学科的发展进程与结构关系的一种图形，具有“图”和“谱”的双重性质与特征；作为对科学知识及其间的关系可视化所得出的结果，具有较为直观、定量、简单与客观等诸多优点，被广泛应用并取得较可靠的结论；目前成为科学计量学、管理学、科学学和情报学等领域的研究热点与实践探索趋势。应用分析是知识图谱研究的重要部分，是其理论、方法与工具研究的目的，受到国外众多学者关注①。

2.4.1 知识图谱应用研究的总体分析

1. 知识图谱应用研究现状

知识是一个内涵非常丰富的概念，它广泛存在于社会各领域。由于是引入的概念，国内对知识图谱定义也有多种，即使有人用“科学知识图谱”来概括，科学知识也是一个比较大的范畴。我们认为，知识图谱广义上包括生物的基因图谱、教育教学中的认知地图、探索太空的天体图、描绘地形的 GIS 图、模拟人脑的神经网络图、各种金属图谱等。因为这些都是对（科学）知识的可视化展示。而狭义的知识图谱主要限定在科学图谱（science mapping）、文献计量图谱（bibliometric mapping）、文献图谱（literature mapping）、知识域图谱（mapping knowledge domain）等内容②，主要是运用文献计量学方法，通过文献知识单元分析来可视化科学知识的结构、关系与演化过程。本书则主要是对狭义知识图谱的分析。

为宏观了解知识图谱研究现状，以 ISI Web of Knowledge 为数据源，在“标

① 杨思洛，韩瑞珍．国外知识图谱的应用研究现状分析［J］．情报资料工作，2013，(6)：15－20.

② Cobo M J，López-Herrera A G，Herrera-Viedma E. Science mapping software tools：review，analysis，and cooperative study among tools ［J］. Journal of the American Society for Information Science and Technology，2011，62 (7)：1382－1402.

题”检索项中输入上面从狭义理解的知识图谱英文单词，使用截词检索；对检索结果下载、剔除重复和主题不合的论文，得到 501 条记录。然后再在“标题”检索项输入“(Science * bibliometric * literature * Knowledge) + Visualization”进行扩展性检索，人工筛选相关文献。再对检索得到的文献的总体引证情况和 h 指数、论文涉及作者、机构、年代、类型、国家（地区）、期刊分布分析；重点掌握高被引论文与领域高产作者情况，并通过引证关系进一步获取相关文献。

对知识地图、认知地图、概念地图、天体图、地形图、思维地图（thinking maps）、思维导图（mind map）等内容，以及一般意义上的信息和知识可视化的论文没有关注。发现目前国外对知识图谱及可视化方面的综述性研究有：引文分析历史及其在文献可视化的应用①；文献计量方法在科学交流中的应用②；知识图谱绘制方法的系统总结③；从样本选择、测度、建模、检验与可视化等方面论述网络科学④；对科学研究专业领域可视化的系统分析⑤。但目前尚无针对知识图谱应用的最新系统总结。

2. 知识图谱应用研究的总体框架

知识图谱的应用是其理论、技术与方法研究的目的与归宿，其总体框架如图 2-12 所示。①在不同时期和对于不同学者，信息可视化与知识可视化具有不同侧重点；知识可视化展示主要是为改进人们之间的知识转移与创造，信息可视化是使用计算机交互式展示摘要数据扩大认知，主要用于信息检索⑥。我们认为，可以从“知识”和“信息”之间的关系来界定，总体上可认为两者是一种包含关系。而知识可视化也是含义很广的概念，大量出现于知识管理、知识挖掘等领域。知识图谱是其中的重要内容。②知识具有累积性，人类的重大进展都是在前人基础上的继续与延伸；文献是记录有知识的一切载体，发表研究成果或知识信息是各

---

① White H D, McCain K W. Visualization of literatures [J]. Annual Review of Information Science and Technology (ARIST), 1997, 32: 99-168.

② Borgman C L, Furner J. Scholarly communication and bibliometrics [A] //Cronin B. Annual Review of Information Science and Technology, Vol 36 [C]. Medford, N J: Information Today, 2002: 3-72.

③ Chen C. Searching for intellectual turning points: progressive knowledge domain visualization [J]. Proceedings of the National Academy of Sciences, 2004, 101 (suppl 1): 5303-5310.

④ Börner K, Sanyal S, Vespignani A. Network science [J]. Annual Review of Information Science and Technology, 2007, 41 (1): 537-607.

⑤ Morris S A, van der Veer, Martens B. Mapping research specialties [J]. Annual Review of Information Science and Technology, 2008, 42 (1): 213-295.

⑥ Burkhard R A. Towards a framework and a model for knowledge visualization: synergies between information and knowledge visualization [J]. Knowledge and Information Visualization, LNCS, 2005, 3426: 29-42.

领域特别是科学研究中不可或缺的环节；所以文献对知识及知识交流具有重要的表征作用。知识图谱一般通过文献中所含知识单元可视化来形象展示。其中，知识单元间的关系网络是重要方面，主要包括三种：其一是直接关系，如作者与作者、单位与单位、关键词与关键词、期刊与期刊等；其二是间接关系，如通过关键词共现分析作者间的可能联系；其三是多种知识单元混合关系，如作者、引文和关键词。不同知识单元的展示具有不同应用，全文可用来分析知识领域和评价绩效等多个领域；共词可揭示特定领域认知结构；作者单元可了解领域的知识结构；期刊单元可分析学科宏观结构或学科间区别。③一方面知识单元的可视化，可应用于知识生命周期的整个流程中；另一方面，知识存在于各学科、社会各领域，知识图谱应用广泛。但是对其专门研究的主要是科学学和图书情报领域，具体应用不限于图 2-12 所示 10 个方面，而且各应用间有交叉。

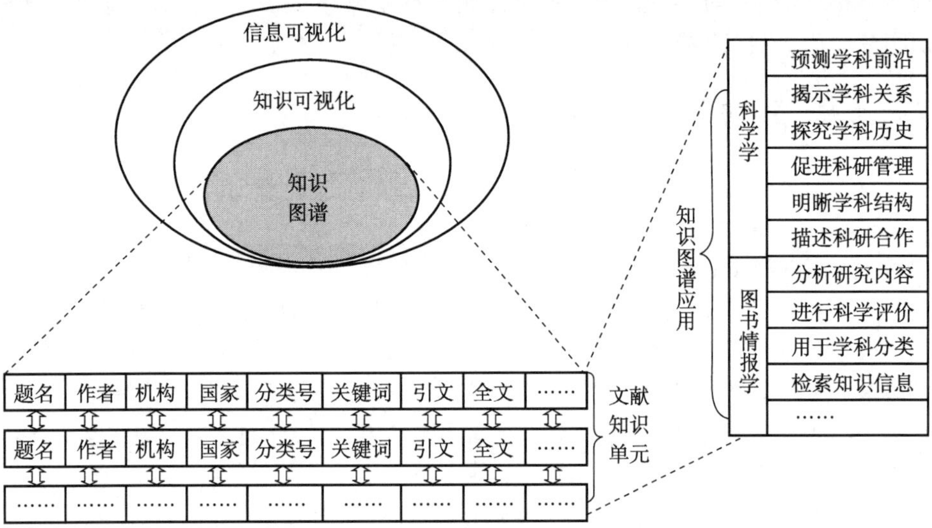

图 2-12　知识图谱应用研究的总体框架

2.4.2　知识图谱的十大应用现状

通过对这些论文全文阅读，发现许多论文涉及多个方面，如纯理论思辨性论文很少，一些论文提出新的方法与思路，同时往往通过案例予以应用实证；而对某一领域或学科可视化应用研究中也常用到系列知识图谱方法和工具，下面按论文侧重点归类详细分析①。

① 杨思洛，韩瑞珍．国外知识图谱的应用研究现状分析［J］．情报资料工作，2013，(6)：15－20.

关于国外学者对知识图谱的应用总结，Hook 认为，知识图谱有四个目的（发现、理解、交流、教育），六方面的应用（特定领域微观展示、学科宏观可视化、协助教育者课程教学、协调保存文献知识、便于利用数字图书馆、展示知识传播）①。Zhang 等则认为知识图谱有五大应用：展示领域知识整体结构；可视化分析检索结果；对学科知识的整体把握；可视化知识领域的进化情况；把握快速变化的知识领域进展②。

1. 明晰学科结构

以前学科知识结构的把握犹如“盲人摸象”，而且“象”是不断变化形状的，知识图谱实现了较为客观、大规模、可重复、自动化地快速展示学科及其结构。Börner 等认为知识可视化是将非空间数据转换为空间图的过程，便于人的认知与理解；可明晰学科知识模式与趋势，并发现隐藏的结构③。Zhao 和 Zhang 可视化了中外数字图书馆领域的研究结构变化，具体使用 UCINET 和 Netdraw 软件，通过共词分析对比了 1994～2010 年各年的状况④。Sillanpää 和 Koivula 针对国际上冲突研究文献可视化，通过对 40 种高质量期刊中 1300 论文的分析，冲突研究可分为四大主流领域，并认为知识图谱提供了新的内容与应用视角⑤。Janssens 等可视化图书情报学科的知识结构，具体使用 5 种代表性期刊的近 1000 篇论文，对全文文本抽取进行聚类，构建由 6 类内容组成的图书情报学科图谱⑥。目前已有学科（领域）可视化研究将书目计量和文本内容分析相结合，在后续研究中，Janssens 运用 Fisher 的反卡方算法整合全文和引证信息，进行聚类来对情报科学可视化；具体使用 5 种代表性期刊的近 1000 篇论文，通过结合基于距离和稳定性算法，由最具代表性的文献中提取术语展示情报学科

---

① Hook P A. Domain Maps: Purposes, History, Parallels with Cartography, and Applications [C]. Conference Proceedings of 11th Annual Information Visualization International Conference (IV 2007), Zurich, Switzerland: 442-446.

② Zhang Y, Dang Y, Hu P. Knowledge mapping for rapidly evolving domains: a design science approach [J]. Decision Support Systems, 2011, 50 (2): 415-427.

③ Börner K, Chen C, Boyack K. Visualizing knowledge domains [J]. Annual Review of Information Science and Technology, 2003, 37: 179-255.

④ Zhao L, Zhang Q. Mapping knowledge domains of Chinese digital library research output 1994-2010 [J]. Scientometrics, 2011, 89 (1): 51-87.

⑤ Sillanpää A, Koivula T. Mapping conflict research: a bibliometric study of contemporary scientific discourses [J]. International Studies Perspectives, 2010, (11): 148-171.

⑥ Janssens F, Leta J, Glanzel W. Towards mapping library and information science [J]. Information Processing and Management, 2006, 42: 1614-1642.

的结构组成，即信息检索、文献计量、社会方面、新兴的专利分析和网络计量①。Zins系统研究情报学科结构，具体使用德尔菲法对16个国家的57位学者调查，分析总结出28种分类表，最后得出由10大类组成的情报学内容结构图表②。Harries认为，学术网站间的链接能用来可视化学科结构及学科间的联系；具体对数学、物理和社会科学的系列网站对比分析，发现不同学科、站内链接与站外链接都存在差异，建议在对网络环境下多学科结构可视化时考虑背景信息③。

2. 分析研究内容

在开创作者共被引先河的文章中，White和Griffith选取39位情报学核心著者，以1972～1979年SSCI为数据源，多维尺度可视化得出了情报学研究的五大内容④。Heersmink具体使用VOSviewer软件、共词分析方法，可视化了计算机和信息伦理领域的研究状况，发现该领域主要围绕隐私、道德和互联网展开⑤。Garrido等分析论文关键词，以地图的形式可视化了欧洲的医疗系统研究，并对各国的具体情况进行了分析和建议⑥。Chavalarias和Loannidis以PubMed数据库为样本，对生物医学领域的235个有关“偏差”的术语可视化，动态展示了各术语间的联系⑦。Zheng对国际上JCV（John Cunningham virus）研究可视化，进行了主题共现和论文被引聚类可视化（聚类成5部分），发现病毒研究主要集中于对其分离和检测，以及其与维甲酸和肿瘤的联系，采用JCV抗原建立转基因动物模型将是新的研究点⑧。van Eck和Waltman可视化了计算智能领域现状与发展历程，以5年为时间段对领域发展进行比较分析，认为计算智能领域主要研究四大问题，即控制、分类、回归和优化问题；在其分支领

---

① Janssens F，Glanzel W，De Moor B. A hybrid mapping of information science [J]. Scientometrics，2008，75 (3)：607－631.

② Zins C. Classification schemes of information science：twenty-eight scholars map the field [J]. Journal of the American Society for Information Science and Technology，2007，58 (5)：645－672.

③ Harries G. Hyperlinks as a data source for science mapping [J]. Journal of Information Science，2004，30 (5)：436－447.

④ White H D，Griffith B C. Author co-citation：a literature measure of intellectual structure [J]. Journal of the American Society for Information Science，1981，32：163－171.

⑤ Heersmink R. Bibliometric mapping of computer and information ethics [J]. Ethics and Information Technology，2011，(13)：241－249.

⑥ Garrido M，Hansen J，Busse R. Mapping research on health systems in Europe：a bibliometric assessment [J]. Journal of Health Services Research Policy，2011，16 (2)：27－37.

⑦ Chavalarias D，Loannidis P A J. Science mapping analysis characterizes 235 biases in biomedical research [J]. Journal of Clinical Epidemiology，2010，63 (11)：1205－1215.

⑧ Zheng H. Mapping the history and current situation of research on John Cunningham virus-a bibliometric analysis [J]. BMC Infectious Diseases，2009，(9)：28.

域中，神经网络和模糊系统交叉，进化计算领域则相对独立①。Baldwins 可视化痴呆与论理领域，具体使用共词绘制“星空图”图谱；把该领域分为四大类——专业护理、生活问题、决策和治疗②。

3. 描述科研合作

在“大科学”时代，合作研究成为一种主流的科研模式。Noyons 和 Calero-Medina 认为，知识图谱有潜力成为科学合作研究的重要工具，可视化分析了 3 个荷兰研究机构，具体包括 3 个方面：合作情况（通过作者合作网展示，代表了过去或现存的合作）、研究交流情况（通过 3 个机构间的相互引证图，代表潜在可能合作）及研究相似度（通过共词网络，代表可能合作的着手点）③。为通过知识图谱识别潜在的科学合作，Boyack 假设学者属于同一个基于论文层次的小学术团体，则是潜在的合作者。使用 WoS 的百余万篇论文，经过文献耦合可视化聚类成 117 435 个团体，并基于微观（作者）层面对美国桑迪亚国家实验室进行分析，认为可扩展到其他机构间的合作识别：一是识别两机构的学者间具体的潜在合作；二是潜在合作对象按重要程度列表，可用于科研决策④。Leydesdorff 和 Persson 研究各种格式转换的小程序，来可视化不同层次间的合作，认为在城市这一层次的全局视图中，WoS 和 Scopus 等数据可直接使用，但是在组织或机构这一层面数据就存在些问题；这些软件各有优缺点，具体选择依据所研究目的；Pajek 在可视化时有强大的分析功能，而 Google Maps 及相关产品具有丰富的网络功能⑤。Grauwin 和 Jensen 开发了开源的知识可视化软件 Biblio Toolbox，认为可以快捷、客观地展示科学机构间的合作关系，并以法国里昂一个研究机构为例，构建不同角度的科学机构图谱⑥。

欧盟科技框架计划（Framework Programme，FP），是当今世界上最大的官方科技计划之一；为促进欧洲经济的长期竞争力，产生研究合作网络是该计划的重要

---

① van Eck N J，Waltman L. Bibliometric Mapping of the Computational Intelligence Field. ERIM [EB/OL]．[2011－10－18]．http：//hdl. handle. net/1765/10073.

② Baldwin C. Ethics and dementia：mapping the literature by bibliometric analysis [J]．International Journal of Geriatric Psychiatry，2003，18：41－54.

③ Noyons E，Calero-Medina C. Applying bibliometric mapping in a high level science policy context [J]．Scientometrics，2009，79 (2)：261－275.

④ Boyack K W. Using detailed maps of science to identify potential collaborations [J]．Scientometrics，2009，79 (1)：27－44.

⑤ Leydesdorff L，Persson O. Mapping the geography of science：distribution patterns and networks of relations among cities and institutes [J]．Journal of the American Society for Information Science and Technology，2010，61 (8)：1622－1634.

⑥ Grauwin S，Jensen P. Mapping scientific institutions [J]．Scientometrics，2011，89：943－954.

目标。Schiebel 可视化欧盟第四计划（FP4）研究中合作和协作模式，包括所有欧盟成员国的工业、研究和教育部门。具体分为大学、工业和非学术研究机构三方面描绘了该计划整体合作情况，也可视化其中的特定项目——交通研究项目合作①。

4. 预测学科前沿

识别和可视化学科的潜在研究领域及发展趋势，是把握研究方向的重要因素。普赖斯最早提出“研究前沿”的概念；而通过引入库恩的科学范式变化理论。Chen 把研究前沿定义为“一组突现的动态概念和潜在的研究问题”，并设计知识图谱软件 CiteSpace 识别和分析新趋势的出现和与研究前沿密切相关的突变②。Bollen 使用出版商、机构联盟等著名学术机构网站中超过 10 亿用户的记录，来自世界各地的用户涉及自然、社科和人文学科，从系列用户交互日志中提取了点击流模型（一阶马尔可夫链）；经过与已有词汇集对比证明点击流模型有效，最后通过期刊网络可视化展示了各学科间的关系、澄清了人文社会科学与自然科学间的联系。他认为，点击流数据能够产生更清晰、更详细、更及时的科学图谱，用于科研资助决策、探索学科间联系、信息的推荐服务，尤其是对探测学科前沿具有重要作用③。Small 分析了知识图谱与学科范式的关系，他提出新的网络分析工具能为实时监控学科进化提供新方法；通过知识可视化，可预测特定学科的持续发展趋势④。

5. 揭示学科关系

众多学者试图绘制整体学科关系图谱。Small 认为，学科间关系的可视化，可从不同学科学者间的合作和交流、学者借用其他学科的概念或方法两方面观察，并将共引中的语境分析运用于学科间知识交流的可视化⑤。Klavans 和 Boyack 总结了已有的 20 个对整个科学及其分支学科关系图谱，可分为等级线性、中心（星形）和环形 3 种基本形式；通过检验、描述和分析这些不同学者、不同时间段、不同样本的图，抽象提炼出一致的科学全景图。全景图为

---

① Schiebel E. Bibliometric visualisation of research networks- examples of the 4th Framework Program of the European Community [J] . Research Evaluation，2001 (3)：7 - 13.

② Chen C. Cite Space II：detecting and visualizing emerging trends and transient patterns in scientific literature [J] . Journal of the American Society for Information Science and Technology，2006，57 (3)：359 - 377.

③ Bollen J. Clickstream data yields high-resolution maps of science [J] . PLoS ONE，2009，4 (3)：e4803.

④ Small H. Paradigms，citations，and maps of science：a personal history [J] . Journal of the American Society for Information Science and Technology，2003，54 (5)：394 - 399.

⑤ Small H. Maps of science as interdisciplinary discourse：co-citation contexts and the role of analogy [J] . Scientometrics，2010，83 (3)：835 - 849.

环形，即以数学作为起点，按顺时针依次为物理、物理化学、工程、化学、地球科学、生物、生物化学、传染病、医学、健康服务、脑研究、心理学、人文、社会科学和计算机科学。如果把权重最低的边去除，则会形成从数学到社会科学的等级（线性）图；另外由黎曼几何形成的一维图也被讨论[①]。基于科学文献来研究学科及分支学科结构，Leydesdorff 和 Rafols 使用 JCR 和 ISI 学科分类体系，形成了期刊间的由引用与被引形成的非对称矩阵。他们认为，整个学科体系可由通过因子分析聚类的 14 个学科组成的关系图展示，尽管 ISI 的分类不太准确，导致期刊引证研究存在问题，但是整体上，通过因子分析科学宏观结构还是可信的[②]。Boyack 等对 WoS 所有期刊（2000 年的 7 121 种期刊）引证关系通过 VxOrd 构建科学的全景图，首先对 8 种知识单元关系算法所形成的图谱，从算法的可扩展性和聚类的可读性两方面评价；可视化效果最好的两种算法来构建科学的局部和全局图谱；对共被引和互引图谱对比分析，互引图谱适合刻画学科之间的关系，其中生物化学是最具跨学科性的学科[③]。纳米科学与技术被认为是综合性的交叉科学，Porter 和 Youtie 使用 VantagePoint 和 Pajek 软件可视化纳米研究的学科分布、被纳米研究引证的学科间关系图谱[④]。Klavans 和 Boyack 认为，在评价跨学科和多学科研究影响时，全局性的大图更有优势；通过与 Small 和 Griffith 等已有 8 个全局图谱对比评价，认为使用 VxOrd 软件和 Cosine 算法更适合大图绘制；具体使用的定量评价指标包括局部精确度、区域精确度、学科差异和聚类一致性[⑤]。

6. 促进科研管理

科研活动具有较大的灵活性和不确定性，科研管理是对以探索性、创造性为主的脑力劳动的管理，对知识单元可视化形成的知识图谱在科研管理中大有用武之地。Waaijer 等[⑥]使用 VOSviewer 对 *Nature* 和 *Science* 的社论（editorial）

---

① Klavans R，Boyack K W. Toward a consensus map of science [J]. Journal of the American Society for Information Science and Technology，2009，60 (3)：455－476.

② Leydesdorff L，Rafols I. A global map of science based on the ISI subject categories [J]. Journal of the American Society for Information Science and Technology，2009，60 (2)：348－362.

③ Boyack K W，Klavans R，Börner K. Mapping the backbone of science [J]. Scientometrics，2005，64 (3)：351－374.

④ Porter A L，Youtie J. Where does nanotechnology belong in the map of science? [J]. Nature Nanotechnology，2009，(4)：534－536.

⑤ Klavans R，Boyack K W. Quantitative evaluation of large maps of science [J]. Scientometrics，2006，68 (3)：475－499.

⑥ Waaijer C J F，van Bochove C A，van Eck N J. Journal editorials give indication of driving science issues [J]. Nature，2010，463 (7278)：157.

可视化，通过聚类和提出关键术语，发现了社论的特色及两种期刊的异同，*Nature*、*Science* 分别着重关注“内部科技政策问题”和“科学家所处的政策环境影响”。目前，有观点认为科学研究正变得越来越具有跨学科性，通过知识可视化方法，Porter 和 Rafols 对 1975～2005 年的 6 个领域实证分析，表明被引学科、篇均参考文献、篇均作者数量都快速增长，而跨学科性（学科多样性指数测度）却增长不明显（大约 5%），且主要来自临近学科①。Park 通过网络计量方法研究了韩国 e-science 研究的内容变化、学科范围与研究机构；具体使用 LexiURL 提取“yahoo. com”网站中的数据，获得 810 站点的 1055 网页，然后可视化网页间的链接及网页中的术语；发现网络基础设施（cyber-infrastructure）等是重要术语，由政府资助的 e-science 研究的网络影响不大且自成体系，提出系列科研管理建议②。在拉美，交互式科学中心和博物馆是科学交流的关键机构，Gouveia 和 Kurtenbach 对 18 个这些机构的网站间关系进行了可视化展示；具体使用 AltaVista 收集数据，聚类和多维尺度分析网站间的共链情况，并分析其中几个网站内的所有链接；发现语言障碍和人们对机构的认知是影响共链的重要因素，认为需要据此调整相关科研政策③。Buter 认为，知识图谱在科技管理与科技政策制定领域没有得到广泛应用，主要是因为用户不能及时地理解从而使用它们。他认为可以把定性的“概念图”与文献计量图结合起来并开发了相应工具。他一方面是研究定性的“概念图”对文献计量图的认知和使用的影响；另一方面研究“概念图”中的最优格式、“概念图”和文献计量图中术语间的关系④。

7. 探究学科历史

Garfield 认为，“引文的使用在书写科学的历史”，他开发 HistCite 软件包，能利用 WoS 数据，通过某一研究领域的文献以及相互引用情况，来分析、判定其中的关联并把握学科的进展，产生编年图谱；特别突出高被引文献并且按年代排列⑤。Taylor 等使用 1450～1900 年世界上 1000 位著名科学家的履历数据，用来可视化世界城市中科学实践的地域变化情况，绘制四大知识

---

① Porter A L, Rafols I. Is Science becoming more interdisciplinary? Measuring and mapping six research fields over time [J]. Scientometrics, 2009, 81 (3): 719-745.

② Park H W. Mapping the e-science landscape in South Korea using the webometrics method [J]. Journal of Computer-Mediated Communication, 2010, 15 (2): 211-229.

③ Gouveia F C, Kurtenbach E. Mapping the web relations of science centres and museums from Latin America [J]. Scientometrics, 2009, 79 (3): 491-505.

④ Buter R K. Combining concept maps and bibliometric maps: first explorations [J]. Scientometrics, 2006, 66 (2): 377-387.

⑤ Garfield E. Historiographic mapping of knowledge domains literature [J]. Journal of Information Science, 2004, 30 (2): 119-145.

图谱：16 世纪主要集中在意大利的帕多瓦、意大利的中部和北部；17 世纪扩展、穿越阿尔卑斯山，成为多中心的网络；18 世纪变化、解体成为以巴黎为中心的松散网络；19 世纪发生重大变化，形成以柏林为中心并以德语大学为主导①。White 和 McCain 选择 100 位作者，分三阶段对情报学学科进行作者共被引分析，得出情报学领域的历史变化情况②。Havre 等用主题河图来描述学科文献主题随时间的变化；主题的变化随着学科的时间线索而显示出来；主题河由术语的频次支流组成，支流的宽度依据术语在不同时间段上出现频次的不同而发生变化③。Larivière 对图书情报学科 100 年的历史进行了三方面可视化分析，其一是期刊、作者、参考文献、引文的变化情况；其二是术语与主题变化情况（增长的词语、稳定或下降的词语、出现时间较短的词语）；其三是跨学科性、与其他学科相互引用情况、作者的跨学科分布变化等④。

8. 进行科学评价

科学是现代社会的驱动力，科学评价是改善和提升科学质量的重要途径。van Raan 认为，同行评议存在主观性缺陷，知识图谱成为必不可少的客观工具，特别是用于科学资助项目的排序⑤。Pino-Díaz 提出一个可视化评价战略研究网络的新方法，并将其应用于“西班牙对保护区的研究”中，通过国内与国际数据，使用二维和三维图展示；认为知识图谱可以评价知识、促进知识发现和利于知识决策⑥。Medina 和 Leeuwen 运用网络理论，具体使用引证网络，可视化识别对特定种子期刊最重要的相关期刊；认为与传统的期刊分类系统不同，该图谱具有新视角和新的应用⑦。Chung 和 Park 可视化评价了传播领域学者的网

---

① Taylor P J，Hoyler M，Evans D M A. Geohistorical study of ‘The Rise of Modern Science’：mapping scientific practice through urban networks，1500 - 1900 [J] . Minerva，2008，46：391 - 410.

② White H，McCain K. Visualizing a discipline：an author co-citation analysis of information science，1972 - 1995 [J] . Journal of the American Society for Information Science，1998，49 (4)：331.

③ Havre S，Hetzler E，Whitney P，et al. ThemeRiver：visualizing thematic changes in large document collections [J] . IEEE Transactions on Visualization and Computer Graphics In Visualization and Computer Graphics，2002，8 (1)：9 - 20.

④ Larivière V，Sugimoto C R，Cronin B. A bibliometric chronicling of library and information science’s first hundred years [J] . Journal of the American Society for Information Science and Technology，2012，63 (5)：997 - 1016.

⑤ van Raan. Bibliometric analysis as an instrument for research evaluation [J] . Research Evaluation，2001，(3)：2 - 6.

⑥ Pino-Díaz J. Strategic knowledge maps of the Techno-ScientificNetwork (SK Maps) [J] . Journal of the American Society for Information Science and Technology. 2012，DOI：10. 1002/asi. 21712.

⑦ Medina C M，Leeuwen T N. Seed journal citation network maps：a method basedon network theory [J] . Journal of the American Society for Information Science and Technology，2012，DOI：10. 1002/asi. 22631.

络可见度与影响力，具体包括学者的出现度、各国学者间共现关系网络、学者网络共现与在 SSCI 数据库中的共现对比分析①。Vaughan 和 Romero-Frías 认为，公司名字的网络显示度，可以作为公司网站链接分析的替代，来评价商业企业；具体使用两公司名称共现网络可视化展示，共现数据来源于一般网站、博客和新闻网站，并对比评价认为来源博客网站的数据效果最好②。

9. 用于学科分类

学科分类是涉及所有学科的基础性问题，由于传统学科分类的缺陷，以及新兴学科、交叉与综合性学科的大量出现，知识图谱对学科分类展示具有重要的作用。与传统的理论/应用二分法不同，Tijssen 提出按应用（引证）角度来分类学术期刊，基于“知识应用三角（临床、工业和公众领域）”模型，对 WoS 中 11 000 种期刊可视化为六大类型并展示其相互位置，还分析得出工业相关的期刊论文有增加的趋势③。基于 ISI 已有学术期刊分类体系，Leydesdorff 和 Rafols 构建了引用/被引关系矩阵，通过因子分析，可视化为 14 个因子、172 个大类和 6164 种刊物，并对新兴出现的“纳米科学与技术”类构建三层面图谱，发现了 ISI 分类的一些缺陷④。

10. 检索知识信息

新环境下，如何从海量的知识信息中查找合适的知识，变得越来越重要。2003 年 5 月 9～11 日在美国加利福尼亚大学尔湾分校举办了主题为“知识域可视化”的会议，共发表了 20 多篇学术论文介绍知识图谱研究的成果，内容涉及知识可视化的各方面，特别提到知识图谱的作用和应用研究，包括知识可视化对知识信息的方便、快捷、准确地检索和获取⑤。目前，公司、政府和科研事业单位需要对海量的信息资料识别、调查、读取、传递和使用，特别是对检索相关信息并决定其用途变得费时费力。Noll 等介绍了文献计量可视化软件工具 BibTechMon，用于知识信息的查找、分析与可视化，还可应用于知识管理整个

---

① Chung C J，Park H W. Web visibility of scholars in media and communicationjournals [J] . Scientometrics，2012，DOI：10. 1007/s11192 - 012 - 0707 - 8.

② Vaughan L，Romero-Frías E. Exploring web keyword analysis as an alternative to link analysis：a multi-industry case [J] . Scientometrics，2012，93 (1)：217 - 232.

③ Tijssen R J W. Discarding the ‘basic science/applied science’ dichotomy：a knowledge utilization triangle classification system of research journals [J] . Journal of the American Society for Information Science and Technology，2010，61 (9)：1842 - 1852.

④ Leydesdorff L，Rafols I. A global map of science based on the ISI subject categories [J] . Journal of the American Society for Information Science and Technology，2009，60 (2)：348 - 362.

⑤ Shiffrin R M，Börner K. Mapping knowledge domains [J] . PNAS，101 (1)：5183 - 5185.

流程[①]。Leydesdorff 和 Moya-Anegón 对比两大数据库 Scopus 和 WoS，具体可视化了期刊引证网络。发现虽然 Scopus 收录期刊数量更多，并且社会科学期刊也较多；但是 WoS 中期刊引证网络更紧密，主要是因为前者期刊数量多，而后者累积引文数据多；在跨学科和人文社会科学方面 Scopus 并不占优[②]。网络时代，专门搜索网上学术信息的学术搜索引擎网站快速发展，它具备个性化、智能化、数据挖掘分析、学术圈等特色，知识图谱也应用其中。ResearchIndex 可以图表显示某一主题文献（或某一作者、机构所发表文献）的时间分布。微软学术搜索则在多方面应用知识图谱：合作关系图（Co-author Graph）、学术引用图（Citation Graph）、领域动态图（Domain Trend）、学术地图（Academic Map）、机构对比图（Organization Comparison）等[③]。

2.4.3　研究结论

知识图谱的应用是其理论、技术与方法研究的目的与归宿。首先提出狭义和广义知识图谱概念。从狭义知识图谱（主要是运用文献计量学方法，通过文献知识单元分析来可视化科学知识的结构、关系与演化过程）角度进行国外相关应用的分析。提出了知识图谱应用研究的总体框架和思路基础上，系统总结国外知识图谱的十大应用：明晰学科结构、分析研究内容、描述科研合作、预测学科前沿、揭示学科关系、用于学科分类、促进科研管理、进行科学评价、探究学科历史、检索文献信息。

2.5　知识图谱研究存在的问题及其原因

通过以上的文献分析，加上咨询业界专家，结合个人多年来对知识图谱研究和实践的体会，我们认为知识图谱研究可分为理论、方法与技术、应用三大方面，知识图谱研究近年来取得了快速发展，影响也越来越大，但是其仍处于发展的初级阶段，存在的问题也不能忽视。早在 2004 年举办的 IEEE 可

---

① Noll M，Fröhlich D，Schiebel E. Knowledge maps of knowledge management tools—information visualization with bibTechMon [J]. Lecture Notes in Computer Science，Practical Aspects of Knowledge Management，2002，2569：14－27.

② Leydesdorff L，Moya-Anegón F，Guerrero-Bote V P. Journal maps on the basis of scopus data：a comparison with the journal citation reports of the ISI [J]. Journal of the American Society for Information Science and Technology，2009，61 (2)：352－369.

③ Microsoft academic search [J/OL]. [2011－10－22]. http：//academic. research. microsoft. com.

视化会议上，Steve Eick 和 Chen 作为被邀代表提出了信息可视化所面临的问题，后来 Chen 归纳总结出信息可视化存在的 10 大问题，包括涉及用户角度的 4 个问题（可用性、背景知识、用户认知、教育和培训）、技术方面 3 个挑战（可视化评价、系统灵活性和展示的美学效果），以及涉及具体学科层面的 3 个问题（从结构到动态的范式转换、可视化结果的推断和预测、知识域可视化）。经过这么多年的发展，虽然信息可视化取得很大进展，但是这些问题仍存在，并且是阻碍进一步发展的突出问题。这些问题同样存在于知识图谱的研究中，Chen 也在总结 10 大问题时，特别提到信息可视化的第 10 个问题是科学知识图谱（知识域可视化）问题，因为与信息可视化相比，知识域可视化更复杂，处理的对象更多样，规模更大①。

2.5.1 知识图谱研究存在的问题

1. 发展时间短、后劲不足

信息可视化和知识可视化的发展时间都较短，都是随着计算机和互联网技术的发展而兴起的，20 世纪 90 年代以来才兴起信息可视化领域，而知识图谱研究则更晚。从前面章节可看出，2005 年陈悦和刘则渊发表了国内第一篇相关论文《悄然兴起的科学知识图谱》。国外在文献计量中对知识结果进行了可视化展示有一定时间了，但是正式兴起的时间也不长。

相关研究数量较少。以“关键词或篇名”方式在中国知网中检索“知识图谱”，截至 2014 年 2 月 16 日，包括学位论文、会议论文期刊论文等类型论文只有 659 篇，相关期刊论文仅有 587 篇。

发展后劲不足。相关研究从初期的研究热潮或泡沫中转向理性的发展，也期待更好的突破。关于知识图谱的博硕士学位论文近年来有减少的趋势，按上面方法从中国知网中检索，2008～2013 年各年分别为 1、3、4、11、10、2 篇。从课题立项方面，无论是国家社会科学基金、自然科学基金还是教育部的课题指南或者实际立项情况，都在前两年达到了顶峰。所有相关期刊论文增长减缓，而且在早几年的相关论文绝大部分发表在核心期刊上，但是近两年来数量增长很少，基本上停滞不前。知识图谱的重要性和作用得到了越来越多的认同，但是其方法和理论的种种瓶颈问题没有突破，大大制约了知识图谱的发展。

① Chen C. Top 10 unsolved information visualization problems［J］. IEEE Computer Graphics and Applications，2005，25 (4)：12-16.

2. 理论研究少、简单应用多

在早期，国内知识图谱研究主要是以定性为主的零散研究，侧重于对国外研究进展的介绍和宣传，总概和简介国外的理论概念和研究意义。随后，在知识图谱方面大量的以定量分析为主的研究，主要是利用以 CiteSpace、Ucinet 为代表国外知识图谱绘制软件绘制不同领域的知识图谱，掀起了一股知识图谱研究的热潮，但是大多研究仅是对知识图谱绘制软件的简单应用，所用的工具和方法是借鉴国外的研究，照搬照套，没有什么创新和改进。许多学者使用同一绘制工具、同一研究分析结构，针对不同学科和领域进行研究，发表了大量内容较为雷同，没有多少创新性的论文。导致目前应用研究论文比例很高，而理论研究却没有什么突破。理论是基础，这些理论研究不足，而应用研究众多给学界带来虚假繁荣现象，需要引起业界的反思。

目前，也有些学者关注这一问题。魏瑞斌认为，在知识图谱的基础理论、研究方法、研究热点的发现算法等方面的基础研究都有待加强①。赵丹群则以 CiteSpace 为例，提出知识图谱绘制应用的若干问题：在样本选择时，对领域文献查找不重视，查找策略运用失当等现象较为普遍；具体涉及突变词语侦测的文献比例很少；很少关注或几乎不论及自己的时区分割及相关参数阈值的设置依据，而热衷于把更多的精力集中在对绘制图谱的分析解读上；忽视了解读工作所要求的科学性和规范性，以致出现诸如错误解读、遗漏解读、过度解读等一系列问题②。汤建民对近年国内的重要期刊论文进行规范性评估，发现不少论文对知识图谱绘制时的阈值选择不够重视，误选或不选现象普遍，目前也缺乏公认的、具有可操作性的阈值确定标准；整体看，相关论文的科学性还普遍不够强，反映出目前阶段“忙于方法应用、深入研究不够、尚缺少系统性理论反思”的特点，需要引起今后的注意③。

3. 研究集中、影响面不够

知识图谱涉及计算机技术、网络技术、应用数学、信息科学和计算机科学的多学科交叉领域，但是目前研究的比较集中。一方面，研究领域集中，主要集中在图书情报学科领域和科技政策与管理领域；另一方面，作者也较集中，国内只出现了少数的学者和研究团队在知识图谱领域进行了持续和较深入的研

① 魏瑞斌．国内知识图谱研究的可视化分析［J］．图书情报工作，2011，(8)：126－130.

② 赵丹群．基于 CiteSpace 的科学知识图谱绘制若干问题探讨［J］．情报理论与实践，2012，(10)：56－58.

③ 汤建民．国内知识图谱领域实证性研究论文的综述与评估［J］．情报科学，2013，(9)：156－161.

究。其中，最有影响力的是大连理工大学的刘则渊教授团队。刘则渊主要从事科学学与科技政策管理研究，他是国内知识图谱研究的早期探索者，也是目前领域中影响力最大的学者，他成立大连理工大学网络-信息-科学-经济计量实验室，并与国外赫尔顿·克雷奇默、尤金·加菲尔德等著名学者合作。此外，就只有少数几个图书情报领域的研究团体在持续进行这方面的探索。再有，知识图谱的研究集中在对期刊论文数据的处理，对学科（领域）内部及学科（领域）之间的发展热点与前沿、研究基础与研究结构进行可视化，较少使用专利数据和学位论文、会议论文数据进行分析，缺乏对技术领域或科学与技术领域间的内容可视化的研究。

另外，知识图谱的影响面不够，没有得到科学界的普遍认可和广泛使用。对学科和特定领域研究现状与趋势的把握是每个学科都十分重视的内容，如果能以可视化的图谱形式进行客观、形象、直接地展示，这是每个学科都很需要的；而如果能对知识单元很好地可视化，深入挖掘知识及知识间的关系，如识别潜在领域竞争和合作者、把握学科的动向和突出的主题，对每个科研工作者和管理者都具有重要的价值和意义。但实际上，知识图谱研究集中在图书情报领域和科技管理领域，实际应用也限于对相关学科特定领域的分析，此外就只有对其他领域可视化实证的零星尝试。知识图谱只要能作为各个学科进行内容分析的辅助手段，也会发挥重大作用，促进其快速发展和图书情报学科地位的提高，但目前的情况是实证应用大多仅仅局限于很小的范围，变成了业界“自吹自擂”的内容，其他领域很少认同。

2.5.2 知识图谱研究存在问题的原因

所有问题的发生都有其背后的原因，知识图谱研究存在问题的原因既有外部原因（包括社会、经济、文化和政策等），也有自身的内容原因。深入分析知识图谱研究存在的问题，发现主要是由以下七方面引起的。

1. 理论方面重视不够

知识图谱的研究主要源于三大领域：一是计算机科学领域的数据、信息、知识与知识域可视化研究；二是图书情报领域的引文分析可视化、知识地图和知识网络等研究；三是复杂网络系统和社会网络分析的研究。目前，三者的研究方向和内容正在走向融合。知识图谱大都被当成一种工具或方法使用，究竟它包括什么原理，使用的理论基础、原则和前提是什么，使用有哪些局限与不足，以及知识图谱的形成机制等都没有进行系统深入的研究。

当前，大多研究并没有针对知识图谱的结果进行深入的分析，没有对其形成背后的复杂社会、经济等因素进行归纳和总结，还处在“知其然而不知其所以然”的状态，长此以往，忽视对科学知识图谱形成的人文社会因素进行分析，则容易在设计计算模型的变量选择上忽视关键的变量，难以保持科学知识图谱设计的客观性和真实性；另外，如果仅展示科学知识的脉络而不进行其形成原因的深入挖掘，则会导致其利用效率的下降，也不利于形成科学决策①。由于知识图谱提出的时间不长，大多当作工具或方法来看待；相关理论大部分都是从多科学的简单借鉴或引入，并没有完整的理论体系，真正的理论内核没有形成，只有少量的探索性理论研究。例如，Small 分析知识图谱与学科范式的关系，具体回顾了他的系列研究及库恩对其的评论，认为尽管库恩对文献计量作用的观点，与目前情报学家所宣称的对范式的重新诠释有很大不同，但是如果能被证实，这些重新诠释是必要的。他也提出新的网络工具能为实时监控学科进化提供新方法；通过知识可视化，认为常规科学和变革的科学都是持续发展而不是急剧变化的②。知识图谱自身独立的理论体系的不完善，造成知识图谱工具和方法成为“无源之水，无本之木”，也受到很大影响。

2. 分析方法缺乏规范

科学研究讲求科学性，科学性则要求图谱解读的规范和严谨，需遵循一定的规则和程序；不规范在客观上阻碍了图谱绘制效用的发挥，进而影响到对图谱绘制工具的改进优化以及在更高层次上对图谱绘制理论的不断创新③。目前，知识可视化处于探讨阶段，知识图谱的应用具有一定随意性，图谱应用解读很大程度上依赖定性的描述与判断；虽然有些研究对知识图谱绘制的不同数据、方法与工具对比分析，但针对特定研究目标，并没有形成一套明确的应用研究规范，而且已有研究结果也有差异甚至矛盾之处，供对比研究的规范的数据样本集也很缺乏。

研究的规范化问题。在知识图谱中，不同数据、研究方法和参数设置都会产生不同的结果和可视化效果，使得研究结论随意性大，看似精确的计量分析，实际是由十分不精确的主观判断形成的。例如，在已有研究中，共词、期刊共被引、文献共被引、作者共被引都可对学科的结构进行可视化分析，但这些方法到底有哪些差异，适合用在什么地方，需要什么的样本数据，怎

---

① 赵旭．从数学量度方式的变化看科学知识图谱的发展趋势［J/OL］．［2011 - 11 - 20］．http：//www. kmcenter. org/html/s25/201205/17-13898 _ 3. html.

② Small H. Paradigms，citations，and maps of science：a personal history［J］. Journal of the American Society for Information Science and Technology，2003，54（5）：394 - 399.

③ 赵丹群．基于 CiteSpace 的科学知识图谱绘制若干问题探讨［J］．情报理论与实践，2012，(10)：56 - 58.

样检索策略获取这些数据，选取的样本量和时间段是多少，或者多者方法结合会产生什么结果，都有待深入探索。另外，国内研究方法与手段，与国外相比存在滞后，一些新的工具和方法只有少量介绍，更谈不上应用，而原创性的方法与软件的研究则更少。此外，相关研究没有深入地挖掘科学文献间的相互关系，就很难实现对学科发展趋势的预测与分析；大多选择比较单一的研究角度或研究的切入点，可视化的结果相应的不够全面，不能比较完整和准确地展示研究所得到的最终结论，这些都需要多角度、多种方法结合进行分析和相互印证。

3. 数据样本收集不易

知识图谱分析与展示的结果，其质量、合理性和可靠性很大程度上依赖于所用样本数据的精确性和全面性，不准确或不全面的数据往往造成不精确甚至错误的结果，而数据库的检索功能与响应速度对知识图谱分析的效率也影响重大①。“巧妇难为无米之炊”，知识图谱的绘制需要以大量文献知识为基础，目前知识图谱研究所需要样本数据基本上来源于各类型文献数据库。

国内数据库主要包括中国科学引文数据库（CSCD)、中文社会科学引文索引（CSSCI)、中国科技论文统计与引文分析数据库（CSTPC)、中文科技期刊数据库，以及包括中国学术期刊全文数据库（CAJ）在内的中国知网系列数据库。但目前这些数据库交叉分散，检索功能各异，在文献数据库的准确性、可获得性、稳定性等方面还存在系列问题。一方面，文献数据库内容质量存在不足，据国内有学者统计，目前我国已开发出 CSSCI、CSCD、CSTPC 等中文引文数据库，在著录格式方面存在问题，10%左右的引文不能直接转换成所需要的格式，需要人工纠正②。文献数据库内容的不规范与论文作者、期刊编辑及数据库研制人员都有关系。另一方面，从各数据库下载数据大多能手工进行，像中国知网中下载的文献题录没有参考文献；在 CSSCI 下载每次最多只能有 50 条记录，而且经常出现服务器连接超时等错误；CSCD 虽然仿照国外 WoS 数据库，一次可下载 500 条记录，但实际效果很不理想。目前，已有的文献数据库系统提供的检索入口和数据套录功能存在诸多限制，导致用户很难获取大量的高质量原始数据，从而影响了研究和应用的积极性③。

---

① 杨思洛．引文分析存在的问题及其原因探究［J］．中国图书馆学报，2011，(3)：108－117.

② 肖明，陈嘉勇，李国俊．基于 CiteSpace 研究科学知识图谱的可视化分析［J］．图书情报工作，2011，(6)：91－95.

③ 秦长江，侯汉清．知识图谱——信息管理与知识管理的新领域［J］．大学图书馆学报，2009，(1)：30－37，96.

4. 知识图谱工具不足

缺乏可操作性强、灵活性高、花费较低、成熟可靠的可视化系统，这极大地阻碍了可视化的普及应用①。首先，国内知识图谱软件和工具缺乏。知识图谱的绘制需要借助相关的软件和工具进行，目前既有 SPSS 等通过的软件可供使用，也有 CiteSpace 等专门的知识图谱工具，还有针对特定研究而开发的软件。目前，绝大部分软件都是国外研制的，国内虽然有极少数文献计量工具的开发，但一方面功能简单，使用不广泛；另一方面可视化功能很弱或没有，也没有大规模地公开。现在国内还没有成熟的知识图谱软件，使用国外软件具有语言和使用习惯方面的障碍；更重要的是，许多软件对数据格式要求不同，处理国内数据时需要进行数据格式繁杂的转换，导致应用知识图谱的效率不高。

在进行该课题研究时，我们要进行国内外知识图谱的比较研究，在分别可视化国内外情况时，明显感觉到国内样本数据可视化的困难。例如，研究国内社会科学领域，常常使用 CSSCI 数据库，但是把 CSSCI 数据导入 CiteSpace 软件前需要前期处理。尽管有人开发了转换接口程序，但是效果不理想，因为转换的基本原理是把 CSSCI 数据格式一一对应成 CiteSpace 软件所能识别的 WoS 格式，一方面转换失败的记录很多；另一方面，软件处理中有些功能（如 Term 术语功能）不能针对中文，在可视化方面对中文的兼容性也较差。CiteSpace 是由美籍华人陈超美开发的知识可视化软件，对中文的兼容功能做得相对较好；像其他的国外知识图谱软件中针对国外英文中通用的文献题录格式，在研究国内情况时就更加麻烦。

另外，就算是使用国外知识图谱软件研究国外情况，不同的知识图谱绘制工具对数据的格式要求也有所不同，常常需要对采集到的数据进行处理。有些知识图谱绘制工具可以直接识别和处理一些数据源的数据，如 CiteSpace 和 Histcite 可以直接处理 WoS 中的数据，因此从这些数据库中下载的数据可直接导入。不过，目前文献数据库种类繁多，特别是网络数据库更是格式多样，从这些数据源获取的数据需要利用软件自带的格式转换程序，或自编程序转换成该工具要求的数据格式。也有些知识图谱绘制工具只识别特定格式的数据，如 Ucinet 仅识别矩阵数据，Pajek 也有专门的数据输入格式，SPSS 则只能处理和分析数值型数据，利用这些软件时往往需要自编程序进行格式转换，将从数据库中采集的数据转换后，才能进行可视化分析②。

---

① 李运景，侯汉青．引文分析可视化研究［J］．情报学报，2007，(2)：301－308.

② 胡泽文，孙建军，武夷山．国内知识图谱应用研究综述［J］．图书情报工作，2013，(3)：131－137，84.

5. 实际应用存在门槛

国内知识图谱的应用研究有很多，但是并不理想。一方面，知识图谱的绘制具有一定的技术和知识门槛，需要有相关图书情报知识、文献计量学方法和理论的掌握。此外，相关可视化软件应用起来较复杂，如很多软件需要特定的数据格式，不同的数据格式需要进行转换，有时甚至需要人工清理，这些使得非专家（non-experts）使用困难，这是在其他学科和社会领域产生重大影响的重要制约因素；相关应用研究仅集中在少数学科，尤其是理工学科方面的应用不足，而这些学科恰恰是最需要把握现状与趋势的。另一方面，缺少理论上的实证分析与可行性试验研究，目前主要是将知识图谱作为工具，简单应用于各学科或领域。另外，知识图谱的解读无疑是绘制图谱的最终目的和最重要的环节，现在图谱解读很大程度上依赖定性的描述与判断，没有成熟的规范。因为对知识图谱的绘制相对容易，往往只要从数据库中批量下载数据，直接导入再设置相关选项、参数和阈值就可以得出可视化结果；而对结果深入的定性分析和解读（尤其是对关键节点）时，需要专业知识，如果对知识领域了解的广度和深度不够，需要通过咨询领域的专家解决，否则会造成结果的偏差，甚至误读。

6. 结果信度和效度不高

科学研究是为了探索新事物，对各个知识领域进行的符合科学规律的、有系统的、精确的思维、调查与实验工作；探求未知、改造世界是其根本任务，包括观察、假说、推理、判断、抽象、概括、验证等基本步骤；可分为确定研究课题、进行研究、总结研究成果三个阶段。任何科学研究都以掌握和运用已有的知识为前提。科研工作者在他从事科研课题的研究之前，必须阅读和掌握相关的文献，借以了解、掌握前人取得的成果和研究的现状、热点与趋势情况。这是科学研究的一般规律和要求。以情报（包括文献）的采集、整理、存储、传递为基本内容的图书情报工作是科学研究的前期工作①。因此，对学科或领域知识的热点与前沿、结构与流派进行可视化展示的知识图谱，在科学研究中具有重大意义。

科学研究的主要目的是实事求是、探索未知、追求真理；它最重要的特点是严谨性、可重复性和真实性。知识图谱能为其他学科研究提供决策和影响，可以说是元科学或科学的科学，知识图谱结果的真实性、准确性、合法性、及

① 王绍平，陈兆山，陈钟鸣，等．图书情报词典［M］．上海：汉语大词典出版社，1990：655.

时性更加关键。但是，在知识图谱发展初期，知识图谱结果信度和效度都不高，影响了其作用的发挥，影响了各学科不同学者的广泛使用。其原因主要包括以下四个方面。

（1）文献能否代表学科。文献是记录有知识的一切载体，知识图谱是可视化文献中知识单元及知识单元间的关系，通过文献内容来反映学科或领域。由于目前相关基础理论研究的不成熟，文献究竟能多大程度上反映学科内容、结构和趋势，文献知识可视化能否真实反映客观学科领域就成为一个不得不面对的问题。其实，在历史上看，越是重大的创新、重大的成果，往往并不能通过一般文献反映出来，也不能通过文献知识单元进行预测。

（2）知识图谱在当前的发展是科学知识的一种新型的表达方式，这种可视化的表达方式是建立在计算机程序的基础之上的，而计算机程序的编写又是依靠数学模型来建立的。数学模型追求精确性，但文献是社会中人的产物，所以在表示时只能大体相似，而不能像自然科学那样精确。首先，计算机符号是一种社会文化约定的表达，是主观世界对客观世界的反映，要反映和表达科学知识发展中的哪些变量无疑是由编程人员主观决定和选择的；其次，无论哪一个学科的发展都无时无刻不面对着海量的复杂信息，想要把所有的信息都汇总起来进行图谱化的研究显然是不现实的，必须人为地对信息进行先期处理，选取有代表性的信息，因此无论样本的选取还是样本的数量都掺杂着图谱创建者的主观因素，难以避免地会影响到科学知识图谱表达的真实性与客观性①。

（3）文献存在时滞，学者发表一篇论文要经过资料的收集整理、构思、分析、试验、写作成文，然后再投稿、录用，直到发表等系列过程。这一过程长的可能三五年，甚至“十年磨一剑”的也大量存在；短的也要一二年的时间。其中，从投稿到录用到刊发，大部分期刊就需要一年多的时间。尽管目前网络环境下这一过程有缩短的趋势，学者们利用计算机等先进手段使得研究过程也越来越有效率，但是这一现象没有根本改变。科学研究追求新颖性和创新性，文献发表的时滞，影响到文献内容即知识的新颖性。而对文献知识单元可视化形成的知识图谱常常会滞后于真实情况的发展；通过知识可视化展示的所谓热点与前沿，都成了过去时，学者们对学科的把握还不如直接通过咨询专家等途径来得更直接和有效。

（4）算法和阈值的选取影响可视化结果。目前，对样本数据分析和处理中存在问题。不同样本数量和标准的选取会造成可视化结果的不同，甚至出现完全相反的结论。例如，引文分析是广泛使用的方法，通过引文分析来可视化学

① 赵旭．从数学量度方式的变化看科学知识图谱的发展趋势［J/OL］．［2011－11－21］．http：//www.kmcenter.org/html/s25/201205/17-13898_3.html.

科或领域的结构或流派等，引文分析一般可从互引、共引、耦合等角度进行，但是都涉及计量知识单元的选取，如高被引、高产作者的选取比较随意，从十余人到上百人不等，这种样本选择的随意性、阈值选择的无规则性严重地影响到相关结果的可靠性和可信度。此外，高被引、高产作者能否代表一个学科结构也值得商讨，例如，已有众多研究通过高被引、高产作者共引、耦合分析，表明情报学科结构可由信息检索和文献计量两大部分组成，而且后者还占有很大部分，但是实际情况却不是如此一致的认同。国外有些学者通过咨询领域专家，国内有学者对专业领域的教师研究方向、对博士论文选题、课程设置和专业方向统计都表明，文献计量在情报学科结构中没有如此位置①，甚至有些国外情报学理论专著对文献计量这一块内容都没有涉及②。分析其中原因，可能是高被引、高产作者不能很好地代表一个学科结构，如在文献计量领域，虽然技术性较强，有一定门槛，但是只要掌握了其中的理论和方法，发表文献相对容易些，造成了大批高产和高影响力作者；相反，在情报学的其他领域，虽然研究者众多，但如果发文和被引量不突出，就会在对情报学科结构的可视化中被忽略。此外，不同算法造成不同的可视化结果也是普遍存在的，到底哪种算法和技术更有效目前也没有一个权威的定论，比如，以前的章节中提到，在学科结构的识别中，对知识单元间关系的分析和简化就有许多算法。

7. 图谱展示和解读较随意

知识可视化的目的是以更加形象、直观的方式来揭示抽象的知识结构和关系；知识图谱作为一种可视化的手段最终要实现的是对文献计量结果的展示。因此，作为知识可视化核心部分的可视化结果的正确判读与解释就显得尤为重要③。目前，知识图谱的研究主要集中在图书情报领域，如果要应用到其他领域，需要有相关专业的背景知识才能很好地展示和解读。由于专业知识的缺乏，图书情报专业人员往往把相关研究集中在本领域，对其他领域的可视化研究也只能是初步的，仅按照可视化结果“依葫芦画瓢”进行解释，势必造成应用局限且影响深入分析，甚至造成与专业知识相违背的错误结论。与此同时，其他专业的人员虽然有专业知识，但缺乏对图书情报方面理论和方法的了解，在知识图谱绘制时也存在解读的问题。

知识图谱的可视化展示一般是把知识单元及其关系，通过隐喻的形式表达

① 黄长著. 网络环境下图书情报学科与实践的发展趋势［M］. 北京：社会科学文献出版社，2008.

② 武夷山. 一本从德文译为英文的情报学著作［EB/OL］.［2011 - 11 - 22］. http://blog. sciencenet. cn/blog-1557-763372. html.

③ 鲁超，刘清. 引文分析可视化现状［J］. 情报杂志，2010，(11)：48 - 52.

出来，既可以是抽象的圆点和线条，也可以是自然界的形象图，如河流、山脉和星空图等。在这些展示的转换过程中，不可避免地会存在一些信息的缺失，造成失真现象。此外，更重要的是，知识间的关系一般是多维的，而我们一般使用的是二维或三维图，这种多维向二维的降维转化过程中，会引起信息丢失。例如，在文献计量的研究早期，对知识单元可视化常常使用SPSS中的多维尺度分析，它是一种将多维空间的研究对象（样本或变量）简化到低维空间进行定位、分析和归类，同时又尽量保留对象间原始关系的数据分析方法。但是，多维尺度分析的信度和效度方面都存在问题，而国内知识可视化时使用存在一定的随意性，有些研究进行多维尺度分析的信度和效度系数不高，甚至不标记或不考虑相关系数，但也得出研究结论①。此外，在知识图谱的解读方面，对相关结论往往是根据已有的认知，从定性角度进行比较随意的解释，不同的人由于自身的背景知识和对可视化结果理解角度的不同，而有不同的评价和结论。一方面，结论比较浅显，大多是对人们已有认知的印证，而如果得出比较创新性的结论，因为知识图谱的可信度不高而往往不被人认可；另一方面，许多知识图谱研究存在乱用、误用、错用知识可视化方法和工具，存在对知识图谱的盲目使用和过度解读，这些都影响到人们对知识图谱的认可，阻碍对知识图谱的应用和其作用的发挥。

2.5.3 研究结论

通过以上的文献分析，加上咨询业界专家，结合个人多年来对知识图谱研究和实践的体会，发现知识图谱研究仍处于发展的初级阶段，存在三大问题：发展时间短、后劲不足；理论研究少、简单应用多；研究集中、影响面不够。从七方面系统分析知识图谱研究存在问题的原因：理论方面重视不够、分析方法缺乏规范、数据样本收集不易、知识图谱工具不足、实际应用存在门槛、结果信度和效度不高、图谱展示和解读较随意。

2.6 本章小结

首先，对知识图谱、知识可视化与信息可视化进行阐述，理清三者之间的关系，认为三者存在密切的包含关系，信息可视化囊括了数据可视化、信息图

① 靖新巧，赵守盈．多维尺度的效度和结构信度评述［J］．中国考试（研究版），2008，(1)：40-44.

形、知识可视化、科学可视化等，知识可视化又包括知识图谱等内容。

其次，对知识图谱研究论著进行可视化，从不同层面、不同角度系统展示了相关论文的年代、期刊、作者、机构、高影响力论文分布；对比分析了知识图谱研究的核心作者与所有作者合作网络；宏观与微观机构合作网络；通过高频关键词的共现分析，把知识图谱研究主题从基础理论、研究方法、数据与工具、具体应用四方面进行深入阐述。

再次，基于狭义的理解（即知识图谱是运用文献计量学方法，通过对文献知识单元分析来可视化科学知识的结构、关系与演化过程），从知识图谱的绘制流程角度（数据检索、数据预处理、构建知识单元、数据分析、可视化与解读），系统梳理知识图谱绘制方法的研究现状；全面总结知识图谱的绘制软件，并详细阐述 9 种专门知识图谱工具；提出知识图谱应用研究的总体框架；系统总结国外知识图谱的十大应用。

最后，通过以上的文献分析，加上咨询业界专家，结合个人多年来对知识图谱研究和实践的体会，发现知识图谱研究仍处于发展的初级阶段，总结了存在的三大问题，并分析了知识图谱存在问题的七大原因。

第3章

中外图书情报学科合作模式可视化对比分析

所有的科学进步取决于合作。

——量子物理学创立者：波尔[①]

① 岩群. N. 玻尔和哥本哈根精神［J］. 自然辩证法通讯，1981，(4)：63-70.

在科学技术发展日趋全球化的时代，大量学科的出现促使学科向多元角度纵深发展，越来越多的复杂问题需要不同领域、不同学科的学者共同解决，使得科研合作日益频繁。随着全球化和国际化的继续推进，世界交流的日趋频繁，人们将会更多地强调合作和团队，而不仅仅是个体和竞争①。无论是在自然科学领域还是人文社科领域，对科技创新活动的要求越来越高，研究的集体化和合作化趋势不断加强，合作研究的比例呈现出稳步上升的态势，而且朝着高水平、深层次、多领域、全方位的方向发展，正如控制论的创始人维纳（Norbert Wiener）所言，如同爱迪生一样进行个人发明创造的时代已经远去，现在进入了科学合作的时代，合作成为科学活动的主流和普遍现象，有关科学合作问题的研究引起了学界广泛的关注②。与此同时，合作能够产生“1＋1＞2”的增值效应，正如恩格斯所言，合作是许多力量融合为一个总的力量，它和一个个力量的总和有着本质的区别③。

3.1 科学合作可视化分析

3.1.1 科学合作与合著

合作就是个人与个人、群体与群体之间为达到共同目的，彼此相互配合的一种联合行动、方式；合作不仅是自然界的一种客观存在，更是人类社会的一种普遍现象④。在自然界，动物、植物间的互惠互助随处可见。从古至今，既有“独脚难行，孤掌难鸣”“一个篱笆三个桩，一个好汉三个帮”“三个臭皮匠，赛过诸葛亮”等名言，也有马克思和恩格斯等合作典范，“合作就是力量，团结就是力量”成为共识。科学合作与合著之间存在密切的关系，同时也存在差异。科学合作是学者为了一定的科学研究目的而进行的相互帮助和协作的过程，有多种表现形式，如科学和技术的种种协作、资金与技术结合的合作、不同学科学者间知识互补的合作等；也有不同的合作层次，如各种学会、各种会议、各种讨论等学术交流。另外，科学研究的目的是产出科研成果，而论文是科学研究成果的展示方式，合著论文是科学合作成果的理性分析和总结，发表文章的

---

① Beaver D. Feature report：reflections on scientific collaboration（and its study）：past，present，and future［J］. Scientometrics，2001，52（3）：365－377.

② 温芳芳．专利合作模式的计量研究［D］．武汉大学博士学位论文，2012.

③ 〔德〕马克思，恩格斯．马克思恩格斯选集（第25卷）［M］．北京：人民出版社，1974：120.

④ 合作［EB/OL］．［2012－1－16］．http：//www. baike. com/wiki/合作．

数量是评价科学合作活动水平的一项重要指标，所以合著方面的计量成为研究科学合作情况的重要方面①。

最早的合著论文发表于1665年，至于以非合著形式存在的科学合作起源更早，学会是早期科学家进行科学合作和学术交流的一种科学组织，如16世纪罗马的“山猫学会”②。科学合作具备以下七个特征：从来源来看，科学合作是科学研究发展到一定阶段的必然结果；从目的来看，科学合作是科学研究自身的需要，主要是为了提高科研产出的质量或者数量；从参与主体来看，科学合作主体涉及所有的研究者及组织，科学合作包含两个或者两个以上的全作者，合作者包括个人和组织两大部分；从对象来看，科学合作主要是合作者一起参与或分担同一科研课题或研究任务；从形式来看，合作者通过相互配合、协同互助的形式进行科学研究，形式多样，有面对面的合作、跨地域的合作、虚拟的合作、学科间及学科内的合作等；从成果来看，科学合作的成果有多种表现形式，合著是合作成果的主要表现形式；从本质来看，科学合作即是合作者之间的资源共享，产生“1+1>2”的效果，合作者相互分享的资源可以是智力、知识、声誉，也可以是资金、设备等。综上，科学合作是指两个及两个以上的科研人员或组织共同致力于同一研究任务，通过相互配合、协同工作而实现科研产出最大化目标的一种科学活动，其本质是合作者之间的资源共享③。从合著角度，一般衡量科学合作的指标有合作程度、合作强度、合作规模、合作范围、合作网络等；合作行为的研究可以涉及多个层次，如学者之间、不同级别单位之间的合作，国家和地区之间的合作等。

3.1.2 新时期科学合作研究

早在1963年，科学计量学之父普赖斯就开始关注科学合作增长状况。他利用1910～1960年《化学文摘》的统计数据进行了较大规模统计分析，结果发现，20世纪初期只有一个作者的论文比率达80%以上，两个或两个以上作者论文比率不足20%；而到了20世纪60年代，合著论文比率迅速增至60%以上④。1978～1979年，Beaver和Rosen在*Scientometrics*上连续发表了3篇有关科研合作的论文，作者从历史的角度统计和分析了17世纪以后科研合作的起源和发

① 张冬玲. 中国科学论文产出与合作状况的计量研究［D］. 大连理工大学博士学位论文，2009.

② Beaver D，Rosen R. Studies in scientific collaboration：part I：the professional origins of scientific co-authorship［J］. Scientometrics，1978，(1)：65-84.

③ 赵蓉英，温芳芳. 科研合作与知识交流［J］. 图书情报工作，2011，(20)：6-11.

④ de Solla Price D J. Little Science，Big Science［M］. New York：Columbia University Press，1963.

展历程，认为科研合作是科学职业化的必然产物，随着科学的发展，科研合作程度逐渐增强①；还发现如果科学家们持合作态度，一般能导致科研成果增多、科研效率提高，并且能够提高科学家的活动范围和学术名望。

20世纪90年代以来，科研合作问题已经成为一个重要的研究议题，在德国科学计量学家克雷奇默和中国学者梁立明等学者的推动之下，2000年建立了以科技合作为研究对象的国际网络组织COLLNET。进入21世纪，科研合作研究成为图书情报和科学学研究的重要交叉领域，特别是社会学中的社会网络分析方法的引入，尤其引人注目，许多学者对此进行了研究。目前，对合著行为研究集中在：①合著模式和测度指标的研究，一般通过数理统计和社会网络分析归纳合著的特征与规律；同时，合著情况需要一些指标进行度量，主要有合著度、合著率、合著强度，也有引入社会网络分析中的一些指标来衡量合著网络的情况②。②不同国家、地区、单位之间的合著情况统计分析③。③科学合著行为影响因素研究，大量的研究表明空间距离越近，越容易合作，但是否网络环境下这一现象有所变化没有明确的分析。此外，也有一些研究涉及社会经济文化环境、学科领域、研究层次、作者排序、年龄和性别等合著行为的影响因素分析④。④也有一些研究合作与社会距离间的关系，一般情况下，具有相似学术地位的科学家之间的合作比不同社会阶层的科学合作更多，即科学家更愿意与社会地位相当的人进行合作；还有一些研究师生合作、同事合作、上下级合作这些特殊关系模式。⑤科学合作对科学家产出能力的影响以及功效也是科学合作研究者关注的重要内容⑤。

我国的合著角度研究科学合作行为兴起于20世纪90年代初期，在近期相关研究较多。目前，主要研究四个方面的内容：①对合著行为从宏观、定性角度进行探讨⑥⑦。②大量论文从文献角度对合著行为总体统计分析，如从国家、城市、大学等层面分析合作情况，但是没有进行深层次的揭示和挖掘，也没有对合作与影响因素，以及合作与产出等方面的系统研究⑧。③有少量研究涉及合著

---

① Beaver D, Rosen R. Studies in scientific collaboration: part Ⅲ-professionalization and the natural history of modern scientificco-authorship [J]. Scientometries, 1979, b (1): 231-245.

② Kretschmer H. Author productivity and geodesic distance in bibliographic co-authorship networks and visibility on the web [J]. Seientometrics, 2004, 60 (3): 409-420.

③ González-Alcaide G, Huamaní C, Park J, et al. Evolution of coauthorship networks: worldwide scientific production on leishmaniasis [J]. Rev Soc Bras Med Trop, 2013, 46 (6): 719-727.

④ Han P, Shi J, Li X. International collaboration in LIS: global trends and networks at the country and institution level [J]. Scientometrics, 2014, 98 (1): 53-72.

⑤ 谢彩霞. 国际科学合作研究状况综述 [J]. 科研管理, 2008, (3): 179-186.

⑥ 谢彩霞. 关于科学合作本质属性的探讨 [J]. 河南师范大学学报（哲学社会科学版）, 2007, (4): 19-21.

⑦ 谢彩霞. 科学合作促进学科交叉发展的研究 [J]. 科技与管理, 2007, (5): 97-100.

⑧ 张冬玲. 中国科学论文产出与合作状况的计量研究 [D]. 大连理工大学博士学位论文, 2009.1.

行为的影响因素，其中梁立明的研究引人注目[①②]。④也有少量研究引入社会网络分析法和知识图谱来研究合著模式与行为[③④]。

3.1.3　科学合作模式可视化

知识可视化的本质是便于人类的交流与传承，从一定意义上，文字是一种人们约定俗成的知识符号，其实也是一种最基本、最简单的知识可视化表示。从简单的线条和形态组成的图到复杂的模拟自然界的知识图形图像，都是知识图谱的形式。对科学合作模式也有不同层次和方面的可视化，如可以是作者、机构、国家或地区，甚至全球等不同层面的合作情况。用以展现合作模式、合作强度的方法主要有聚类、图谱、多维尺度分析、网络分析、多维尺度分析等。德国科学计量学家克雷奇默按照自然界和人类社会中存在的普遍结构规律，结合心理学和社会学理论，独创了二维和三维空间来展示科学合作的格式塔心理学动态模型；这个模型表明，大量的个体或团体之间的相互作用，特别是学者间的交流合作，能通过一个结构良好的三维格式塔模型反映出来[⑤]。

一般的科学合作可视化展示，通过作者、机构、国家或地区等层面，使用通用的知识可视化软件展示。此外，也有大量的基于空间分布的合作可视化分析。目前，有一些地理空间可视化软件，例如 Google Earth 是一款 Google 公司开发的虚拟地球仪软件，它把卫星照片、航空照相和 GIS 布置在一个地球的三维模型上，目前有大量的用户免费下载使用；微软也发布了 3D 可视化工具 GeoFlow，该工具可以以加载项的形式运行在 Excel 上，目前支持的版本是 Excel 2013（带 Office 365 ProPlus）或 Office Professional Plus 2013（或者更高的版本），这项工具可以让用户创建、浏览应用到数字地图上的时间敏感型数据并与之交互；百度和 Yahoo 等搜索引擎也支持类似功能[⑥]。在研究国家或地区间科学合作的课题中，有些研究者将合作数据与合作网络直接标注于该国家或地区的地图上，给读者一种更加直观的

---

① 梁立明，沙德春．985 高校校际科学合作的强地域倾向［J］．科学学与科学技术管理，2008，(11)：112－116.

② 梁立明，朱凌，侯长红．我国跨省区科学合作中的马太效应与地域倾向［J］．自然辩证法通讯，2002，(2)：42－50.

③ 邱均平，伍超．基于社会网络分析的国内计量学作者合作关系研究［J］．图书情报知识，2011，(6)：12－17.

④ 张洋，刘锦源．基于 SNA 的我国竞争情报领域论文合著网络研究［J］．图书情报知识，2012，(2)：87－94.

⑤ 谢彩霞．国际科学合作研究状况综述［J］．科研管理，2008，(3)：179－186.

⑥ 大数据可视化分析的又一种可能：微软开放 GeoFlow 公众预览［EB/OL］．［2014－5－16］．http：//digi.ifeng.com/mobile/new/wp/detail_2013_04/13/24183386_0.shtml.

自然空间印象，主要是通过一般空间可视化软件的 API 接口来实现，如 CiteSpace 可以用来自动生成合作网络地理分布地图，生成的地图显示作者和合作作者间的关系，可按年份显示具体某年的情况，以 Google Earth 作为界面显示①。国外 Leydesdorff 合作可视化方面的研究引人注目，他开发了 Paj2KML 等软件，实现了一般文本数据和 Google Maps 之间的交互②。Kretschmer 可视化展示了学者论文生产率和学者合作间地理距离，以及两者间的关系③。我国科学计量学家梁立明教授也曾运用三维曲面图描绘出我国跨省区科学合作强度与省区间距离的相关变化，通过大量数据实证分析表明，合作中存在马太效应，省区间的平均合作强度随省区间直线距离的增大而降低，呈负幂函数分布④。

3.2 中外图书情报学科合作模式总体比较

早在“看不见的学院”时期，学术群体中就存在着普遍的合作现象。第二次世界大战以后，科学和科学劳动呈现社会化趋势，有组织的科学研究和生产取得了巨大的成功。尤其是在“大科学时代”的背景之下，科研项目越来越复杂化和交叉化，许多研究项目，尤其是一些涉及重大问题的研究项目，仅仅依靠某一个人、某一组织的研究力量往往难以胜任。因此，无论是在科学技术领域还是人文社会科学领域，合作成为科学研究中的重要内容⑤。学术论文的合著是科学合作的重要表现形式。研究论文的合著现象，一方面可以反映研究论文的深度和广度，以及该研究领域的学科性质和研究方法等；另一方面也有助于弄清合作的特点以及影响合作的主要因素，有助于组织合作研究。因此，对合著现象进行研究无疑会对现代科学的发展有更好的了解⑥。

作为以文献信息的分布和利用为研究对象的学科，研究图书情报学科合作模式，一方面可以掌握本学科的基本状态，指导本学科的研究和实践活动；另一方面，服务和影响其他学科，为科研管理和各学科学者选择研究合作对象与

① 如何用 CiteSpace 生成合作网络的 Google 地球地图［EB/OL］.［2014－5－16］. http://blog. sciencenet. cn/blog-496649-420955. html.

② Paj2KML for generating (Pajek) network overlays to Google Maps［EB/OL］.［2014－5－16］. http://www. leydesdorff. net/gmaps/index. htm.

③ Kretschmer H. Author productivity and geodesic distance in bibliographic co-authorship networks and visibility on he web［J］. Scientometrics，2004，60 (03)：409－420.

④ 梁立明，朱凌，侯长红. 我国跨省区科学合作中的马太效应与地域倾向［J］. 自然辩证法通讯，2002，(2)：42－50.

⑤ 邱均平. 信息计量学［M］. 武汉：武汉大学出版社，2007.

⑥ 谭文韬. 中国社科领域外文论文合著情况统计分析［J］. 湖北第二师范学院学报，2012，29 (9)：131.

模式提供理论依据。本节基于对比角度，从合作率与合作度、合作强度、合作者数量、合作类型等多个维度对中外图书情报学科合作的现状进行揭示和分析，从中归纳提炼出中外合作模式和特征①。

3.2.1 数据来源与处理

研究样本数据来自CSSCI和SSCI图书情报学期刊论文，时间跨度为2007～2011年，其中，国内12 847篇，国外4136篇，共计16 983篇。国内数据选择中间年段——2008～2009年度CSSCI中图书情报学前10种来源期刊（其中，《图书馆建设》缺少2007年数据，以排名第11位的《情报科学》替补)。国外数据来自科学计量专家、2005年普赖斯奖的获得者Howard D White教授在他的一篇经典论文*Visualizing a Discipline*：*An Author Co-Citation Analysis of Information Science*，1972～1995中用来界定“图书馆学与情报学”的12种重要期刊②，剔除检索不到数据的*Proceedings of the ASIST Annual Meeting*，选取其余11种期刊。国内外样本期刊总计21种，见表3-1。具体使用文献题录信息统计分析工具SATI 3.1③来抽取论文题录有用信息，结合Excel进行数据的排序、筛选、分类汇总、绘制图表等工作。

表3-1 21种国内外图书情报学期刊

国内期刊	国外期刊
《中国图书馆学报》	*Annual Review of Information Science and Technology*
《大学图书馆学报》	*Electronic library*
《情报学报》	*Information Processing&Management*
《图书情报工作》	*Information Technology and Libraries*
《情报理论与实践》	*Journal of Documentation*
《图书情报知识》	*Journal of Information Science*
《图书馆》	*Journal of the American Society for Information Science and Technology*
《现代图书情报技术》	*Library Resources&Technical Services*
《情报资料工作》	*Library&Information Science Research*
《情报科学》	*Program Electronic Library and Information Systems*
	Scientometrics

3.2.2 合作率与合作度分析

合作是科学研究中基本的常见特征，自从1665年第一篇合著论文发表以

① 郭颖涛，杨思洛，邝飘．中外图书情报学科合作模式比较研究［J］．情报理论与实践，2013，(10)：120-123，128.

② White H D，McCain K W. Visualizing a discipline：an author co-citation analysis of information science，1972-1995［J］. Journal of the American Society for Information Science，1998，49 (4)：328.

③ 刘启元，叶鹰．文献题录信息挖掘技术方法及其软件SATI的实现——以中外图书情报学为例［J］．信息资源管理学报，2012，(1)：50-58.

来，科研合作现象日益广泛。一篇论文如果有多位作者参与就可以发挥群体智力的优势，在知识结构与广度等方面互相取长补短，有利于跨学科、跨行业的合作，增加了科研成果的显示度。通过合著行为，合作论文通过正式或非正式途径都增加了被关注的可能。

合作率与合作度是科学计量学领域常用的表征科学合作程度的指标。合作率是指合著论文数占全部论文数的百分比，而合作度则是指论文的篇均作者数。合作率反映合作的广度，合作度则揭示合作的深度，两者从不同角度反映合作程度，有利于科研管理部门和科技工作者更加科学地组织和实施科研项目，更为合理地制定科研规划和人才政策①。合作率与合作度不仅能够反映合作的广度与深度，而且可以用于研究合作的类型、条件、影响因素等。

对国内 12 847 篇和国外 4136 篇论文的统计显示：国内合著论文 7220 篇，所有论文作者数量为 24 190；国外合著论文 2203 篇，所有论文作者数量为 8276。经计算，国内外合作率分别为 56.20%和 53.26%，国内外合作度分别为 1.882 9 和 2.001，作者合作率和合作度较高，反映了国内外情报学领域的作者比较重视合作和交叉研究，研究的深度和广度都有所增加。国内合作率略高于国外，但合作度略低于国外，说明国外总体上篇均作者数量要多；同时单个作者的论文比例较高，经分析原数据，主要是国外出现大量的 Book Review、Letter、Editorial Material 等类型论文一般只有一个作者。

1. 基于年代的合作率与合作度分析

国内外合作率与合作度历年变化曲线见图 3-1，曲线显示国内外合作率与合作度在不同年份均有所波动，但就整体历时变化来看，2007～2011 年，国内外合作率与合作度均呈现出稳步上升的发展趋势，合作化趋势不断增强。国内合作率由 2007 年的 52.34%增加到 2011 年的 61%，国外合作率由 2007 年的 49.04%增加到 2011 年的 59.39%。国内合作度由 2007 年的 1.7853 增加到 2011 年的 1.9781，国外合作度由 2007 年的 1.9217 增加到 2011 年的 2.1564。国内外合作率增长幅度较大，国内外合作度平稳增长。总体上，近年来国内合作率增幅平稳，但国外合作率增速较快，从一个侧面说明国外科研合作越来越广泛。国内外合作度基本持平且变化不大，国外略高，国内外科研合作保持比较稳定的深度。现代科学瞬息万变，科学呈现出高度分化与高度综合的双重发展态势，科学研究具有大规模、跨学科、高难度、高成本等特征，加之现代交通、网络、通信的发展，人际沟通成本越来越小，科研活动的集体化和合作化趋势不断增强，图书情报领域合作研究所占比例稳步上升，群体研究和合作能力不断增强。

---

① 谢彩霞. 科学合作方式及其功能的科学计量学研究 [D]. 大连理工大学博士学位论文，2006.

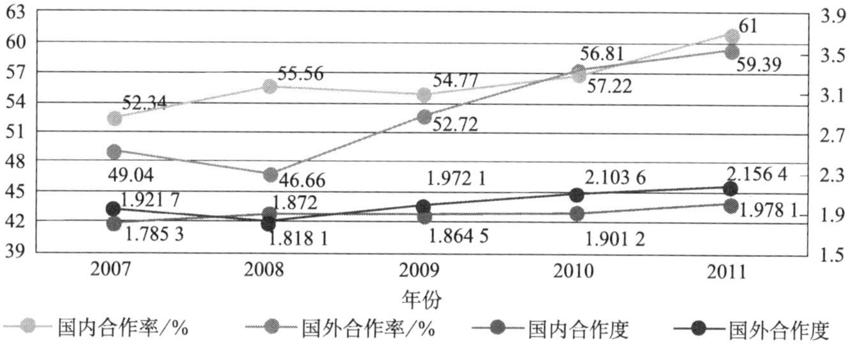

图 3-1　国内外合作率与合作度历年变化曲线

2. 基于期刊的合作率与合作度分析

从期刊角度考察国内外期刊合作率与合作度有助于挖掘特定期刊论文合著的情况。统计结果见表 3-2。国内期刊合作率低于 50%的有 3 个，而国外期刊有 7 个，国内期刊合作率明显高于国外。国内外合作率与合作度都很高的期刊大都来自情报学领域，包括《情报学报》《现代图书情报技术》《情报理论与实践》，以及 *Information Processing&Management*、*Journal of Information Science*、*Scientometrics*。合作率与合作度低的期刊大都是图书馆学期刊，包括《图书馆》，以及 *Library Resources & Technical Services*、*Program Electronic Library and Information Systems*。国内外情报学期刊较图书馆学期刊有着较高的合作率与合作度，这和情报学跨学科和技术性的特点有一定关系，跨学科的研究更需要多方参与，合作程度相对较高。合作率较高的期刊，其合作度也相对较高，合作率与合作度之间呈现一定的正相关关系。

表 3-2　国内外期刊合作率与合作度情况

国内期刊	合作率/%	合作度	国外期刊	合作率/%	合作度
《中国图书馆学报》	54.11	1.810 7	*Annual Review of Information Science and Technology*	34.85	1.515 2
《大学图书馆学报》	46.35	1.786 5	*Electronic Library*	41.25	1.640 1
《情报学报》	84.68	2.566 3	*Information Processing&Management*	73.16	2.623 4
《图书情报工作》	54.50	1.827 8	*Information Technology and Libraries*	31.97	1.585 0
《情报理论与实践》	67.30	2.030 3	*Journal of Documentation*	35.09	1.549 7
《图书情报知识》	51.05	1.796 9	*Journal of Information Science*	74.22	2.304 7
《图书馆》	25.67	1.350 8	*Journal of the American Society for Information Science and Technology*	59.02	2.169 1
《现代图书情报技术》	74.80	2.354 0	*Library Resources&Technical Services*	21.88	1.322 9
《情报资料工作》	40.97	1.543 0	*Library&Information Science Research*	44.77	1.661 1
《情报科学》	65.08	1.988 6	*Program Electronic Library and Information Systems*	28.57	1.494 2
			Scientometrics	73.20	2.432 0

3.2.3 合作强度对比分析

作者的合作频次是指某一作者在合著论文中出现的总次数，它在一定程度上可以作为表征合作强度的指标。合作频次越高，合作强度也越强[①]。统计结果见图 3-2，国内合作作者有 8472 位，合作频次总计 18 563 次；国外合作作者有 6792 位，合作频次总计 8276 次。

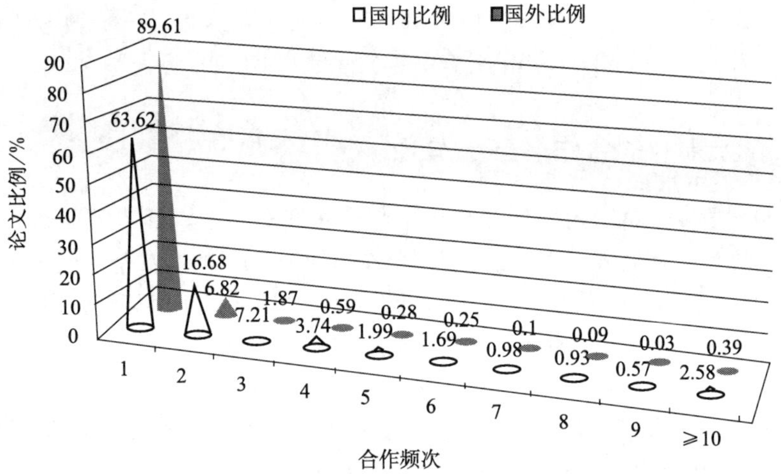

(a) 合作频次比例分布

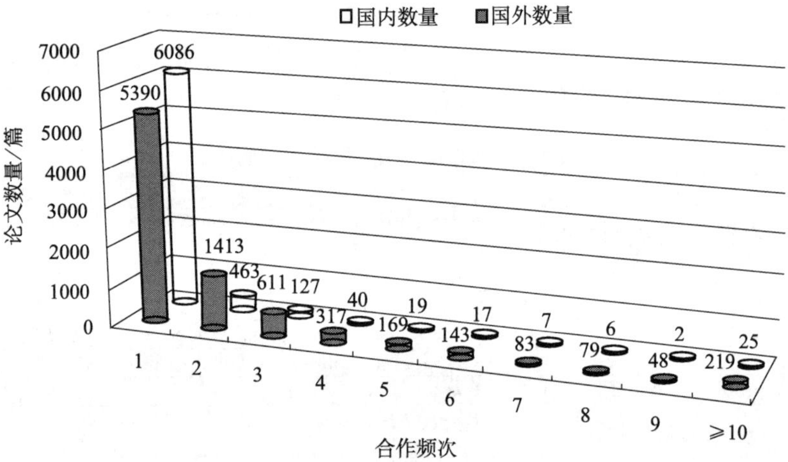

(b) 合作频次数量分布

图 3-2 国内外作者合作频次比例与数量分布

① 温芳芳．专利合作模式的计量研究［D］．武汉大学博士学位论文，2012.

图 3-2 显示，国内外作者合作频次均呈现出集中与分散分布规律，即少数作者拥有非常高的合作频次，而大部分作者都停留在较低合作频次。国外作者合作频次为 1 的达 89.61%，超过 98%的国外作者停留在 3 次及 3 次以下的水平。国内作者合作频次为 1 的达 63.62%，87.51%的国内作者停留在 3 次及 3 次以下水平。国内 12 847 篇论文中出现了 8472 位合作作者，国外 4136 篇论文中出现了 6792 位合作作者。可见，国外的合作作者群体更加庞大和分散，一方面与国内外论文研究难度和篇幅存在差异相关；另一方面则因为国外刊物面向国际范围，可能是国外单位涉及面更加广泛。国内外高合作频次作者名单见表 3-3，表中国内作者合作频次均在 35 以上，国外作者合作频次均在 15 以上。

表 3-3　国内外高合作频次作者名单

国内作者	合作频次	国外作者	合作频次
邱均平	86	Calvert，Philip	45
王知津	67	Bawden，David	42
靖继鹏	54	Fourie，Ina	19
毕强	52	Hernon，Peter	18
朱庆华	46	Schwartz，Candy	18
马海群	43	Barker，Philip	17
张玉峰	38	Barry，Carol L.	17
郑彦宁	37	Du Preez，Madely	17
李纲	37	Mason，David	17
侯汉清	37	Cronin，Blaise	16
马费成	36	Hjorland，Birger	16

3.2.4　基于合作者数量的合作模式分析

合作者数量反映作者合作的规模，通过合作者数量了解国内外作者合作的规模及主流合作模式，统计结果见图 3-3。图 3-3 显示，国内外合作者数量及比例具有一定的聚散分布。国内合作人数大于 7 的论文数为 0，国外合作人数最高达 11，国外合作人数大于 3 的论文所占比例均比国内高，可见国外作者合作规模比大。国内外合作人数在 4 人及 4 人以内的论文分别占 96.89%和 91.42%，可见国内外主流合作模式均是 2 人合作或 3 人合作。

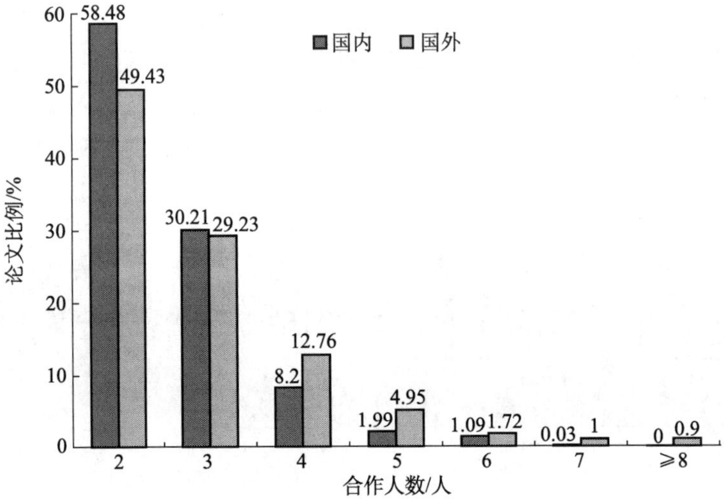

(a) 合作人数分布

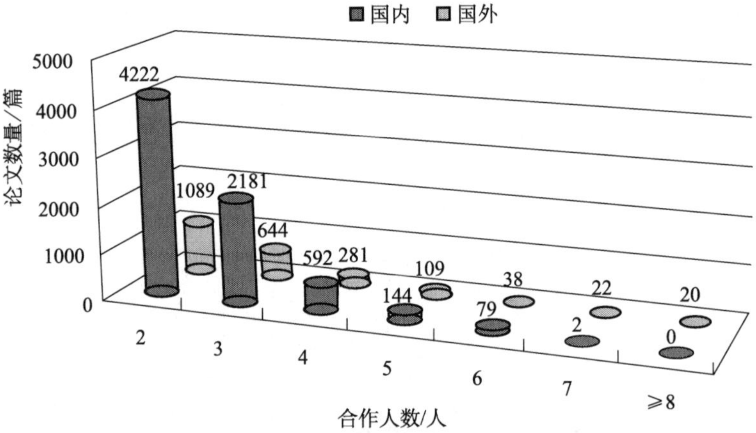

(b) 合作比例分布

图 3-3　国内外作者合作人数与比例分布

3.2.5　基于合作类型的合作模式分析

地理空间距离对合作具有重要影响，根据地域及机构差异，可以把合作类型分为同城合作、跨城合作和国际合作，同城合作包括同机构合作和跨机构合作。同城合作和跨城合作都在一国范围内进行，作者机构中任意两个出现跨城情况即视为跨城合作。作者机构实行二级精确匹配，一级机构相同，二级机构不同也视为跨机构合作，如北京大学信息管理系和北京大学图书馆属于跨机构。国内外统计结果分别见图 3-4、图 3-5。

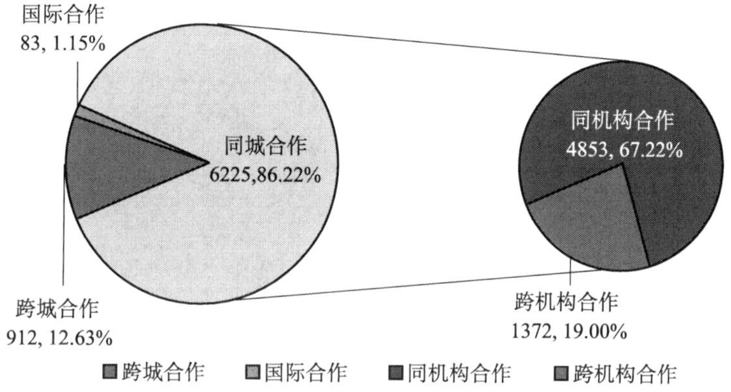

图 3-4　国内合作类型分布图

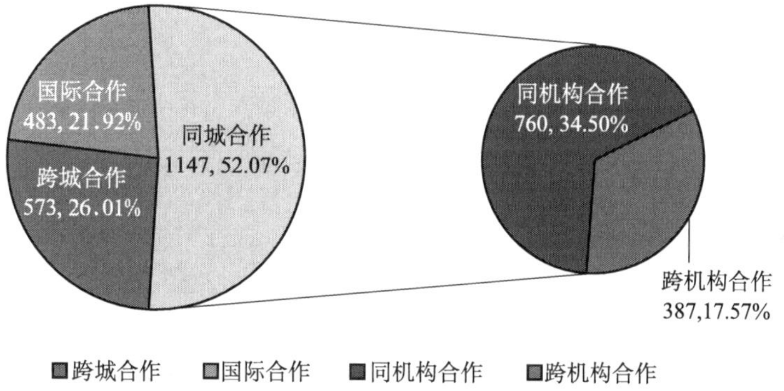

图 3-5　国外合作类型分布图

图 3-4 和图 3-5 对比显示，国内外主流合作模式都是同城合作及同机构合作，国内太局限于同城合作，国外的跨城合作尤其是国际合作表现得更加活跃，国际合作高达 21.92%，国内则不到 2%。国内应注重同城合作、跨城合作、国际合作的协调发展，并保持合适的同机构合作与跨机构合作比例，这样更有利于知识的交流与传播，同时能够提高中国与国际主流领域的接轨程度和显示度。

3.2.6　作者合作网络分析

国外、国内发文量在 6 篇、18 篇及 18 篇以上的前 100 位作者合作共现图分别见图 3-6、图 3-7，其中各结点的大小用度中心性（degree centrality）表示；颜色和形状用成分（components）表示；各结点标记文字的大小用介数中心性

（betweenness centrality）表示；连线粗细和颜色表示合作频次，隐去了其中的孤立结点。经实验如果把阀值降低，还有更多的点相互连通。

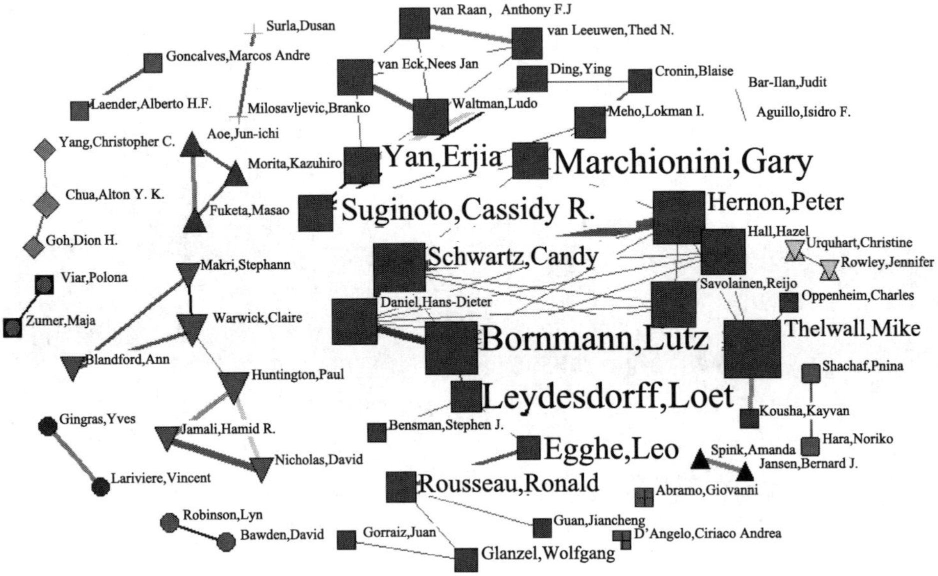

图 3-6　国外前 100 位作者合作网络

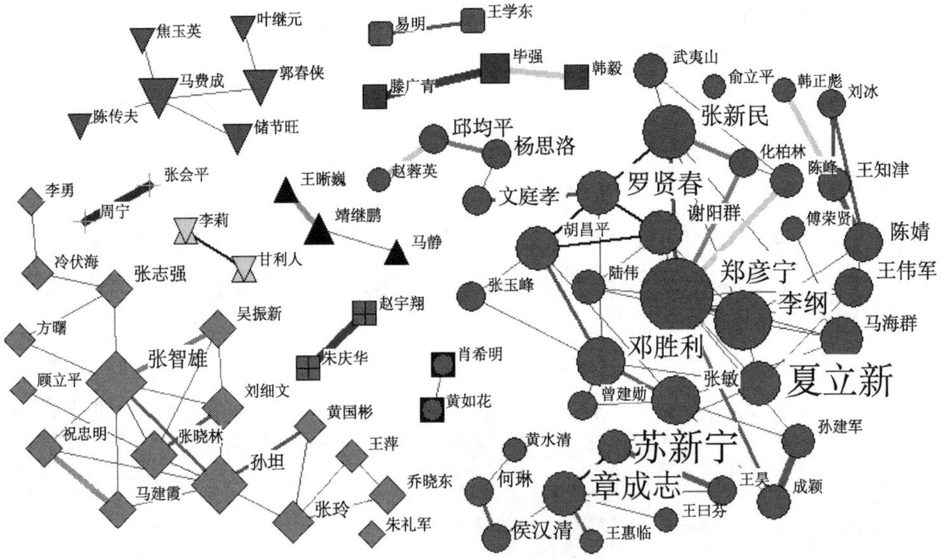

图 3-7　国内前 100 位作者合作网络

通过图 3-6、图 3-7 可以发现国内外图书情报学研究中起关键和突出作用的学者，同时也出现一些高产的研究团队。国外最大的成分由 Rousseau、Leydesdorff、Egghe 和 Thelwall 等众多作者构成，主要研究领域明确，集中在文献计量方面（包括信息计量、科学计量和网络计量）。第二大成分由 Makri、Nicholas 和 Huntington 等组成，主要研究信息检索、用户查询行为、网络搜索等方面。国内合作的特点一方面具有机构或地域性，另外就是有很多是导师和学生间的合作关系，还有少量的同一研究领域合作；这几方面结合组成了国内主要的合作关系网；图中的不同形状表示成分，可见以圆圈为结点的成分相互连通，占了大多数点。国内也出现了两大成分，第一大成分作者分布广泛，集中了跨机构、跨领域的合作；第二大成分则主要是中国科学院国家科学图书馆研究人员组成的团队，有较为长期和稳定的合作关系。通过我们对国内外作者合作网络的整体社会网络指标分析，发现两者在密度、成分和核心—边缘结构等数据方面较相似，但是分析的国内外样本数据相差很大，在一定程度可说明国外的合作更广泛，这与前面相关分析结论一致。

3.2.7　研究结论

通过对 2007～2011 年国内外图书情报学样本期刊论文合著现象的分析，得出以下结论：①总体上，国内合作率略高于国外，但合作度略低于国外。国内外合作率和合作度都呈增长趋势；国内外情报学期刊较图书馆学期刊有着较高的合作率与合作度。②国内外图书情报学作者合作频次均呈现出集中与分散分布，国外的合作作者群体更加庞大和分散。③国内外主流合作模式都是 2 人合作及 3 人合作，国外作者合作规模较大。④国内外主流合作模式都是同城合作，但国内集中在同城和同机构合作，没有实现多种合作类型的协调发展，国际合作尤显不足。

通过国内外图书情报学科合作模式的对比研究发现，中外图书情报学科研合作程度仍有较大上升空间，图书情报学者要进一步加强合作和交叉研究，提高研究的广度和深度，充分发挥群体智能，提高研究效果和研究水平。另外，国内情报学研究机构应注重同城合作、跨城合作、国际合作的协调发展，并保持合适的同机构合作与跨机构合作比例；同时提高合作频次和合作范围等，在更大的范围内参与国内合作和国际合作，不断优化合作模式。

3.3　中外档案学科合作模式总体比较

在大科学时代，学科既横向交叉融合，也向多元角度纵深发展，越来越多的复杂问题需要各领域和学科的学者共同解决，使得科研合作日益频繁，合作成为一种趋势与必然要求。科研合作是科学研究的主要形式，也是提高科研效果和效率的重要途径，而科研合作的重要表现形式就是合著论文①②。研究论文的合著现象，一方面可以反映研究论文的深度和广度，以及该研究领域的学科性质和研究方法等；另一方面也有助于弄清合作的特点以及影响合作的主要因素，有助于组织合作研究。因此，对合著现象进行研究无疑会对现代科学的发展有更好的了解③。档案学是一门实践性很强的社会科学，在新时期面对种种机遇，也面临各种挑战，急需完善。研究档案学科合作模式，可以掌握本学科的基本状态，指导本学科的研究和实践活动，为其他学科提供借鉴，但是目前对档案学科合作的研究很少。本节基于对比角度，从合作率与合作度、合作强度、合作者数量、合作类型等多个维度，对中外档案学科合作的现状进行揭示和分析，从中归纳提炼出中外合作模式和特征④。

3.3.1 数据来源与处理

从数据的可对比性、代表性和可获得性考虑，经过反复实验和多方咨询专家，最后决定选择 2003～2012 年的国内外数据进行分析。国内选择入选 CSSCI 的两种顶尖档案学期刊《档案学研究》和《档案学通讯》，国外选择入选 SSCI 的三种国际重要档案学期刊 *Restaurator*（国际图书与档案资料保护杂志）和 *Journal of the Society of Archivists*、*Prologue*（国家档案管理季刊）。截止到数据收集时间（2013 年 12 月 31 日），检索到国内（2003～2012 年）相关论文 2767篇，国外（2003～2012 年）1066 篇，共计 3833 篇。其中，国内 2767 篇相关论文中有 4 篇无作者论文和 13 篇论文的作者是课题组、出版社等团体作者，国外1066篇相关论文中有 120 篇匿名论文，由于这些是特殊情况，下面的统计中排除此类数据，故国内和国外相关论文分别为 2 750 篇和 946 篇。由于在同一领域内出现名字相同的作者概率较小，在统计时将名字相同的作者视为同一个人。国内外样本期刊见表 3-4（排除了特殊数据）。具体使用文献题录信息统计分析工具 SATI 和 Netdraw 软件绘制合作网络图，并运用 Excel 进行数据排序、筛选、分类汇总、绘制图表等工作。

---

① 邱均平，李威．知识转移领域作者合作模式实证分析［J］．情报理论与实践，2012，(3)：53－56，46.

② 邱均平，陈木佩．我国计量学领域作者合作关系研究［J］．情报理论与实践，2012，(11)：56－60.

③ 谭文韬．中国社科领域外文论文合著情况统计分析［J］．湖北第二师范学院学报，2012，(9)：131－134.

④ 杨思洛，曹慧．中外档案学科合著模式比较研究［J］．档案学通讯，2014，(4)：9－14.

表 3-4　国内外档案学样本期刊

国内期刊	论文量	国外期刊	论文量
《档案学研究》	1 111	*Restaurator－International Journal for the Preservation of Library and Archival Material*	199
《档案学通讯》	1 639	*Journal of the Society of Archivists*	339
		Prologue-Quarterly of the National Archives and Records Administration	408

3.3.2　合作率与合作度分析

合作是科学研究中基本的常见特征，一篇论文有适量的合作者，可以充分发挥群体智慧，在知识结构与广度等方面相互取长补短，提高研究成果水平①。合作率与合作度是科学计量学领域常用的表征科学合作程度的指标。合作率是指合著论文数占全部论文数的百分比，而合作度则是指论文的篇均作者数。合作率反映合作的广度，合作度则揭示合作的深度，两者从不同角度反映合作程度，有利于科研管理部门和科技工作者更加科学地组织和实施科研项目，更为合理地制定科研规划和人才政策。合作率与合作度不仅能够反映合作的广度与深度，而且可以用于研究合作的类型、条件、影响因素等②。

国内 2750 篇论文中合著论文 876 篇，所有论文作者数量为 4008 个；国外 946 篇论文中合著论文 223 篇，所有论文作者数量为 1363 个。经计算，国内外合作率分别为 31.85%和 23.57%，国内外合作度分别为 1.457 5 和 1.440 8。国内外的作者合作率和合作度都较低，都有待提高，说明国内外档案学领域的作者需提高合作意识，增加合著的广度和深度。

1. 基于年代的合作率与合作度分析

国内外合作率与合作度历年变化曲线见图 3-8。图 3-8 显示国内外合作率与合作度在不同年份均有较大波动，从整体历时变化来看，国内合作率和合作度均呈现上升的发展趋势，其合作化趋势不断增强。国内合作率由 2003 年的 21.61%增加到 2012 年的 45.29%，合作度由 2003 年的 1.370 0 增加到 2012 年的 1.666 7。而国外的合作度也呈现上升趋势，但是其合作率却有所下降，说明

① 邱均平，杨思洛，周春雷．改革开放 30 年来我国情报学研究论文的作者分析［J］．情报学报，2009，(4)：626－633.

② 郭颖涛，杨思洛，邝飘．中外图书情报学科合作模式比较研究［J］．情报理论与实践，2013，(10)：120－123，128.

国外总体上单个作者的论文比例有所上升，这主要是因为国外近年出现大量的Book Review、Letter、Editorial Material、Biographical-Item 等类型论文，一般只有一个作者。国外合作度由 2003 年的 1.364 6 增加到 2012 年的 1.415 7，合作率却由 2003 年的 26.04%下降到 2012 年的 19.10%。国内合作率增长幅度较大，国外合作率下降幅度较小。总体上，国内合作率大于国外，反映我国档案学领域的学者越来越重视合作和学科的交叉研究，其科研合作越来越广泛。国内外合作度都平稳增长且增幅不大，表明国内外档案学领域的科研合作保持比较稳定的深度。

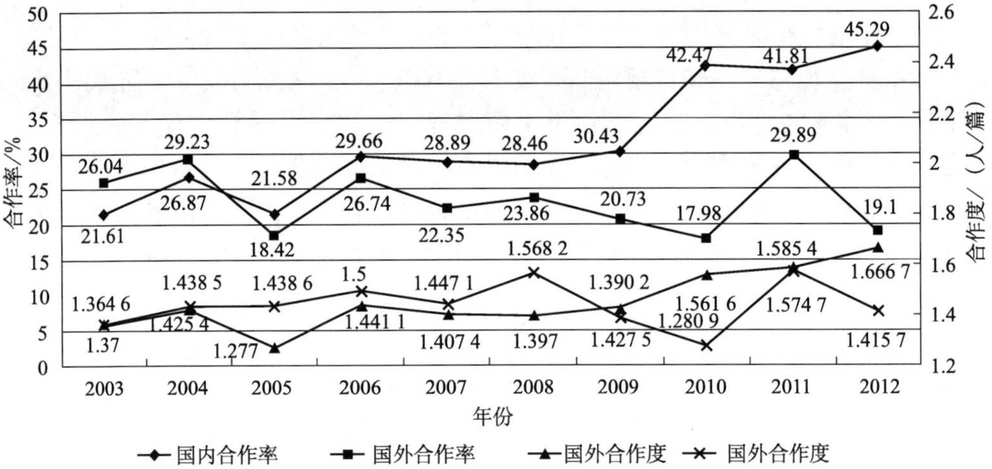

图 3-8　国内外合作率与合作度历年变化曲线

2. 基于期刊的合作率与合作度分析

从期刊角度考察国内外期刊合作率与合作度有助于挖掘特定期刊论文合著的情况。统计结果见表 3-5。国内两种档案学期刊的合作率和合作度都相差无几，约为 32%和 1.5，即约 1/3 的论文有两个及两个以上作者，篇均有 1.5 个作者；表明两期刊论文合著情况相近，合作的深度和广度相似。国外三种期刊的合作率和合作度都相差较大，其中 *Restaurator* 的合作率和合作度超过 69%和 2.5，而 *Prologue* 的合作率和合作度都只有约 8%和 1.1。这与两种期刊的性质和面向范围有一定关系，*Restaurator* 是关于图书馆和档案资料保存的国际期刊，刊物面向国际范围，论文合著情况较多；而 *Prologue* 是美国国家档案季刊，刊物主要面向美国本国作者，且收录的论文中有许多是 Editorial Material。同时，从表 3-5 中还可看出，合作率较高的期刊，其合作度也相对较高，可见合作率与合作度之间呈现一定的正相关关系。

表 3-5　国内期刊合作率与合作度情况

《国内期刊》	合作率/%	合作度	国外期刊	合作率/%	合作度
《档案学研究》	31.68	1.456 3	*Restaurator*	69.35	2.552 8
《档案学通讯》	31.97	1.458 2	*Journal of the Society of Archivists*	15.04	1.206 5
			Prologue	8.33	1.093 1

3.3.3　合作强度对比分析

作者的合作频次是指某一作者在合著论文中出现的总次数，它在一定程度上可以作为表征合作强度的指标。合作强度即是用来表征合作紧密程度的指标。合作频次越高，合作强度也越强①。统计结果见图 3-9 和图 3-10，国内合作作者有1219位，合作频次总计 2134 次；国外合作作者有 488 位，合作频次总计 640 次。

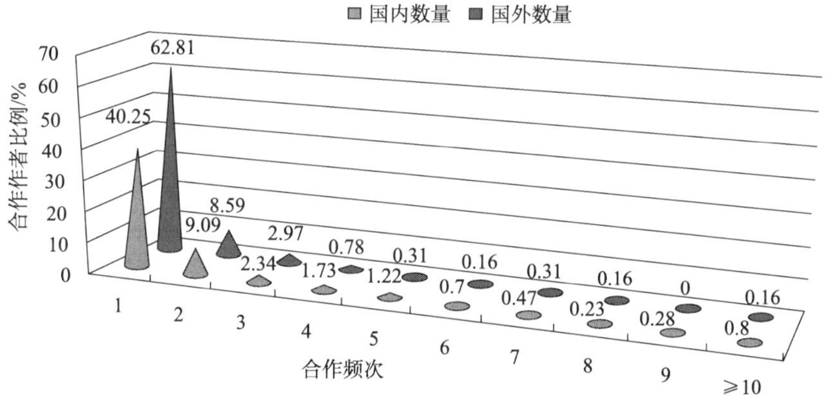

图 3-9　国内外作者合作频次比例分布

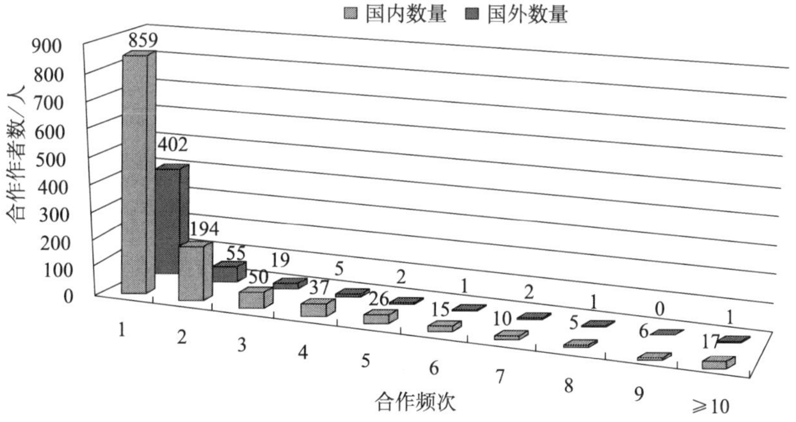

图 3-10　国内外作者合作频次数量分布

① 温芳芳．专利合作模式的计量研究［D］．武汉大学博士学位论文，2012.

从图 3-9 和图 3-10 可以看出，国内外作者合作频次均呈现出集中与分散分布规律，即少数作者拥有非常高的合作频次，而大部分作者都停留在较低合作频次。国内作者合作频次为 1 的达 40.25%，国内作者合作频次停留在 3 次及 3 次以下水平的作者比例为 51.68%。国外作者合作频次为 1 的达 62.81%，国外作者合作频次停留在 3 次及 3 次以下水平的作者比例为 74.37%。因为国内外总体数据样本量的差异，国内 876 篇论文中出现了 1219 位合作作者，国外 223 篇论文中有 488 位合作作者，可见，国外的合作作者群体更加庞大和分散，一方面与国内外论文研究难度和篇幅存在差异相关；另一方面则因为国外刊物面向国际范围，可能是国外单位涉面更加广泛。国内外高合作频次作者名单见表3-6，表中国内作者合作频次均在 10 以上，国外作者合作频次均在 3 以上。

表 3-6　国内外高合作频次作者名单

国内作者	合作频次	国外作者	合作频次
马仁杰	19	Banik G	13
李玉虎	15	Brueckle I	8
肖文建	15	Vyse RF	7
傅荣校	14	Yates C	7
裴友泉	13	Williams C	6
王萍	13	Calvini P	5
陈忠海	11	Haehner U	5
丁华东	11	Buchanan A	4
何振	11	Havlinova B	4
蒋卫荣	11	Huhsmann E	4
李财富	11	Potthast A	4
薛四新	11	Shepherd E	4

3.3.4　基于合作者数量的合作模式分析

合作者数量能够反映作者合作的规模，通过合作者数量可以了解国内外作者合作的规模及主流合作模式。图 3-11 和图 3-12 显示，国内外合作者数量及比例具有一定的聚散分布。国内合作人数大于 6 的论文数为 0，国外合作人数最高达 9，国外合作人数为 2、3、4 人的论文所占比例均比国内高，可知国外作者合作规模比国内大。国内外合作人数为 2 人和 3 人的论文分别占 90.75% 和 78.03%，可见国内外主流合作模式均是 2 人合作和 3 人合作。

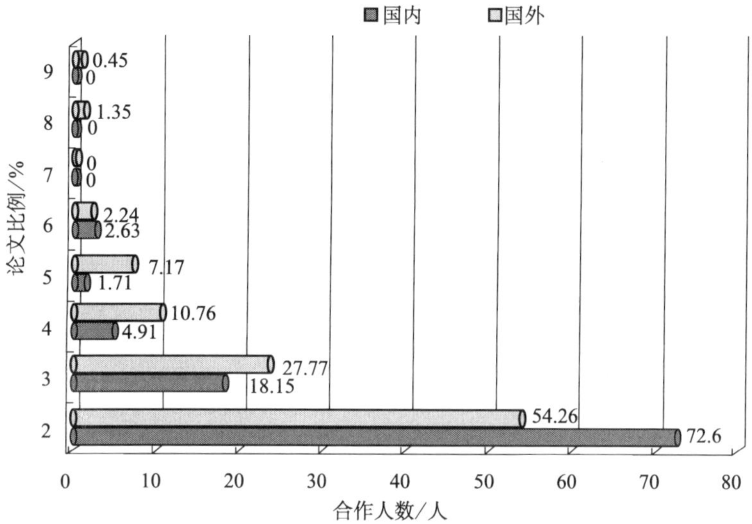

图 3-11　国内外基于合作人数的论文比例分布

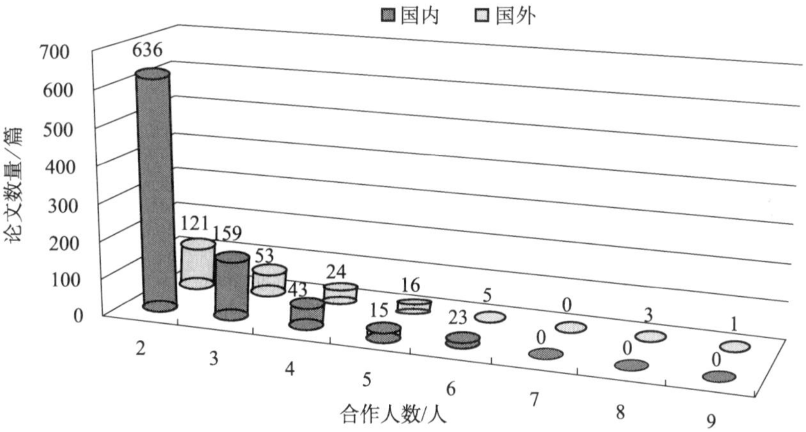

图 3-12　国内外基于合作人数的论文数量分布

3.3.5　基于合作类型的合作模式分析

地理空间距离对合作具有重要影响，根据地域及机构差异，可以把合作类型分为同城合作、跨城合作和国际合作，其中同城合作又包括同机构合作和跨机构合作。同城合作和跨城合作都在一国范围内进行，作者机构中任意两个出现跨城情况即视为跨城合作①。作者机构实行二级精确匹配，一级机构相同，二

① 郭颖涛，杨思洛，邝飘．中外图书情报学科合作模式比较研究［J］．情报理论与实践，2013，(10)：120－123，128.

级机构不同也视为跨机构合作，如中国人民大学信息资源管理学院和中国人民大学公共管理学院属于跨机构。当作者拥有 2 个或 2 个以上的机构时，统计时以第一个机构为准。国内外统计结果见图 3-13 和图 3-14。

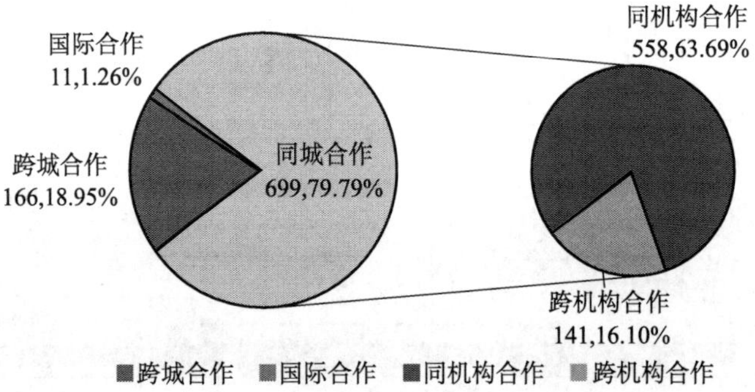

图 3-13　国内合作类型分布

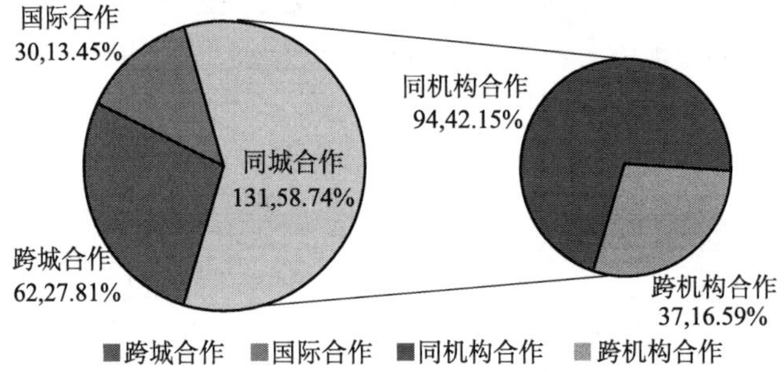

图 3-14　国外合作类型分布

图 3-13 和图 3-14 对比显示，国内外主流合作模式都是同城合作及同机构合作。国内合作模式太局限于同城合作，其跨城合作只有 18.95%，国际合作还不到 2%，而国外的跨城合作和国际合作则表现得很活跃，跨城合作达到 27.81%，国际合作高达 13.45%。因此，国内应注重同城合作、跨城合作、国际合作的协调发展，并协调好同机构合作与跨机构合作的比例，这更有利于知识的交流与传播并能提高我国与国际主流领域的接轨程度。

3.3.6　作者合作网络分析

合作网络是因学者合著论文而形成的社会网络。使用文献题录信息统计分析工具 SATI 和 Netdraw，画出国内外发文量在 9 篇、3 篇及 3 篇以上的前 80 位作者合作共现图（图 3-15 和图 3-16），其中各节点的大小用度中心性表示；颜色和形态用 ID 表示；各节点标记文字的大小用介数中心性表示；连线粗细表示合作频次，隐去了其中的孤立节点。经实验如果把阈值降低，还有更多的点相互联通。通过图 3-15、图 3-16 可以发现，国内外档案学研究中起关键和突出作用的学者。图 3-15为国内前 80 位作者合作网络图，国内合著大致分两大成分，第一大成分作者分布广泛，集中了跨机构、跨领域的合著；第二大成分主要是同一学院的作者的合著，其中又分为同学校同院系的作者合著和同学校跨院系的作者合著，这些合著关系较为长期和稳定。国内合著有两个特点：一是具有机构和地域性；二是有许多导师和学生间、同事之间的合著关系，如何振与蒋冠，倪丽娟与任越之间是师生关系，陈艳红和向立文之间是同事关系。同国内合著比，国外合著也可分两大成分，第一大成分主要是各国作者之间的国际合著，作者分布于各个不同的国家，较国内其分布更加广泛；第二大成分是同一国家之间的作者合著，多是同城合著。这些对国内外作者合著网络分析的结论与前面相关分析结论一致。

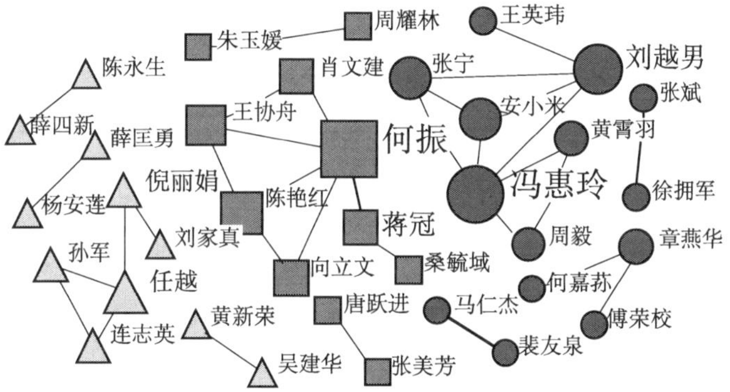

图 3-15　国内前 80 位作者合作网络

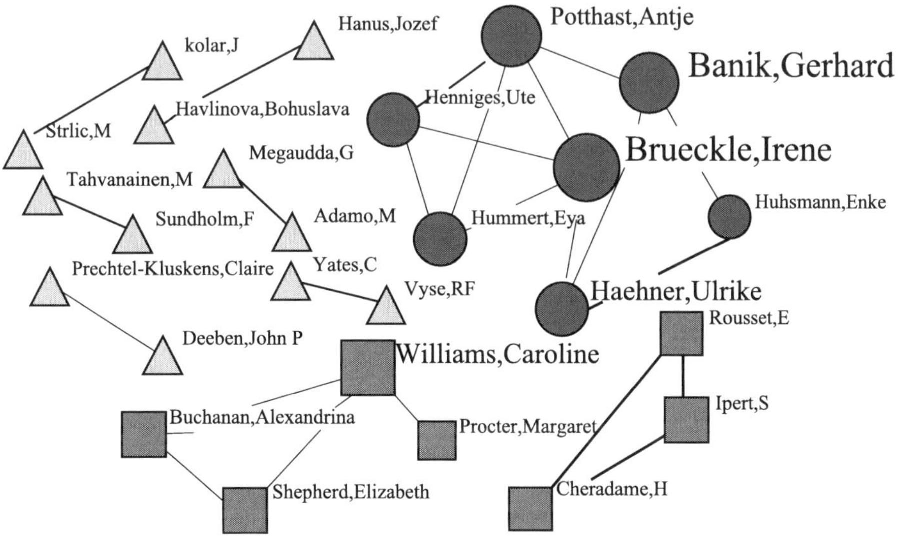

图 3-16　国外前 80 位作者合作网络

3.3.7 研究结论

随着科学研究难度的加大，研究深度和广度的提高，现在各学科、各单位、各作者之间的合作现象普遍存在；在人文社会科学里也越来越流行，档案学科也不例外。合著是合作的一种表现形式，从总体上，现在实质性合作而形成的“合著”占大部分，特别是师生之间、同事之间、业界同行学者的合著等。从国家的政策导向来看，也越来越提倡合作研究，如跨学科、跨领域的协同创新，交叉学科的兴起，还有产学研合作的流行。另外，对于虚假的合著，现在也有一些政策进行制约，如在成果认定、职称评审、课题结项时需要的是第一作者或独著的论文，挂名在后的作者作用就不大了。因此，即使存在少量的“挂名”现象，但是研究合著现象还是具有很重要的理论意义和现实价值。

通过对 2003～2012 年国内外档案学样本期刊论文合著现象的分析，可以看出：①总体上国内外的作者合著率和合著度都较低。国内合著率和国内外合著度都呈增长趋势，但国外合著率整体上有所下降。国内外合著率与合著度之间呈现一定的正相关关系。②国内外档案学作者合著频次都呈现出集中与分散分布，其中，国外的合著作者群体更加庞大和分散。③国内外档案学作者主流合著模式都是 2 人及 3 人合著，但国外作者合著规模较大。④同城合著是国内外档案学主流合著模式。但国内合著模式缺乏多种合著类型协调发展，集中在同城和同机构合著，跨城合著较少，国际合著尤显不足。对比研究国内外档案学科作者合著模式可以发现，中外档案学科研合著程度仍有非常大的上升空间，档案学者要进一步加强合著和交叉研究，提高研究的广度和深度，提高合著频次和合著范围，并不断优化合著模式，使多种合著模式共同发展。另外，国内档案学研究机构应更加注重协调好同城合著、跨城合著、国际合著三者之间的发展，并保持合适的同机构合著与跨机构合著比例。

在研究过程中，我们发现国内的合著中可能存在着少数的“挂名”现象。目前，也有一些学者从定性的角度对国内“挂名”现象及其对策进行分析，但是要真正区分“挂名”与实质性的合作，需要通过问卷调查和访谈等方法进行深入研究，这也是我们以后重点关注的领域。另外，科学合作与合著之间存在密切的关系，也存在显著差异。科学合作是学者为了一定的科学研究目的而进行的相互帮助和协作的过程，有多种表现形式，如科学和技术的种种协作、资金与技术结合的合作、不同学科学者间知识互补的合作；另外，论文的写作过程中都涉及合作，包括前期文献调研、现状把握、研究问题提出、论文题目确立、论文框架构思、论文撰写、修改完善等系列过程；也有不同的合作层次，如浅层次的交流合作、深层次的全方位协作等。而且，作者之间进行了合作研究不一定有合著行为；合著只是合作的其中一种表现形式，下阶段我们计划进行档案学领域合作现象的分析。

3.4 基于社会网络分析的中外情报学合作模式比较

大科学时代，科学研究的合作化特征日益显著，对于正处在快速发展时期的情报学来说亦是如此，无论是国内还是国外，合作研究都是一种普遍的社会现象。合作研究必然要产生大量的成果——以论文、报告等形式涌入文献情报流，合作现象折射到期刊这种文献载体中就形成了期刊论文的合著现象①。对于合著现象的定量化描述与分析，使得我们能够更好地揭示科学合作的模式与规律。基于以上研究思想，本节以SSCI和CSSCI数据库中收录的情报学期刊论文作为样本数据，采用社会网络分析方法，对中外情报学作者合作关系及网络进行比较分析，以定量化和可视化的手段，发掘情报学合作模式所呈现出的规律与特征，寻找中外情报学合作模式的相同与不同。相关的研究成果，不仅能够为业界学者选择合作伙伴和合作模式提供参考信息，而且有助于进一步认识国内情报学研究的特色与差距，把握未来研究的重点与方向②。

3.4.1 数据来源与处理

综合考虑载文量、代表性、影响力、易获取性等因素，我们选择情报学领域6种SCI源刊和3种CSSCI源刊作为原始数据来源，时间跨度为2007～2011年。最终，采集到9种情报学期刊5年间刊载的6127篇论文作为样本数据，包含外文论文3066篇、中文论文3061篇，期刊名称及载文量如表3-7所示。

表3-7　样本数据来源及数量（2007～2011年）

期刊名称	主办国家	载文量
Information & Management	荷兰	289
Journal of Information Technology	英国	194
Journal of the American Society for Information Science and Technology	美国	1 336
Information Processing & Management	美国	531
Journal of Information Science	英国	285
International Journal of Information Management	英国	431
《情报学报》	中国	703
《情报理论与实践》	中国	1 555
《情报资料工作》	中国	803

① 汪冰．中国情报学期刊论文合著现象的研究与思考［J］．情报科学，1992，(2)：8－16.

② 温芳芳．基于社会网络分析的中外情报学合作模式比较研究［J］．情报科学，2015，待发表.

3.4.2 中外情报学合作程度的对比分析

合作（著）率与合作（著）度是科学计量学领域常用的表征科学合作程度的指标。合作率是指合著论文数占全部论文数的百分比，一般用 DC 表示①；而合作度则是指论文的篇均作者数，一般用 CI 表示②。合作率与合作度的计算公式分别为

$$DC=1-\frac{f_1}{N} \qquad (式 3\text{-}1)$$

$$CI=\frac{\sum_{j=1}^{k} jf_j}{N} \qquad (式 3\text{-}2)$$

其中，f_1 为独著论文数量，j 为单篇论文的作者数量，k 为单篇论文作者数量的最大值，f_j 为作者数为 j 的论文数，N 为论文总数。

根据以上计算公式，以 2007～2011 年情报学领域 6127 篇论文为样本，我们分别计算了中文论文和外文论文各年度的合作率与合作度指标，绘制出反映中外情报学研究合作程度历年变化情况的时间曲线图，如图 3-17 所示。横坐标代表论文发表的时间，左侧纵坐标代表合作率，右侧纵坐标代表合作度。

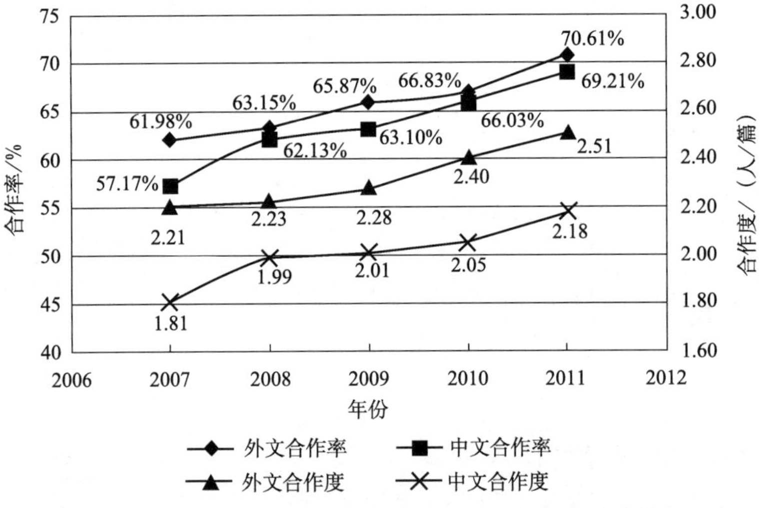

图 3-17 中外情报学期刊论文合作率与合作度历年变化情况

---

① Peters H P F，van Raan A F J. Structuring scientific activities by co-author analysis：an exercise on a university faculty level [J]. Scientometrics，1991，(20)：235－255.

② Subramanyam K. Biliometrics studies of research collaboration：a review [J]. Journal of Information Science，1983，(6)：33－38.

中外情报学研究呈现出相同的发展规律，无论是国内还是国外，情报学期刊论文的合作率和合作度指标逐年增长。2007～2011年，国外的合作率由61.98%上升到70.61%，合作度由2.21上升到2.51；国内的合作率由57.17%上升到69.21%，合作度由1.81上升到2.18。以上结果表明，中外情报学研究的合作化趋势不断增强。这种变化情况主要是由以下三个原因造成的。

第一，在大科学时代背景下，科学发展呈现出既高度分化又高度综合的双重发展态势，使得科学研究具备大规模、高难度、跨学科、高成本等特征。无论是在科学技术领域还是人文社会科学领域，科研活动的合作化和集体化趋势不断增强。情报学研究同样受到大科学发展规律的支配，合作率与合作度稳步上升。

第二，情报学本身就是一个多学科交叉融合形成的新兴研究领域，随着信息化的深入推进和知识经济的到来，情报学不断拓展研究范围，将触角伸向更多的学科领域，出现了一大批综合性、复杂化、跨学科的研究主题，需要整合多个学科领域的研究力量，综合运用多种知识、方法和工具才能完成，合作研究成为一种比较现实和必然的选择。

第三，情报学领域广大学者的合作意识不断增强。越来越多的学者认识到，合作能够实现更大范围内的知识交流和资源共享，能够显著提高研究成果的质量和影响力。特别是跨学科、跨组织的合作研究，往往孕育着新的科学和技术生长点。来自不同学科领域的科研人员能够相互启发，更容易产生新的思想和观点，无论是对科学家个人的成长，还是对科学事业的发展来说，都具有积极的推动作用。

与此同时，我们看到国内的合作率和合作度指标均低于国外，说明国内情报学研究的合作程度与国外相比尚存在差距。众所周知，合作能够带来“1+1>2”的增值效应。正如恩格斯所言，合作是许多力量融合为一个总的力量，它和一个个力量的总和有着本质的区别①。这种增值效应是普遍存在的，科学研究领域亦是如此。合作程度偏低，导致国内情报学研究无法充分发挥合作的潜在价值和积极影响，既不利于学者个人的成长与进步，也不利于整个学科的繁荣与发展。

虽然，近年来我国已经在大力鼓励、推动科研合作创新，通过增加科技投入、支持科研人员参加国内外学术会议、推动各种学术交流活动等途径为科研人员创造交流与合作的机会，但是还远远不能满足科研合作交流的需求，距离真正地推动实质性科研合作还很远②。国内情报学研究的合作程度亟待提高。对

① 马克思，恩格斯．马克思恩格斯选集（第25卷）[M]．北京：人民出版社，1974：120.

② 胡一竑，朱道立，张建同，等．中外科研合作网络对比研究[J]．管理学报，2009，6（10）：1323-1329.

于国内的科研管理部门来说，应该重视和鼓励科研合作，完善科研成果考核和奖励制度，积极地为科研人员和科研机构创造良好的合作条件，不断推动跨部门、跨组织、跨地区、跨国界的交流与合作。

3.4.3 中外情报学合作网络的对比分析

根据社会网络分析的思想，作者并不是孤立的，而是相互关联的，这种关联构成了合作网络。合作网络是传递信息、知识和资源的渠道，网络结构决定着每个成员的行动机会及其结果。因此，借助于社会网络分析方法对合作问题进行研究，具有一定的可行性和必要性。正如社会网络分析学家 Barry Wellman 所言，社会网络分析探究的是深层结构，即隐藏在复杂的社会系统表层之下的网络模式①。

我们利用样本数据中的 3061 篇中文论文和 3066 篇外文论文分别构建国内和国外的情报学合作网络，将初始网络导入 Ucinet 中计算各种网络指标，结果如表 3-8 所示。

表 3-8　中外情报学合作网络指标比较

相关指标	类别		国内	国外
整体网络分析	密度		0.002 9	0.003 2
	聚类系数		0.918	0.944
	平均路径		3.478	3.216
网络结构分析	成分数量		349	351
	主成分规模		49	19
网络节点分析	点度中心性 NrmDegree	最大值	0.322	0.649
		平均值	0.022	0.027
		中心势	0.30%	0.62%
	中介中心性 nBetweenness	最大值	0.478	0.506
		平均值	0.010	0.011
		中心势	0.46%	0.51%
	接近中心性 nCloseness	最大值	0.209	0.235
		平均值	0.19	0.23

表 3-8 分别从整体网络、网络结构和网络节点等三个层次展示出中外情报学合作网络的特征与差异，从表中数据我们可以发现中外合作网络的一些共性与差异。

① Wellman B. Network analysis：some basic principles［J］. Sociological Theory，1983，(1)：155－200.

1. 小世界效应分析

聚类系数（clustering coefficient）和平均路径（average distance）分别用来衡量网络节点之间关系的疏密程度和传递性，两者结合在一起可以判定网络是否具有小世界效应。Valverde 等认为，“小世界网络的判定标准是平均距离小于 10 而聚类系数大于 0.1，对于节点数量特别大的网络，标准可以适当放宽”①。根据这一标准，我们可以判定，中外情报学合作网络都是典型的小世界网络，在较短的路径内（平均长度分别为 3.5 和 3.2）研究者之间就可以认识并建立联系。

从理论上来讲小世界网络可以激发创造力，提高整体绩效②。在小世界网络中，较高的聚簇程度可以提高节点之间相互的信任与合作，从而推动知识交流的效率和准确性；较小的平均路径长度又使得节点可以较为方便地从其他节点处获取新鲜的、必要的、非冗余的信息。如果合作网络同时具备较高的聚类系数和较小的平均路径长度，则合作网络中的研究者既可以及时、高效地与周围的研究者进行合作交流，又能够方便地获取其他团体的新知识，从而有利于提高科学产出。鉴于小世界网络的这种特征和功能，具有小世界效应的合作网络被认为能够提高知识交流的效率与质量，可以更好地激发节点的创造潜力，并获得更好的表现。

小世界网络中蕴藏着巨大的、潜在的合作机会，研究者通过较短的路径就可以与其他研究者取得联系并建立合作关系。对于社会关系网络来说，小世界效应越强，节点之间彼此认识的概率越大，节点之间的关注和了解程度也会增强，能够更好地了解彼此的研究动态，推动节点之间的交流与合作，整个网络呈现出欣欣向荣的景象③。鉴于中外合作网络具备小世界效应，应该鼓励广大学者积极地通过业已存在的合作网络寻找新的合作伙伴，不断扩展自身的合作网络范围。

2. 成分分析

成分是整体网络的一个子图，每个成分内部的节点之间是完全连通的，但各个成分之间不存在联系。孤立节点也是一个成分，但在研究过程中通常只关

---

① Valverde S，Cancho R F，Sole R V. Scale-free networks from optimal design［J］. Europhysics Letters，2001，(60)：512－517.

② Chen Z，Guan J. The impact of small world on innovation：an empirical study of 16 countries［J］. Journal of Informetrics，2010，(4)：97－106.

③ 马瑞敏. 基于作者学术关系的科学交流规律研究［D］. 武汉大学博士学位论文，2009：96－97.

注非孤立点的成分，包含两个及两个以上节点的成分可以视为小团体。本节统计显示，中文合作网络包含 349 个成分，除孤立节点以下，包含 61 个小团体，其中，78.69%的小团体只有两到三名成员组成；外文合作网络包含 351 个成分，除孤立节点以下，包含 39 个小团体，其中，76.92%的小团体只有两到三名成员组成。以上数据表明，在情报学合作网络中小团体是普遍存在的，但是团队规模较小，这是中外合作网络表现出的共同特征。

根据图 3-18 和图 3-19，国内合作网络主成分中的 49 名作者，来自中国科技信息研究所、北京大学、人民大学、武汉大学、南京大学、华中师范大学等多家单位。主成分成员的研究主题和方向较为宽泛，合作者之间多为师生或同事关系。国外合作网络主成分中的 19 名作者，来自鲁汶大学、林堡大学、安特卫普大学、莱顿大学、阿姆斯特丹大学、马普学会、中国科技信息研究所等多家单位，覆盖比利时、荷兰、德国、中国等多个国家，成员之间围绕共同的研究主题“科学计量学”开展合作研究。

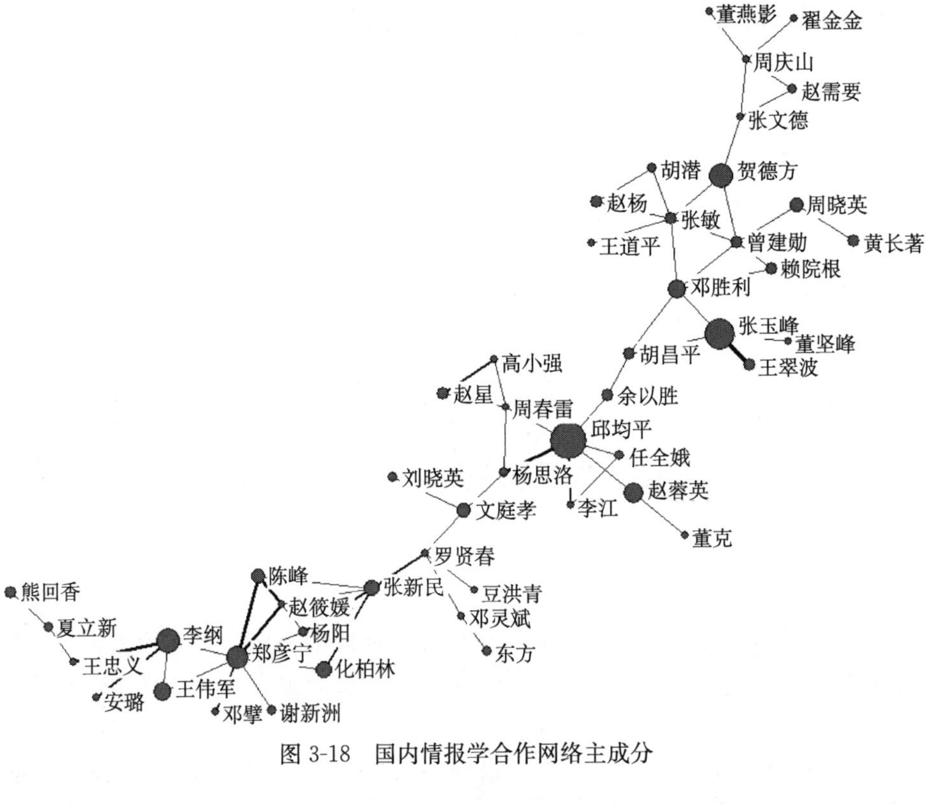

图 3-18　国内情报学合作网络主成分

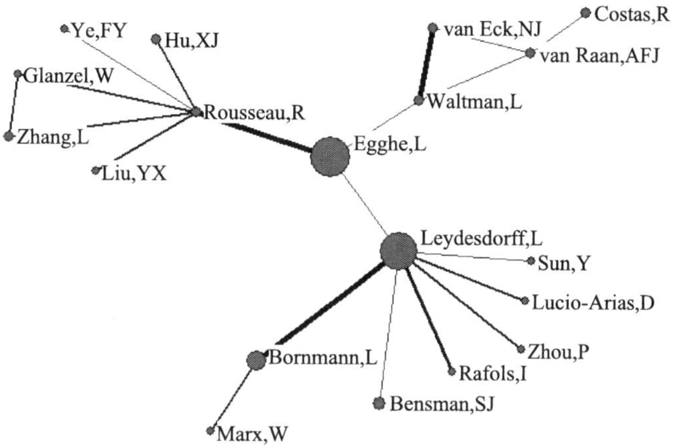

图 3-19　国外情报学合作网络主成分

国内合作网络的主成分规模之所以大于国外，一是因为国内情报学学者群体规模远远小于国际范围内情报学学者群体总规模，而且国内学者主要集中于几家知名的高校和研究机构，彼此之间交流和合作的机会较多；二是因为国内合作网络的主成分所包含的作者单位大多具有博士点，以国内几位知名的博士生导师为核心，通过师生关系建立起一个较大规模的、跨组织、跨地区的合作网络。

3. 中心性分析

中心性指标包括点度中心性、中介中心性和接近中心性三种，用于考察每个节点在网络中的地位和影响力①。计算结果显示，国内学者王知津、马费成、邱均平、张玉峰等，国外学者 Leydesdorff、Rousseau、Egghe、Waltman、Thelwall 等，在合作网络中具有较高的中心性，说明这些作者在国内外情报学合作网络中具有较高的地位和影响力。但就整体情况而言，国外情报学合作网络的中心性指标高于国内，这种现象表明：①国外学者在合作网络中拥有较高的地位和影响力；②国外合作网络中心势指标大于国内，说明网络较为紧密，对网络成员的影响力较大，各个成员能够从合作网络中获取更多的资源；③若将作者之间的合作关系视为知识交流和资源共享的渠道，显然国外合作网络的状况较之国内来说，更有利于知识交流和资源共享。

3.4.4　中外合作网络成员关系分析

我们将合作网络以可视化图谱的形式予以展示，借此寻找作者合作关系所

① 约翰・斯科特．社会网络分析法［M］．刘军译．重庆：重庆大学出版社，2007：126.

呈现出的特征与规律。利用可视化工具 Netdraw 分别画出中外合作网络图谱，由于样本数据中作者数量太大，无法在图谱中全部显示，图中只显示样本数据中（第一作者身份）发文量≥2 的作者，国内作者 527 名，国外作者 444 名，并且删除图中的孤立节点，最后得到合作关系网络分别如图 3-20 和图 3-21 所示。

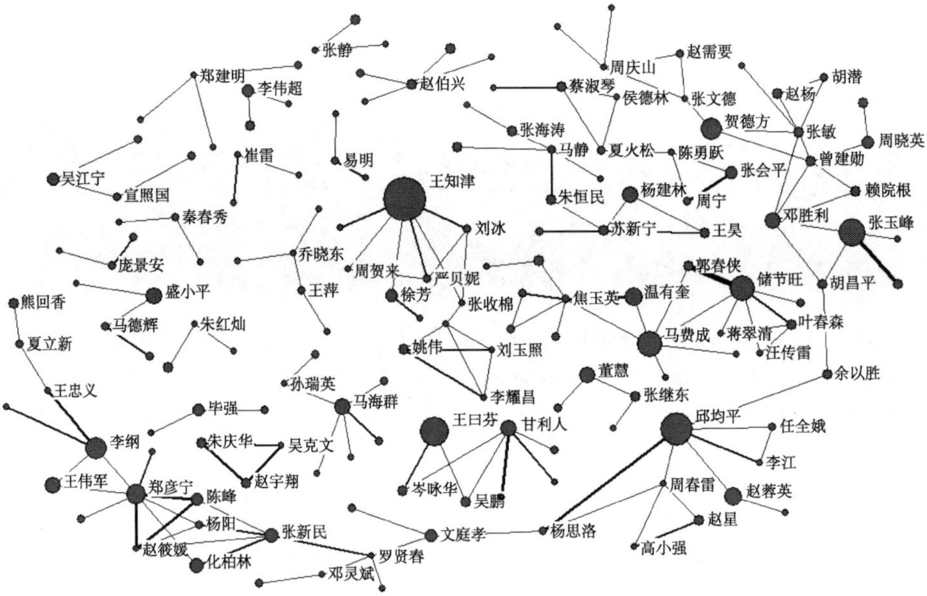

图 3-20 国内情报学合作网络图

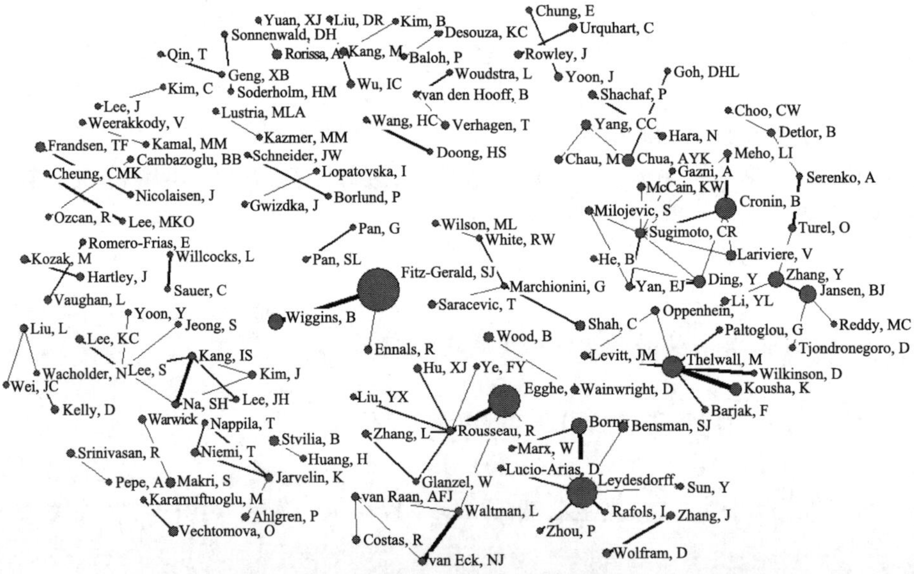

图 3-21 国外情报学合作网络图

1. 基于社会关系的合作模式分析

如图3-20所示，合作网络中包含多个基于师生关系形成的合作小团体，如以南开大学王知津、武汉大学邱均平为核心，形成两个较为醒目的师生合作小团体。南京理工大学的王曰芬、甘立人、吴鹏、岑咏华等形成的合作子网，主要通过同事关系构建，安徽大学的储节旺和郭春侠保持着较高强度的合作关系，也是基于同事关系而形成。

如图3-21所示，在国外合作网络中，虽然也包含师生关系，但大部分成员之间都是同行关系，大家围绕共同的研究主题开展合作研究。例如，Leydesdorff、Rousseau、Waltman、Egghe等学者形成的“科学计量学”合作小团体。除此以外，地理距离对于合作关系也产生着一定的影响。例如，Fitza-Gerald、Wiggins、Ennals之间建立了较为紧密的合作关系，三名学者都来自英国，在一定程度上证明地缘因素的影响。

由此可见，师生、同事、同行，以及来自同一地区的学者之间更容易建立合作关系，以上现象反映出亲缘、业缘、地缘等社会因素对于学者之间的合作关系产生着显著的影响，社会关系在构建和扩展合作网络的过程中发挥着重要的桥梁和纽带作用。科学合作关系是社会关系在科学研究领域的延续和体现：一方面，相互熟识的个人或组织之间更容易建立合作关系；另一方面，通过科学合作，合作者能够拓展或巩固已有的社会关系①。这是中外合作网络表现出的共同特征。与此同时，中外合作网络还表现出明显的差异，主要表现为以下两点。

第一，国外的合作关系网络覆盖范围远大于国内。在国外合作网络中，跨组织、跨地区和跨国合作现象非常普遍。如图3-21所示，以英国学者Thelwall为核心的合作子网，以美国学者Sugimoto为核心的合作子网等，合作伙伴来自多个单位、国家或地区。而在国内的合作网络中，跨组织、跨地区合作较少，跨国合作更为罕见。

第二，在国外的合作网络中，业缘关系发挥着主导性的作用，也就是说学者之间开展合作研究的主要原因是具有共同的研究兴趣和方向。而在国内的合作网络中，合作伙伴之间要么是师生关系，要么是同一单位内部的同事。亲缘关系，尤其是师生关系发挥着主导性的作用。特别是跨组织和跨地区的合作关系，主要是通过师生关系构筑起来。这一点通过中外合作网络中的主成分对比就可以发现，国外合作网络的主成分主要基于业缘关系形成。例如，主成分所包含的19名作者就是围绕共同的主题“科学计量学”开展跨组织、跨国界的合

① 赵蓉英，温芳芳．科研合作与知识交流［J］．图书情报工作，2011，(20)：6－11.

作研究。而国内合作网络的主成分则主要基于亲缘关系形成，如主成分所包含的 49 名作者多为师生关系。

国内的合作网络以亲缘关系为首要联结纽带，通常是以国内几家知名情报学高校和研究机构的博士生导师为核心发展起来的合作关系。这种情况一方面反映出目前实行的导师制在科研创新、人才培养方面具有积极的推动作用；另一方面也说明国内的合作关系囿于亲缘关系的限制，开放程度和合作范围非常有限，学术上因循守旧、近亲繁殖的危险大大增加。事实上，师生合作关系非常脆弱，容易随着学生毕业而断裂。虽然就目前的科研与教育制度来看，师生合作是一种互利双赢的模式，但从长远来看，则会对学者的创造力产生一定的束缚，将同时对学者个人和整个学科的发展产生负面的影响。

事实上，虽然业缘和亲缘都是构筑合作关系的重要纽带，但是从科学发展的规律与需求来看，业缘型合作模式明显优于基于亲缘型合作模式。国外合作网络中所呈现出的以业缘关系为基础的合作方式应该得到充分鼓励和肯定的，这种合作关系基于学者之间共同的研究兴趣，以及知识、技能和资源的互补性而形成，不容易受到地域和组织等因素的限制，能够充分地实现合作者之间的优势互补，有利于形成多元化、良好的、合理的学缘结构，既有利于个人知识与技能的增长，也能够推动学科的发展与繁荣。

2. 合作网络小团体分析

由图 3-20 和图 3-21 可知，小团体普遍存在，小团体内部合作较为紧密，但整体网络的连通性较差，各个小团体之间关系松散。小团体内部成员合作关系紧密是保证一个学术团队专注于某个特定方向进行集中突破的基础①。通常情况下，小团体是基于同行专家的共同兴趣和互补领域而形成的，包括组织内部的和跨组织、跨地区、跨国界的。这些小团体构成了不同学科、不同地区、不同组织之间知识交流的桥梁和纽带，在推动知识交流、加快知识创新等方面发挥着重要的作用。在科研管理中应该对这些小团体给予重点关注，这样才能使管理过程更加科学，更有针对性，管理效果更加显著。

尽管如此，目前中外情报学合作网络表现出的共同特征是：虽然小团体普遍存在，但是团体规模较小，样本数据中成员数量超过 3 个的情况仅为 20%；并且各团队之间连通性较差，意味着合作范围有限，研究者自我封闭在一个相对狭窄的小团体中，所能获得的异质性知识和资源非常有限，长此以往，合作者之间逐渐趋同，优势互补的效应也将逐步降低。因此，我们建议广大学者在

---

① 朱庆华，范哲，施文蔚．信息系统领域中外合著网络研究［J］．情报理论与实践，2011，34（11）：6-10.

条件允许的范围内，与更多类型、更多数量的单位和个人建立合作关系，不断尝试发展新的合作伙伴。一方面，不断扩大小团体的规模，增加团队成员数量，提高成员之间知识、技能、资源等科研要素的异质性和互补性；另一方面，提高各个小团体之间的连通性，构筑不同团队之间的沟通和交流机制，支持和鼓励部分成员开展跨团队合作。

在合作网络当中，有两类成员非常关键：一是位于各个子网中心位置的核心节点，如国内合作网络中的王知津、邱均平、马费成、张玉峰、储节旺、郑彦宁等，国外合作网络中的 Leydesdorff、Rousseau、Thelwall、Sugimoto、Cronin 等，这些学者多是各个研究领域的学术带头人，具有较高影响力和权威性，通常是各个小团体中的灵魂人物；二是位于各个小团体之间的“桥”，如国内合作网络中的贺德方、邓胜利、余以胜、文庭孝、张新民等，国外合作网络中的 Waltman、Egghe、White、Marchionini 等，在社会网络中“桥”是避免信息断层，维系各个小团体之间连通性的关键成员，他们是各个团队获取外部知识与资源的重要渠道，也是促进知识与资源在不同团队之间传递的关键路径。在科研管理活动中，我们既要关注那些处于网络核心位置的学术带头人，也应该关注那些处于“桥”位置的学者。

3.4.5　研究结论

通过对 CSSCI 和 SSCI 论文计量研究和对比分析，发现中外情报学合作模式既呈现出共同的发展规律，又存在着显著的差异。

共性之一：合作化趋势不断增强。情报学本身就具有多学科交叉的学科属性，又处于大科学的时代背景之下，加之广大学者的合作意识不断增强，导致中外情报学研究的合作化特征日益显著。

共性之二：中外合作网络具有小世界网络效应。小世界网络中蕴藏着巨大的、潜在的合作机会。该种网络结构有利于网络成员之间进行知识交流和资源共享，能够提高知识交流的效率与质量，可以更好地激发作者的创造潜力。

共性之三：小团体普遍存在但整体网络连通性较差。虽然小团体普遍存在，但是团体规模较小，并且各团队之间连通性较差，意味着合作范围有限，研究者自我封闭在一个相对狭窄的小团体中。在科研管理活动中，我们既要关注那些处于网络核心位置的学术带头人，也应该关注那些处于“桥”位置的学者。

差别之一：国外的合作程度高于国内。合作程度较低导致国内情报学研究无法充分发挥科学合作的潜在价值和积极影响，既不利于学者个人的成长与进步，也不利于整个学科的繁荣与发展。对于广大科研机构和学者来说，应该进一步增强合作意识，提高合作的积极性和主动性。

差别之二：国外的业缘型合作模式优于国内的亲缘型合作模式。国外的合作网络以业缘关系为首要联结纽带，跨组织、跨地区、跨国合作都非常普遍。而国内的合作网络则以亲缘关系为首要联结纽带，以师生和同事关系为主。业缘型合作模式更加符合科学发展的客观规律与现实需求，而亲缘型合作模式容易导致学术上因循守旧和近亲繁殖。

综上所述，合作研究已经成为中外学者共同的选择，全世界范围内情报学研究的合作化特征日益显著，合作化趋势不断增强。通过中外合作模式的比较分析，我们清楚地看到中外合作模式存在一定的差别，国外的合作程度高于国内，合作模式也明显地优于国内，我国情报学的合作研究情况距离国际水平尚有一定的差距。以上研究结论和发现有助于高校、科研院所，以及广大的学者更为合理地调整科研策略，更为科学地构建合作关系，更有针对性地寻找合作伙伴，并最终提高合作水平和科研绩效。

3.5 基于社会网络分析的中外图书馆学合作模式比较

在大科学时代背景之下，科学研究的合作化和集体化趋势不断增强。对于正处在传统与现代交汇点的图书馆学来说亦是如此，无论是国外还是国内，合作研究都是一种普遍的社会现象，合作现象背后往往蕴含着一定的模式和规律。对于合作模式与规律的揭示，使得我们能够更好地了解学术共同体的活动轨迹，进一步认识和把握图书馆学的学科结构与发展趋势。科学合作的结果通常以研究者共同署名在学术期刊上发表论文来体现，学术期刊是了解研究者合作交流情况的重要途径①。因此，合著论文的计量分析成为合作模式研究的常用手段，尤其是社会网络分析方法及可视化工具的出现，为其提供了新的研究视角和更为有效的研究手段。

本节以CSSCI和SSCI数据库中收录的图书馆学期刊论文作为样本数据，采用社会网络分析方法，对中外图书馆学领域作者和机构的合作关系及网络进行比较分析，以定量化和可视化的手段，发掘图书馆学合作模式所呈现出的规律与特征，寻找中外图书馆学合作模式的相同与不同。相关的研究成果，不仅能够为该领域的学者选择合作伙伴和合作模式提供参考信息，而且有助于进一步认识国内图书馆学研究的问题与差距，把握未来研究的重点与方向②。

---

① 刘蓓，袁毅．社会网路分析法在论文合作网络中的应用研究［J］．情报学报，2008，(3)：407－417.

② 温芳芳．基于社会网络分析的中外图书馆学合作模式比较研究［J］．国家图书馆学刊，2014，(1)：76－83.

3.5.1　样本数据采集与整理

综合考虑载文量、影响力、代表性、易获取性等因素，本节选择图书馆学领域 3 种 CSSCI 来源刊和 8 种 SSCI 来源刊作为原始数据来源，时间跨度为 10 年（2004～2013 年），检索时间为 2013 年 4 月 15 日。期刊名称分别为《中国图书馆学报》《大学图书馆学报》《国家图书馆学刊》以及 *Library Quarterly*、*Library Trends*、*Library Journal*、*Library Resources&Technical Services*、*Library Collections Acquisitions&Technical Services*、*Library Hi Tech*、*Journal of the Medical Library Association*、*Law Library Journal*。文献检索过程中剔除掉通知、征文、声明、公告以及匿名等情况，采集到 11 种图书馆学期刊 2004～2013 年刊载的 5992 篇同行评议论文作为有效样本数据，包含外文文献 2985篇、中文文献 3007 篇，然后利用 VBA 程序从中提取每篇论文的出版时间、作者名称、机构名称等信息作为计量对象。

3.5.2　中外图书馆学整体合作情况的比较分析

合作（著）率与合作（著）度是科学计量学领域常用的表征科学合作程度的指标。合作率是指合著论文数占全部论文数的百分比，而合作度则是指论文的篇均作者数，二者通常用于描述某一学科领域的合作程度与合作规模，指标值越大表明合作程度与规模越高。本节分别计算了样本数据中外文献各年度的合作率与合作度，并将其指标值绘制为时间曲线图，直观地展示出中外图书馆学研究合作程度与规模的历时变化情况。如图 3-22 所示，横坐标代表论文发表的时间，左侧纵坐标代表合作率，右侧纵坐标代表合作度。

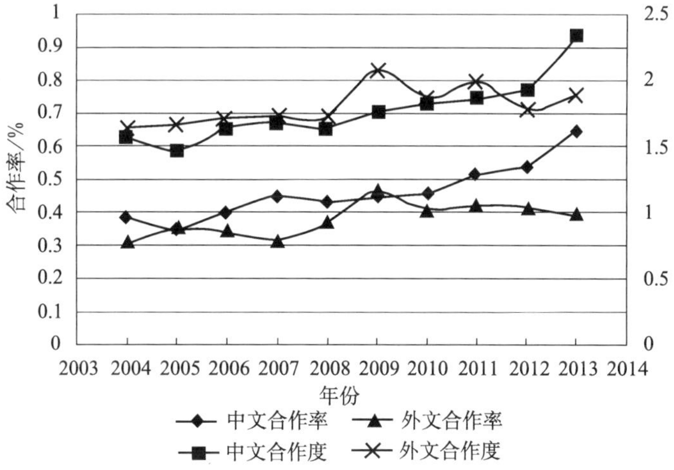

图 3-22　中外图书馆学期刊论文合作率与合作度历年变化情况

中外合作率的比较：中文合作率整体呈现出逐步增长的发展趋势，而外文合作率整体上较为稳定。除了 2005 年和 2009 年以外，其他各年度中文合作率均高于外文合作率，尤其是 2009 年以后，中文合作率的增长趋势和外文合作率的下降趋势都比较明显。

中外合作度的比较：中文合作度逐年增长，而外文合作度存在着一定的波动，特别是近年来，整体上未能呈现出增长趋势，而略有下降。在 2012 年以前，中文合作度一直低于外文合作度，但是在后两年该情况有所改变，中文合作度的增长趋势较为明显，并且已经超过外文合作度。

合作率代表着合著论文所占的比重，可以将其视为表征合作程度的指标。合作度代表着每篇论文参与的合作者数量多少，可以将其视为表征合作规模的指标。由中外图书馆学期刊论文合作率与合作度指标的历年变化情况及其对比分析可知，国内图书馆学研究的合作化趋势不断增强，合作程度和合作规模稳定增长，国内的合作程度明显地高于国外，合作规模也开始高于国外。

以上现象表明，国内图书馆学在合作研究方面呈现出良好的发展态势，与国外的差距不断缩小，合作程度和合作规模业已赶超国外。这种变化情况主要是由以下原因造成的。

(1) 国内图书馆学领域研究者的合作意识不断增强。越来越多的学者认识到，合作能够实现更大范围内的知识交流和资源共享，能够显著提高研究成果的质量和影响力。无论是对科学家个人的成长，还是对科学事业的发展来说，都具有积极的推动作用。

(2) 图书馆学研究内容逐渐多元化。随着信息化的深入推进和知识经济的到来，图书馆学打破了传统学科边界的限制，研究范围不断拓展，特别是在图情一体化的发展道路上，图书馆学改变了单纯的以定性为主的基础理论研究，定量化、技术化、实证化的特征日益显著，研究内容和研究方法日趋多元化。出现了一大批综合性、复杂化、跨学科的研究主题，需要整合多个学科领域的研究力量，综合运用多种知识、方法和工具才能完成，合作研究成为一种比较现实和必然的选择。

(3) 国内科学研究的合作程度整体增强。近年来，国内研究机构及学者的开放意识不断增强，合作研究受到鼓励和肯定，无论是自然科学还是人文社会科学领域，科学研究的合作化和集体化趋势不断增强。国内图书馆学同样受到这一社会趋势的影响，合作研究日益普遍，合作程度和合作规模稳步提升。

3.5.3 中外图书馆学合作网络的指标比较分析

社会网络分析思想认为，作者之间并非彼此孤立，而是通过合作研究结成关联，多个作者之间通过错综复杂的合作关系构成合作网络。合作网络是传递信息、知识和资源的渠道，网络结构决定着每个成员的行动机会及其结果。因此，借助于社会网络分析方法对合作问题进行研究，有助于发掘现象背后隐藏的模式与规律。正如社会网络分析学家 Barry Wellman 所言，“社会网络分析探究的是深层结构，即隐藏在复杂的社会系统表层之下的网络模式”①。

本节从样本数据所包含的中外合著论文中提取出作者姓名、机构名称等信息，统计结果显示，中文合著论文 1339 篇，包含合著作者 1935 名、合著机构 348 个；外文合著论文 1149 篇，包含合著作者 2106 名、合著机构 680 个。借助于作者和机构之间的合著关系，分别构建国内作者合作网络、国内机构合作网络、国外作者合作网络、国外机构合作网络，并将以上四个网络的初始矩阵导入 Ucinet 中计算各种网络指标，结果如表 3-9 所示。依据表中数据，本节分别从网络密度、小世界网络、成分、度数中心性四个方面对中外合作网络进行对比分析。

表 3-9　中外图书馆学合作网络指标比较

相关指标	类别	作者合作网络		机构合作网络	
		中文	外文	中文	外文
整体网络分析	节点数	1 935	2 106	348	680
	密度	0.001 2	0.000 9	0.009 4	0.003 4
小世界网络分析	平均距离	7.681	2.024	5.300	3.836
	聚类系数	0.881	0.969	0.670	0.810
成分分析	成分数量	387	704	36	124
	主成分规模	378	32	268	164
	平均规模	5.000	2.991	9.667	5.484
度数中心性分析(Degree)	平均值	2.407	2.655	2.335	3.264
	最大值	36	18	89	37

1. 网络密度分析

密度用于衡量网络成员之间的关系是否紧密，密度越大说明网络中成员之间的关系越紧密。由表 3-9 中数据可知，无论是作者合作网络还是机构合作网络，中文网络的密度均大于外文网络，说明国内图书馆学领域的合作关系更为紧密。一般来说，对于一个关系紧密的网络，成员之间的合作行为比较多，相互之间便于进行各种交流与沟通，团队及成员的工作绩效也会比较高。

2. 小世界网络分析

小世界网络可以通过平均路径长度与聚类系数两个指标加以验证和描述，

① Wellman B. Network analysis：some basic principles [J] . Sociological Theory，1983，(1)：155－200.

如果一个社会关系网络具有较小的平均路径长度和较大的聚类系数，就可以被看作是具有小世界效应。小世界网络的判定标准是平均距离小于 10 而聚类系数大于 0.1①。由表 3-9 中平均距离和聚类系数两个指标的数值可知，以上四种网络均呈现出显著的小世界效应，而且国外合作网络的小世界效应比国内更为显著。

小世界网络可以激发创造力，提高整体绩效②。合作网络中的研究者既可以及时、高效地与周围的研究者进行合作交流，又能够方便地获取其他团体的新知识，从而有利于提高科研产出。除此以外，小世界网络中蕴藏着更多潜在的合作机会，研究者通过较短的路径就可以与其他研究者取得联系并建立合作关系。小世界效应越强，节点之间彼此认识的概率越大。由此可见，在图书馆研究领域，国外的合作网络当中蕴含着更多的合作机会，国外的作者和机构更容易开展合作研究。

3. 成分分析

成分也被称为组件或连通子图，它是整体网络的一个子图。进行成分分析时，整个网络会被分成多个成分，其中包含节点数量最多的成分被称为主成分，包含两个及两个以上节点的成分可以称为小团体。由表 3-9 可知，中文合作网络所包含的成分数量远小于外文，成分平均规模（平均每个成分包含的节点数量）明显大于外文，表明国内合作网络整体而言较国外紧密，这一点与网络密度的计算结果也是一致的。

在对各个成分规模做进一步的比较分析之后发现，国内合作关系的分布较为集中，尤其是成分规模呈现出较为极端的分布状态。对于中文作者合作网络来说，规模位居前三位的成分包含的节点数量分别为 378、246、113，意味着 38%的合作者集中在 3 个子网当中，而其余 62%合作者分布在 384 个子网当中；对于中文机构合作网络来说，主成分的规模高达 268，意味着样本数据中 77%的中文合作机构集中于主成分当中，其余子网的规模都为 2 或 3。相对而言，国外合作关系的分布则较为平均，整体网络包含更多的成分，且成分的最大规模和平均规模均小于国内合作网络。

4. 度数中心性分析

度数中心性表示某一节点与其他节点相连的情况，某一节点的度数越高，说明与其直接相连的节点越多，该节点居于网络中心位置，该点所对应的行动

① Valverde S，Cancho R F，Sole R V. Scale-free networks from optimal design [J]. Europhysics Letters，2001，(60)：512－517.

② Chen Z F，Guan J C. The impact of small world on innovation：an empirical study of 16 countries [J]. Journal of Informetrics，2010，(4)：97－106.

者就是该网络中的中心人物，通常具有较高的社会地位、影响力和协调能力①。本节利用度数中心性来衡量各个作者或机构在图书馆学领域的重要性和活跃性。若某一节点具有较高的度数中心性，则代表着该作者或机构的合作范围更广泛、合作行为更活跃、科研效率更高②。由表 3-9 可知，中文合作网络节点的度数中心性指标最大值远大于外文，平均值却略小于外文，国内少数作者和机构在合作网络中表现非常活跃，建立了广泛的合作关系，而大部分作者和机构合作范围非常有限。国外各个作者和机构在合作网络中的影响力和活跃性虽然也存在一定的差异，但就整体情况而言并未呈现出较为极端的差异。

3.5.4　中外图书馆学合作网络的可视化比较

本节利用可视化工具 Netdraw 绘制出四种合作网络的可视化图谱，直观地展示出每个作者或机构的发文量、相互之间的合作关系及强度。由于样本数据中作者数量太大，无法在图谱中全部显示，图中只显示样本数据中发文量≥5 的作者和机构，国内作者 191 名、机构 44 个，国外作者 155 名、机构 67 个，并且删除图中的孤立节点，最后得到合作关系网络分别如图 3-23～图 3-26 所示。图中每个节点代表一个作者或机构，节点大小反映出发文量大小，节点之间的连线代表着合作关系，连线粗细反映出合作频次高低。

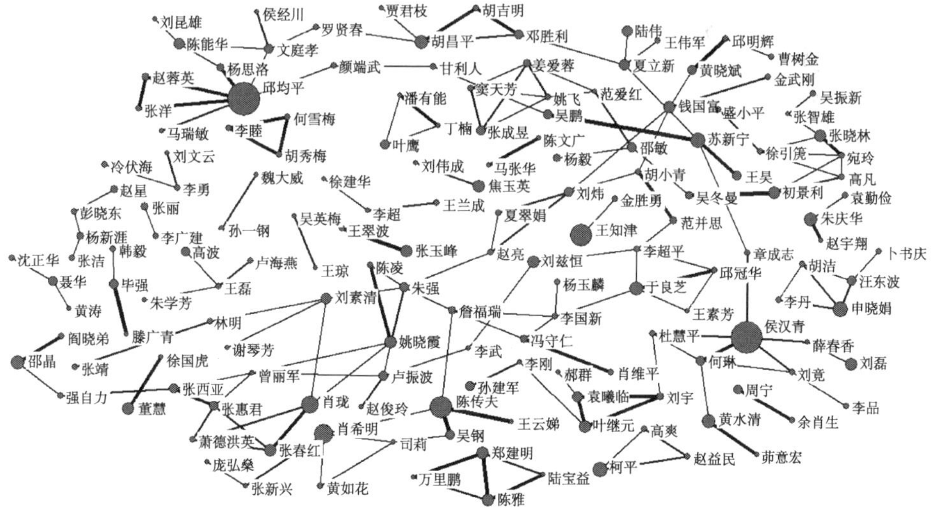

图 3-23　国内作者合作网络图

① Hossain L. Effect of organizational position and network centrality on project coordination [J]. Project Management, 2009, (27): 680 - 689.

② 李丽蓉，钱巍，冯玉强. 管理信息系统领域的合著网络中作者的广度中心度分析 [J]. 现代图书情报技术，2010，(5)：66 - 72.

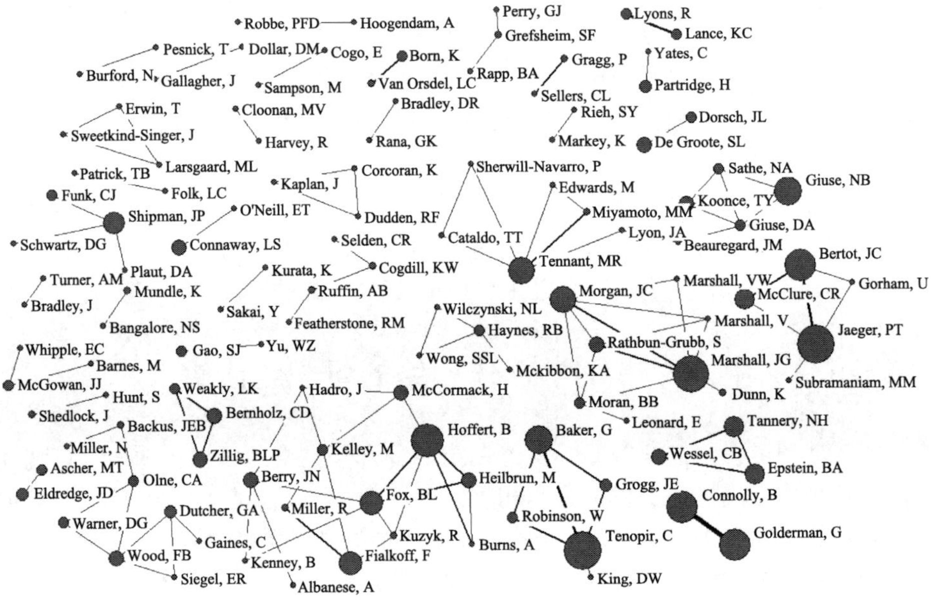

图 3-24　国外作者合作网络图

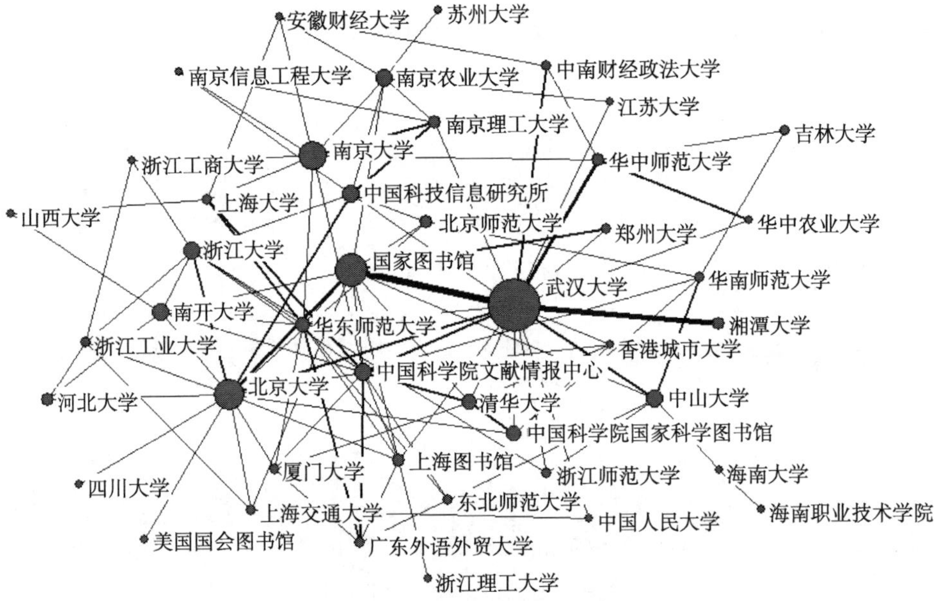

图 3-25　国内机构合作网络图（包括与国外机构的合作）

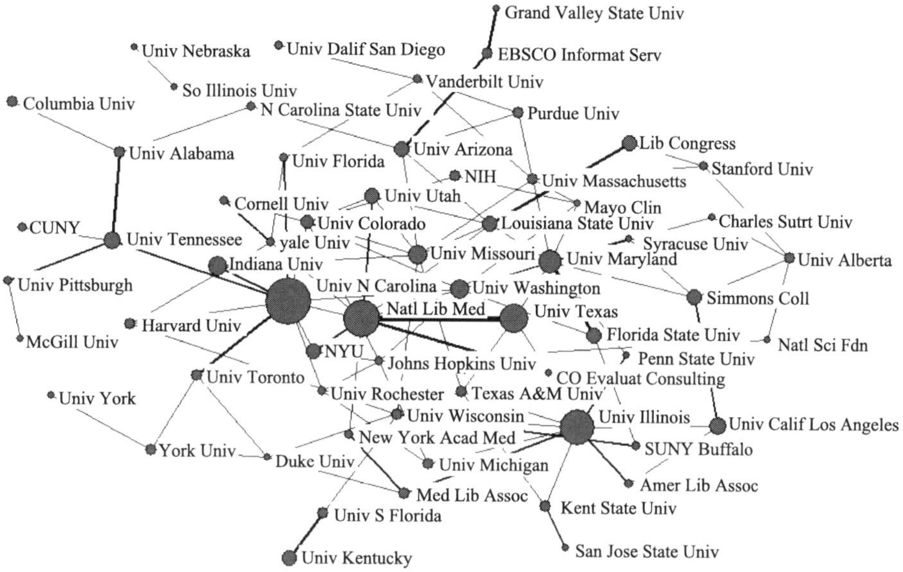

图 3-26　国外机构合作网络图

1. 中外作者合作网络的比较分析

作者是科学研究的基本组成单元，也是最具主观能动性的行为主体，作者之间的关系及网络是科学合作研究的主要切入点。在作者合作网络中，节点所处的位置反映出每位作者的重要性和活跃性，网络结构则在一定程度上体现出合作模式特征。

由图 3-23 和图 3-24 可以发现，网络中存在一批同时具备较高生产能力和较强合作程度的活跃节点，如国内学者邱均平、侯汉清、陈传夫、肖希明等，国外学者 Marshall J G、Jaeger P T、Hoffert B、Morgan J C、Tennant M R 等。他们拥有较高的发文量，与其他作者之间建立了广泛的合作关系，并且在整个合作网络中位居核心位置。与此同时，中外合作网络表现出明显的差异。

1）网络结构的差异

无论是国内合作网络还是国外合作网络，小团体都是普遍存在的，但是网络结构和成员之间的关系存在明显不同。国内合作关系的分布更为集中，如图 3-23 所示，局部网络呈现出星型拓扑结构，分别以邱均平、侯汉清等少数几位知名专家为核心。图 3-24 中高产作者的数量明显大于图 3-23，合作关系的分布也比较平均，每个子网的规模较为有限，局部网络的拓扑结构以环型和混合型为主，较少存在星型情况。国内合作网络所呈现出的高度集中的分布状态反映出作者生产力和影响力的极端差异，尤其是星型拓扑结构，过于依赖中心节点，具有天然的不稳定性。而国外合作网络所呈现出的较为平均的分布状况，相对而言更为合理和稳定。以上情况提醒我们，对于国内合作网络而言，既要高度关注那些关键节点，充分发挥其主导作用，又要适当调整网络结构，引导和鼓励作者之间建立更为广泛的合作关系。

2）合作关系的差异

师生关系在国内合作网络中占据更大的比重，导师与研究生之间的合作最为普遍，说明国内的合作关系囿于亲缘关系的限制。虽然就当前的科研和教育制度而言，师生合作发表文章具有一定的必要性和合理性，在科技创新和人才培养方面能够发挥积极的作用，但其弊端也是显而易见的。首先，师生合作使得学术上因循守旧、近亲繁殖的危险大大增加①；其次，师生合作关系非常脆弱，容易随着学生毕业而断裂；最后，严格意义上来说科学合作通常发生在等级地位相同或相近的个体之间，所以研究生在读期间与导师共同发表论文并非真正的科学合作②。与国内情况不同，国外的合作关系则以业缘为主，作者之间基于共同的研究兴趣，以及知识、技能和资源的互补性而形成，能够更好地实现优势互补，形成更为合理的多元化学缘结构，有利于推动学科的繁荣发展。

3）合作形式的差异

国外的合作伙伴双方地位和实力相当，如图 3-24 所示，强强联合的情况非常普遍，且在整个网络当中占有较大的比重。而国内的合作模式则是以强弱联合和弱弱联合为主，特别是在几个星型子网当中，合作伙伴之间的实力和地位相差悬殊，中心节点多为国内图书馆学的权威专家和知名学者，四周围绕着年轻的学生或同事。尽管合作是年轻学者成长和进步的必经阶段，尤其是与强者的合作有助于提高自身在领域内的影响力和可见度。强弱联合和弱弱联合对于学术新人非常有利，但是对于强者而言却收效甚微，甚至带来负面的影响③。对于整个学科发展来说，强强合作可以实现更为充分的资源共享和优势互补，所以能够带来更大的突破，尤其对于一些复杂专深的研究课题，强强联合的优势会更为明显。甚至有学者认为，真正的科学合作必须基于合作双方地位的对等性才能实现，强弱联合并不构成真正意义上的合作④。

2. 中外机构合作网络比较分析

机构合作网络不仅能够显示出各个单位在领域内的生产能力和合作水平，

---

① 胡一竑，朱道立，张建同，等．中外科研合作网络对比研究［J］．管理学报，2009，（10）：1323－1329.

② Hagstrom W O. The Scientific Community［M］. New York：Basic Books. Inc，1965：3.

③ Pravdic N，Oluic-Vukovicd V. Dual approach to multiple authorship in the study of collaborator / scientific output relationship［J］. Scientometrics，1986，（10）：259－280.

④ Katz J S，Martin B R. What is research collaboration?［J］. Research Policy，1997，（26）：1－18.

而且能够反映出国内外主要研究力量及其合作关系的地理分布情况。

（1）高校是首要研究力量，图3-25和图3-26中所包含的节点绝大多数都是高校，图书馆和研究所的比例很小；地理距离对于科学合作产生着重要的影响，地理位置相同或相近的机构之间更容易建立合作关系。以上两个方面是中外机构合作网络所呈现出的共同特征。

（2）国内机构合作网络中，武汉大学、北京大学、南京大学、国家图书馆等单位居于比较显著的位置，在机构合作网络当中发挥着重要的桥梁和纽带作用。其中，武汉大学居于整个网络的核心位置，发文量和度数中心性均远大于国内其他机构，呈现出“一枝独秀”的发展格局。国外机构合作网络中，北卡罗来纳大学、美国国家医学图书馆、伊利诺伊大学、得克萨斯大学等机构在合作网络中表现比较活跃，呈现出几家主要研究机构“齐头并进”的多元化发展格局。

（3）图3-26当中并未包含中国大学或研究机构，说明在图书馆学研究领域，国内机构的国际影响力和可见度仍然亟待提升。尽管近年来国内学者在国外期刊上的发文量不断提升，但是机构的整体实力与国外先进水平相比，尚存在较大差距。国内的合作程度虽然获得了较大的提高，但是国际合作的情况仍然比较少见。对于国内图书馆学的学者和机构而言，需要进一步增强开放性，不断提高国际化水平，积极参与国际合作研究，努力缩小国内外的差距，实现国内与国际更好的对接与同步。

3.5.5　研究结论

（1）国内图书馆学的合作程度显著提升。合作研究业已成为全球范围内图书馆学共同的发展趋势，近年来国内图书馆学的合作化趋势更为显著。由合作率和合作度指标可知，国内图书馆学的合作程度逐年提升，并且已经赶超国外。国内合作网络的密度和子网规模也超过了国外，进一步证实了该研究结论。

（2）中外图书馆学合作网络均呈现出显著的小世界效应。在社会网络分析中，小世界网络结构具有一系列的优势，不仅有利于网络成员之间开展知识交流和资源共享，更好地激发研究者的创造潜力，而且蕴藏着巨大的潜在合作机会。中外合作网络所呈现出的小世界效应，表明合作关系广度和强度尚有很大的提升空间，也提醒广大科研人员和机构进一步增强开放意识，积极地通过业已存在的合作网络寻找新的合作伙伴并建立起更为广泛和深入的合作关系。

（3）国内合作网络呈现出极端的分布状况。成分分析、中心性分析、网络结构分析等几个方面的比较均表明，国内合作网络中作者和机构的能力与地位的差异更为显著，合作关系的分布也更为集中，星形网络结构特征比较明显。

国内少数作者和机构在合作网络当中占据主导地位，不仅拥有较高的发文量和中心性，而且大多居于局部星形网络的核心，整体网络对于核心节点的依赖程度较高，相应的风险系数也更大。

(4) 国内合作模式存在一定的问题和不足。国内合作网络中师生合作关系所占比重过大，围绕国内图书馆学几个知名博士生导师和博士授予单位，基于师生关系构筑起主要的合作网络。所以，国内合作关系中强弱联合的特征更为明显，师生合作和强弱联合的情况具有明显的弊端。而国外的合作关系则主要基于业缘而建立，强强联合的现象更为普遍。从学科发展的现实需求和长远情况来看，国外的合作模式更为科学合理。

综上所述，尽管国内图书馆学在合作研究方面呈现出良好的发展势头，合作现象日益普遍、合作程度逐渐增强、合作关系不断扩展，但合作质量和水平与国外相比仍有一定的差距，合作模式有待优化[①]。

3.6 本章小结

对科学合作可视化理论进行阐述。具体包括科学合作与合著、新时期科学合作研究、科学合作模式可视化三方面的分析。

科学研究从独立走向合作是时代发展的必然趋势，探究科学合作模式是图书情报学科重要内容。借助合作率与合作度指标，通过合作频次分布的描述与揭示，以及基于合作者数量和合作类型分布的分析，分别考察图书情报学研究论文的合作程度、合作强度、合作规模、合作范围、合作网络，并对比分析了国内外异同。

随着科学研究的集体化和合作化趋势不断加强，对比分析国内外档案学科合作模式具有重要意义。选择国内外档案学典型期刊2003～2012年的数据，借助合作率与合作度指标，通过合作频次分布的描述与揭示，以及基于合作者数量和合作类型分布的分析，分别考察档案学研究论文的合作程度、合作强度、合作规模、合作范围、合作网络，并对比分析了国内外档案学科合作模式的异同。

以SSCI和CSSCI数据库中收录的情报学期刊论文作为样本数据，采用社会网络分析方法，对中外情报学合作模式进行比较分析。研究发现，中外情报学合作模式既有共同特征又有显著的差异，共同特征主要表现为合作化趋势逐年

① 温芳芳．基于社会网络分析的中外图书馆学合作模式比较研究［J］．国家图书馆学刊，2014，(1)：76－83.

增强，小世界效应显著，小团体普遍存在但整体网络结构松散；差异之处主要体现为国外的合作程度高于国内，国外的合作网络以业缘关系为首要联结纽带，跨组织、跨地区、跨国合作都非常普遍，而国内的合作网络则以亲缘关系为主，多为师生、同事之间的合作。我国情报学合作研究情况与国际水平尚有一定的差距。

以 SSCI 和 CSSCI 数据库中收录的图书馆学期刊论文作为样本数据，采用文献计量、社会网络分析及可视化方法，对中外图书馆学的合作研究模式进行比较分析。结果表明：国内图书馆学的合作程度逐年提升；国内合作关系网络结构表现出显著的星形特征；国内合作网络中师生合作关系所占比重过大，国外则以业缘为主。总体而言，国内图书馆学在合作研究方面呈现出良好的发展势头，但与国际水平尚有一定差距，合作模式有待优化。

第4章

中外图书情报学科引证模式可视化比较分析

引文分析乃是当今世界上最富声望的科学计量技术。

——著名科学计量学家布劳温（Braun T）[①]

① 庞景安．科学计量研究方法论［M］．北京：科学技术文献出版社，2002：13.

一方面，引证行为是学科学者最基本的学术行为之一，客观地表征了科学知识交流与共享、继承与转移情况，反映了学者的知识利用和吸收行为。由引证形成的引文（参考文献）是学术文献必不可少的组成部分，成为科学论文的“第二特征”。另一方面，目前利用引文所反映出的文献信息间的内在联系，运用计量分析的方法揭示学术信息在传播与交流过程中所体现出的规律性；引文分析已被广泛运用于科学评价、信息检索、信息服务、科研管理和学科结构与趋势的把握等方面，成为图书情报学科独特的研究方法，也是图书情报学科影响其他学科的重要方面。

4.1 引证模式可视化分析

虽然世界上第一本科学期刊出现在 16 世纪，但是系统的论文引证制度形成得更晚些。到 20 世纪初期，随着世界上科学技术的迅猛发展，参考文献逐渐成为了学术论文的第二特征，是合理且有效地进行科学交流的必要部分[①]。20 世纪中期，时任美国 Johns Hopkins 大学图书馆员的 E. Garfield 受 1870 年的谢泼德引文的启发，开创了科学引文索引（SCI），使得利用引文分析进行较大规模的知识发现和文献检索成为可能，掀开了引文分析的新篇章。随后“文献耦合”“科学引文网络”“同被引”“引文可视化”等引文分析的理论、技术和方法相继提出。1998 年，网络版数据库 WoS 的问世，进一步促进引文分析的普及应用[②]。21 世纪，网络搜索引擎和网络引文索引的出现，引文分析进入了网络引文分析的新时期。

4.1.1 引证行为与引文分析

19 世纪以来，西方科学界开始形成严格的科学传统，要求学者在撰写论著时，须参照前人所写过的有关文献，这就使得一篇完整科学文献包括两部分：正文和参考文献部分[③]。另外，在社会科学论著中，除在文后列出参考文献，也以文中注释、脚注、间注和夹注的形式存在。引证行为既是一种科学规范与制度，也是一种人类科学研究和知识交流的基本需要。从 20 世纪中期开始，就有

① Kaplan N. The norms of citation behavior：prolegomena to the footnote [J]. American Documentation，1965，16（3）：179－184.

② 杨思洛．引文分析存在的问题及其原因探究 [J]．中国图书馆学报，2011，(3)：108－117.

③ 庞景安．科学计量研究方法论 [M]．北京：科学技术文献出版社，1999：213.

许多学者从不同角度归纳出了引证的动机，从几种到几十种不等，如Brooks根据前人的研究，将引文动机分为七类[①]。学者施引过程中，无论是出于答谢被引者“引文是学者付给同行的硬币工资”，还是为了论证自身观点把被引对象作为论据，或者是施引者本身复杂的心理过程的体现，引文都是学术论著的重要组成。引证行为是学者重要的学术行为，引文分析成为文献计量和知识计量重要的方面。在引证行为中，涉及两个基本单元主体，即施引文献和被引文献，许多文献的引证与被引证组成了引证网络。早在1965年，普赖斯创造性地展示了文献引证之间的复杂关系。如图4-1所示，箭头指向施引文献，箭尾指向被引文献，图中的各概念都是相对文献A来说的[②]。此外，引证模式也具有不同层面，以文献之间的引证关系为基础，可以扩展到作者、机构或单位、期刊、国家或地区等不同层面的引证关系，各种基本单元之间组合可组成更复杂的关系，如作者关键词同被引、作者期刊共引、高被引作者与高产作者互引等。

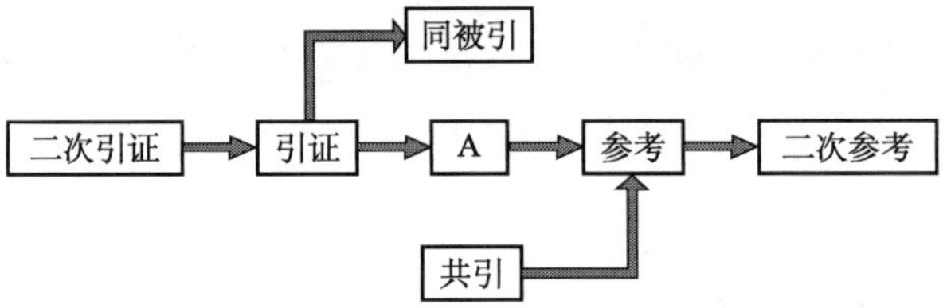

图4-1　引证相关概念的关系

引文分析法，就是利用各种数学及统计学的方法进行引文数据的比较、归纳、抽象、概括等，对科学期刊、论文、著者等分析对象和知识单元的引用和被引用现象进行分析，以揭示其数量特征和内在规律的一种文献计量研究方法[③]。引文分析领域大致可以分为三个时期：20世纪50年代至60年代，为引文分析学的初始形成期，加菲尔德研制SCI和普赖斯进行引文网络分析，开创了引文分析的先河，他们也因此成为引文分析领域的奠基人；20世纪70年代至80年代，是引文分析的发展繁荣期，其重要人物有斯莫尔和麦克罗伯特，斯莫尔提出了共被引理论并详细论证了共被引方法，麦克罗伯特则对引文分析存在的问题进行了深入批判；从20世纪90年代起，引文分析学进入了深化扩张期，各种引文分析理论有了进一步发展，通过引文分析可视化学科或领域结构有了较大的进展，重要的人物有怀特、麦肯恩和陈超美等，随着计算机互联网的发展普及，网络引文分析也成为引文分析的热点，同时是网

① Brooks T A. Evidence of complies citer motivations [J]. Journal of the American Society for Information Science, 1986, 37 (1): 34-36.

② 袁军鹏. 科学计量学高级教程 [M]. 北京：科学技术文献出版社，2010：123.

③ 邱均平. 信息计量学 [M]. 武汉：武汉大学出版社，2007.

络计量学的主要内容，其代表人物有英格沃森、塞沃尔与鲁索等①。文献引证关系具有一定的分布结构和规律性。对文献引文的分布理论和规律进行研究，可研究引文的集中与离散分布规律，以及增长与老化变化规律。要对这些规律进行分析，主要涉及三种基本类型：①从引文数量上进行研究，主要用于评价期刊和论文等；②从引文间的网状关系或链状关系进行研究；③从引文反映出的主题相关性方面进行研究。常用的测度指标主要有引文率、影响因子、自引证率、自被引率、当年指标、引文半衰期、引文普赖斯指数、h 指数、特征因子等；在对专业或学科结构和知识交流情况进行研究时，除用引用率外，还可用引文耦合、同被引和互引、直引等测度指标进行分析。引文分析的角度包括引文年代、引文语种、引文类型、引文国别、引文作者、引证经典著作等的分析等。

目前，引文分析主要集中在三个方面：①对引证关系的分析，进而探究知识网络中知识交流和知识转移的情况和规律；同时也有基于引文分析角度，对学科的结构进行展示。这两方面对引文分析都在进一步深入，如研究施引和被引位置的分析、实际引用频次的分析，以及基于语义的引文上下文情境分析和全文分析等②。②基于引文分析的科学评价，引文分析在评价科学期刊、人才、机构等方面发挥重要作用，从简单的被引频次到相对引用量、从影响因子到特征因子（eigenfactor）、从单一考虑被引量到综合衡量 h 指数等，目前方兴未艾。③网络引文分析，随着互联网的普遍应用，网络引文分析成为新的热点，也是网络计量学的主要内容。网络引证关系相应地从传统文献与网络文献两个角度可分为四大类，即 Print-to-Print（P-P）、Print-to-Web（P-W）、Web-to-Print（W-P）、Web-to-Web（W-W），实际上网络引证复杂的关系远非这四种类型的简单区分关系，在一定程度上它们有交叉、重合和扩展③。Ding 等提出下一代引文分析——基于内容的引文分析，从句法和语义水平分析引文，通过被引和施引两个角度，从全文层面，一方面研究引证的具体位置，另一方面关注引证的具体语义和背景信息，并且认为基于内容的引文分析将在以下方面得到广泛应用：引用动机分类、文献摘要、文献检索、文献推荐与预测、知识挖掘与可视化④。此外，引文分析的发展是横向扩展和纵向深入并存，引文分析不断改进已有分析方法、提出新的分析模型，同时也结合共词分析、社会网络分析和内

---

① 梁永霞．引文分析学的知识计量研究［D］．大连理工大学博士学位论文，2009.

② Hu Z，Chen C，Liu Z. Where are citations located in the body of scientific articles? A study of the distributions of citation locations［J］. Journal of Informetrics，2013，(7)：887－896.

③ 杨思洛．基于网络引证关系的知识交流规律研究［D］．武汉大学博士学位论文，2011.

④ Ding Y，Zhang G，Chambers T，et al. Content-based citation analysis：the next generation of citation analysis［J］. Journal of the American Society for Information Science and Technology，2014，65 (9)：1820－1833.

容分析等方法。但是无论哪方面，可视化都是引文分析研究的重要手段与结果展示方式，引文分析也是知识图谱研究的重要内容。

4.1.2 新时期引证行为研究

自从16世纪后期形成论文引用制度以来，参考文献成为了学术论文的第二特征，是合理且有效地进行科学交流的必要部分。20世纪中期，加菲尔德受1870年的谢泼德引文的启发，开创了SCI，掀开了引文分析的新篇章。引文相关研究成为了图书情报、科学学与科技管理等学科的热点。①对引证引为的理论分析，众多研究从不同角度和层面提出观点，但远未完善，主要有引文规范理论[①]、社会结构理论[②③]、引证心理过程理论[④]、自反引文理论[⑤]、引文进化理论[⑥]。②引证动机深刻地影响作者引证的行为及引用的结果，20世纪下半期开始，众多学者关注于此领域[⑦-⑨]。近期，Harwood通过访谈，对比调查了计算机和社会科学领域学者引用动机的异同[⑩]；Kosmulski研究得出，论文被引常常是因为施引学者研究目标，而非论文的内容[⑪]。对引文动机研究常用文献内容与语境分析法，也有少量问卷调查与访谈法，但这些方法都受到众多非议[⑫]。③引证行为影响因素的研

① Smith L C. Citation analysis [J]. Library Trends，1981，(30)：83-106.

② White H D. Reward，persuasion，and the Sokal hoax：a study in citation identities [J]. Scientometrics，2004，60 (1)：93-120.

③ Moed H F，Garfield E. Basic scientists cite proportionally fewer "authoritative" references as their bibliographies become shorter [C]. Proceedings of the 9th International Conference on Scientometrics and Informetrics，2003：190-196.

④ Nicolaisen J. Citation analysis [J]. Annual Review of Information Science and Technology，2007，(13)：609-641.

⑤ Wouters. The citation culture [OL/M]. [2010-6-9]. www. garfield. library. upenn. edu/wouters/wouters. pdf.

⑥ Nicolaisen J. Social behavior and scientific practice：missing pieces of the citation puzzle [OL/J]. [2010-6-9]. http：//vip. db. dk/dbi/samling/phd _ dk. htm.

⑦ Brooks T A. Evidence of complies citer motivations [J]. Journal of the American Society for Information Science，1986，37 (1)：34-36.

⑧ Kousha K，Thelwall M. How is science cited on the web? A classification of Google unique web citations [J]. Journal of the American Society for Information Science and Technology，2007，58 (11)：1631-1644.

⑨ Vaughan L，Shaw D. Web citation data for impact assessment：a comparison of four science disciplines [J]. Journal of the American Society for Information Science and Technology，2005，56 (10)：1075-1087.

⑩ Harwood N. An interview-based study of the functions of citations in academic writing across two disciplines [J]. Journal of Pragmatics，2009，41 (3)：497-518.

⑪ Kosmulski M. The role of references in scientific papers：cited papers as objects of research [J]. Research Evaluation，2012，21 (2)：87-88.

⑫ Bornmann L，Daniel H D. What do citation counts measure? A review of studies on citing behavior [J]. Journal of Documentation，2008，64 (1)：45-80.

究，包括间接文献分析、直接调查施引者，也有对两种方法的对比分析[①]。大多数研究是基于文献内容与语境的分析[②]，而且这些研究主要从论文层面，考虑论文被引量的影响因素及预测未来论文被引量。例如，认为论文作者的影响力是论文被引的重要影响因素；评论类论文具有更多的被引量[③]；获奖论文获得更多引文；论文被引受到自然增长机制与马太效应影响，涉及期刊和论文层面；论文的参考文献数量、作者数、资历、性别、跨学科性、学科差异等影响其被引数量[④]；高被引文献的特征；期刊影响到所载论文的被引，论文被引并非仅仅因为其质量[⑤]；论文引文分布与作者数量、单位数量、参考文献数量是双指数泊松曲线相关。少量研究通过问卷调查或访谈来研究学者施引或不引的动机、引用的影响因素[⑥]。例如，Sukovic使用半结构化深度访谈，分析学者引用电子资源的行为特征[⑦]。④也有对新时期学者引证行为变化情况的探讨。Evans调查了1945～2005年被引用的来自各个学科领域的3400万篇论文，结果发现引用行为在向更小的论文“池”集中[⑧]；Larivière却得出与Evans截然相反的结论，即引文分散度在明显增加，被引论文包含有多样化（范围更广）的文章[⑨]。

在国内，侧重于引文的应用研究[⑩⑪]。①对引证行为的理论主要是照搬国外的成果；引证行为动机则是总结国外的研究或初步的定性分析[⑫]。②相关实践研究较少，集中从被引文献角度的简单分类或文本统计，包括研究引证行为的失

① Willett P. Readers' perceptions of authors' citation behavior [J]. Journal of Documentation，2013，69 (1)：145-156.

② Didegah F，Thelwall M，Gazni A. An international comparison of journal publishing and citing behaviours [J]. Journal of Informetrics，2012，6 (4)：516-531.

③ Radicchi F，Castellano C. Testing the fairness of citation indicators for comparison across scientific domains：The case of fractional citation counts [J]. Journal of Informetrics，2012，6 (1)：121-130.

④ Slyder J B，Stein B R，Sams B S. Citation pattern and lifespan：a comparison of discipline，institution，and individual [J]. Scientometrics，2011，89 (3)：955-966.

⑤ Perneger T V. Citation analysis of identical consensus statements revealed journal-related bias [J]. Journal of clinical epidemiology，2010，63 (6)：660-664.

⑥ Michael J K，Guenther E，Alberto A. The effect of use and access on citations [J]. Information Processing & Management，2005，41 (6)：1395-1402.

⑦ Sukovic S. References to e-texts in academic publications [J]. Journal of Documentation，2009，65 (6)：997-1015.

⑧ Evans J A. Electronic publication and the narrowing of science and scholarship [J]. Science，2008，321 (5887)：395-399.

⑨ Larivière V，Gingras Y，Archambault É. The decline in the concentration of citations，1900-2007 [J]. Journal of the American Society for Information Science and Technology，2009，60 (4)：858-862.

⑩ 叶继元. 引文的本质及其学术评价功能辨析 [J]. 中国图书馆学报，2010，(1)：35-39.

⑪ 梁永霞. 引文分析学的知识计量研究 [D]. 大连理工大学博士学位论文，2009.

⑫ 邱均平. 信息计量学 [M]. 武汉：武汉大学出版社，2007.

范；引用文献的类型与基本分布情况①，如游毅等探讨学者对文献施引的历时变化，具体分析被引文献的学科、文献增长、文献介质类型等外部因素及内在联系②；也有少量研究从施引文献角度的计量研究，对引证行为的法律、道德规范等方面的定性分析③，学者引用网络资源行为的计量分析等。③对引证行为影响因素的研究偏向于定性的初步分析，其中，王恺荣和程晓琳介绍了研究引证行为与动机的方法，归纳了国内外的现有研究④。此外，还有少量研究初步问卷调查学者引用行为的影响因素，如程妮通过调查学者引证行为影响因素来分析知识转移情况⑤。

综合看来，①国外引文行为理论研究中各观点还处于探讨阶段，实证分析仍远未完善。研究设计多样而导致难以重复分析结论，研究方法上存在众多缺陷⑥；相关研究主要基于文献层面，专门研究学者引证行为较少；基于被引角度研究较多，而施引角度研究较少；传统环境下的研究较多，新时期网络环境下的相关研究较少；微观层面研究较多，宏观和中观层面研究较少。②国内研究主要是跟踪国外，深度和原创性有所不足，研究较为单一和初步。对引证行为有所涉及，但引证行为影响因素研究不足；一般性的引文计量分析较多，很少有专门基于问卷调查或访谈法的引证行为及影响因素研究。整体上，虽然在某些方面取得了一定进展，但是，无论国内还是国外，相关研究方法较为单一，缺乏整体上的系统研究学者引证行为，缺少具有高度和深度的或者具有普遍规律意义的成果。

4.1.3 引文分析可视化

引文分析是知识图谱研究的重要内容之一，因为知识可视化实际上是对知识单元及其关系的可视化展示，而知识单元之间的关系中引证关系起主导作用，引证关系能体现知识之间的继承与转移、知识交流与传播情况。虽然共词等共现关系也是可视化的内容，但是存在语义理解等方面的固有缺陷。大部分知识

---

① 梁立明，钟镇．错引现象折射出的科学家群体引文失范行为——以 Nature 上一篇 19 万次高频引用论文的错引记录为例［J］．自然辩证法研究，2007，(6)：62－65.

② 游毅，索传军，钟晶晶．科技期刊长期老化趋势与影响因素实证研究——基于 4 门学科期刊 30 年引文数据的统计分析［J］．图书情报工作，2011，(12)：140－144.

③ 赖方忠．引文失范研究［J］．四川警察学院学报，2013，(4)：134－140.

④ 王恺荣，程晓琳．引文行为和引文动机研究［J］．现代情报，2005，(3)：17－18，22.

⑤ 程妮．基于引文的知识转移研究［D］．武汉大学博士学位论文，2009.

⑥ MacRoberts M H，MacRoberts B R. Problems of citation analysis：a study of uncited and seldom-cited influences［J］．Journal of the American Society for Information Science and Technology，2010，61 (1)：1－12.

图谱绘制是建立在引文分析的基础上，特别是在知识图谱研究的早期，20 世纪中期随着 SCI 等引文索引数据库的研制成功，为引文分析提供了极大的便利，基于引文数据的知识可视化研究开始兴起。可视化具有的直观、形象等优势正好可以为以大量抽象的引文数据为基础的引文分析提供良好的展示途径。目前，引文分析可视化的研究主要是从时间序列和地理信息两个方面展开的[①]。①基于时间序列的引文可视化研究。例如，20 世纪 60 年代早期，加菲尔德等利用 SCI 数据，开始了系列引文分析的开拓性研究，如在《应用引文数据撰写科学历史》中绘制了 DNA 研究领域的历史发展图谱，随后他开发了引文编年可视化软件 HistCite，目前该软件仍是进行信息检索和学科结构展示的重要工具。此外，普赖斯用相同的数据在他一系列经典著作——《巴比伦以来的科学》《小科学，大科学》《科学文献的网络》中，进行了知识图谱绘制的开创性工作，如使用曲线图展示文献的指数增长现象[②]。②而基于地理信息的可视化分析，主要通过文献中作者和所属国家、机构的信息关联起来，可视化地展示不同地理位置的施引和被引情况，从而从不同层面直观地展示知识交流和转移的空间分布情况，往往与地理信息系统相关软件结合进行应用。

可视化引文分析严格说来就是可视化引文关系，即利用信息可视化技术，通过计算机系统设计软件与工具，对引文分析的结果以各种图形进行显示，使得引文及其相互关系直观地展示的过程。随着计算机技术的发展，引文分析博采统计分析、矩阵分析等数学方法，吸收采纳可视化技术，发展成可视化引文分析，以图形的方式显现引文分析的结果，使得这一方法实际应用更加易于被人接受和理解[③]。随着计算机的深入应用和各种作图软件的涌现，引文可视化展示所应用的图形也经历了一个从简单到复杂，从平面到立体，从估测到准确计算的过程。按照对不同的引文分析类型进行可视化显示所采用的图形进行归纳有：对直接引用关系进行可视化显示的图形（引文编年图、矩阵表示法“蝴蝶”表示法）；对同被引分析可视化进行显示的图形（聚类树图、二维平面图、三维立体彩色图）等[④]。其实，从另一角度，引文可视化展示可分为两种：一种是对直接引用关系的展示；另一种是引证关系网络的展示。除同被引外，还有文献耦合和文献的互引关系网，这些既可以通过一般的二维、三维图形和树形图进行展示，也可以通过模拟自然和社会界形成隐喻图像。

---

① 鲁超，刘清．引文分析可视化现状［J］．情报杂志，2010，(11)：48-52.

② 陈悦，刘则渊，陈劲，等．科学知识图谱的发展历程［J］．科学学研究，2008，(3)：449-460.

③ 李运景．可视化引文分析在科技史中的应用研究［D］．南京农业大学博士学位论文，2007.

④ 李运景，侯汉青．引文分析可视化研究［J］．情报学报，2007，(2)：301-308.

4.2 中外图书馆学科学者引证行为比较

引文是论文的重要组成部分，能够体现出文献间的知识联系及学术资源的利用情况[①]，引证行为是学者最基本的学术行为。在此基础上的引文分析法在图书情报、科技管理等领域都有广泛的应用。在图书馆学领域，统计分析引文的类型、年份、语言等方面的研究已不在少数。但从引证行为的角度进行分析的研究很少，系统地对中外图书馆学者的引证行为的对比分析尤其缺乏[②③]。新时期学者的引证行为如何？发展趋势怎样？国内外的差异有哪些？这些关系引文分析发展的重要问题都未能很好地解决。目前，普遍认为国内外学者学术行为存在差异和差距，而比较分析作为一种认识事物本质和规律的重要研究方法，是中外引证行为差异分析的重要途径。为了解中外图书馆学科学者的引证行为，本节以中外图书馆学代表性期刊为对象，运用文献计量和比较分析方法，挖掘中外图书馆学者引证行为的特点及异同[④]。

4.2.1 数据来源

从数据的可对比性、代表性和可获得性考虑，经过反复实验和多方咨询专家，最后决定选择 10 年的国内外数据进行分析。国内选择近年来在 CSSCI 中排名靠前的两种图书馆学期刊《中国图书馆学报》和《大学图书馆学报》，国外选择入选 SSCI 的四种国际重要图书馆学期刊 *Journal of Academic Librarianship*、*Portal: Libraries and the Academy*、*Library Quarterly* 和 *College Research Libraries*（选择图书情报类中的 2009 年的影响因子前四位图书馆学期刊）。最终检索到 2003～2012 年国内相关论文 2557 篇，国外 2811 篇（表 4-1）。对国内数据的收集，首先从 CSSCI 中下载相关论文题录数据，然后核对每篇论文信息，对无参考文献或者参考文献显示“查询失败”的 333 篇论文，手工下载全文补充。对国外数据的收集，先从 WoS 中下载题录，然后再通过 Elsevier 等数据库下载全文，收集引文数据。

① 赵星，谭旻，余小萍，等．我国文科领域知识扩散之引文网络探析［J］．中国图书馆学报，2012，(5)：59－67.

② 杨思洛，王红星．网络环境下期刊引文的类型与变化分析［J］．大学图书馆学报，2010，(1)：91－95＋110.

③ 陈传夫，王云娣．中美图书馆学借用知识的比较观察——基于十年引文的分析［J］．中国图书馆学报，2010，(6)：20－27.

④ 杨思洛，曹慧．中外图书馆学科学者引证行为比较分析［J］．图书馆建设，2014，(7)：6－12.

表 4-1　国内外图书馆样本期刊

国内期刊	刊期	论文量/篇	国外期刊	刊期	论文量/篇
《中国图书馆学报》	双月刊	1232	*Journal of Academic Librarianship*（学术图书馆杂志）	双月刊	1109
《大学图书馆学报》	双月刊	1325	*Portal: Libraries and the Academy*（图书馆与学术界）	季刊	550
			Library Quarterly（图书馆季刊）	季刊	428
			College& Research Libraries（大学与研究图书馆）	双月刊	724

4.2.2　中外图书馆学者引用文献总体分析

表 4-2 为中外图书馆学者引用文献统计情况。其中，载文量表示期刊刊载的论文数量；附引率表示文后附有参考文献的论文所占的百分比；引用总量表示参考文献的总数量；篇均引用量表示平均每篇论文所附参考文献的数量；英文引用率表示英文参考文献所占的百分比①。从表 4-2 可以看出，①国内外总载文量相差不大；因国内外期刊数分别为两种和四种，故国外刊均载文量明显少于国内期刊。②国内附引率呈现整体上升、稳步发展态势；国外附引率变化起伏较大，呈波浪式发展。近期国外附引率有下降的趋势，其中，主要原因是国外论文中有较多 Editorial Material 等类型文献，这些论文大部分不附参考文献。③国外引用总量每年均大于国内引用总量，这与国外论文量大于国内有关。④篇均引用量一定程度上体现了学者吸收利用信息的能力，国内外篇均引用量整体上均呈现递增趋势，说明国内外图书馆学者引文意识、吸收利用信息的能力日益增强。特别是近期，国内篇均引文量超过了国外，一般的认知是国外论文篇幅长，参考文献多，但是我们把书评等类型文献统计在内，故出现了此现象。⑤国内英文引用率有大幅度增加，从 25.43%增加到 46.25%，反映了国内图书馆学者越来越重视吸收利用国外的知识，也反映了国内顶尖的两种图书馆学期刊站在国际前沿，注重追踪报道国外的最新研究进展和发展动态等内容。

表 4-2　中外图书馆学者引用文献统计

年份	载文量/篇		附引率/%		引用总量/篇		篇均引用量/篇		英文引用率/%
	国内	国外	国内	国外	国内	国外	国内	国外	国内
2003	289	310	93.43	94.19	2 163	3 225	7.48	10.40	25.43
2004	301	282	85.05	94.33	2 083	3 358	6.92	11.91	28.37

① 胡敏．《中国图书馆学报》15 年作者与引文计量分析［J］．情报探索，2012，(1)：10－15.

续表

年份	载文量/篇		附引率/%		引用总量/篇		篇均引用量/篇		英文引用率/%
	国内	国外	国内	国外	国内	国外	国内	国外	国内
2005	266	270	93.98	96.67	2 285	3 825	8.59	14.17	33.09
2006	285	276	94.74	93.12	2 731	3 769	9.58	13.66	29.44
2007	268	276	95.15	95.65	2 819	4 288	10.52	15.54	28.84
2008	275	306	95.27	96.41	3 083	3 422	11.21	11.18	32.47
2009	242	293	94.63	92.15	3 096	4 059	12.79	13.85	34.17
2010	238	264	96.22	93.94	3 410	3 684	14.33	13.95	34.60
2011	221	289	97.74	93.77	3 808	4 269	17.23	14.77	33.90
2012	172	245	98.26	92.65	3 200	3 999	18.60	16.32	46.25
合计	2 557	2 811	94.13	94.31	28 678	37 898	11.22	13.48	33.21

国内外无参考文献的图书馆学论文数量相差不大，国内外分别为 150 篇和 160 篇。图 4-2 展示了有参考文献的中外图书馆学论文引用文献数量分布曲线，图中呈现两条迥然不同的曲线形态。国内曲线先上升，参考文献为 1 的论文只有 50 篇，引用量为 4 时，论文篇数达到峰值（205 篇）；然后持续下降，引用量集中在［1，20］区间内（参考文献数在 10 和 20 以内的论文分别占总数的 61% 和 86%）。国外论文参考文献引用量为 1 时，论文篇数达到峰值（1160 篇），曲线先快速下降（参考文献数为 2 的论文为 41 篇），然后平稳延伸，有论文的参考文献数最高达到 157 篇；国外参考文献数为 1 的论文占总量高达 44%，但参考文献在［2，20］区间内的论文数仅占总数的 28%。与国内相比，国外引用文献量分布区间更长，更加不均匀。中外图书馆学者引用文献数量分布曲线呈现为迥然不同的形态，与中外图书馆论文类型、形态的差异有一定关系。同时，这也在某种程度上反映着中外图书馆学者不同的引用风格，国内图书馆学论文类型较为单一，国外图书馆学论文类型多，学者引证行为也多样化。国外引用量为 1 的论文篇数非常多，主要原因是国外图书馆学论文中 Book Review 类型的论文，篇幅短小数量众多，一般仅参考所评论的原书。

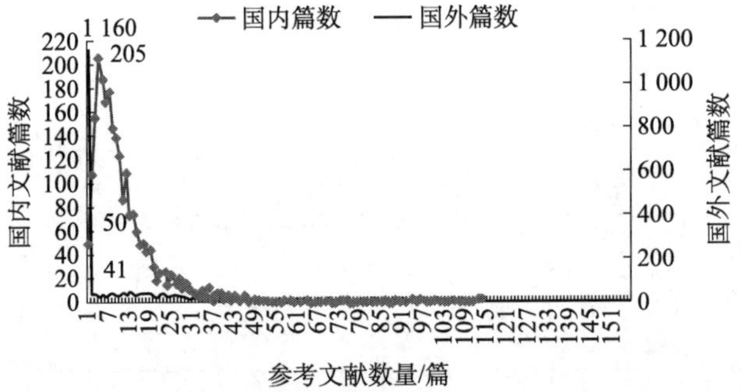

图 4-2　中外图书馆学论文引用文献数量分布曲线

4.2.3　中外图书馆学者引用文献类型分析

通过研究引文的文献类型可以了解引用文献的来源和构成比例，了解学者的引用习惯及各类文献的价值、地位和作用。表 4-3 为国内外图书馆学者引用文献类型统计（鉴于国外数据库的限制、手工收集整理相关数据的困难性，表 4-3、表 4-4、表 4-5 中的国外数据以 *Journal of Academic Librarianship* 为例），其中将引文的文献类型分为期刊、图书、网络、会议论文、学位论文、报纸、科技报告及其他（包括手册、规程、标准、政策、标注不详信息等）。

表 4-3　国内外图书馆学者引用文献类型百分比统计　　（单位：%）

年份	国内								国外							
	期刊	图书	网络	学位论文	会议论文	报纸	科技报告	其他	期刊	图书	网络	学位论文	会议论文	报纸	科技报告	其他
2003	62.8	17.5	11.1	0.6	2.6	1.7	1.7	2.0	41.2	17.4	17.3	0.5	4.2	1.3	2.4	15.7
2004	57.2	17.7	17.7	0.8	2.1	1.5	0.8	2.2	52.7	11.2	15.8	1.3	3.4	1.3	0.4	13.9
2005	51.2	16.4	27.1	0.9	1.6	0.8	0.6	1.4	43.3	13.6	19.9	1.1	2.4	2.2	0.7	16.8
2006	55.8	10.3	24.0	0.7	3.0	2.0	1.2	3.0	47.6	8.4	20.4	2.8	3.3	2.8	0.2	14.5
2007	54.5	12.9	23.6	1.1	2.3	2.2	0.9	2.5	52.6	11.4	15.6	0.8	3.3	1.0	0.4	14.9
2008	52.5	13.8	26.6	1.6	2.3	1.0	1.0	1.2	45.7	9.7	18.5	0.8	2.9	2.0	0.4	20.0
2009	54.2	16.2	22.6	1.2	2.4	1.5	0.7	1.2	53.5	9.9	17.4	1.2	2.4	0.9	0.6	14.2
2010	54.3	15.8	22.7	1.6	2.3	1.2	0.8	1.3	45.9	8.9	15.9	2.2	3.7	0.4	0.4	22.6
2011	54.6	16.3	20.3	1.6	2.0	0.6	0.8	3.8	55.5	6.0	14.6	0.8	4.1	1.3	1.6	16.2
2012	45.8	16.1	24.9	3.0	3.8	0.9	1.1	4.4	46.6	8.2	16.8	1.0	3.9	1.6	1.3	20.6

从表 4-3 可以看出，期刊、图书、网络文献是国内外图书馆学三大主要引用文献来源，其比例变化情况如图 4-3 所示。其中，期刊在国内外图书馆学者引用文献类型中所占比例都是最大的，究其原因：在各种类型文献中，期刊具有信息量大、时效性强、内容新颖、传播速度快、知识覆盖面广等特点，以及期刊刊载学科最新研究成果，反映学科的最新进展和动态，是学者获取科学研究前沿的首选信息源①。国内引用文献中期刊所占比例整体在下降，由最初的 63%下降到现在的 46%，这与国内网络文献所占比例上升有关；而国外期刊所占比例整体变化幅度较大，呈波浪形。在中国，随着互联网的发展，网络资源的日益丰富和网络信息检索的普及利用，人们更容易从网上获得各种信息资源，更倾

① 王富国，郭颖涛，杨思洛．中外情报学科学者引证行为比较分析［J］．情报杂志，2013，32（6）：85－89.

向于使用网络类文献，因此，国内网络文献的利用率有所上升，其所占比例的情况恰好与期刊的情况相反，此升彼降，而且2004年以后网络所占比例超过图书所占比例；国外网络所占比例整体稳定在17%左右，有小幅波动，网络所占比例大于图书所占比例。虽然图书出版周期长，不如期刊论文，传递信息速度慢，不及网络文献，但是因其内容比较系统、全面、成熟、可靠，而有不错的被引量。因此，国内图书所占比例虽有一定波动，但其比例整体稳定在16%左右，只是2005～2009年波动较大；国外图书所占比例虽整体呈下降趋势，但降幅较小，整体比例在8%左右。国内外学位论文、会议论文、报纸和科技报告所占比例都较小，其中，国内报纸和科技报告的利用率变动不大；学位论文具有较高的学术研究价值，会议论文具有较强的实效性，二者越来越受到人们的青睐，利用率有小幅上升。国外这四种文献的变幅都较小。

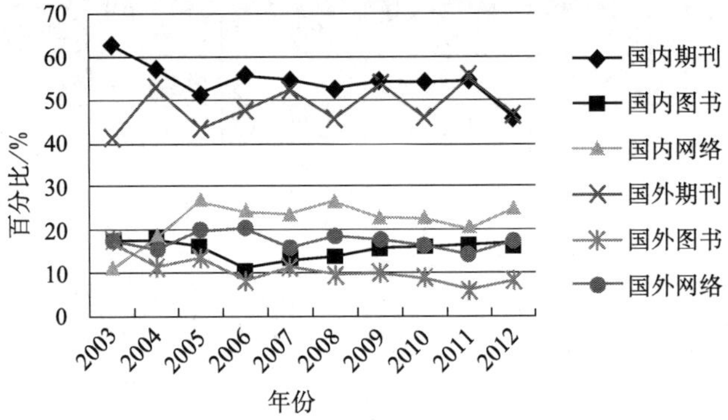

图4-3 三种主要引用文献类型百分比变化曲线

互联网地址是用域名来区分的，根据顶级域名中最常用的7种域名，即.com（商业）、.net（网络）、.org（组织）、.edu（教育）、.gov（政府）、.ac（学术）、.int（国际组织）将国内外图书馆学者引用网络文献的网址分类统计（表4-4）。通过分析，有助于了解引文的来源情况、分布的集中程度，得出图书馆学者利用比较集中的网络信息分布特征①。从表4-4中可见，国内外图书馆学者最常用的都是.com、.org、.edu这三类网站的信息，.com为最早的通用顶级域名，也是目前国际最广泛流行的通用域名格式，该类型主要为企业网站，拥有大量的信息资源；.org、.edu两类网站集中了更多的科研、教育类学术信息，备受学者青睐②；而.net、.org、.ac、.int类网站学者使用就相对较少，

① 丁敬达，杨思洛．国内图书情报学期刊网络引文的类型、分布与可追溯性分析［J］．图书情报工作，2012，56（24）：60-64.

② 胡德华，金建彬．基于网络引文的网络学术资源利用效率研究［J］．情报科学，2009，27（3）：379-383.

特别是.int 的使用非常少，虽然如此，但是这些使用少的网站还是非常重要的，因为学者经常可以从中获取一些独特而极具价值的信息。各类型网站的引用比例，逐年变化幅度不大，学者利用网络学术资源具有稳定性。总体上，国内外图书馆学者利用网络信息资源具有相似性。

表 4-4　国内外图书馆学者引用网络文献网址类型

年份	国内							国外						
	.com	.net	.org	.edu	.gov	.ac	.int	.com	.net	.org	.edu	.gov	.ac	.int
2003	44	11	44	61	28	23	0	24	7	76	75	14	3	0
2004	71	19	100	74	36	20	3	40	4	78	76	28	20	0
2005	101	23	191	136	30	56	2	33	2	147	86	83	21	1
2006	127	26	191	163	40	29	4	9	1	49	24	9	1	0
2007	158	35	180	106	40	28	4	62	9	147	80	10	13	0
2008	161	41	160	156	107	38	2	41	3	95	31	12	18	1
2009	189	26	182	123	61	26	0	77	5	87	71	14	2	3
2010	186	28	204	124	83	37	1	94	4	82	40	23	7	0
2011	175	21	168	198	59	28	2	44	11	71	38	7	10	0
2012	117	27	244	122	79	41	0	36	3	70	21	11	6	0

网页类型主要有普通的网页文件（包括以.html、.htm 等为后缀名的静态页面，及以.asp、.jsp、.php 等为后缀名的动态页面），以及以 HTTP 协议传输的文档文件（包括以.pdf、.doc 等为后缀名结尾的文件）①。将国内外图书馆学者引用网络文献按照常用的网页类型分类统计，其中，将以.asp、.jsp、.php 为后缀名的动态页面分为一类，其结果见表 4-5。由于人们标注网络资源没有严格的规范，如有的网络资源仅仅标注了网站，有的网页没有标志性后缀，特别是许多超文本类型的网页并没有以.html 或.htm 为后缀，表 4-5 只能大体上反映网页类型。从表 4-5 中可知，国内外图书馆学者引用文献网页类型中，.html 类型的引文最多，其次是.pdf 类型。.html 是目前网上最常用的页面语言和网页文件格式，且它的全文文档不需要安装专门的全文浏览器，便可在网上阅读，比起其他格式更方便②。另外，动态网页（.asp、.php、.jsp）的引用文献数量有所增加，并仅次于.html 和.pdf 的引文量，这与其灵活性和互动性强等特征有关。而.ppt 和.doc 格式的引文也占有一定比例。

① 陆伟，韩曙光，沈祥兴．网络引文不可追溯性及其解决方案研究［J］．中国图书馆学报，2009，(7)：99－105，118.

② 胡德华，金建彬．基于网络引文的网络学术资源利用效率研究［J］．情报科学，2009，27 (3)：379－383.

表 4-5 国内外图书馆学者引用网络文献的网页类型

年份	国内					国外				
	. html	. pdf	. doc	. ppt	. asp, . jsp, . php	. html	. pdf	. doc	. ppt	. asp, . jsp, . php
2003	99	7	3	2	7	100	20	4	0	8
2004	156	34	6	6	15	89	43	19	2	14
2005	333	65	11	1	43	110	83	35	1	22
2006	315	83	18	9	68	17	35	12	0	2
2007	267	97	19	8	100	103	60	14	0	23
2008	309	140	35	9	88	61	36	11	0	25
2009	258	123	22	10	85	69	58	14	0	26
2010	306	125	36	7	109	69	45	12	0	39
2011	214	94	18	4	57	52	49	11	1	44
2012	171	158	22	1	62	25	43	12	0	13

4.2.4 中外图书馆学高被引文献分析

表 4-6 为国内外图书馆学者引用频次最高的前十位文献的列表。从被引频次看，国外高被引文献的被引频次高于国内，原因可能是国外期刊载文量大于国内，引文总量多于国内。从文献类型看，国内高被引文献中除少数期刊论文外，图书占大多数，可能是因为图书的内容比较系统、全面、成熟、可靠，也可能与我国图书馆学者论文写作风格相关；国外高被引文献中期刊论文占大多数，这说明国外图书馆学者利用文献时，更注重其时效性和新颖性。从文献来源看，国内高被引文献中的图书都是由国内业界著名出版社出版的，如北京图书馆出版社，期刊论文来自图书馆学核心期刊，如中国图书馆学报；国外高被引文献中的期刊论文多源于国外图书馆学核心期刊、高被引期刊，如 *College and Research Libraries*（*COLL RES LIBR*）。从文献内容看，国内文献集中在基础理论、图书馆服务与共享等内容；国外则较多涉及图书馆服务、信息素养、网络信息行为等内容。

表 4-6 国内外图书馆学高被引文献统计

国内	被引频次	国外	被引频次
王子舟. 图书馆学基础教程[M]. 武汉：武汉大学出版社，2003	22	ASSOCIATION OF COLLEGE AND RESEARCH LIBRARIES，2000，INF LIT COMP STAND H，V	44
徐引篪. 现代图书馆学理论[M]. 北京：北京图书馆出版社，1999	19	DAVIS PM，2003，PORTAL-LIBR ACAD，V3	25

续表

国内	被引频次	国外	被引频次
张晓林．走向知识服务：寻找新世纪图书情报工作的生长点[J]．中国图书馆学报，2000（5）：32-37	19	DAVIS PM，2002，COLL RES LIBR，V63	23
于良芝．图书馆学导论［M］．北京：科学出版社，2003	18	DAVIS PM，2001，J AM SOC INF SCI TEC，V52	23
孟广均．国外图书馆学情报学研究进展［M］．北京：北京图书馆出版社，1999	15	GRIMES DJ，2001，COLL RES LIBR，V62	17
程焕文．信息资源共享［M］．北京：高等教育出版社，2004	15	WIEGAND WA，1999，LIBR QUART，V69	16
吴慰慈．图书馆学概论［M］．北京：北京图书馆出版社，2002	14	COOK C，2001，LIBR TRENDS，V49，P548	14
吴慰慈．图书馆学基础［M］．北京：高等教育出版社，2004	13	KUHLTHAU C.C.，2004，SEEKING MEANING PROC，V	14
范并思．公共图书馆精神的时代辩护[J]．中国图书馆学报，2004（2）：5-11	12	LYNCH BP，2001，COLL RES LIBR，V62	14
戴龙基．图书馆联盟——实现资源共享和互利互惠的组织形式［J］．大学图书馆学报，2000（3）：36-39	11	DUNN K，2002，J ACAD LIBR，V28	13

4.2.5　中外图书馆学高被引期刊分析

表 4-7 为国内外图书馆学者引用频次最高的前十位的期刊列表，国内高被引期刊主要是图书情报核心期刊；国外除美国情报学会会刊 *Journal of the American Society for Information Science and Technology* 外，其他都是图书馆学核心期刊，而且大都是美国发行的。在国内期刊中被引次数最多的是《中国图书馆学报》，该刊发表的文章学术水平高、学术价值大，被国内学者广泛引用。同时，《大学图书馆学报》、《图书情报工作》等期刊被引排名靠前，在图书馆学科中都具有较高影响力，是我国图书馆研究学者利用的主要来源。国外期刊中 *College and Research Libraries* 被引次数最多，它是美国图书馆协会（ALA）所属的高校与研究图书馆协会会刊。排名第二的是 *The Journal of Academic Librarianship*，它是一本重点研究与大学和大学图书馆密切相关问题的国际性期刊，在图书馆学领域影响较大。

表 4-7 国内外图书馆学高被引期刊统计

中文期刊	被引频次	外文期刊	被引频次
《中国图书馆学报》	633	*College and Research Libraries*	734
《大学图书馆学报》	520	*The Journal of Academic Librarianship*	615
《图书情报工作》	479	*Portal: Libraries and the Academy*	327
《图书馆杂志》	270	*Library Trends*	241
《图书馆论坛》	242	*The Library Quarterly*	198
《图书馆建设》	235	*Library Journal*	193
《情报学报》	229	*Library and Information Science Research*	184
《图书馆》	221	*Journal of the American Society for Information Science and Technology*	181
《图书情报知识》	189	*College and Research Libraries News*	167
《现代图书情报技术》	189	*Reference Services Review*	166

4.2.6 中外图书馆学高被引作者分布分析

表 4-8 为国内外图书馆学被引频次最高的前十位作者列表，国内高被引作者大多是大家熟悉的图书馆学家，还有少数情报学者。被引频次最高的是中国科学院国家科学图书馆馆长张晓林，主要从事数字图书馆研究与应用工作，其论文被广泛引用。排名第二和第三的分别是北京大学吴慰慈教授和华东师范大学范并思教授，吴慰慈主要从事图书馆学基础理论研究，范并思研究领域包括图书馆学基础、公共图书馆、社会科学情报等。除了表 4-8 所列的作者外，还有黄宗忠、李国新、王知津、初景利等知名学者被大量引用。

表 4-8 国内外图书馆学高被引作者统计

国内学者	被引频次	所在机构	国外学者	被引频次	所在机构
张晓林	104	中国科学院国家科学图书馆	Association of College and Research Libraries	106	美国芝加哥
吴慰慈	93	北京大学信息管理系	P Hernon	86	美国西蒙斯学院
范并思	92	华东师范大学商学院信息学系	PM Davis	53	美国加州大学洛杉矶分校
程焕文	85	中山大学资讯管理学院	Association of Research Libraries	51	美国芝加哥
邱均平	76	武汉大学信息管理学院	JM Budd	50	美国密苏里大学
王子舟	72	北京大学信息管理系	C Tenopir	41	美国田纳西大学
蒋永福	68	黑龙江大学信息管理学院	M Kyrillidou	38	美国研究图书馆协会
马费成	65	武汉大学信息管理学院	American Library Association	37	美国芝加哥
于良芝	64	南开大学商学院信息资源管理系	E Whitmire	37	美国威斯康星大学-麦迪逊分校
肖希明	52	武汉大学信息管理学院	L Hardesty	34	美国匹兹堡大学

国外图书馆学高被引作者中，有被引频次为71的匿名作者，还有一些著名团体作者。其中，被引频次最高的是 Association of College and Research Libraries（ACRL）这个团体作者，ACRL 是美国图书馆协会的最大部门，它致力于满足高等教育界的信息服务需求，并提高学术图书馆和信息专业人员的学习、教学和科研能力[①]。排名第二的是毕业于美国西蒙斯学院图书馆学与资讯科学专业的 P. Hernon，他已著有30多本图书和100多篇论文，研究内容包括信息服务、用户行为等，并在图书情报领域获得许多奖项[②]。团体作者 Association of Research Libraries（ARL）的被引频次排名第四，ARL 由美国和加拿大著名研究型图书馆组成，其三大战略方向是影响公共政策、重塑学术交流及改革研究型图书馆。

4.2.7　中外图书馆学高被引作者的同被引分析

1981年，White 和 Griffith 提出作者共被引分析，对于分析学者引证行为、探讨学科结构有着积极的开创意义。作者共被引分析现在已有较固定的分析步骤，包括作者选定、构造作者共被引矩阵、转化矩阵、进行聚类与多维尺度分析等[③]。在本节中我们直接利用知识图谱软件 CiteSpaceⅢ的作者同被引功能分析，具体选择国内外2010～2012年度论文数据中最高被引的前30位作者进行分析，然后利用软件的“Find Clusters”功能进行自动聚类。虽然题录数据存在误差，选择的样本作者数量也比较少，而且有些作者是多重研究领域，也有些是匿名或者团体作者等情况，但是经过我们逐个验证，共被引还是较好地反映了实际情况。

图4-4为国外图书馆学者共被引分析图谱，文字大小代表作者的被引频次。根据自动聚类情况，浏览每位高被引学者的论文，以及学者的个人网站介绍。国外图书馆学学者引用的内容主要可分为：①数字参考咨询服务，这被认为是图书馆服务的重要部分。国外图书馆界十分重视数字参考咨询服务的开展和研究工作，内容包括实时、联合参考咨询，也涉及参考咨询服务的评价与组织管理。②用户行为与服务，这部分涉及的学者和内容众多。国外学者注重服务的开展，重视读者的信息需求、信息心理，也包括对用户体验、用户行为的跟踪考察，以及信息素养和用户服务评价的研究。③图书馆管理与资源建设，该部

① About ACRL［OL］.［2013－10－8］. http：//www. ala. org/acrl/aboutacrl.

② Nitecki D A，Hernon P. Measuring service quality at yale university's libraries［J］. The Journal of Academic Librarianship，2000，26（4）：259－273.

③ 马费成，宋恩梅. 我国情报学研究分析：以ACA为方法［J］. 情报学报，2006，25（3）：259－268.

分学者研究图书馆管理与实践运作、图书馆管理绩效、文献资源建设与效益等内容。④文献计量，这也是国外学者研究的重要内容，主要涉及引文分析、文献计量与科学评价等。

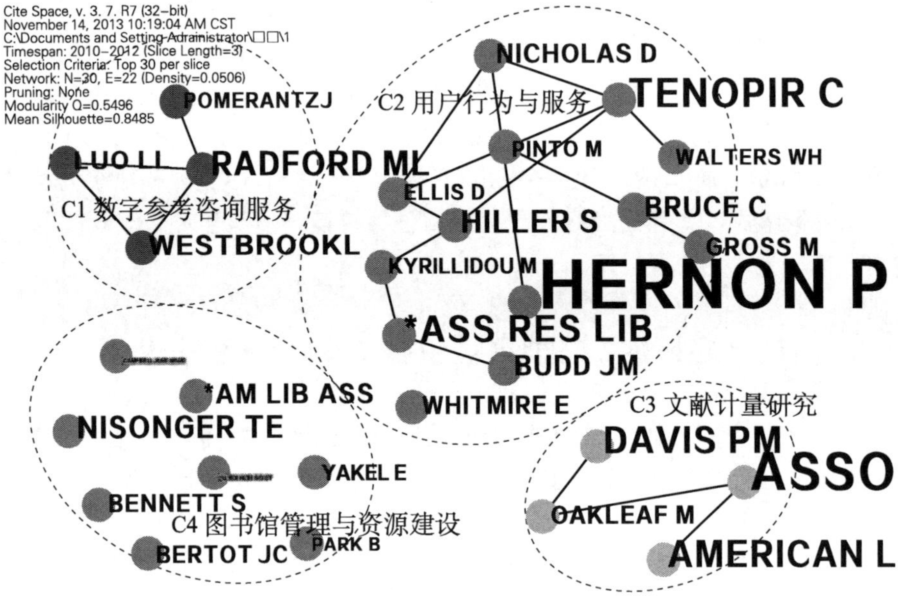

图 4-4 国外图书馆学者共被引分析图谱

根据图 4-5 的国内图书馆学者共被引分析图谱，国内图书馆学学者引用的内容主要可分为：①理论研究。国内既有吴慰慈和黄宗忠等老一辈从事图书馆基础理论研究学者，也有范并思、蒋永福和程焕文等从事图书馆精神、图书馆价值等方面研究的中青年学者。②实践研究。主要关注图书馆实践和服务的学者，包括于良芝和李国新等从事研究的高校教师，也有吴建中和王世伟等从事具体图书馆实践和管理的学者。但是，由于理论与实践的不可分割性，图 4-5 中理论与实践间存在连线，连线间的学者可能理论与实践研究都从事。③技术研究。国内也有一批从事图书馆技术方面研究的学者，如从事数字图书馆技术研究的张晓林和刘炜，从事信息检索技术的赖茂生，以及国外从事信息行为及相关技术的学者 Wilson 等都被图书馆学领域学者所引用。④文献计量。国内这方面的代表人物是邱均平，此外还有从事期刊评价和引文分析的叶继元；也有国外著名学者被引用，如同被引的提出者 White 和 SCI 的创始人 Garfield 等。文献计量与图书馆实践部分间也存在连线，表明两者间关系紧密，也有学者这两方面都研究。

从图 4-4 和图 4-5 来看，国内外图书馆学学者引用的内容既有相似之处（对

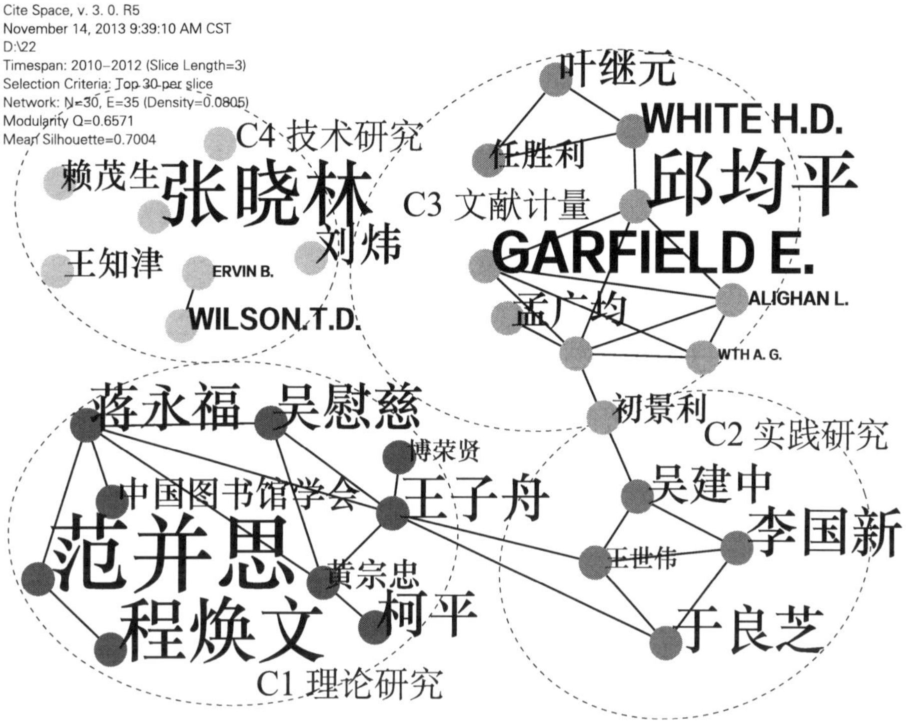

图 4-5　国内图书馆学者共被引分析图谱

文献计量的共同关注)，同时也存在很多差异。一方面，国外图书馆学领域对图书馆服务特别重视，除了专门研究数字参考咨询服务外，还对用户行为和读者心理、需求特别重视；另一方面，国内对图书馆基础理论比较重视，众多学者从事图书馆价值和精神方面研究，而国外则侧重于图书馆学实践，对实践的开展、评估和管理研究较多。

4.2.8　中外图书馆学者引用文献半衰期分析

文献老化是指文献随其“年龄”的增长，其内容日益变得陈旧过时，作为情报源的价值不断减小，甚至完全丧失其利用价值；而半衰期是衡量文献的老化速度和程度，定量地揭示其老化规律的一个重要量度指标。从定义和计算方法角度分类，半衰期分为共时半衰期和历时半衰期。共时半衰期是指某学科（专业）现尚在利用的全部文献中较新的一半是在多长一段时间内发表的[①]。图 4-6 为中外图书馆学者引用文献共时半衰期年度分布曲线，通过计算中外图书

① 邱均平．信息计量学［M］．武汉：武汉大学出版社，2007：69－71.

馆学者各年引用文献半衰期，较好地呈现图书馆学者引用文献的时效性、利用变化等情况。

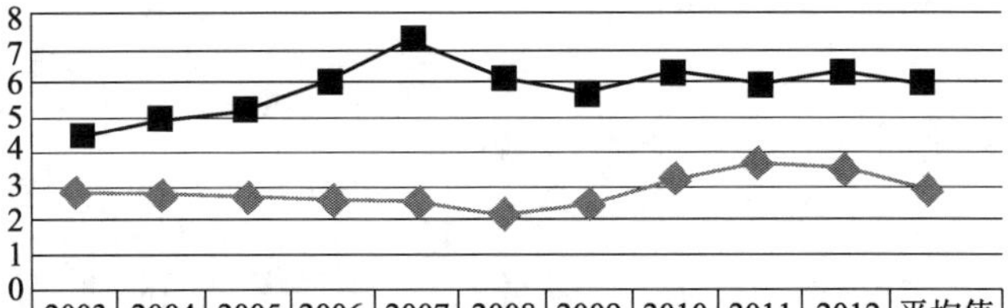

	2003	2004	2005	2006	2007	2008	2009	2010	2011	2012	平均值
国内半衰期	2.9	2.8	2.7	2.6	2.6	2.2	2.5	3.3	3.7	3.5	2.9
国外半衰期	4.5	5	5.2	6.1	7.4	6.2	5.7	6.4	5.9	6.4	5.9

图 4-6　中外图书馆学者引用文献半衰期年度分布曲线

图 4-6 显示国外引文半衰期明显比国内的要长。国内引文半衰期从 2003 年的 2.9 下降到 2008 年的 2.2，从 2008 年到 2012 年国内半衰期又有所增长，增长为 2012 年的 3.5；而国外引文半衰期的态势则刚好与国内相反，从 2003 年的 4.5 增长到 2007 年的 7.4，2008 年到 2012 年的半衰期在 6.2 左右波动。从总体上看，国外引文半衰期明显高于国内，不过国内引文半衰期较国外稳定。从引文半衰期看，国内文献比国外的衰老得更快，这说明国内图书馆学者更喜爱引用最新文献，而国外学者在利用新文献的同时也引用大量经典的旧文献。

4.2.9　研究结论

运用文献计量方法，通过对中外图书馆学者引用文献总体、文献类型、半衰期和中外图书馆学高被引文献、高被引期刊、高被引作者的统计分析，得出以下结论：①国内外图书馆学论文篇均引用量呈递增趋势；国内附引率呈稳步上升态势，英文引用率大幅度增加；国内学者越来越注重吸收和利用国外先进知识。②国内外附引率整体上相差不大，但是国内附引率呈现整体上升、稳步发展态势；国外附引率变化起伏较大，呈波浪式发展。③国外图书馆学引用文献量分布区间更长，更加不均匀，且高引文量论文篇数高于国内。④期刊、图书、网络文献是国内外图书馆学三大主要引用文献来源；国内期刊类引文量整体在下降，图书类较稳定，网络类整体在上升，并且 2004 年后超过了图书类型引文量；国外期刊类引文量年起伏较大，图书类有小幅下降，网络类整体较稳定。⑤国内外图书馆学者引用文献中最常用的网址类型是 . com、. org、. edu 三类，最常用的网页类型是 . html、. pdf 两类。⑥国内高被引文献中图书占大多数，国外则是期刊论文占大多数。⑦《中国图书馆学报》和 *College and*

Research Libraries 分别是国内外图书馆学者被引最多的期刊。⑧国内图书馆学高被引作者为张晓林、吴慰慈、范并思等图书情报领域学者，国外则是 Association of College and Research Libraries 等团体作者和 Hernon、Davis 等学者。⑨根据学者共被引分析图谱，国外图书馆学学者引用的内容侧重图书馆服务，对用户行为和读者需求特别重视；国内关注图书馆基础理论，重视图书馆精神和价值的研究；文献计量则是共同的关注内容。⑩国外引文半衰期高于国内，国内引文半衰期较国外稳定；国内图书馆学引文比国外更新周期短，衰老速度快。

本节从施引角度对中外图书馆学者的引证行为进行分析，在分类和内容分析时存在一定的主观性。在样本数据处理的过程中，由于存在以下困难，仅选择了少数几种刊物进行分析。一是引文数据库的问题，在收集的中国期刊参考文献中，存在查询失败的情况，为了保证数据的完整性，只能将出现查询失败的文献，手工下载全文进行补充。二是国外期刊参考文献收集难度大，数据量大。因为著录不规范，在 WoS 中作者姓名有的是缩写，有些是全称。而且在 WoS 下载的引文数据经过了索引商的筛选，并不全面，研究中只好下载原文全文，手工收集数据，如 *Journal of Academic Librarianship* 10 年就有 14 253篇引文。另外，由于国内外参考文献格式不统一，增加了区分引文类型的难度；同时国内参考文献著录格式多样化、用语使用混乱，这也使得不易区分其类型。

4.3　中外情报学科学者引证行为比较

引证行为是学者最基本的学术行为，它反映了学者参阅借鉴前人研究成果的基本情况，体现了科学的继承性和科学知识交流的过程，同时又是尊重他人劳动成果的体现①。在此基础上产生的引文分析法广泛应用于情报科学研究，它客观定量地研究文献，以及与文献相关的各种变量，揭示文献的分布规律，引用规律和老化规律等。目前，对情报学进行引文分析的文章已经不少，但从引证行为的视角，对中外情报学学者的引证行为进行系统对比分析的文章还很缺乏。我国情报学学者引证引为表现怎样，有哪些发展趋势，国内外情报学者引证行为有何异同等，这一系列问题都值得深究。为了了解中外情报学者的论文引证行为，本节以国内外情报学代表性期刊论文的参考文献为对象，运用信息

① 董小燕 .2003 年《情报科学》载文、作者及引文的统计分析［J］. 情报科学，2004，22（5）：551-553.

计量和比较方法进行定量分析，以挖掘其中隐含的信息和规律，为今后相关研究的深入提供借鉴①。

4.3.1 数据来源

经过反复实验和多方咨询专家，最后决定选择10年的国内外数据进行引文分析。国内具体选择CSSCI 2002～2011年的图书馆、情报与文献学类目中刊名含有“情报”的5种期刊所载论文，但是排除刊名中包含“图书”的两栖期刊。国外从JCR（2011）的Information Science&Library Science类目中的83种期刊中，根据影响因子、期刊报道范围和国内已有相似研究所采用样本，最后选择2003～2012年5种代表性期刊。最终检索到国内相关论文15 524篇，国外5669篇。国内外情报学样本期刊详见表4-9。

表4-9 国内外情报学样本期刊

国内期刊	刊期	论文量/篇	国外期刊	刊期	论文量/篇
《情报学报》	月刊	1334	*Journal of the American Society for Information Science and Technology*	月刊	1996
《情报理论与实践》	月刊	2492	*Scientometrics*	月刊	1597
《情报资料工作》	双月刊	1677	*Journal of Information Science*	双月刊	497
《情报科学》	月刊	4065	*Information Processing&Management*	双月刊	885
《情报杂志》	月刊	5956	*Journal of Documentation*	双月刊	694

4.3.2 中外情报学者引用文献总体分析

表4-10使用载文量、附引率、引用总量、篇均引用量4个指标来统计中外情报学者引用文献情况并增加国内英文引用率指标。载文量表征发表论文的数量；附引率表征文后附参考文献的论文所占的百分比②；引用总量表征参考文献的总条数；篇均引用量表征平均每篇论文所附参考文献的数量；英文引用率表征英文参考文献所占的百分比。从表4-10可以看出，国内载文量明显高于国外载文量，这与国内期刊种类多、期刊容量大、出版周期短有一定关系。国内外附引率均呈现整体上升、稳步发展态势，国内附引率整体上高于国外。在载文量与国内相差甚远的情况下，国外引用总量能与国内相媲美

① 王富国，郭颖涛，杨思洛．中外情报学科学者引证行为比较分析［J］．情报杂志，2013，（6）：85－89.

② 胡敏．《中国图书馆学报》15年作者与引文计量分析［J］．情报探索，2012，（1）：10－15.

甚至赶超国内，可见国外情报学者信息意识强、信息吸收利用能力高，对特定研究引证信息更加全面、系统和深入。国内外篇均引用量均呈现明显的递增趋势，说明中外情报学者引文意识较强，利用文献和吸收新知识、新成果、新信息的能力较突出；国外篇均引用量明显高于国内，这与国外论文高引用总量、低载文量的特征有直接关系。国内英文引用率所占比重越来越高，反映了国内情报学者越来越注重吸收国外最新先进理论技术，对外交流活跃程度越来越高。

表 4-10　中外情报学者引用文献统计

年份	载文量/篇		附引率/%		引用总量/篇		篇均引用量/篇		英文引用率/%
	国内	国外	国内	国外	国内	国外	国内	国外	国内
2002	1 486		95.69		8 575		5.77		19
2003	1 473	427	97.96	95.78	10 308	10 272	7.00	24.06	19
2004	1 494	422	98.93	95.97	11 419	10 412	7.64	24.67	21
2005	1 543	503	99.55	96.62	13 312	13 893	8.63	27.62	28
2006	1 536	599	98.50	97.66	14 688	16 710	9.56	27.90	32
2007	1 569	623	99.43	97.43	16 439	18 899	10.48	30.34	35
2008	1 549	618	99.16	97.25	16 889	19 932	10.90	32.25	38
2009	1 668	618	99.46	99.03	19 094	19 958	11.45	32.29	40
2010	1 634	645	98.90	98.76	21 074	21 972	12.90	34.07	41
2011	1 572	625	99.17	99.36	20 482	22 449	13.03	35.92	43
2012		589		99.32		21 934		37.24	
合计	15 524	5 669	98.70	97.87	152 267	176 431	9.81	31.12	34

图 4-7 展示了中外情报学者引用文献数量分布曲线，两条曲线形态迥异，国内曲线先增后减，引用量为 5 时，论文篇数达到峰值，引用量集中在［1，28］区间内；国外曲线有大起大落，也有平稳震荡，引用量为 1 时，论文篇数达到峰值，引用量为 58 时达到次峰值，引用量集中在［1，48］区间内。国外参考量分布区间更长，更加均匀，参考文献量大于 40 的论文篇数远高于国内。形态迥异的曲线在某种程度上代表着中外情报学学者不同的引用风格，国外情报学学者更偏重扎实详尽，国内情报学学者更偏重短小精悍。同时，这与中外情报学学者研究领域、研究内容的差异有一定关系。国外引用量为 1 的论文篇数非常多，主要原因是国外情报学论文经常出现 Book Review、Letter、Correction、Editorial Material 类型，这类论文一般不需要引用太多文献。

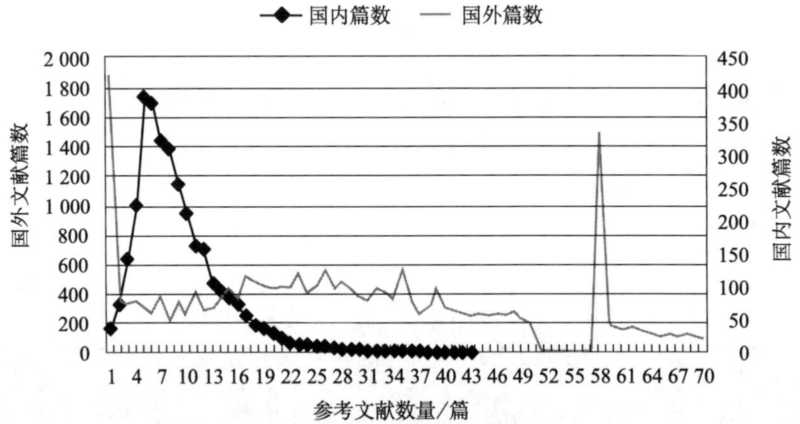

图 4-7 中外情报学者引用文献数量分布曲线

4.3.3 国内情报学者引用文献类型分析

通过研究引文的文献类型分布可以了解学者引用文献来源和构成比例，从而确定各类型文献载体的情报价值、地位及作用。把引文类型分为期刊、图书、网络、会议论文、学位论文、报纸、科技报告及其他（包括手册、规程、标准、政策、标注不详信息等）。

从表 4-11 可以看出，期刊、图书、网络信息一直是情报学三大主要文献来源，其比例变化情况如图 4-8 所示。期刊所占比例稳定在 60%左右，有小幅波动；图书所占比例 2002 年后开始下降，2006～2010 年稳定在 20%左右，2011 年出现较大反弹上升；网络所占比例 2002 年后开始上升，2008～2011 年出现小幅下降，比例稳定在 10%左右。学位论文利用率不断上升，报纸利用率不断降低。进入 21 世纪，情报学和互联网的关系日益密切，网络既是情报学的重要研究对象，又是快速获取所需信息的便捷渠道。随着网络资源的日益丰富和网络信息检索的普及利用，人们对图书、报纸等传统介质资源的需求减少，而更倾向于使用电子资源，包括期刊、网络、学位论文等类型。学术期刊具有信息量大、时效性强、内容新颖、传播速度快、知识覆盖面广等特点，刊载学科最新研究成果，反映学科的最新进展和动态，是人们获取科学研究前沿的首选信息源；优秀博硕士论文因其较高的学术研究价值和使用价值越来越受到人们的青睐；图书出版周期长，新颖性上不如期刊论文，但因其在内容上的全面性和成熟性而保持不错的被引量。

表 4-11 国内情报学者引用文献类型统计

年份	期刊	图书	网络	学位论文	会议论文	报纸	科技报告	其他
2002	5 188	2 445	704	27	31	138	20	22
2003	6 246	2 715	1 105	37	32	126	13	34

续表

年份	期刊	图书	网络	学位论文	会议论文	报纸	科技报告	其他
2004	7 030	2 757	1 318	44	49	138	51	32
2005	7 896	3 228	1 861	102	42	78	59	46
2006	9 003	3 195	2 007	147	51	93	165	27
2007	10 225	3 514	2 305	203	63	31	81	17
2008	10 766	3 673	1 990	278	42	88	31	21
2009	11 988	4 132	2 353	436	58	56	55	16
2010	13 657	4 281	2 416	537	61	50	61	11
2011	12 581	5 205	1 975	511	60	51	81	18

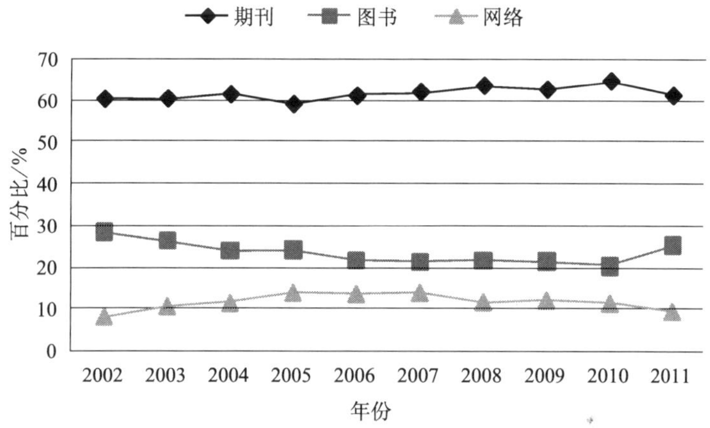

图 4-8　三种主要引用文献类型百分比变化曲线

通过表 4-12 网址的类型，可以了解网络引文的来源状况、分布的集中程度，可以得出某学科学者们利用网络资源比较集中的网址类型信息。根据顶级域名，7 种最常用域名包括 . com（公司）、. net（网络机构）、. org（组织机构）、. edu（教育）、. gov（政府部门）、. ac（学术）、. int（国际组织）①。学者最常用的是 . com、. org、. edu 这三类网站的信息，而 . net、. org、. ac、. int 使用相对较少，. com、. org、. edu 类型的网站基本能够满足信息获取需求，其他类型的网站用得不多却非常关键，学者经常可以获取一些独特而极具价值的信息。

表 4-12　国内情报学者引用文献网址类型统计

年份	. com	. net	. org	. edu	. gov	. ac	. int
2002	213	47	124	118	40	28	1
2003	356	115	187	148	70	48	9
2004	412	126	272	166	109	66	6

① 邱均平，杨思洛 . 基于网络引文的网上学术资源利用规律研究——以图书馆学与情报学为例［J］. 情报学报，2010，29（3）：497－505.

续表

年份	. com	. net	. org	. edu	. gov	. ac	. int
2005	553	127	412	279	119	80	14
2006	651	161	437	287	176	104	15
2007	692	152	514	388	160	103	21
2008	637	125	415	366	177	100	12
2009	655	139	487	385	200	145	14
2010	770	112	466	331	232	97	15
2011	634	91	438	285	153	70	16

网络引文往往具体对应特定网络信息资源。根据不同标准，网络资源可分为多种类型，最常见的有 . html、. pdf、word（. doc）、. ppt 等。因为人们在使用过程中没有严格规范，如有些仅仅是标注网站，特别是许多超文本类型的网页并没有以 . html 或 . htm 为后缀，所以只能在大体上反映网页类型。国内情报学网络参考文献的网页类型统计见表 4-13，在所有引用的网页中，. html 类型引文最多，其次是 . pdf 格式，随着 . pdf 越来越成为网络学术信息的标准格式，相信其比例还会有所提高。另外，. ppt 和 . doc 格式的引文也占有一定比例。动态网页（. asp、. php、. jsp）近年来所占比重增加明显，仅次于 . html 和 . pdf。

表 4-13　国内情报学者引用文献网页类型统计

年代	. html	. pdf	. doc	. ppt	. asp，. jsp，. php
2002	315	12	3	0	18
2003	376	31	5	3	54
2004	478	55	21	14	75
2005	812	164	34	12	167
2006	718	263	34	17	230
2007	790	345	40	19	293
2008	709	312	28	18	251
2009	805	415	37	23	294
2010	792	424	34	12	280
2011	659	346	20	9	215

4.3.4　国内外情报学高被引期刊分析

学术期刊的被引频次能够比较客观地反映出期刊被学者利用的程度①。表 4-14 为情报学者引用频次最高的期刊列表，国内高被引期刊主要是情报学、图书馆学核心期刊；国外高被引期刊主要是情报学和综合性的期刊。相比于国内，国外

① 邱均平，温芳芳 . Google Scholar 和 CCD 的引文统计分析功能比较——从期刊被引频次角度分析 [J] . 重庆大学学报（社会科学版），2011，17（6）：84－89.

情报学学者并未囿于图书情报领域，引证知识范围更加宽泛。国内期刊中《图书情报工作》被引次数最多，一定程度上表明该刊在本学科中的学术价值和影响力最大，能在该刊上发表的学术论文质量都很高。该刊和《情报杂志》《情报学报》等排名在前几位的期刊代表了我国情报学领域的研究水平、研究前沿动向和发展趋势，是我国情报研究学者利用的主要情报源。国外期刊中 *Scientometrics* 被引次数最多，它是世界科学计量学的顶级权威刊物，是定量研究科学学、科学交流和科学政策方面的国际期刊，在计算机领域和图书情报领域影响力很大。排名第二和第三的其实是曾经改过名称的同一期刊，*Journal of the American Society for Information Science and Technology* 主要探讨信息科学的理论与应用，反映最新进展，涉及计算机技术、运筹学、图书馆学、通信、管理、信息的存储与检索、复印和系统设计。另外，还有一些国际上有名的情报学期刊也被情报学者频繁引用。此外，国际上顶尖的综合性学术刊物 *Science* 和 *Nature* 在国外情报学界也被大量引用。

表 4-14　国内外情报学高被引期刊统计

中文期刊	被引量/篇	外文期刊	被引量/篇
《图书情报工作》	4 178	*Scientometrics*	11 058
《情报杂志》	4 068	*Journal of the American Society for Information Science and Technology*	6 261
《情报学报》	3 768	*Journal of the American Society for Information Science*	5 676
《情报科学》	3 640	*Information Processing&Management*	3 943
《情报理论与实践》	3 011	*Journal of Documentation*	3 113
《中国图书馆学报》	2 686	*Journal of Information Science*	1 955
《大学图书馆学报》	1 655	*Science*	1 247
《现代图书情报技术》	1 560	*Journal of Informetrics*	1 153
《情报资料工作》	1 500	*Nature*	1 087
《现代情报》	1 431	*Annual Review of Information Science and Technology*	1 083

4.3.5　国内外情报学高被引作者分析

从表 4-15 可以看出，国外情报学高被引作者被引频次明显高于国内情报学高被引作者被引频次。国外情报学高被引作者大都是信息计量和信息检索方面的专家，Garfield 的 SCI 的问世是科学计量学的奠基之作；Leydesdorff 是荷兰著名社会学家，社会学博士、哲学硕士、生物化学硕士，2003 年获得普赖斯奖，他在信息计量学、信息科学、社会学等多学科都具有较高的造诣，尤其在信息计量学和科学计量学等方面具有广泛的国际影响力①；Glanzel 和布劳温、舒伯

① 刘迪，姜春林．Loet Leydesdorff 与科学计量学［J］．现代情报，2012，32（3）：16－21.

特合著《科学计量学指标：32 国自然科学文献与引文影响的比较分析》一书；2006 年，Egghe 在分析 *h* 指数评价效果时，提出了一种基于学者以往累积贡献的 *g* 指数，为 *h* 指数研究注入了活力①；Thelwall 在网络计量学方面颇有建树，他出版的《链接分析：信息科学的研究方法》一书非常畅销；Cronin 是 *JASIST* 主编，在网络计量学和 *h* 指数方面颇有研究，他和 Meho 将 *h* 指数应用于情报学研究，为影响力较大的情报学家排名，并比较了以原始引文数据为基础的排名和以 h 指数为基础的排名，发现这两套排名之间存在很强烈的正面关系，并显示出 h 指数在学者历时科学产出的广泛影响上比直接的引文统计表现得更为细微②；van Raan 在网络计量学和 *h* 指数方面颇有研究，他对荷兰 147 所大学的化学研究团体的高级研究人员的成果进行统计分析，引用时间段限制在 3 年而非全部的有效时间，并进行 *h* 指数研究结果与标准文献计量学指标之间的相关性分析，发现二者之间存在显著的相关性③；1981 年，White 和 Griffith 引入作者分析，进行作者共被引分析，开创了学科结构分析的新视角；著名科学计量学家 Small 在吸收普赖斯和加菲尔德关于科学引文网络的思想的基础上于 1973 年创造性地提出了论文“共被引”的概念和共被引分析的方法，并定义了共被引强度以测量论文之间的共被引强度；Bornmann 在信息计量特别是 *h* 指数方面颇有研究。

表 4-15　国内外情报学论文高被引作者统计

国外学者	被引频次	所在机构	国内学者	被引频次	所在机构
Garfield E	1198	美国科学信息研究所	邱均平	817	武汉大学信息管理学院
Leydesdorff L	1172	荷兰阿姆斯特丹大学	马费成	653	武汉大学信息资源研究中心
Glanzel W	1023	比利时天主教鲁汶大学	包昌火	453	中国兵器工业集团第 210 研究所
Egghe L	988	比利时阿赛尔特大学	张晓林	426	中国科学院国家科学图书馆
Thelwall M	741	英国伍尔弗汉普顿大学	王知津	344	南开大学商学院信息资源管理系
Cronin B	580	美国印第安纳大学	严怡民	212	武汉大学信息管理学院
van Raan AFJ	552	荷兰莱顿大学	苏新宁	183	南京大学信息管理系
White HD	537	美国德雷赛尔大学	蒋永福	175	黑龙江大学信息资源管理研究中心
Small H	509	美国科学信息研究所	吴慰慈	174	北京大学信息管理系
Bornmann L	466	瑞士苏黎世联邦理工学院	温有奎	148	武汉大学信息管理学院

① Egghe L. Theory and practice of the g-index [J]. Scientometrics, 2006, 69 (1): 131-152.

② Cronin B, Meho L. Using the h-index to rank influential information scientists [J]. Journal of the American Society for Information Science and Technology, 2006, 57 (9): 1275-1278.

③ Anthony F J, van R. Comparison of the Hirsch-index with standard bibliometric indicators and with Peer judgment for 147 chemistry research group [J]. Scientometrics, 2006, 67 (3): 491-502.

国内高被引作者都是大家熟悉的情报学家，也包括少量图书馆学领域专家。邱均平、马费成、包昌火排名前 3，除了表 4-15 中所列作者，还有陈传夫、王崇德、张琪玉、孟广均、靖继鹏、查先进、焦玉英、彭靖里、陈峰、刘植惠、谢新洲等杰出学者被引用。

4.3.6 中外情报学者引用文献半衰期分析

文献老化是指科技文献随着“年龄”（出版距今的时间）的增长，逐渐失去了作为科学情报源的价值，越来越少地被用户所利用的过程①。衡量文献的老化速度和深度，定量地揭示其老化规律的一个重要测度指标就是半衰期。半衰期是指被引用的文献中较新的一半是在多长时间内发表的。引用文献半衰期是反映学者引用文献状况的重要指标，图 4-9 为中外情报学者引用文献半衰期年度分布曲线，从历时的角度对引文随时间变化而变化的情况进行比较分析，较好地呈现被引用文献的传播和利用等情况。具体我们对统计样本期刊论文参考文献的年代进行分析，通过文献负指数老化模型来确定文献的半衰期，从而量化老化情况，分析情报学学者利用文献的新旧情况。

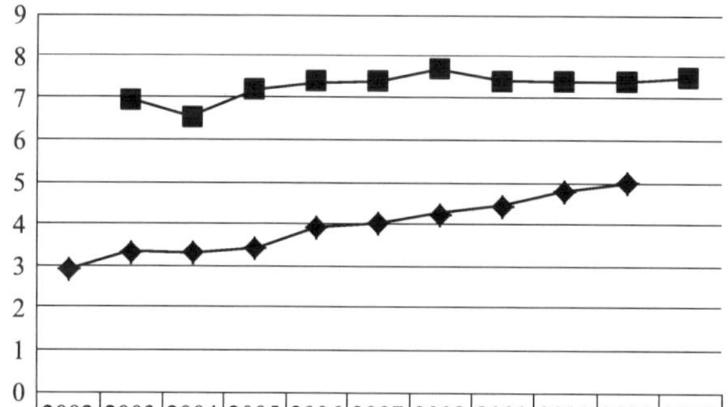

	2002	2003	2004	2005	2006	2007	2008	2009	2010	2011	2012
国内半衰期	2.9	3.3	3.3	3.4	3.9	4	4.2	4.4	4.8	5	
国外半衰期		6.9	6.5	7.2	7.4	7.4	7.7	7.4	7.4	7.4	7.5

图 4-9 中外情报学者引用文献半衰期年度分布曲线

图 4-9 显示国外引文半衰期相对稳定，2006 年以来都稳定在 7.4 左右的水平；国内引文半衰期 2002 年以来保持稳定增长态势，从 2002 年的 2.9 增长到 2011 年的 5。国外引文半衰期明显高于国内，不过国内外差距有逐步缩小趋势。国内引文比国外引文衰老得更快，说明国内情报学者善于引用最新文献；而国外学者在利用新文献的同时也引用大量经典的旧文献。

① 罗胜式．文献计量学概论［M］．广州：中山大学出版社，1994：91.

4.3.7 研究结论

通过对中外情报学者引用文献的统计分析，得出以下结论：①国外情报学论文具有高引文总量、低载文量的特征，国内与之相反；国内外附引率均呈现整体上升、稳步发展态势，国内附引率整体上高于国外。②国外情报学论文引文量分布区间更长，更加匀称，高引文量论文篇数远高于国内。③期刊、图书、网络一直是国内情报学三大主要文献来源；图书、报纸等传统介质资源需求量减少，期刊、网络、学位论文等电子资源被广泛使用；英文引文在国内情报学论文中的比例越来越高。④国外情报学高被引作者大都是 Garfield 和 Leydesdorff 等信息计量和信息检索方面的专家；国内则是邱均平、马费成、包昌火等情报学领域的知名学者。⑤《图书情报工作》和 *Scientometrics* 分别是国内外情报学者被引最多的期刊，但是国外情报学者也大量引用综合性学术刊物 *Science* 和 *Nature*。⑥国外情报学引文半衰期大约为 7 年，国内情报学引文比国外更新周期短，衰老速度快。

引文分析已有 50 多年的历史，但在学科发展上，只是短短一瞬，无论在信息检索，还是在学术评价、期刊评价、作者评价等方面，都有很大的发展空间。对引证行为的研究是引文分析的前提和基础。本节从施引分析角度对情报学科本身的引证行为进行分析，得出的一些结论，下阶段需要从被引的角度进行深入的研究。另外，在数据处理过程中存在一些不足：一方面，国外的数据来自 WoS，其参考文献并不全面，所以不能对参考文献的类型分析；另一方面，国内数据规范性方面不足，需要规范引证行为或从新的数据来源进行研究。

4.4 中外档案学科学者引证行为比较

引证是学者基本的学术行为，引证形成的参考文献是论文的重要组成部分，在此基础上的引文分析受到了图书情报与档案界越来越多的重视。探讨引文的数量特征和内在分布规律，对特定学科领域的引证测度指标进行横向、纵向比较，有助于了解国内外学科进展状况和发展趋势。新的形势下，档案学科在变革中稳步发展，但是目前从引证行为的角度对中外档案学者的引证行为进行系统对比分析还很缺乏。我国档案学者引证行为表现怎样，有哪些发展趋势，国内外档案学者引证行为有何异同等，这一系列问题都值得深究①。

① 杨思洛，关影．中外档案学科学者引证行为比较分析［J］．档案学通讯，2014，（1）：23－30.

4.4.1　数据来源

从可对比性、代表性和数据的可获得性考虑，经过反复实验和多方咨询专家，最后决定选择 2003～2012 年的国内外数据进行分析（表 4-16）。国内选择入选 CSSCI 的两种顶尖档案学期刊《档案学研究》和《档案学通讯》，国外选择入选 SSCI 的两种国际重要档案学期刊 *Restaurator* 和 *Journal of the Society of Archivists*。检索到国内（2003～2012 年）相关论文 2656 篇，国外（2003～2013 年）542 篇。

表 4-16　国内外档案学样本期刊

国内期刊	出版周期	论文量/篇	国外期刊	出版周期	论文量/篇
《档案学研究》	双月刊	1062	*Restaurator-International Journal for the Preservation of Library and Archival Material*	季刊	203
《档案学通讯》	双月刊	1594	*Journal of the Society of Archivists*	半年刊	339

4.4.2　国内外档案学者引用文献总体分析

表 4-17 使用载文量、附引率、引用总量、篇均引用量及国内文献英文引用率来表现国内外档案学者引用文献的情况。载文量表示期刊刊载的论文数量；附引率表示论文中文后附有引文论文的百分比①；引用总量表示论文所附参考文献的总数量（含以注释形式出现的参考文献）；篇均引用量表示平均每篇论文所附参考文献的数量；英文引用率表示英文参考文献所占的百分比。从表 4-17 可以看出，国内载文量明显高于国外，部分原因是国内期刊出版周期短、期刊容量大。国内附引率除 2011 年略有下降外，整体呈增长趋势，且与国外差距逐步缩小，但是仍低于国外；国内附引率较低的主要原因是国内期刊刊载的文献中有会议论文、博士学位论文摘要、纪念性文章等，一般不需要引用文献。在引用总量方面，国内引用总量除 2012 年有所下降，其他年份逐渐上涨，这说明国内档案学者吸收和利用信息的能力不断加强，国外则整体上较为平均。篇均引用量在一定程度表现了学者信息吸收、利用能力，国内篇均引用量呈明显递增趋势，说明国内学者吸收、利用信息的能力日益突出，对研究对象的研究更加全面深入；国外篇均引用量一直高于国内，说明国外学者吸收利用新信息的能力较强。十年来，国内英文引用率有大幅度提高，从 3.24%提高到 15.35%，这反映出国内学者吸收和利用国外最新理论和技术的能力提高。

① 胡敏.《中国图书馆学报》15 年作者与引文计量分析 [J]. 情报探索，2012，(1)：10－15.

表 4-17　国内外档案学者引用文献统计

年份	载文量/篇		附引率/%		引用总量/篇		篇均引用量/篇		英文引用率/%
	国内	国外	国内	国外	国内	国外	国内	国外	国内
2003	273	74	57.14	89.19	895	621	3.28	8.39	3.24
2004	271	76	63.84	96.05	969	435	3.58	5.72	3.51
2005	283	71	69.26	98.59	1 233	651	4.36	9.17	4.54
2006	265	41	74.72	97.56	1 381	908	5.21	22.15	4.49
2007	272	45	80.15	100.00	1 502	631	5.52	14.02	6.86
2008	268	49	80.60	91.84	1 539	611	5.74	12.47	5.00
2009	281	40	80.78	90.00	1 464	635	5.21	15.88	6.76
2 010	292	43	90.07	93.02	2 010	620	6.88	14.42	11.00
2011	289	43	87.89	95.35	2 287	816	7.91	18.98	9.49
2012	275	56	93.45	96.43	2 566	646	9.33	11.54	15.35
2013		4		100.00		74		18.50	
合计	2 769	542	77.79	95.28	15 846	6 648	5.70	13.75	7.02

图 4-10 表现了国内外档案学者引用文献数量分布情况，两条曲线形态不同。国内曲线先增后减，在引文数量为 4 时，论文篇数达到峰值，为 265 篇，引文数量集中在［1,19］区间内；国外曲线在引文数量为 1 时，论文篇数达到峰值，之后急剧下降，从 2 后平稳震荡，直至断续出现，引文（参考文献）数大于 101 条的论文只有一篇（有一篇文章引用了 312 篇引文，为展示方便，在图中未列出），国外引文数量集中在［1,16］区间内。国外参考文献引用数量曲线长于国内，但引用数量集中区间短于国内。国外高引文量的论文数量较多，说明国外档案学者更加注重论文的系统性和完整性；国内高引文量的论文数量较国外少，说明国内档案学者更加注重论文的精炼性。此外，国外引文数量为 1 的论文篇数很多，主要原因是国外档案学论文中经常出现 Book Review、Editorial Material、Biographical-Item、Correction 类型，这类论文一般不需要引用太多文献。

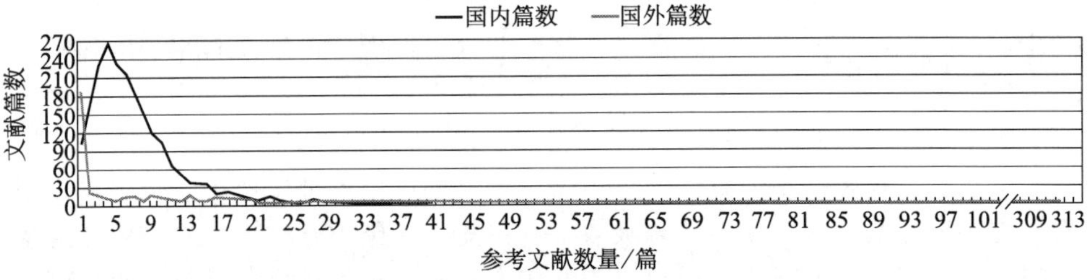

图 4-10　中外档案学者论文引用文献数量分布曲线

4.4.3　国内档案学者引用文献类型分析

研究引文的文献类型分布可以了解学者引用文献来源和构成比例，从而确定各类型文献载体的情报价值、地位及作用。将引文类型分为期刊、普通图书、史料、网络、会议论文、学位论文、报纸、科技报告、标准及其他（包括政策、法规、词典、年鉴、标注不详等）。

从表 4-18 和图 4-11 可以看出，期刊、普通图书、史料和网络是档案学主要的文献来源。我们也统计其比例变化，发现期刊类型引文所占比例最大，所占比例围绕在 50%上下波动；图书的引用总量比较稳定，但所占比例在下降；史料的引用量不稳定，所占比例则呈先增后减再增的趋势；网络的引用量不断上涨，其所占比例也不断上升。此外，学位论文的引用量不断上升，报纸、科技报告和标准都呈现震荡式上升。学术期刊出版周期短、内容丰富、风格多样，能够及时反映最新的科研动态，是学者获取学术信息的首要来源。图书的出版周期虽然较长，但主题明确、内容独立，具有全面性和稳定性的特点，成为第二情报来源。由于档案学本身的学科特点，有些论文需要引用一些古籍史料作为其研究对象或参考资料，史料也是档案学学者写作的重要信息源。随着网络的日益发展，它在学术研究领域也起到越来越重要的作用，网络及时性强、信息量大且丰富、获取容易，越来越多的学者乐于从网络上获取资源。学位论文由于其学术水平高、实用性强等特点使得其引用量越来越多。会议论文、报纸、科技报告、标准虽然也有一定引用量，但是整体上较少。

表 4-18　国内档案学者引用文献类型统计

年份	期刊	普通图书	史料	网络	会议论文	学位论文	报纸	科技报告	标准	其他
2003	401	337	34	25	24	1	19	7	5	42
2004	477	279	72	41	14	2	25	5	16	38
2005	550	324	150	78	30	5	18	8	19	51
2006	584	316	214	105	32	2	29	13	19	67
2007	620	375	204	141	28	9	27	13	25	60
2008	741	381	145	137	15	11	31	18	14	46
2009	737	339	93	129	27	15	29	9	21	65
2010	1016	392	120	240	38	30	38	17	31	88
2011	1313	397	92	238	45	35	47	24	43	53
2012	1269	401	253	367	50	43	32	29	38	84

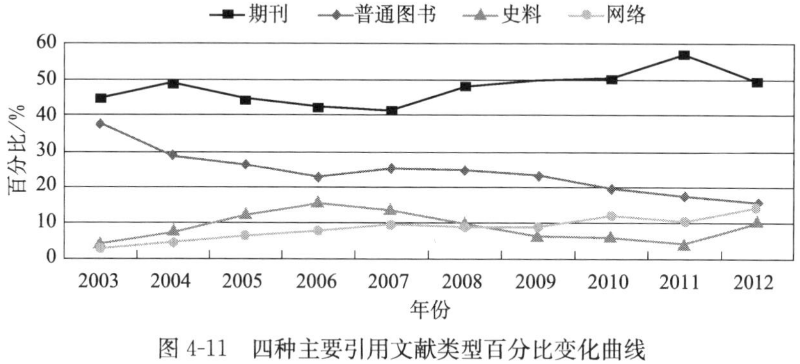

图 4-11　四种主要引用文献类型百分比变化曲线

通过网址的类型，可以了解网络引文的来源状况、分布的集中程度，可以得出某学科学者们利用网络资源比较集中的网址类型信息。根据顶级域名，7 种最常用域名包括 . com（公司）、. net（网络机构）、. org（组织机构）、. edu（教育）、. gov（政府部门）、. ac（学术）、. int（国际组织）①。从表 4-19 可知，档案学者最常用的是 . com、. gov、. org 这三种类型的网站信息。. com、. gov 和 . org 的网站虽然都有大幅度增长，但 . gov 的网站引用数量增长更加迅猛，主要原因可能是档案学加强了电子政务等相关研究；. edu 的引用数量呈现振荡式增长；. net、. ac、. int 的引用相对较少。

表 4-19　国内档案学者引用文献网址类型及网页类型统计

年份	网址类型							网页类型				
	. com	. gov	. org	. edu	. net	. ac	. int	. html	. pdf	. doc	. ppt	. asp，. jsp，. php
2003	5	2	2	1	2	2	0	0	0	0	0	0
2004	16	12	3	4	3	1	0	27	1	0	0	0
2005	17	10	14	10	9	4	0	34	3	1	0	3
2006	35	26	18	8	8	1	0	39	14	1	0	13
2007	38	39	22	6	5	2	2	57	23	0	1	15
2008	41	18	32	9	3	2	1	57	14	2	0	18
2009	20	46	15	14	7	1	0	66	5	1	1	18
2010	50	64	36	16	15	2	1	96	25	4	0	46
2011	86	62	39	8	6	4	0	113	21	0	0	45
2012	93	106	67	30	6	9	1	159	67	6	0	26

网络引文往往具体对应特定网络信息资源。根据不同标准，网络资源可分为多种类型，最常见的有 . html、. pdf、word（. doc）、. ppt 等。因为人们在使用过程中没有严格规范，如有些仅仅是标注网站，特别是许多超文本类型的网页并没有以 . html 或 . htm 为后缀，所以只能在大体上反映网页类型②。如表 4-19 所示，. html 类型引文最多，而且逐年增长。其次是 . pdf 格式，. pdf 格式的网络引文越来越被重视，. pdf 是一种通用文件格式，鉴于 . pdf 文档在数字资源长期保存以及可信度确认等方面的强大支持力度，将来 . pdf 格式将成为网络学术信息的标准格式③。动态网页（. asp、. php、. jsp）近年来所占比重增加明显，仅次于 . html 和 . pdf，但 . doc 和 . ppt 格式引用很少。

① 邱均平，杨思洛. 基于网络引文的网上学术资源利用规律研究——以图书馆学与情报学为例 [J]. 情报学报，2010，29（3）：497－505.

② 王富国，郭颖涛，杨思洛. 中外情报学科学者引证行为比较分析 [J]. 情报杂志，2013，（6）：85－89.

③ 刘薇. 基于 CNKI 竞争情报领域文献的网络引文分析（2008～2011 年）[J]. 图书情报工作网刊，2012，（6）：19－26.

4.4.4　国内外档案学高被引期刊分析

学术期刊的被引频次能够比较客观地反映出期刊被利用的程度，在一定程度上可以作为学术期刊质量和影响力的评价依据①。表 4-20 列出了被引频次排名前十的国内外期刊。国内高被引期刊均为档案学的核心期刊，其中被引频次最高的是《档案学通讯》，且大大超过排名第二的《档案学研究》，表明该期刊的利用程度最高，刊载的论文质量很高，对档案学领域的研究影响最大。排名第二的《档案学研究》和排名第三的《中国档案》也有着不错的被引量，前几种期刊反映了我国档案学领域的研究水平和发展趋势，是我国档案学学者开展研究的主要信息来源。

表 4-20　国内外被引频次最高的前 10 种期刊

中文期刊	被引量/篇	外文期刊	被引量/篇
《档案学通讯》	1250	*Restaurator -International Journal for the Preservation of Library and Archival Material*	611
《档案学研究》	668	*Journal of the Society of Archivists*	169
《中国档案》	523	*Archivaria*	123
《浙江档案》	245	*The American Archivist*	83
《档案与建设》	199	*Paper Conservator*	75
《北京档案》	198	*Cellulose*	55
《档案管理》	179	*Archives and Manuscripts*	51
《山西档案》	175	*Advances in Chemistry Series*	46
《兰台世界》	174	*TAPPI Journal*	42
《档案》	82	*The Book and Paper Group Annual*	36

高被引的外文期刊包括档案学、造纸、化学等方面的期刊，其中位于前四位的 *Restaurator*、*Journal of the Society of Archivists*、*Archivaria* 及 *The American Archivist*，以及排名第七的 *Archives and Manuscripts* 为档案学的核心期刊。外文期刊中被引频次最高的是 *Restaurator*（修复者），并且与排名第二的期刊差距很大，这说明 *Restaurator* 在国外档案学领域影响很大，*Restaurator* 是关于图书馆和档案资料保存的国际期刊，其编辑委员会是来自世界各地的知名机构和组织的专家，主要研究该领域的科学基础、技术及实践经验等②。*Journal of the Society of Archivists*（档案工作者学会杂志）主要包含人文科学、信

① 邱均平，温芳芳．Google Scholar 和 CCD 的引文统计分析功能比较——从期刊被引频次角度分析［J］．重庆大学学报（社会科学版），2011，17（6）：84－89.

② Restaurator（ISSN：0034-5806）［EB/OL］．［2013－7－31］．http：//journalseeker. researchbib. com/? action＝viewJournalDetails&issn＝00345806&uid＝r9619f.

息科学、博物馆和文物研究等方面的内容，它已于2013年更名为*Archives and Records：The Journal of the Archives and Records Association*①。*Archivaria*（档案）由加拿大档案工作者协会（ACA）主办，致力于加拿大和国际的档案学术研究。*The American Archivist*（美国档案工作者）旨在反映档案专业理论和实践的发展，以及档案的创建和维护。*Paper Conservator* 于2009年更名为*Journal of the Institute of Conservation*，前者致力于纸质艺术品及图书馆档案馆资料的保护，后者致力于遗产管理与保护，以及博物馆和文物研究，其包含范围更广阔②。*Archives and Manuscripts* 是澳大利亚档案工作者协会的学术期刊，主要包含档案、博物馆、文物管理和保护、信息科学等方面的内容。受到档案学学科性质和研究内容的影响，在高被引期刊中，还含有非档案学专业的期刊，如*Cellulose*（纤维素）、*Advances in Chemistry Series* 和*TAPPI Journal* 等。*Cellulose* 是一种国际期刊，致力于传播和研究科学技术的进步和相关领域的纤维素天然聚合物；*Advances in Chemistry Series* 是由美国化学学会（American Chemical Society）于1949年创立，*American Chemical Society* 是世界上最大的科学学会和世界领先的权威性的科学信息来源之一，是化学及相关学科的领先者③；而*TAPPI Journal* 受到世界上广泛的认可，其内容涵盖纸浆、造纸、包装、无纺布和相关产业；*The Book and Paper Group Annual* 是由The Book and Paper Group（BPG）出版发行的，它是美国保护协会关于历史和艺术作品保护的专业组织。

4.4.5 国内外档案学高被引作者分析

从表4-21中可以看出，国内档案学高被引作者被引频次明显高于国外，这与引文总量的差异相关。国内被引频次居于前十的学者有六位来自中国人民大学，这说明中国人民大学对我国档案学的发展有着至关重要的影响；此外，浙江大学的学者分为列于第二和第六位，说明浙江大学的研究对我国档案学的发展也有一定的影响。国内高被引作者大都是档案学的专家。位于第一位的冯惠玲教授为中国人民大学副校长及档案馆馆长，担任第六届国务院学科评议组成员等社会职务，率先在国内对电子文件的管理开展创新研究，主持多项国家和省部级科研项目，发表论文百余篇④。何嘉荪教授在中国第一个提出了档案管理

---

① Archives and Records：The Journal of the Archives and Records Association［EB/OL］．［2013-9-14］．http：//www.tandfonline.com/action/journalInformation? journalCode=cjsa21 #．UjVrm6KBRoE.

② The Paper Conservator［EB/OL］．［2013-9-14］．http：//www.tandfonline.com/loi/rcon19?open=31&repitition=0#vol_31.

③ About the Advances in Chemistry Series［EB/OL］．［2013-9-14］．http：//pubs.acs.org/series/advances.

④ 中国人民大学首页>校情总览>冯惠玲教授简介［EB/OL］．［2013-9-11］．http：//www1.ruc.edu.cn/101587/25465.html.

中应该进行主题标引，率先对文件运动规律进行研究①。吴宝康教授在中国人民大学主持创办了新中国第一个档案学专业，他是新中国档案学和档案教育奠基人。此外，还有胡鸿杰、陈兆祦、傅荣校、刘家真、黄霄羽、周毅、邓绍兴等杰出学者被引用。

表 4-21 国内外档案学论文高被引作者统计

国内学者	被引频次	所在机构	国外学者	被引频次	所在机构
冯惠玲	335	中国人民大学	Neevel J G	78	荷兰文化遗产保护研究所
何嘉荪	128	浙江大学	Kolar J	64	斯洛文尼亚高等教育科学技术部
吴宝康	88	中国人民大学	Banik G	53	奥地利自然资源和生命科学大学
胡鸿杰	81	中国人民大学	Reissland B	46	荷兰文化遗产保护研究所
陈兆祦	54	中国人民大学	Calvini P	42	意大利图形艺术保护研究所
傅荣校	54	浙江大学	Bukovsky V	41	斯洛伐克国家图书馆
刘家真	48	武汉大学	Cook T	37	加拿大曼尼托巴大学
黄霄羽	47	中国人民大学	Bansa H	35	德国巴伐利亚州立图书馆
周毅	46	苏州大学	Haverman S J	34	荷兰组织建筑环境与地球科学，室内空气质量与健康部
邓绍兴	45	中国人民大学	Strlic M	30	伦敦大学学院

国外高被引作者中除了图书馆学和档案学的学者还有一部分化学专家。Neevel 曾在海牙皇家图书馆研究书籍和档案材料的质量守恒，后又在荷兰文化遗产保护研究所致力于铁胆墨水腐蚀项目的研究，他与 Reissland 合作，研究出稳定的基于铁络合剂植酸的油墨腐蚀文物水溶液方法，并被许多国家的专家接受，这对于许多历史档案和文物的保护具有重要意义②。Banik 曾任奥地利国家图书馆保护科学研究所主任，主要研究领域为纸浆和造纸技术及图书馆学。Kolar 是高等教育科学与技术部科学理事会总干事，曾任职于斯洛文尼亚国家与大学图书馆，2002 年获 Zois 化学领域的杰出科学贡献奖，2006 年获普罗米修斯科学传播奖，著有 *Iron Gall Inks：On Manufacture，Characterisation，Degradation and Stabilisation* 和 *Ageing and Stabilisation of Paper*③。Reissland 与 Neevel 在荷兰文化遗产保护研究所共同研究铁胆墨水腐蚀项目，同时也是 *Journal of Paper Conservation* 主编和“铁胆墨水网站”（由欧盟委员会主办）的网站编辑④。Calvine 在纤维素方面颇有研究。Bukovsky 主要从事纸张老化的研

① 李佩仑．精勤开拓多锐意为人为学但求真——记浙江大学档案学专家何嘉荪教授［J］．档案学通讯，2003，(3)：57－60.

② EINLADUNG zum VORTRAG von Dr. Han Neevel［EB/OL］．［2013－9－14］．http：//www.fch.akbild.ac.at/PDFs/Vortrag_Neevel.pdf.

③ Kolar J［EB/OL］．［2013－9－14］．http：//www.ecri2010.es/en/content/jana-kolar.

④ Schalkx H，Iedema P，Reissland B，et al. Aqueous treatment of water-sensitive paper objects：capillary unit，blotter wash or paraprint wash?［J］．Journal of Paper Conservation，2012，12（1）：11－20.

究。Cook 主要从事档案理论、档案历史、档案鉴定及数字档案的研究，著有 *The Archival Appraisal of Records containing Personal Information: A Ramp Study with Guidelines*，与他人合著 *Imagining Archives: Essays and Reflections*[①]。Bansa 从事纸张老化与保护研究，与他人合著的 *Artificial Aging As a Predictor of Papers: Future Useful Life* 有较大影响。Havermans 从事纸张、文物保护及木材的研究。Strlic 任职于伦敦大学学院可持续遗产中心，主要从事多学科的文化遗产研究，特别是新的文物材料及科学的延缓文物与环境相互作用的工具和方法[②]。

4.4.6 国内外档案学高被引文献分析

表 4-22 以参考文献的格式列出了被引频次排名前十的参考文献。首先，从高被引频次的文献数量来看，国内明显高于国外，这可能是由于国内期刊载文量大、出版周期短、参考文献数量较多。其次，从文献类型来看，国内高被引频次的文献中图书占绝大多数，图书具有主题明确和全面性的特点；而国外高被引频次的文献均为期刊论文，且大多数为档案学核心期刊（如 *Restaurator*）和 SCI 期刊（如 *Polymer Degradation and Stability* 和 *Acta Chimica Slovenica*）。再次，从文献内容来看，国内文献多是关于档案学基础理论，国外则集中在档案保护、墨水腐蚀及纸张老化的研究。最后，从高被引频次的文献发表时间来看，国内高被引的 10 篇文献中有 7 篇文章，即 70%是 2000 年以后发表的，国外高被引的 15 篇文献中有 7 篇文献，即 46.67%是 2000 年以后发表的。

表 4-22 国内外档案学高被引文献统计

国内	被引频次	国外	被引频次
冯惠玲．档案学概论．中国人民大学出版，2001	57	Neevel JG，1995，Restaurator，V16	25
吴宝康．档案学概论．中国人民大学出版，1988	45	Zou X，1996，Cellulose，V3	12
冯惠玲．电子文件管理教程．中国人民大学出版社，2001	41	Kolbe G，2004，Restaurator，V25	10
周雪恒．中国档案事业史．中国人民大学出版社，1994	35	Bansa H，1998，Restaurator，V19	9

① Terry Cook [EB/OL]．[2013 - 9 - 14]．https://www.umanitoba.ca/faculties/arts/departments/history/members/cook.html.

② UCL Engineering Doctorate > Virtual Environments Imaging & Visualisation > Dr Matija Strlic [EB/OL]．[2013 - 9 - 15]．http://engdveiv.ucl.ac.uk/academic-supervisors/28-supervisors/159-dr-matija-strlic.

续表

国内	被引频次	国外	被引频次
何嘉荪．文件运动规律研究——从新角度审视档案学基础理论．中国档案出版社，1999	31	Burgess H. D，1988，J Int I Conservation，V13	9
冯惠玲．档案学概论．中国人民大学出版，2006	24	Zou X，1994，Polym Degrad Stabil，V43	9
郭莉珠．档案保护技术学教程．中国人民大学出版社，2000	24	Bukovsky V，2000，Restaurator，V21	8
胡鸿杰．中国档案学的理念与模式．中国人民大学出版社，2005	22	Begin PL，2002，Restaurator，V23	8
冯惠玲．电子文件管理国家战略刍议．档案学通讯，2006，(3)：4－8	16	Margutti S，2001，Restaurator，V22	7
中国第二历史档案馆．民国时期文书工作和档案工作资料选编．中国档案出版社，1987	13	Kolar J，2003，Acta Chim Slov，V50	7

4.4.7 国内外档案学者引用文献半衰期分析

随着科技的进步、知识的更新，记录科学知识的科技文献也随之发生新陈代谢，于是出现了文献老化现象。衡量文献的老化速度和深度，定量地揭示其老化规律的一个重要测度指标就是半衰期。20 世纪 60 年代，美国的 Burton 和 Kebler 指出，文献的半衰期是指某学科（专业）现时尚在利用的全部文献中较新的一半是在多长时间发表的（共时半衰期）①。

分析统计样本论文参考文献的年代，通过文献负指数老化模型来确定文献的半衰期，从时间角度对引文半衰期进行比较分析，图 4-12 为国内外档案学者引用文献半衰期年度分布曲线。从图 4-12 可以看出，国外引文半衰期较长，且分布不稳定，2003～2010 年曲线波动较大，2010 年后较平稳；国内引文半衰期较短，但保持稳定增长的态势；总体上国外引文半衰期总是高于国内。因此，国内引文老化的速度大于国外，国内档案学者更乐于引用最新文献，国外学者除了引用新文献也善于引用经典的旧文献。

① 邱均平．信息计量学［M］．武汉：武汉大学出版社，2007：69－71.

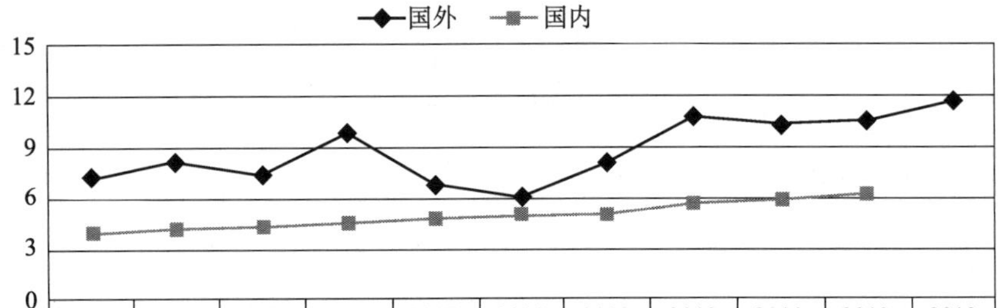

	2003	2004	2005	2006	2007	2008	2009	2010	2011	2012	2013
国外	7.18	8.13	7.42	9.85	6.73	6.01	8.14	10.8	10.26	10.55	11.75
国内	3.96	4.19	4.28	4.58	4.74	4.95	4.98	5.7	5.82	6.24	—

图 4-12　国内外档案学者引用文献半衰期年度分布曲线

4.4.8　研究结论

通过对国内外档案学代表性期刊的统计，分析了国内外档案学领域学者引证行为的异同，得出以下结论：①国内引用总量整体上升，国外则整体较为平均；国内篇均引用量呈明显递增趋势，但仍低于国外；国内英文引用率有大幅度提高，国内学者吸收和利用国外最新理论和技术的能力有所提高。②国内引文数量集中区间长于国外，但国外高引文数量的论文篇数高于国内。③期刊、普通图书、史料和网络是档案学主要的文献来源，电子资源被广泛使用，政府部门的网站引用数量增长迅猛，学位论文的引用数量也不断上升。④《档案学通讯》和 *Restaurator* 分别是国内外档案学者引用最多的期刊；国内高被引期刊均为档案学的核心期刊，国外高被引期刊除了档案学期刊外，还含有纤维素、化学、造纸等非档案学专业的期刊。⑤冯惠玲和 Neevel 分别是国内外被引频次最多的档案学者，国内高被引作者大都是档案学的专家，国外高被引作者除了档案学和图书馆学专家，还有化学专家。⑥国内高被引的文献中图书占绝大多数，而国外均为期刊论文。⑦国内档案学引文半衰期虽稳定增长，但整体低于国外，国内档案学引文老化速度高于国外。

4.5　本章小结

对引证模式可视化分析，把握引证行为与引文分析的具体内容；系统总结新时期引证行为研究；认为大部分知识图谱绘制是建立在引文分析的基础上，对引证模式可视化有利于知识图谱的整体发展。

选择中外图书馆学典型期刊 2003～2012 年的数据，从引文量和类型、高被引文献和期刊、高被引作者及同被引、引用半衰期等方面比较分析学者引证行为，得出以下结论：国内外图书馆学论文篇均引用量呈递增趋势；国内附引率呈稳步上升态势；英文引用率大幅度增加。国外图书馆学引用文献量分布区间更长，更加不均匀，高引文量论文篇数高于国内。期刊、图书、网页文献是国内外图书馆学主要引用文献来源；国内高被引文献中图书占大多数，国外则是期刊论文占多数。《中国图书馆学报》《大学图书馆学报》和 *College and Research Libraries* 分别是国内外图书馆学学者引用最多的期刊。国内图书馆学高被引作者是张晓林、吴慰慈等学者，国外则是著名团体作者和 Hernon、Davis 等学者。根据学者共被引分析图谱，国外图书馆学学者引用的内容侧重图书馆服务，对用户行为和读者需求特别重视；国内关注图书馆基础理论，重视图书馆精神和价值的研究；文献计量则是共同的关注内容。国外图书馆学引文半衰期比国内长，但国内引文半衰期较国外相对稳定。

选择中外情报学典型期刊，从引文量、引文类型、高被引期刊、高被引作者、引用半衰期等方面比较分析学者引证行为，得出以下结论：国外情报学论文具有高引文量、低载文量的特征。国内外附引率均呈整体上升态势。国外情报学论文引文分布区间更长，高引文量论文更多。期刊、图书、网络文献是国内情报学主要引用来源；期刊、网络、学位论文等的引用有增加的趋势。英文引文在国内情报学论文中的比例越来越高。《图书情报工作》和 *Scientometrics* 分别是国内外情报学引用最多的期刊。国外情报学引文半衰期比国内更长，且相对稳定。

选择中外档案学领域典型期刊 2003～2012 年的数据，从引文量、引文类型、高被引期刊、高被引作者、引用半衰期等方面比较分析中外学者引证行为特征，得出以下结论：国内引文总量高于国外，但附引率和篇均引文量低于国外，英文在国内档案学论文中的引用越来越多。国内引文数量集中区间长于国外，但高引文量的论文篇数低于国外。期刊论文、图书、史料和网络文献是档案学学者主要的引用来源，网络文献的引用越来越多。国内档案学高被引文献大多为专著，国外则多为期刊论文。《档案学通讯》和 *Restaurator* 分别是国内外档案学者引用最多的期刊。冯惠玲和 Neevel 分别是国内外被引频次最高的档案学者。国内档案学者倾向于引用新文献，国外档案学引文半衰期比国内长。

第5章

中外图书情报学科结构可视化比较分析

一图展春秋，一览无余；一图胜万言，一目了然。

——大连理工大学教授刘则渊①

① 梁永霞．引文分析学知识图谱［M］．大连：大连理工大学出版社，2012.

结构是一个基本的知识概念，是一切事物所固有属性的本质概括，是事情内部构造和事物间或系统内诸要素相互联系、相互作用所形成的结合形式、组织方式；相应地，学科结构是学科最基本的内容和特性，是学科的知识纤维、理论板块、学科体系发展演进所形成的有机构成，是学科内在逻辑的集中反映①。每个学科都具有相对稳定的结构和特征，对学科结构的可视化展示是知识图谱研究的核心内容之一。通过可视化方式展示图书情报学科结构，并且进行中外的对比分析，将更好地明晰图书情报学科内容，把握学科理论结构，了解图书情报学科与相关学科的关系和联系。

5.1　学科结构可视化分析

5.1.1　学术流派与学科结构

学术流派与学科结构是一个学科重要的基础理论内容，认识这两者的内容和关系对掌握特定学科具有重要意义。一方面，学科内部因学者不同观点而形成学术流派；另一方面，学者对学科总体上具有一致认同，组成学科结构。矛盾是指事物之间或事物的内部各要素之间的既对立又统一的关系，对立和统一是矛盾的两种基本的关系或属性，学科的发展符合矛盾的辩证统一观。学术流派与学科结构这两方面相辅相成，共同促进学科的繁荣和发展。

学术流派是指在学科内某一个或几个学者提出的一种独树一帜的学术内容、观点、倾向和风格，并日益被学科内学友、门人等所拥戴和传播，而且逐渐产生相当的学术影响力，并得到大家一致公认的现象。学术流派应必备以下条件：必须有学术上的代表人；必须有一群学术上的拥戴者和传播者；必须有反映代表人物独树一帜的学术内容的著作；必须有相当的学术影响力；必须有形成学术流派后所产生并公认的派名②。学科的研究主体是学者，由于社会政治、经济和文化的外部差异，以及学者本身立场、自身条件、视角和层次的内部不同，同一学科学者有不同看法和观点，形成了各自独特的学术思想和理论，特别是在有影响力的学者的带领下，同一师门、同一地点（如美国经济学界产业组织领域的两大流派——哈佛学派和芝加哥学派）、同一单位的学者组成学术流派。不同流派的学者由于观点和立场不同，常常对学科内容存在争议，互不相让，

① 靖继鹏，马费成，张向先．情报科学理论［M］．北京：科学出版社，2009.

② 学术流派［EB/OL］．［2013－2－21］．http：//baike.baidu.com/view/7157337.htm？fr＝wordsearch.

有时甚至存在激烈冲突。这种学术流派的对立，使得学者在维护本流派观点的同时，尽力指出对立流派的错误与不对之处。学科正是在这种争鸣与对立中不断改进和完善。

学科结构是学科的基本特征和本质属性，是学科知识纤维、理论板块、学科体系发展演进而形成的有机构成，是学科内在逻辑的集中反映。纵观整个学科结构认识史，大致可以分为四个时期，即学科结构的朦胧意识时期、自觉认识时期、整体把握时期和系统综合研究时期。在漫长的学科结构认识史上，各种学科结构理论层出不穷，具有代表性的学科结构理论有思维特征性学科划分说、链式学科划分说、纵向式学科划分说、知识体系型学科划分说、科学方法型学科划分说、辩证唯物主义学科划分说、三角形学科划分说、能级性学科划分说、群体学科划分说、特点式学科划分说、综合式学科划分说和全息式学科划分说等①。

宏观上，在整个科学体系中，具有较为严谨的组织结构，一般称为学科专业结构。在我国可分为两类标准：国家学科分类标准和教育部学科专业分类标准。根据科学内容组成部分间的联系和独立程度，科学一般可分自然科学和人文社会科学，而每个学科门类下面又可分为多个一级学科，一级学科下面有不同二级学科，二级学科根据需要设置三级学科。《中华人民共和国学科分类与代码国家标准》（简称《学科分类与代码》），是我国关于学科分类的国家标准，编号“GB/T 13745－92”；该标准规定了学科的分类与代码共设 5 个门类、58 个一级学科、573 个二级学科、近 6000 个三级学科②。根据我国教育部的分类方法，整个科学分为 13 个学科门类，即理学、工学、农学、医学、哲学、经济学、法学、教育学、文学、历史学、军事学、管理学、艺术学；比学科门低一级的学科称为学科类，学科类（不含军事学）共有 71 个；比学科类再低一级的学科称为专业，本科专业（不含军事学）共有 258 个③。

微观上，各学科都有具体的组成部分和内容，学科结构内容具体可用 5W1H 来表示：what——结构是什么，why——为什么形成这样的结构，when——时间维、何时形成的，where——内容间的关系，who——谁提出的观点或有代表性学者，how——怎样形成的结构。目前，学科结构研究集中在大学学科结构和专业教育方面，例如，布鲁纳运用结构主义的方法论原理，借鉴其认知心理学的研究成果，提出学科基本结构理论，认为学科基本结构是指该学科的基本概念、基本原理及其相互之间的关联性，是指知识的整体性和事务的普遍联系，而非孤立的事

① 陈燮君．学科结构理论史纲［J］．上海社会科学院学术季刊，1990，(1)：5－15.

② 中华人民共和国学科分类与代码国家标准［EB/OL］．［2013－3－5］．http：//baike.baidu.com/view/3327000.htm? fr=wordsearch.

③ 学科体系［EB/OL］．［2013－3－5］．http：//baike.baidu.com/view/1250939.htm? fr=wordsearch.

实本身和零碎的知识结论；布鲁纳认为，结构是学科形成的基本条件，任何学科都有其基本结构，任何与该学科有联系的事实、论据、观念、概念等都可以不断地纳入处于不断统一的学科结构之内[①]。庞青山认为，学科是学术知识的分类或学问的分支；大学学科结构是大学中学科组成及其相互关联的方式[②]。此外，在科学学与科学史、图书情报学等相关学科也有专门对学科结构进行探讨的研究。

5.1.2　学科结构识别

图书情报学科结构的认识史和发展史蕴含于学科的演进轨迹之中，强烈的图书情报学科结构意识将升华学科理论的逻辑起点，深刻的图书情报学科结构的“结构性”认识将带来整个学科理论体系的结构性变化；对图书情报学科结构的“结构性”认识，就是探索图书情报学科分类原则的历史变化，不同学科结构的界定标准，图书情报学科在整个学科体系中的作用，以及图书情报学科的整体性、层次性、有序性、多维性及动态性[③]。

因为学科结构是一个学科基本的内容，每个学科每个学者都要涉及，所以大多数学科研究方法都可用于学科结构识别研究之中。学科结构识别的方法有多种，既包括普适性的哲学方法，也有一般研究方法，如一些理性思维方法——科学抽象方法、比较与分类方法、归纳与演绎方法、分析与综合方法、证明与反驳方法、逻辑与历史统一方法、假说方法及公理化方法等[③]；还有一些经验科学方法，包括调查研究法、观察方法、实验方法、访谈及头脑分暴法等。在确定国家学科专业分类目录时，就会通过调查分析、专家讨论、广泛征求意见等方法。而在国外有人研究情报学科结构时，也通过调查问卷广泛收集领域专家学者的看法，通过多轮问询专家得出情报学研究的内容。国内有学者通过对国家科研课题指南和立项课题标题的内容进行分析，来确定图书情报领域的研究主题；也有学者通过调查国内外研究生课程和招生方向，还有专业教师的研究方向来确定图书情报学科的研究内容结构。

而从文献的角度对文献中知识单元进行定量研究，由此来识别学科或领域的内容结构，则是其中的重要方法，也是图书情报学研究的重点内容。文献是记录有知识的一切载体，发表学术成果或知识信息是各领域特别是科学研究中不可或缺的环节，所以文献对知识及知识交流具有重要的表征作用。从文献角度进行研究，有以文献计量分析为代表的定量研究方法和以文献综述为主的定

① 孙凤文．布鲁纳学科结构论述评［J］．丹东师专学报，1996，(2)：28－29.
② 庞青山．大学学科结构与学科制度研究［D］．华东师范大学博士学位论文，2004.
③ 靖继鹏，马费成，张向先．情报科学理论［M］．北京：科学出版社，2009.

性研究方法。定性的文献综述是目前进行科学研究的必要步骤，主要是对一个学科和领域研究现状的把握，同时也是对学科领域结构的识别。综述一般可分为两个层次：一类是较为宏观的，涉及的范围为整个领域、专业或某一大的学科内容；另一类是较为微观的，这类综述可以涉及相当小的研究领域甚至某个算法，谈的问题更为具体与深入①。目前，发展的趋势是以文献计量为主的定性与定量相结合。通过文献外表形式统计与内容计量相结合，再结合定性分析研究学科内容结构具有很多优势，例如，可以结合定性与定量分析的优势互补；文献具有对学科的表征性；文献收集便捷，适合计量分析；文献计量与学科结构可视化结合较好等。

目前，这方面有大量的研究，也是文献计量学研究的重要内容之一，如有人通过所有期刊引证与被引证关系来从宏观上研究学科与学科之间的关系，改进现有学科分类体系的不足；也有一些研究从共被引、耦合、互引，以及关键词共现等不同角度来研究学科微观结构并进行可视化展示。目前，基于文献角度，多种方法结合的学科结构研究已从图书情报学和科学学等学科向其他学科扩展应用开来。例如，参考文献与引用文献之间往往有着知识内容上的关联，通过对各种知识单元的引证关系网状进行统计分析，能够探明有关学科或领域之间的亲缘关系和结构，划定某学科或领域的学者群体和学术流派，分析推测学科或领域间的交叉、渗透及衍生趋势，还能对某一学科或领域的产生背景、发展历程、关键性成果和发展趋势与方向进行分析，从而揭示科学或领域的动态结构和发展规律。通过对文献知识单元的引证关系的时间序列及联系进行分析，可以探明某个研究主题的源流、最初学者，以及该研究主题内容的来龙去脉，展现某领域或事件的发展过程，揭示某思想或方法的改善、扩充和修正等，了解各领域的前沿问题，并预测未来的发展方向和前沿热点问题，从而探讨出科学技术的历史发展和研究规律②。

5.1.3 学科结构可视化

学科结构可视化是对认知的学科内容进行可视化展示，除了通用的树形图、鱼刺图、曲线图等外，基于文献计量的知识图谱一般通过文献中所含知识单元可视化来形象展示。基于文献的学科结构识别是知识图谱的重要内容之一。知识图谱能够将抽象和隐含的文献知识形象地展现出来，自然成了揭示学科体系结构和学术流派的一条重要途径，它赋予纷杂、庞大、深邃的学科体系结构以

① 文献综述［EB/OL］.［2013－3－10］. http：//baike. baidu. com/view/203980. htm？ fr＝word-search.

② 李运景. 可视化引文分析在科技史中的应用研究［D］. 南京农业大学博士学位论文，2007.

活力，能够通过直观、交互的图形或图像，形象、直观、明了地全方位、多角度展示学科体系结构的总体分布和微观结构，把学科体系结构分析推进到以可视化为标志的新阶段①。

从文献计量角度对学科结构可视化，实际上是对知识单元及其关系的可视化分析，可将文献知识单元及其关系总结为四个维度组成的模型框架（图 5-1)。知识单元维度包括作者、期刊、关键词、文献、机构等；知识关系维度包括耦合关系、共被引关系、直引关系、互引关系、共现关系等；研究层面维度主要包括宏观层面、中观层面与微观层面等；分析角度维包括理论分析（提出和验证相关理论)、方法分析（改进方法和开发新的可视化工具)、应用分析（研究学科结构可视应用的条件和优劣势、学科结构可视化在各学科领域应用)。此外，还有一个综合维度，即对四个维度中一个或多个维度的不同单元之间组合的分析，可称为多元关系和多重关系的可视化学科结构展示。例如，有单个维度的关键词之间的基于位向量的三元共词分析算法和基于坐标图的三元共词结果分析方法②，也有多个维度组合形成的层叠图（overlap map)，像知识单元和关系之间的对应关系，包括一对一、一对多、多对一和多对多等，如作者—关键词—共现的方法研究、作者—主题词—引文的学科流派分析等。

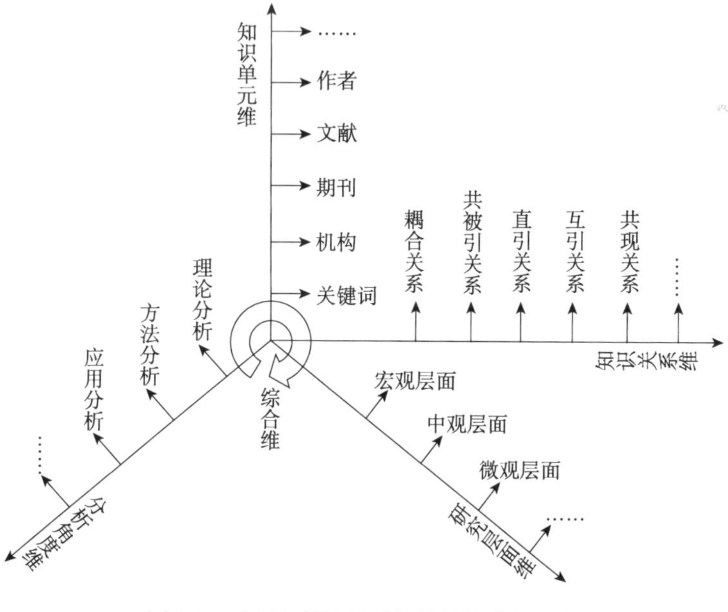

图 5-1　基于文献计量的知识结构分析维度

① 孙晓宁．国内知识管理学科体系结构可视化研究［D］．安徽大学博士学位论文，2013.

② 冷伏海，王林，李勇．基于文献关键词的三元共词分析方法——以知识发现领域为例［J］．情报学报，2011，30（10)：1072－1077.

图 5-1 展示了基于文献计量的知识结构分析维度，不同维度的组合可实现多种不同功能的学科结构展示，关键词—关键词共现的共词分析，是基于主题关联的聚合，可以发现领域研究主题、研究热点与趋势；发文作者—发文作者共现的作者合作分析，是基于学者关联的聚合，可以发现作者知识交流情况，揭示外在合作群体；发文作者—关键词共现的作者关键词耦合分析，是基于作者—主题关联的聚合，可以发现作者知识扩散与分布情况，揭示潜在合作群体与作者研究集中领域；发文机构—发文机构共现的机构合作分析，是基于机构关联的聚合，可以发现机构交流情况；发文机构—关键词共现的机构关键词耦合分析，是基于机构—主题关联的，可以提示机构研究主题相关性，寻找潜在合作伙伴。此外，还有引文—引文共现的文献共被引分析，关键词—引文共现的引文关键词耦合分析，引文作者—引文作者共现的作者共被引分析，发文作者—引文共现的作者文献耦合分析，发文作者—引文作者共现的作者直引—互引分析，被引期刊—被引期刊共现的期刊共被引分析，发文期刊—被引期刊共现的期刊直引—互引分析[①]。

不同知识单元可视化特点也是不同的，如早在 1990 年 White 就认为，与文献和期刊层面相比，作者知识单元层面研究学者及其研究工作时，在平衡分析的粗细度（granularity）和分析的能力方面具有优势[②]。借鉴国外学者的研究思路，国内邱均平和董克对作者共现网络的科学研究结构揭示能力进行比较研究，构建了作者合作、作者共被引、作者文献耦合、作者关键词耦合及作者期刊耦合五种知识单元网络，利用层次聚类和网络关联分析比较不同共现网络揭示科学研究结构的能力。他们通过层次聚类发现：作者文献耦合网络的准确性和精确性最高，作者共被引网络和作者合作网络其次，作者关键词耦合网络的结果容易受到干扰，作者期刊耦合网络的分析效果较差。通过网络关联分析发现：作者合作网络与其他网络的相关性都相对较低，与其他网络发现的角度不同；作者文献耦合网络与其他几种网络之间的相关性最高，对其他网络分析结果的替代性较强，多种方法结合运用更能反映科学研究的实际结构[③]。但是，其他知识单元也都有自身独特优点，如期刊层面关注宏观方面的学科内容，在展示学科之间关系方面具有特色，而文献层面则更适合分析微观层面的内容。相应地，

---

① 邱均平，王菲菲．基于共现与耦合的馆藏文献资源深度聚合研究探析［J］．中国图书馆学报，2013，(3)：25－33.

② White H D. Author co-citation analysis：overview and defense［A］//Borgman C L. Scholarly Communication and Bibliometrics［C］. Newbury Park，CA：Sage，1990：84－106.

③ 邱均平，董克．作者共现网络的科学研究结构揭示能力比较研究［J］．中国图书馆学报，2014，(1)：15－24.

知识单元间的不同关系在分析学科内容时，也有不同侧重点，如共被引关系可以更好地分析历年的学科结构，而耦合关系则面向现在和未来。较多的研究以作者为知识单元进行分析，作者共被引分析用来揭示学科的知识基础，分析以前的高被引作者情况（代表学科的过去）；而作者文献耦合分析学科的研究前沿，当前活跃作者的引证行为（代表学科的现在）。至于这些知识单元和关系之间的具体特色，在后面的章节中会通过实证来描述，这些也是知识图谱未来需要解决的关键问题之一。

5.2 基于关键词共现的国内外图书情报学主题内容

经过多年的发展，中国图书情报学的研究队伍不断壮大，研究成果日益增多，应用越来越广泛，影响不断扩大，显示出良好的发展态势。然而，真正了解图书情报学的现状，则需要深入分析和研究。在许多问题上，如我国的图书情报学的研究现状是怎样的，与国际同行相比表现怎样，在世界图书情报学领域处于怎样的地位，我国图书情报学研究与国际图书情报学研究存在哪些异同，我国图书情报学的研究存在哪些问题，将如何发展等，这一系列问题都值得深究。本节选取这些问题中的一个作为研究目标，即我国图书情报学研究与国际图书情报学研究相比，存在哪些相同点和不同点？优势和劣势有哪些？

此前，已有一些对于图书情报领域研究的主题内容方面的计量研究，如邱均平①、李金建②、廖胜娇③、褚金涛④、王英⑤等对国外图书情报领域研究进行了计量分析。相比之下，对于国内图书情报领域研究的计量分析更多，如蒋永新⑥、肖

① 邱均平，侯婕．近五年来国外图书馆学情报学论文的计量研究［J］．中国图书馆学报，2008，34（6）：47-52.

② 李金建，贡金涛．基于JASIST的情报学研究前沿及趋势分析［J］．图书馆学研究，2010，（3）：2-6.

③ 廖胜娇．基于TDA的情报学研究前沿知识图谱的绘制及分析［J］．情报理论与实践，2009，32（11）：98-101.

④ 褚金涛．近五年来国外图书馆学情报学研究成果的文献计量分析［J］．图书情报知识，2006，111（5）：65-68.

⑤ 王英，马海群．美国情报学研究热点管窥——基于JASIST的词频统计［J］．情报理论与实践，2009，32（9）：125-128.

⑥ 蒋永新，詹华清．基于共现关键词统计的图书馆学情报学学科研究的趋势分析［J］．图书情报工作，2008，52（9）：28-31.

明[①]、郑俊生[②]、邱均平[③]、王红[④]、杨爱青[⑤]等对国内图书情报领域研究进行了计量分析。不过，对于国内外图书情报领域研究进行比较分析的不多，与本节最为相关的有：邱均平[⑥]以 9 种中文期刊和 9 种美国期刊为数据来源，从主题交叉程度、数量特征、年代分布、研究热点等对中美图书情报研究进行了比较分析；苏娜等[⑦]以 15 种中文期刊和 14 种英文期刊为数据来源，采用词频分析和共词分析，对 2000～2009 年国内外图书情报学研究主题进行了分析比较。为了了解最新的情况，本节选取 83 种英文期刊和 18 种中文期刊文献作为数据来源，采用新方法，从新的角度，对国内外图书情报研究内容结构分别进行整体和分年段研究，并作可视化对比分析[⑧]。

5.2.1 研究方法与数据采集

为适应研究目标和需要，本节采用词频分析方法、社会网络分析方法及文献聚类方法。首先，通过关键词词频分析和共现网络分析发现国内外图书情报研究涉及的主题领域和发展方向，然后采用聚类分析将相关文献进行分类，分析主题分布和研究程度。基本过程为：①统计高频关键词的共现频次，绘制共现网络，结合社会网络分析方法，分析图书情报学领域的关键词共现网络特征；②将来源文献进行聚类，分析代表性文献类别。

分别选择具有最有影响力的 WoS 数据库和 CSSCI 数据库作为外文和中文的数据来源。在采集外文数据时，选取的期刊来自 2011 年版期刊引证报告（*Journal Citation Report*，JCR）社会科学版。2011 年版的图书情报类共含有 83 种期刊。外文数据采集时间为 2012 年 11 月 18～21 日，将 2008～2012 年的数据作为分析样本。共采集到 83 种外文图书情报类期刊自 2008 年 1 月 1 日至检索日期之间刊载的44 120篇文献。

选取 2012 年版的 CSSCI 版中文核心图书情报类期刊作为中文数据来源。

---

① 肖明，李国俊，杨楠．基于词频分析的国内情报学研究热点（1998～2007）［J］．情报杂志，2009，28（8）：21－25.

② 郑俊生．2009 年我国图书馆学情报学研究热点分析［J］．图书馆工作与研究，2010，169（3）：14－18.

③ 邱均平，杨思洛，王明芝，等．改革开放 30 年来我国情报学研究论文内容分析［J］．图书情报知识，2009，129（3）：5－17.

④ 王红．我国图书情报学科研究热点分析（1998－2007）［D］．河南科技大学硕士学位论文，2009.

⑤ 杨爱青．我国图书情报学科研究态势的可视化研究［D］．曲阜师范大学硕士学位论文，2012.

⑥ 邱均平．中美图书情报研究主题趋势的比较分析［J］．图书情报工作，1991，（5）：25－47.

⑦ 苏娜，王传清，周金龙．2000－2009 年国内外图书情报领域研究热点比较分析［J］．图书情报工作，2012，56（2）：27－34.

⑧ 马凤，杨思洛．国内外图书情报学研究的主题内容比较分析［J］．情报科学，2015，待发表.

2012 年版的中文核心图书情报类期刊共 20 种，除去两种档案学类期刊《档案学研究》和《档案学通讯》。中文数据采集时间也为 2012 年 11 月 18～21 日，时间跨度也为 5 年（2008～2012 年）。需要指出的是，由于 CSSCI 数据库 2012 年的来源文献库中其实并未有 2012 年的期刊文献，实际上采集到的数据出版年份为 2008～2011 年。共采集 18 种中文图书情报类期刊自 2008 年 1 月 1 日至检索日期之间刊载的20 364篇文献。

5.2.2　主题词频分析和共现网络分析

1. 外文关键词的词频分析和共现网络分析

44 120 篇外文文献中，有 13 174 篇文献提供了关键词。统计各关键词在所有文献中关键词字段出现的频次，去重后得到 20 787 个不同的关键词。其中，15 852 个关键词的出现次数仅为 1，占总数的 76.26%；出现次数为 5 以上的关键词共有 1398 个，占总数的 6.72%；频次高于 10 的关键词共 613 个，占总数的 2.95%；出现频次高于 50 的关键词有 64 个，占关键词总数的 0.31%。外文关键词的频次分布规律如图 5-2 所示。从图 5-2 可以看出，外文关键词的频次分布呈现出明显的集中-离散趋势，即极少部分（不到 3%）关键词出现频次高，绝大多数（超过 97%）关键词出现频次低。随着出现频次的增加，关键词总频次的增长越来越缓慢。频次高于 34 次的 121 个关键词的频次之和即占到全体关键词频次的 20%。频次最高的 327 个关键词的频次之和占到总频次的 30%。只需 1642 个关键词（占总数的 7.90%）就能贡献所有关键词频次的 50%。外文关键词的强集中-离散性反映出主题内容的高度集中

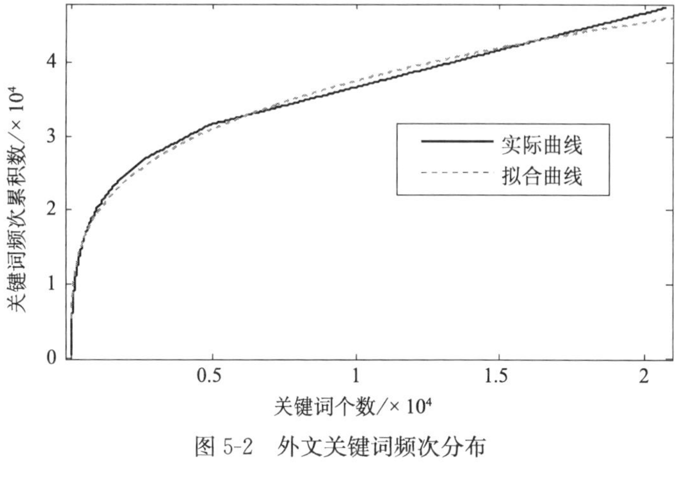

图 5-2　外文关键词频次分布

性，相当一部分文献在研究相同或相似的主题，这些主题也相应地成为领域内的热点问题。

频次高于50的64个关键词可视为国际图书情报学文献的高频关键词，反映国际图书情报研究的主要内容，部分如表5-1所示。

表5-1 国际图书情报学文献中的部分高频关键词（部分）

序号	关键词	关键词（译）	频次	序号	关键词	关键词（译）	频次
1	knowledge management	知识管理	390	6	bibliometrics	文献计量学	194
2	internet	因特网	384	7	academic library	学术图书馆	188
3	information retrieval	信息检索	321	8	world wide web	万维网	178
4	library	图书馆	252	9	e-government	电子政务	169
5	digital library	数字图书馆	245	10	innovation	创新	149

从表5-1可以看出，国际图书情报学的研究主题、内容范围广泛，主要涉及：①对图书馆及其信息服务研究，围绕图书馆（library）、数字图书馆（digital library）、学术图书馆（academic library）、大学图书馆（university library）、公共图书馆（public library）、馆际互借（interlending）、文献传递（document delivery）、开放获取（open access）等；②对方法的研究，如对文献计量学（bibliometrics）方法、引文分析（citation analysis）方法、案例分析（case study）方法、科学计量学（scientometrics）方法、社会网络分析（social network analysis）方法等的运用；③对技术的研究，主要是围绕与图书情报学相关的技术研究，如信息检索（information retrieval）、通信技术（communication technology）、信息技术（information technology）、搜索引擎（search engine）、数据库（database）、本体（ontology）、数字存储（digital storage）等；④对信息管理、知识管理的研究，这方面的主题有知识管理（knowledge management）、电子政务（e -government）、信息管理（information management）、文化（culture）等。值得注意的是，在国际图书情报研究中，不少是围绕计量学及其应用的研究，包括文献计量学、科学计量学、信息计量学等，如文献计量学（bibliometrics）、h指数（h-index）、合作（collaboration）、评价（evaluation）、科学计量学（scientometrics）、影响因子（impact factor）等。此外，对某一个国家的特定问题进行研究，或者以某一国家的案例作分析对象，如以中国、西班牙、印度、英国等的情况为例，或者主要分析这些国家的相关问题等，此类研究也较多。

为了了解国际图书情报学研究主题的发展变化，按年份统计各年关键词的出现频次，得到如图5-3所示的关键词频次变化情况。对比分析各年与往年相比的发展变化，可以看出，对于“因特网”（internet）、“信息”（information）、

“信息检索”（information retrieval）、“科学”（science）、“图书馆”（libraries）、“交流”（communication）、“影响”（impact）等的研究近几年在国际图书情报学研究中很受欢迎，是主要的研究领域；一些在以前出现频次较少的主题，如“知识管理”（knowledge management）、“文献计量学”（bibliometrics）、“人文关怀”（care）、“学术图书馆”（academic libraries）、“创新”（innovation）、“引文分析”（citation analysis），随着时间的推移，出现频次都呈现出显著的增长；也有一些主题在近几年受到的关注越来越少，如“信息检索”“数字图书馆”（digital libraries）、“万维网”（world wide web）等，反映出图书情报学的研究由重视技术渐渐转变为更为注重视角、方法、创新及管理。

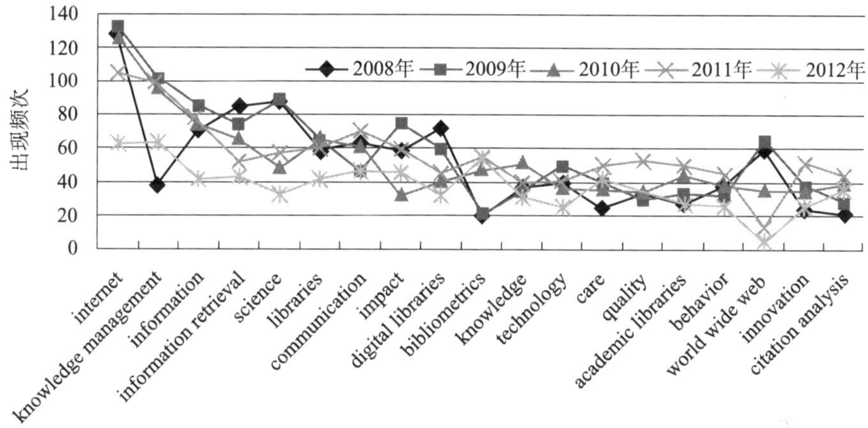

图 5-3 外文图书情报学高频关键词随年份的变化情况

从社会网络分析的视角看，关键词是共现网络中的节点，关键词间的共现则为节点间的联系。两两节点共现与否以及共现频次的不同，使得每个节点在网络中具有不同的地位。从上述关键词提取阶段提取到的 20 787 个关键词中，选取出现频次不小于 10 的关键词，统计两两关键词的共现频次。将单个关键词出现频次为 50 以上的 64 个高频关键词，根据共现次数为 10 次以上的关键词对绘制网络图。共有 1938 个关键词对满足条件，采用软件 Ucinet 和 Pajek 处理，最后得到国际图书情报文献的高频关键词共现网络，如图 5-4 所示。

利用 Ucinet 软件可以得到关键词共现网络中各个节点的中心性指标值，如表 5-2 所示。其中，关键词点度中心度是绝对度数中心度，即某个关键词与其他关键词共现次数之和。例如，“因特网”的绝对度数中心度为 898，表明它与其他 63 个高频关键词共同出现过 898 次。从各个关键词的点度中心度可以看出，“因特网”“信息”“知识管理”“创新”“交流”“信用”（trust）“信息检索”“图书馆”“万维网”等是近年国际图书情报学研究中的热点主题。

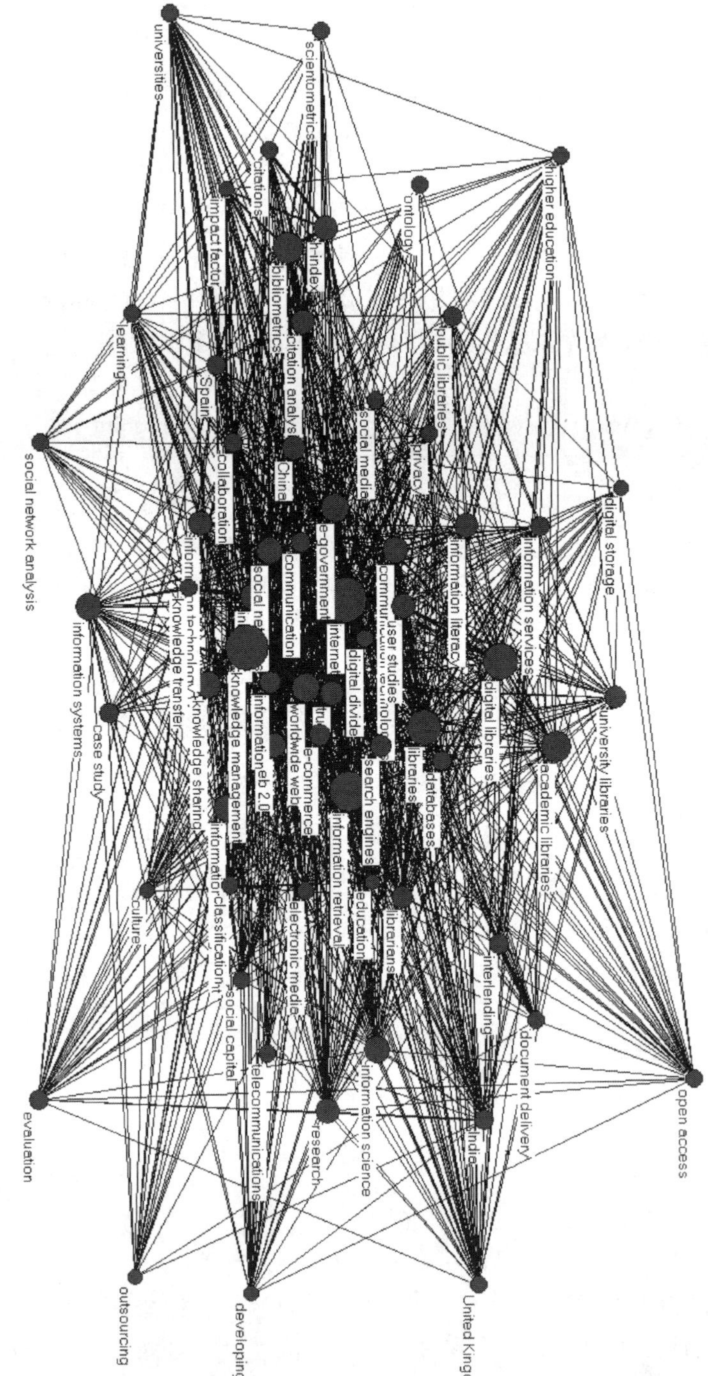

图5-4　外文图书情报研究文献的高频关键词共现网络（自动布局）

表 5-2　外文高频关键词的中心度数据（部分）

序号	关键词	点度中心度	中间中心度	接近中心度	序号	关键词	点度中心度	中间中心度	接近中心度
1	internet	898	50.702	68.000	6	trust	368	24.154	84.000
2	information	735	56.221	65.000	7	information retrieval	356	28.368	76.000
3	knowledge management	441	42.021	72.000	8	libraries	339	23.907	76.000
4	innovation	439	37.878	73.000	9	world wide web	277	16.767	79.000
5	communication	422	53.109	68.000	10	social networks	253	27.838	78.000

一个关键词的中间中心度可以衡量该关键词控制其他关键词共现的能力。从表 5-2 可以看出，“信息”“交流”“网络”“知识管理”“创新”“信息检索”“社会网络”等的“中介”性强，影响其他关键词共现与否的程度高。一个关键词的接近中心度衡量该关键词不受其他关键词的“控制”的能力。例如，“信息”“交流”“因特网”“知识管理”“创新”“信息检索”“图书馆”等与其他许多关键词都更为接近，可见这些关键词与其他关键词之间的联系很多。同一个关键词在三个中心性指标上的表现不尽相同。例如，“因特网”“信息”和“知识管理”等关键词在三个指标上的值都反映出它们的核心地位；“信用”的点度中心度高，但是中间中心性和接近中心度低；“图书馆”的点度中心度和接近中心度高，但是其中间中心度相对较低。这可能与同主题的研究在研究人员和研究成果中的集中-离散分布情况相关。

关键词共现网络图的绝对中心势衡量网络中节点的集中趋势。如果网络中点度中心度最高的节点（核心点）与其他节点的点度中心度差异很大，则称该网络图具有较大的中心势。图 5-4 的点度中心势为 11.85%，中间中心势为 2.21%，接近中心势为 53.15%。可见外文关键词共现网络的集中趋势比较弱，反映出国际图书情报研究主题比较分散，没有形成核心的研究主题①。

2. 中文关键词的词频分析和共现网络分析

采用与上述类似的方法，分析国内的图书情报研究的主题内容。统计各关键词在所有文献中关键词字段出现的频次，共得到 27 713 个不同的关键词。仅出现 1 次的关键词有 7437 个，占关键词总数的 26.84%；出现频次小于 5 的关键词共有 25 492 个，占所有关键词的 91.99%。可见绝大多数中文图书情报文献的个数为 1～4 个。出现频次高于 50 的关键词有 142 个，占关键词总数的 0.51%，这 142 个

① 魏瑞斌．社会网络分析在关键词网络分析中的实证研究［J］．情报杂志，2009，28（9）：46－49.

关键词可视为国内图书情报学文献的高频关键词，部分词如表5-3所示。

表5-3 中文图书情报学文献中的高频关键词（部分）

序号	关键词	出现频次	序号	关键词	出现频次	序号	关键词	出现频次
1	图书馆	2000	6	信息服务	452	11	情报学	259
2	高校图书馆	1009	7	图书馆学	330	12	图书馆服务	229
3	公共图书馆	776	8	竞争情报	318	13	知识共享	211
4	数字图书馆	598	9	本体	264	14	知识服务	203
5	知识管理	476	10	信息资源	260	15	web2.0	200

从表5-3可以看出，国内图书情报学研究的主题较为广泛，涵盖图书情报学及其相关学科的理论、方法、实践、应用的研究；但其中关于图书情报学理论研究的较少，关于方法和应用的较多。国内图书情报学的研究主要分为两大部分：图书馆学和情报学。可见在国内，图书馆学与情报学并未完全融合，而是相对独立的研究领域。

分年统计关键词的出现频次，从图5-5可以看出，国内图书情报研究主题随年份的变化不大。多数高频关键词在各年份的频次波动较小，少数关键词的频次呈现出比较明显的变化，如“知识共享”等主题不断增多，而“知识管理”“信息服务”“信息检索”等方面的研究则日益减少，反映出国内图书情报学研究越来越重视新方法、新技术，研究也逐渐深入。

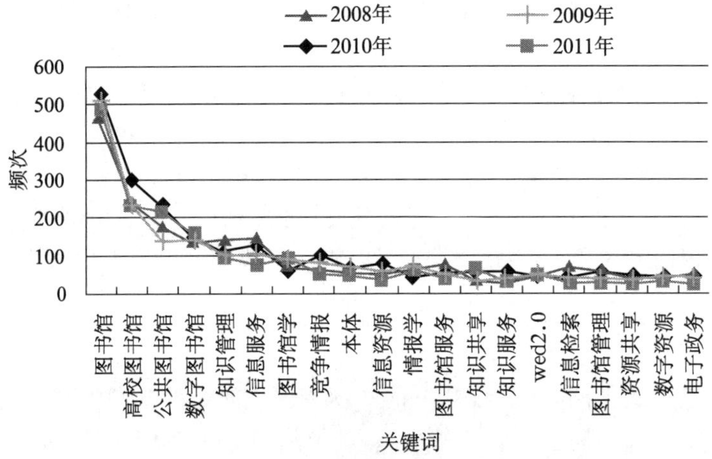

图5-5 中文图书情报学高频关键词随年份的变化情况

为了进一步了解国内图书情报学学研究的特点和热点，选取单个关键词出现频次为100以上的44个高频关键词，根据共现次数为10次以上的关键词对，采用软件Ucinet进行处理、Pajek进行绘图，最后得到中文图书情报研究文献的高频关键词共现网络，如图5-6所示。

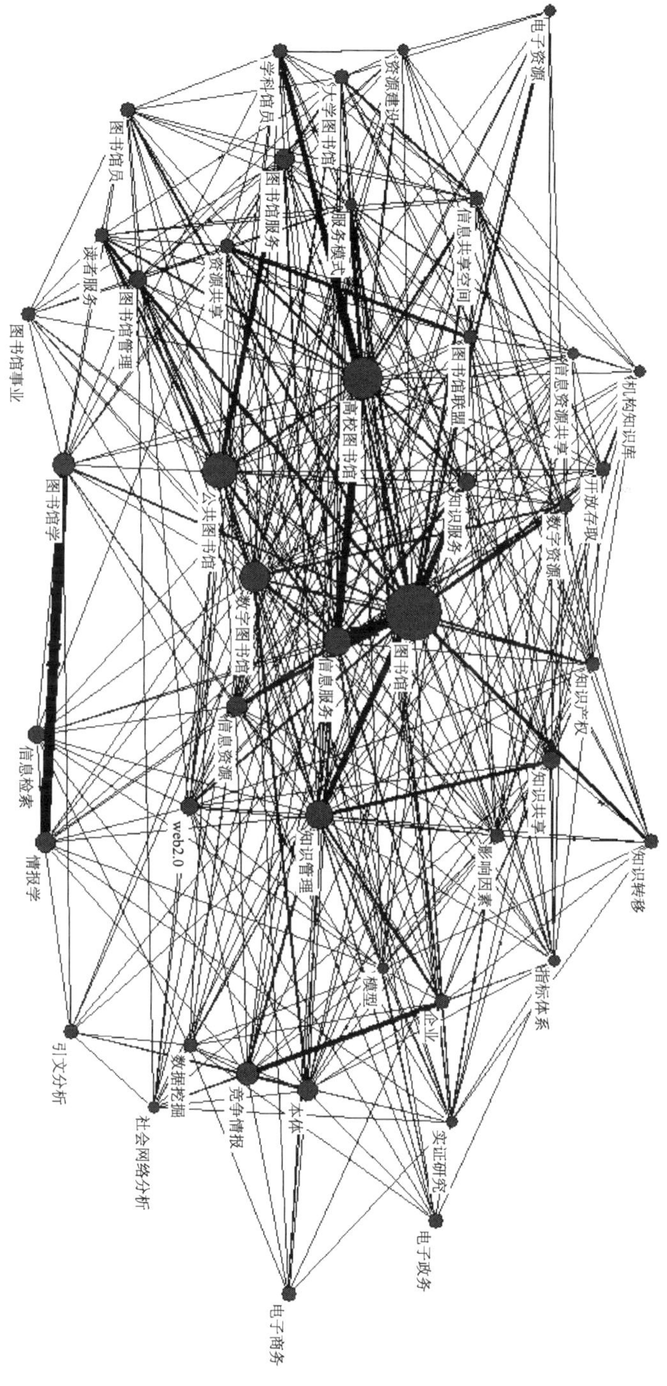

图5-6　中文图书情报研究文献的高频关键词共现网络（自动布局）

结合中文关键词词频分析和共现网络可以看出，国内图书情报学研究主题也较多，但是各主题之间相似度高。总体上，中文关键词的出现频次分布比外文关键词的出现频次分布更为集中，反映出国内图书情报学研究中，重复性研究较多，主题分散度（广度）不高。

利用 Ucinet 软件可以计算得出中文关键词共现网络中各个节点的中心性指标值。根据归一化的三个指标值，可以绘制出图 5-7。从各个高频关键词的中心性数据可以看出，一些主题在三个中心性指标上均呈现出它们的“核心”地位，如“图书馆”“高校图书馆”“信息服务”“数字图书馆”和“知识服务”等。与国际图书情报研究的关键词共现网络类似，同一高频关键词在不同指标上的表现不尽相同，如“图书馆学”“情报学”“学科馆员”“知识转移”和“读者服务”等关键词的点度中心度较高，但是中间中心度和接近中心度较低，反映出这些主题比较“独立”，范围更容易明确，依赖于其他主题的程度低。

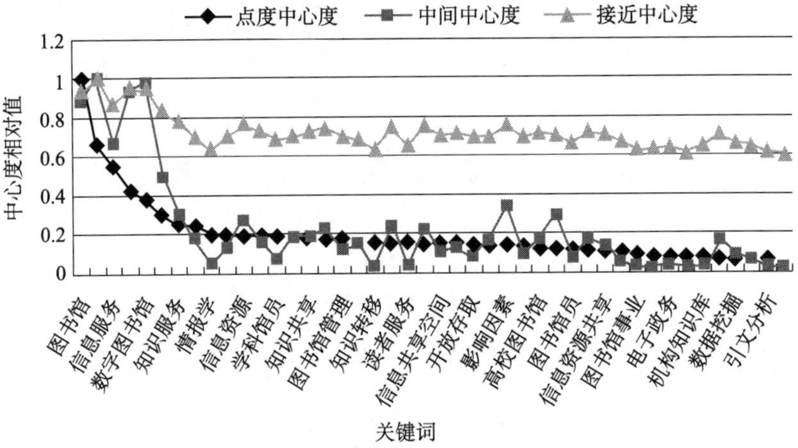

图 5-7　中文高频关键词在三个中心性指标上的表现

图 5-6 的点度中心势为 12.92%，中间中心势为 4.32%，接近中心势为 51.67%。中文关键词共现网络图的点度中心势和中间中心势均高于外文高频关键词共现网络图，接近中心势则低于外文高频关键词共现网络，反映出国内图书情报研究主题的集中趋势比国际的集中趋势更强。

比较国内外图书情报学文献的高频关键词和共现网络，可以看出，整体上，国内外图书情报学的研究主题非常类似，所涵盖的内容相差不多。例如，对图书馆及其服务、图书情报学相关的学科方法和技术、知识管理等，在国内与国际上的研究都较多。对于电子商务、知识共享、社会网络等的研究在国内外同样是热点主题。国内外图书情报研究的不同之处主要体现在研究的目标、广度、深度、侧重点等方面。国际图书情报的研究更注重图书情报学的本质，如对图书、情报、知识的管理及服务特性，且研究主题更为广泛；而国内图书情报学的研究并未突出对图书情报知识的管理和服务的研究，而侧重于对图书馆的相关工作、业务等的研究，且研究主题较为狭窄。

文献计量学（科学计量学）在国际图书情报研究中具有较高的重视程度，在表 5-3 中，“biliometrics”“h-index”“collaboration”“evaluation”“scientometrics”等多个高频关键词均属于文献计量学（科学计量学）的重要研究内容。一方面，由于国际领域内有 *Scientometrics*、*Informetrics* 等以计量学命名的期刊；另一方面，反映出国际领域内，文献计量学（科学计量学）的研究较深入成熟，得到了业界的普遍认同，而在国内则未有以计量学命名的专业期刊，在图书情报界也未有相同的地位。此外，对于信息素养、信用、用户研究、数字鸿沟等在国内并未有足够的重视。

5.2.3　基于关键词的文献聚类分析

为了能够对尽可能多的文献进行聚类，且使得同一类的文献主题内容相似度高，本节采用新的相似度测度方法和聚类方法。文献相似度采用 Jaccard 相似系数测度，这种测度基于文献主题内容的相似度。采用新的文献相似度测度方法形成的聚类中，文献之间的内容更为相关、相似，也不会因为未引用而漏掉相似文献。对于聚类方法，本节也采用新的聚类方法，即基于吸引传递算法的文献聚类，该方法优于以往的聚类方法，无需聚类前指定聚类数目，能够将大量文献聚成合适的类。

记第 i 篇文章 A_i 所含的关键词集合为 $S_i=\{K_{i,1},K_{i,2},\cdots,K_{i,n_i}\}$，$K_{i,1}$ 表示为第 i 篇中的第 1 个关键词。我们定义两文章 A_i 和 A_j 之间的相关度为

$$R_{i,j}=\frac{\#(S_i\cap S_j)}{\#(S_i\cup S_j)} \qquad \text{（式 5-1）}$$

其中，$\#(S_i\cap S_j)$ 表示集合 S_i 和集合 S_j 的交集中元素的个数，$\#(S_i\cup S_j)$ 表示集合 S_i 和集合 S_j 的并集中元素的个数。

采用吸引传递算法（affinity propagation algorithm）[①②] 对文献基于关键词相关度进行聚类。考虑到吸引传递算法需要提供节点（文献）间的相似性度量，我们直接定义节点（文献）间的相似性等于其相关度。将含有关键词的 13 174 篇英文文献和 20 364 篇中文文献作为聚类来源数据。首先，将所有英文文献按照期刊所属领域分为两组，即信息类（情报类）和图书馆类，将所有中文文献

---

① 刘军．整体网分析讲义：UCINET 软件使用指南［M］．上海：格致出版社，2009.

② Frey B J，Dueck D. Clustering by passing messages between data points［J］. Science，2007，315：972－976.

按照期刊所属领域分为三组，即情报类、图书情报类和图书馆类。然后，对每组数据分别进行聚类。外文的两组数据的聚类结果如图 5-8 所示，中文的三组数据的聚类结果如图 5-9 所示。

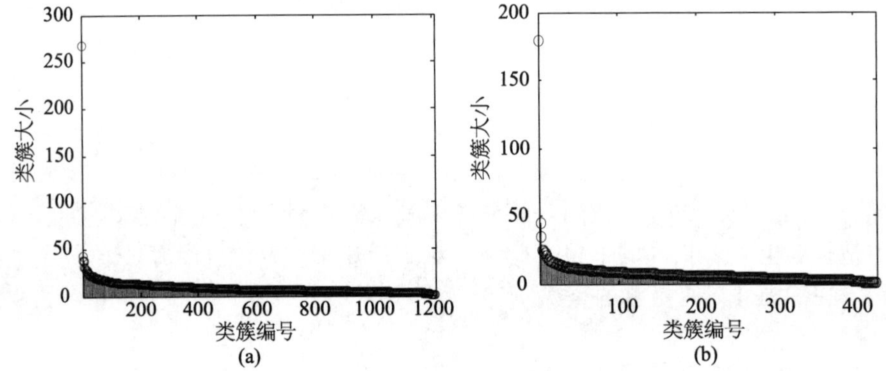

图 5-8　外文文献类的文献篇数分布

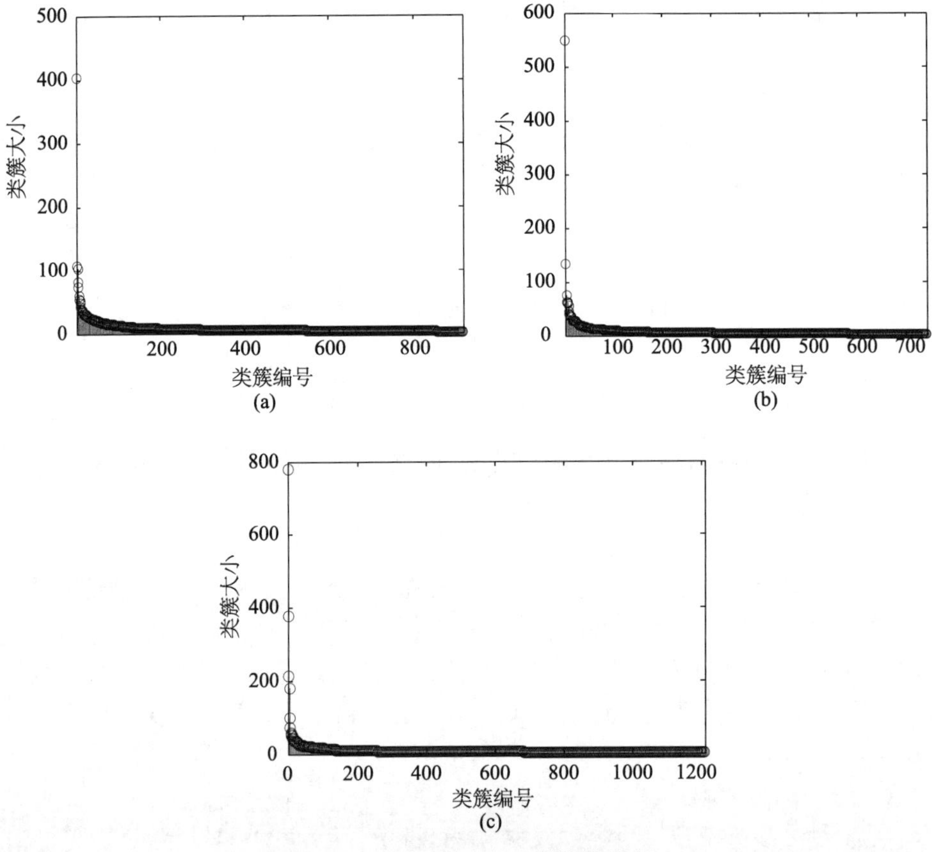

图 5-9　中文文献类的文献篇数分布

外文情报学文献被聚成 1209 类，平均每一类含有文献量 8.38 篇。从各类文献篇数的分布可以看出，类内的文献篇数分布较为均匀。除最大类包含文献篇数 267 篇外，其他类的文献篇数在 1～50 篇。外文图书馆类文献聚类得到 429 类，平均每一类含有文献量 7.26 篇。最大类包含文献篇数 179 篇，其他类的文献篇数在 1～50 篇。

中文情报学类文献聚类得到 913 类，平均每一类含有文献 6.71 篇。最大类包含文献篇数 403 篇，其他类的文献篇数在 1～200 篇。中文图书情报两栖类期刊文献聚为 743 类，平均每一类内含文献 6.68 篇，最大类包含文献篇数 550 篇，其他类的文献篇数在 1～200 篇。中文图书馆类文献聚为 1208 类，平均每一类 7.43 篇，最大类含文献 779 篇，其他类含 1～400 篇文献。

比较国内外的聚类可以得出：①外文文献的情报类期刊和文献数量比国内多，国外对于信息（情报）研究更为重视，国内研究则更偏重于图书馆领域。②外文文献类内文献含有的文献数低于中文文献，同主题下文献的类别数高于国内文献，反映出中文文献的研究主题更为集中，研究主题相对较少，国外研究的主题更丰富，文献之间的重复度更低。③外文文献的主题研究程度高于国内文献，国内研究大量集中于少数主题，使得对于其他主题的研究则相对较少，而国外的研究集中程度明显低于国内研究，对于各个主题的研究程度较为平均。

5.2.4　研究结论

国外图书情报研究起步早，经过多年的积累和成长，已经日益成熟。国外的图书情报学研究始终围绕图书、情报（信息）、知识的管理及服务特性，研究与此相关的视角、技术、方法、用户等相关问题；而国内图书情报起步相对较晚，侧重对图书馆（包括传统图书馆、数字图书馆等）业务、事业的研究，许多理论的提出，新的方法、工具的运用等多由国外学者首先提出，反映出我国的图书情报学研究存在模仿、重复国外研究主题的问题。国内外图书情报学研究在主题内容方面，共同关注图书馆及其服务、图书情报学相关的学科方法和技术、知识管理等内容。不同之处主要体现在：国际图书情报学的研究始终围绕着管理及服务特性，且研究主题广泛，对文献计量研究有较高的重视程度；国内图书馆学和情报学分离，研究对象较为狭窄，研究主题也较少。

无论是国际图书情报学还是国内图书情报学，学科的研究主题都随着时间的推移发生变化，如对图书馆的信息服务研究等在学科之初较为普遍，早期的图书情报学研究对象局限于文献信息，但是随着信息技术和网络的普及，以及学科本身的反思和进步，图书情报学的研究领域逐渐扩大，如今研究对象包含图书情报、信息、知识等，研究内容也越来越广泛。与此同时，对于根本的核心——管理、服务、用户，越来越重视。

5.3 基于作者文献耦合的国内外情报学内容结构

1963 年，美国麻省理工学院教授 Kessler 在对《物理评论》期刊进行引文分析研究时发现，越是学科、专业内容相近的论文，它们参考文献中相同文献的数量就越多。他把两篇（或多篇）论文同时引证一篇论文的论文称为耦合论文（coupled papers），并把这种关系称为文献耦合[①]。2008 年，Zhao 在文献耦合的基础上，提出作者文献耦合分析方法，并以此开展实证研究，获得了有意义的结论[②]。在国内，2010 年，陈远和王菲菲以 CSSCI 的数据为样本开展国内情报学的作者文献耦合分析[③]。马瑞敏则以图书情报学科为研究对象开展实证研究[④⑤]。国内外的相关研究已经表明，作者文献耦合分析方法同共被引方法一样，是一种探测学科的知识结构的科学方法。但目前国内还没有出现专门运用该方法探寻国外情报学科结构的实证研究。本节鉴于此点，拟进行国外情报学作者文献耦合分析，一方面探究目前国外情报学的研究状态；另一方面，通过与陈远和马瑞敏等[⑥⑦]的研究相对比，进一步明确国内外情报学的异同[⑧]。

5.3.1 样本数据与研究方法

1. 数据来源

本节的数据来源为 SCI&SSCI。分析 *Library and Information Science* 期

① Kessler M M. Bibliographic coupling between scientific papers [J]. American Documentation, 1963, (14): 10-25.

② Zhao D Z. Evolution of research activities and intellectual influences in information science 1996—2005: introducing author bibliographic -coupling analysis [J]. Journal of the American society for information science and technology, 2008, 59 (13): 2070-2086.

③ 陈远，王菲菲．基于 CSSCI 的国内情报学领域的作者文献耦合分析 [J]．情报资料工作，2011，(5)：5-12.

④ 马瑞敏．基于作者学术关系的科学交流研究 [D]．武汉大学博士学位论文，2009.

⑤ 马瑞敏，倪超群．作者耦合分析：一种新学科知识结构发现方法的探索性研究 [J]．中国图书馆学报，2012，198 (2)：4-11.

⑥ 陈远，王菲菲．基于 CSSCI 的国内情报学领域的作者文献耦合分析 [J]．情报资料工作，2011，(5)：5-12.

⑦ 马瑞敏．基于作者学术关系的科学交流研究 [D]．武汉大学博士学位论文，2009.

⑧ 宋艳辉，杨思洛．国外情报学研究的作者文献耦合分析——基于国内情报学的对比研究 [J]．情报科学，2015，待发表．

刊，排除偏向计算机、政府、法律、医学类的期刊，着重选取 7 种科技情报类期刊代表国外的情报学科，如表 5-4 所示。下载这 7 种期刊 2000～2010 年的题录数据，包含题名、作者、出版者、出版年、出版期刊、引文等，共获得 4866 篇文献（仅包含 article）。进行题录数据的清洗，主要是消除引文中数字对象标识符（digital object identifier，DOI）数据项对结果的影响，据统计约有11 000 条包含 DOI 的引文数据。

表 5-4　情报学代表期刊

序号	期刊中文名称	期刊英文缩写	论文量
1	美国信息科学与技术学会杂志	J AM SOC INF SCI TEC	1371
2	信息与管理	INFORM MANAGE-AMSTER	605
3	科学计量学	SCIENTOMETRICS	1169
4	信息技术杂志	J INF TECHNOL	225
5	信息处理与管理	INFORM PROCESS MANAG	683
6	情报科学杂志	J INF SCI	456
7	文献工作杂志	J DOC	357

2. 代表作者选取

统计获取的 4866 篇文献数据，有 3068 位作者在相关期刊上发文，发文量在 11 篇之上的作者如表 5-5 所示。Egghe 为发文最多的作者，共发表文章 64 篇。著名情报学家普莱斯曾经提出选取学科领域核心作者的计算思路，即核心作者发文数>0.749＊$\sqrt{M}$（M 为领域内发文最多学者的发文数，此处即为 64）。据此可以计算出情报学的核心作者的发文数需大于 5.992，统计发现共有 78 位作者发文在 6 篇之上。

表 5-5　高发文作者排名（载文量≥11）

序号	作者	发文数	序号	作者	发文数
1	Egghe L	64	12	Yu G	15
2	Thelwall M	43	13	Bornmann L	14
3	Leydesdorff L	38	14	Oppenheim C	14
4	Nicholas D	26	15	Hartley J	13
5	Bar-Ilan J	21	16	Braun T	12
6	Spink A	19	17	Vaughan L	12
7	Glanzel W	18	18	Kostoff R N	11
8	Burrell Q L	17	19	Rousseau R	11
9	Cronin B	17	20	Savolainen R	11
10	Jansen B J	17	21	Yang C C	11
11	Pinto M	16	22	Zhang J	11

3. 作者文献耦合分析

在对待作者之间耦合频次的问题上，相关研究已经表明，如果根据文献耦合的概念，通过计算两位作者所有文献的耦合频次，然后通过汇总获得二者之间的耦合频次会夸大作者的耦合关系，这也正是 Leydesdorff 等学者所提出的耦合方法之缺陷所在[①②]。因此，本节拟采取的作者之间的耦合计算思路是：将某个作者（只考虑第一作者）所有论文的参考文献作为一个集合，然后和另一个作者所有文献的参考文献进行比较，找出共同的参考文献次数，即为这两个作者之间的文献耦合次数。由于一篇文献在某个作者的参考文献中出现的次数不止一次，比如 A 作者中出现 N 次，同时在 B 作者的参考文献中出现 M 次，则这篇文献要赋以权值，具体为 Min（N，M）。作者的总耦合频次为，依次计算某作者与其他作者之间的耦合频次，然会计算汇总即可得到该作者的总耦合频次。作者的平均耦合频次为，作者的总耦合频次除以作者总数减去 1。作者与作者自身的耦合频次为，作者与其他作者之间的耦合频次的最大值加上 1，以增加自身之间的亲密关系。

5.3.2 作者耦合频次分析

统计国外情报学的 78 位作者之间的耦合频次，如表 5-6 所示。可以发现，国外平均耦合频次排名前 3 位的作者依次是 Leydesdorff、Thelwall、Egghe，他们同时也是发文前 3 位的作者；国内发文排名第 1 位、第 2 位的邱均平、王知津平均耦合频次排名依次是第 3 位、第 2 位[③]。由此看来，作者发文多少与作者的耦合有一定关系。对 78 位作者的发文排名与耦合频次排名进行相关分析也进一步表明其相关关系，数据显示，Sig. =0. 00，相关度=0. 509，呈现一种弱相关性。

表 5-6 同时显示了平均耦合频次前 30 位的国内作者的分布情况[③]。进行国内外的耦合对比分析，各指标反映出国内情报学的作者耦合情况与国外的作者有很大的差距。同样是对于情报学的核心作者群，陈远等计算出国内情报学核心作者的耦合强度最大的 3 对作者为邱均平-文庭孝、肖勇-梁战平、肖勇-王知津，其耦合强度分别为 37、20、12。而我们计算所得国外情报学核心作者耦合强度最高的 3 对作者分别是 Vaughan-Thelwall、Thelwall-Bar-Ilan、Kousha-

---

① Leydesdorff L. BibCoupl. EXE for visualization of the bibliographic coupling among authors using a WoS set [CP/OL]. [2015-6-6]. http://www.leydesdorff.net/software.htm.

② 肖明，李国俊. 国内竞争情报可视化研究：以引文耦合和关键词分析为方法 [J]. 情报理论与实践，2011，34 (1)：100-105.

③ 陈远，王菲菲. 基于 CSSCI 的国内情报学领域的作者文献耦合分析 [J]. 情报资料工作，2011，(5)：5-12.

Thelwall，其耦合强度分别为166、112、101，是国内作者的数倍。高耦合强度体现的是某作者与跟他有相似研究情况的作者的一种亲密关系，而平均耦合强度可以更好地表现作者在领域内的相对研究活力。观察表5-6中的平均耦合频次指标值，国外作者的平均耦合频次仍然比国内作者表现得更为理想。国内核心作者的平均耦合频次均在1.0之下，排名第1的肖勇的平均耦合频次为0.866 7。国外核心作者的平均耦合频次基本都是在1.0之上，78位作者中仅有17位作者在1.0之下，78%的作者平均耦合频次大于1.0。平均耦合频次可以表现出作者的研究活跃度，作者的平均耦合频次高，就说明该作者就越容易跟其他作者建立同引用关系，与其他作者的联系就越紧密，其研究之间就越具有相关性。这就是说，相对于国外的情报学，国内情报学作者的研究过于分散、独立，与其他学者的联系过于松散。如果所有的作者都呈现这种情况，就会反映出整个情报学缺少一定的系统性与联系性。关于这一点，我们可以从宏观的角度对作者之间的耦合关系进一步分析。理论上讲，国外情报学的78位作者可以建立3003个耦合关系对。实际情况是，只有发生了同引用行为，才真正建立了耦合关系。据统计，3003个耦合关系对中，有1411对发生了同引用关系，占47%。而陈远统计的国内情报学的102位作者所组成的5151个耦合关系对中，真正建立耦合关系的仅为1340，仅占16%。而统计国内情报学的具有耦合关系的作者一般集中在1～2次，耦合频次≥10的只有5对，占0.1%。国外情报学耦合频次≥10的作者有280对，占19.8%。这些数据进一步表明，相对于国内的情报学，国外情报学的研究关系更加紧密，连通性更强，整体性与集中性更加明显①。

表5-6　国内外情报学作者耦合频次分布及比较（前30位）

排序	国外作者	发文排序	发文数	最大耦合频次	平均耦合频次	国内作者	发文数	平均耦合频次
1	Leydesdorff L	3	38	74	15.013	肖勇	21	0.866 7
2	Thelwall M	2	43	166	14.623 4	王知津	68	0.8
3	Egghe L	1	64	92	12.389 6	邱均平	68	0.738 9
4	Bar-Ilan J	5	21	112	10.753 2	文庭孝	21	0.672 2
5	Jansen B J	10	17	67	8.948 1	包昌火	13	0.455 6
6	Vaughan L	17	12	166	7.961	马费成	21	0.427 8
7	Cronin B	9	17	42	7.168 8	赵蓉英	15	0.405 6
8	Meho L I	64	6	42	6.558 4	彭靖里	35	0.383 3
9	Guan J C	29	9	52	6.415 6	梁战平	10	0.344 4
10	White H D	27	10	34	6.233 8	吴晓伟	19	0.333 3
11	Glanzel W	7	18	44	6.168 8	韩毅	21	0.283 3

① 陈远，王菲菲．基于CSSCI的国内情报学领域的作者文献耦合分析［J］．情报资料工作，2011，(5)：5－12.

续表

排序	国外作者	发文排序	发文数	最大耦合频次	平均耦合频次	国内作者	发文数	平均耦合频次
12	Spink A	6	19	67	6.103 9	李国秋	12	0.283 3
13	Rousseau R	19	11	39	5.870 1	王宏鑫	9	0.266 7
14	Zhao D Z	51	7	46	5.610 4	周九常	24	0.261 1
15	Kousha K	60	6	101	5.571 4	李伟超	6	0.261 1
16	Bornmann L	13	14	42	5.428 6	张洋	10	0.255 6
17	Ding Y	28	9	30	5.415 6	黄晓斌	23	0.25
18	Chen C M	35	8	59	5.181 8	王曰芬	26	0.244 4
19	Ortega J L	25	10	86	4.909 1	王琳	7	0.222 2
20	Zitt M	78	6	44	4.506 5	马海群	21	0.211 1
21	Savolainen R	20	11	43	4.285 7	刘春茂	13	0.211 1
22	Xu Y J	50	7	43	4.272 7	查先进	12	0.211 1
23	Cole C	36	8	39	4.207 8	沙勇忠	15	0.205 6
24	Frandsen T F	37	8	24	4.013	夏立新	22	0.194 4
25	Burrell Q L	8	17	35	3.922 1	秦铁辉	18	0.194 4
26	Vinkler P	49	7	28	3.870 1	王芳	6	0.194 4
27	Wolfram D	75	6	48	3.805 2	姜春林	20	0.183 3
28	Ford N	24	10	37	3.480 5	化柏林	16	0.183 3
29	Pinto M	11	16	24	3.311 7	陈文勇	7	0.183 3
30	van Raan AFJ	26	10	18	3.233 8	刘冰	12	0.172 2

5.3.3 作者耦合整体网分析

根据作者的耦合关系，构建78位核心作者的文献耦合矩阵。矩阵的对角线为作者与作者自身的耦合频次，我们取耦合频次的最大值加上1的做法。同大多数作者同被引分析一样，为消除矩阵因作者同引证次数差异或突兀所带来的影响，以充分揭示作者间的相似程度，原始矩阵一般需要转化为相似矩阵。转化后的相似矩阵即可进行多元统计分析①②。首先，将原始耦合矩阵导入Ucinet进行社会网络分析，并以可视化的形式予以展示，如图5-10所示。图中每个圆点代表1位作者，圆点的大小代表其在网络中的中间中心度，在一个作者耦合关系网络中，中间中心度可以在一定程度上反映同引证的频次。一般说来，与尽可能多的作者发生同引证关系，该作者就会具有较高的中间中心性。点与点之间连线的长短可以反映作者之间的亲密关系，连线的粗细反映作者之间发生同引用的次数。圆点的颜色是进行社会网络K-cores分析的结果。可以发现，网

① 宋艳辉，邱均平．作者共被引视角下的我国竞争情报研究［J］．情报资料工作，2011，(5)：17－20.

② 朱红艳，宋艳辉．社会网络分析视角下的我国竞争情报研究进展分析［J］．现代情报，2010，(10)：10－15.

络中有 2 个研究团体是特别明显的，红色团体与蓝色团体。红色团体是 $K=28$ 的作者，团体中的每一位作者分别跟 28 位其他作者建立了同引用关系，这些作者簇拥在一起，处于网络的中心位置，可以说是国外情报学研究中最具活力的作者，包含 Thelwall、Leydesdorff、Cronin、White、Meho 等。蓝色团队是 $K=25$ 的作者，也有为数不少的作者，他们占据了网络中一定的位置，活跃于国外情报学研究中，是一支不可忽略的力量，包含 Cole、Pinto、Xu 等。同时，网络中出现了 1 名 $K=0$ 的作者 James，他没有跟其他任何作者建立同引证关系。

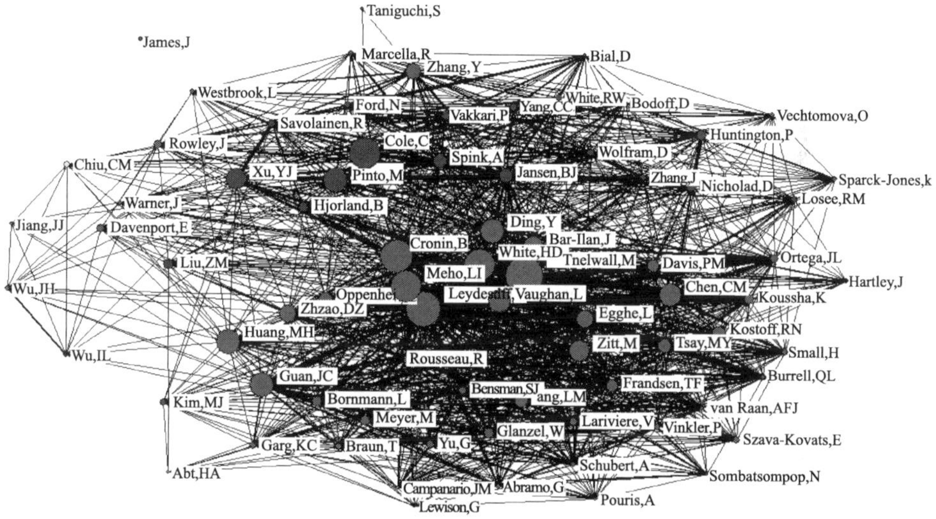

图 5-10　国外情报学作者文献耦合关系网

网络中节点的大小近似地表达了作者的中间中心性的大小，中间中心性、点度中心性、接近中心性的计算结果如表 5-7 所示。可以发现，中间中心性前 5 位的作者 Thelwall、Leydesdorff、Cronin、White、Meho 同时也是接近中心性的前 5 位，其中，Thelwall、Leydesdorff 又分列点度中心性的第 1 位、第 2 位。这几位作者应该说是国外情报学的关键性作者，他们或是与其他众多作者建立了同引证关系，或是处在其他节点之间的关键路径上，从而存在对于他人联系的重要性。尤其是 Thelwall，无论是中间中心性还是点度中心性、接近中心性都居于第 1 位，可以说是情报学研究最为重要的作者之一。为探明中间中心性、点度中心性、接近中心性之间的关系，我们对这三者进行相关分析。中间中心性与点度中心性、中间中心性与接近中心性、点度中心性与接近中心性这 3 对相关系数分别是 0.385、0.269、0.442，Sig. 值分别是 0.001、0.017、0.000。虽然显著性水平以及相关系数略有差异，但它们确实存在着一定的相关性。进行国内外对比研究，国内情报学的所呈现的 3 组数据分别为 0.870 1、0.801 8、0.842 7，显著性水平均小于

0.01。而对各中心性与作者发文数、耦合频次进行相关性分析，结果同样如此。我们分析，产生这样的结果跟作者的研究活跃度有关系，国外作者的研究活跃度较高往往就会导致他们的研究稳定性变弱，一些高产的作者不一定建立很高的耦合频次关系，而一些相对低产的作者却有可能在网络中占有较高的中心性。国内的作者研究活跃度的相对偏低反而致使他们的稳定性较强，他们的耦合频次、中心度往往跟他们的发文有着直接的密切关系。

网络密度定义为某一网络中所存在的“实际关系数”与“理论上可能存在的最大关系数”之比，计算公式为 $2L/n\ (n-1)$（L 为网络中的连线数，n 为网络中的节点数）。从理论上讲，1个完美的网络可以产生 $n(n-1)\ /2$ 条连线，该网络的密度就是1。反之，1个高度不连通的网络 L 值会趋于0，此时网络密度为0。因此，通常情况下，网络密度大于0小于1。密度越接近1，就越表示网络接近完美性。我们计算图5-10的网络的密度为0.946 6，这表示国外情报学的作者联系已经比较紧密，他们通过文献所进行的交流与沟通比较频繁，自发与孤立的研究者很少。这比国内情报学的研究状况要好很多，陈远和王菲菲①计算的国内的情报学的核心作者网络密度仅为0.260 1，网络极为松散，高度不连通，大量作者之间没有建立耦合关系，这也说明国内情报学的作者的研究活力要比国外弱很多，国内情报学的研究结构还处于一种松散、稀疏状态，远没有国外情报学的紧致、细密。

表5-7　国外情报学作者的中心性分布

排序	作者	中间中心性	排序	作者	点度中心性	排序	作者	接近中心性
2	Thelwall M	2.82	2	Thelwall M	9.101	2	Thelwall M	47.531
3	Leydesdorff L	2.542	3	Leydesdorff L	6.188	9	Cronin B	46.667
9	Cronin B	2.329	4	Nicholas D	5.735	3	Leydesdorff L	46.386
27	White H D	2.325	6	Spink A	5.247	27	White H D	46.386
64	Meho L I	2.294	10	Jansen B J	4.618	64	Meho L I	46.386
36	Cole C	2.213	15	Hartley J	4.276	28	Ding Y	45.294
11	Pinto M	1.758	5	Bar-Ilan J	3.919	5	Bar-Ilan J	44.509
58	Huang M H	1.747	27	White H D	3.762	17	Vaughan L	44.509
29	Guan J C	1.714	16	Braun T	3.558	1	Egghe L	44
28	Ding Y	1.665	32	Lewison G	3.508	78	Zitt M	43.503
17	Vaughan L	1.515	11	Pinto M	3.447	14	Oppenheim C	42.778
35	Chen C M	1.515	34	Zhang Y	3.382	35	Chen C M	42.778
50	Xu Y J	1.392	19	Rousseau R	3.347	51	Zhao D Z	42.541
78	Zitt M	1.343	14	Oppenheim C	3.324	10	Jansen B J	42.308
5	Bar-Ilan J	1.312	8	Burrell Q L	3.09	42	Davis P M	42.077
1	Egghe L	1.149	7	Glanzel W	2.933	37	Frandsen T F	42.077
51	Zhao D Z	1.095	20	Savolainen R	2.883	33	Tsay M Y	42.077

① 陈远，王菲菲．基于CSSCI的国内情报学领域的作者文献耦合分析［J］．情报资料工作，2011，(5)：5-12.

5.3.4　作者耦合关系因子分析

将相关矩阵导入 SPSS 进行因子分析，选择主成分（principal components）提取算法，进行直接斜交（direct oblimin）转轴，共提取到 9 个主成分。结果显示，我们的数据适合因子分析，拟合结果比较理想，9 个因子解释了 93.184%的总方差，81%的公因子方差在 0.9 之上。该数据的拟合结果要比国内情报学理想很多，国内情报学同样以主成分提取了 9 个因子，但仅解释了 80.029 3%的总方差①。

根据高载荷作者及他们之间的耦合，来确定因子标签，即为情报学的研究主题。同时，选取各研究主题的代表作者，将载荷值大于 0.3 的作者选取出来作为各主题的代表作者，将结果导入 Netdraw 进行可视化展示，结果如图 5-11 所示。图 5-11 中，圆形节点代表情报学研究主题，方形节点代表作者；节点的大小表示图中节点的中间中心性的大小；方形节点与圆形节点的连线表示，作者为该研究主题的代表性作者；连线的粗细则反映了作者在相关研究主题上载荷值的大小，这也即是说，作者的连线越粗越能彰显作者在研究主题上的代表性②。

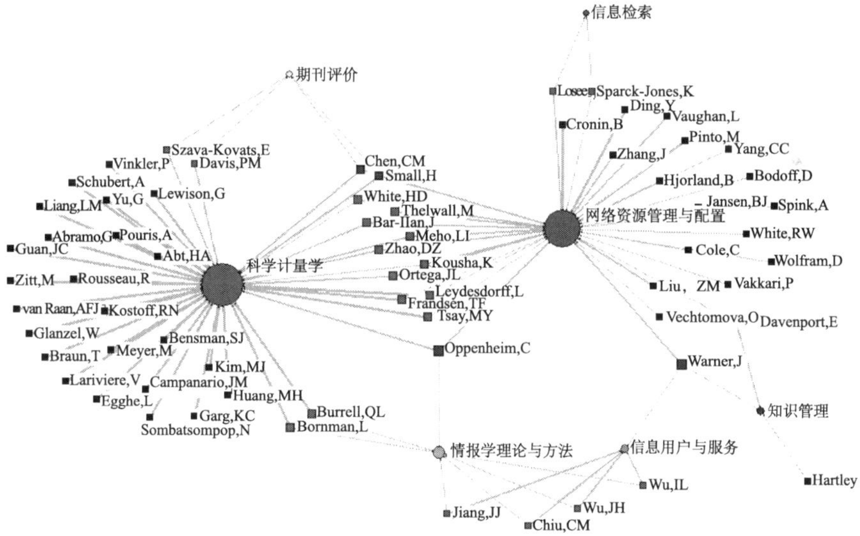

图 5-11　作者耦合关系因子分析网络图

图 5-11 显示了 7 个研究主题，另外 2 个因子因为没有明显对应的载荷作者而未在图谱中显示。情报学研究主题的分布以及主要代表作者如表 5-8 所示。对

① 陈远，王菲菲．基于 CSSCI 的国内情报学领域的作者文献耦合分析［J］．情报资料工作，2011，(5)：5－12.

② 宋艳辉，武夷山．基于作者文献耦合分析的情报学知识结构研究［J］．图书情报工作，2014，(1)：117－123.

作者耦合关系数据进行因子分析，研究相同或者类似的作者就会被归类在一起，共同组成一个因子，从而形成一个研究主题。对各因子中主要载荷作者的高耦合论文进行分析，可以发现相应研究团体的共同主题领域，进一步可确定因子标签。以此方法我们确定了国外情报学的9个研究主题，并与国内情报学的研究主题进行比较，如表5-8所示。通过比较可以发现，国外情报学研究最为繁荣的领域是“科学计量学”，而国内则是“情报学理论与方法”“信息分析与服务”，“科学计量学”的研究在国内居于第3位，也是一个研究的热点主题。在国外情报学研究中，有两个因子由于缺乏具有代表性的高载荷作者，其研究主题难以确定，以未查明替代。在国外情报学中典型的研究主题“期刊评价”，在国内的情报学研究中并不明显；国内情报学的热点主题“竞争情报与信息咨询”在国外的研究中也未明显地探寻到。

表5-8 国内外情报学研究主题分布及其比较

国内研究主题①	载荷作者	主要代表作者	国外研究主题	载荷作者	主要代表作者
情报学理论与方法	35	肖勇、梁战平、王芳、李伟超、王金夫、叶继元	科学计量学	42	Zitt M、van Raan A F J、Glanzel W、Braun T
信息分析与信息服务	35	韩毅、刘春茂、陈文勇、王知津、周九常、马费成	网络资源管理与配置	33	Ding Y、Cronin B、Bar-Ilan J
文献计量与科学计量	28	文庭孝、邱均平、张洋、赵蓉英、王宏鑫、庞景安	情报学理论与方法	7	Bornmann L、Jiang J J、Burrell Q L
竞争情报与信息咨询	23	吴晓伟、包昌火、秦铁辉、彭靖里	期刊评价	6	Davis P M、Szava-Kovats E
网络信息资源组织与整合	18	马文峰、杨建林、黄如花、曹锦丹	信息用户与服务	5	Jiang J J、Wu J H、Wu I L
信息资源管理与配置	17	朱庆华、夏立新、焦玉英、贾君枝、毕强	知识管理	3	Davenport E、Warner J
图书分类与情报检索	11	白华、金燕	信息检索	2	Losee R M、Sparck-Jones K
知识管理与科技创新	10	储节旺、冷伏海、徐仕敏	未查明	0	
信息检索与可视化技术	9	周宁、张学福、张会平、赵丹群	未查明	0	

为更充分地对比国内外情报学研究主题之有无，我们引入马瑞敏博士的研究结论②。马瑞敏曾经以CSCCI1998～2007年的数据为样本，同样运用作者文献耦合方法探寻10年间的国内情报学的学科结构，但他并没有研究得出研究主

① 陈远，王菲菲．基于CSSCI的国内情报学领域的作者文献耦合分析［J］．情报资料工作，2011，(5)：5-12.

② 马瑞敏．基于作者学术关系的科学交流研究［D］．武汉大学博士学位论文，2009.

题的规模。这三者的比较如图 5-12 所示。我们认为，无论是在国内还是国外，在 1998～2007 年和 2000～2010 年时间段都出现过的研究主题领域值得我们密切关注，这样的主题具有一定的广泛性和连续性，在未来一段时间内很有可能会持续受到关注，这样的主题有“科学计量学”“网络资源管理与配置”“情报学理论与方法”“知识管理”及“信息检索”。在国外情报学研究中出现过，而在国内没有探寻到的研究主题，也同样值得我们关注，尤其是值得国内学者的重视，如图 5-12 中的“期刊评价”。因为这样的研究主题一般代表着前沿领域，国内的情报学向来就有着借鉴国外的相关研究的传统，很多方面的研究都是首先在国外展开，然后才在国内蔓延开来，并逐步发展成一个研究热点。有一点我们可以注意到，在国内 2000～2010 年与 1998～2007 年这两个时间段都探测到的，也是我们情报学研究者有着普遍共识的研究领域“竞争情报”，在国外的情报学研究中却没有明显的探索发现。这可能说明，“竞争情报”的研究在国外已经出现了弱化的趋势，或者说其他研究领域正在逐渐凸显出来，“竞争情报”的研究已经没有以前突出了。

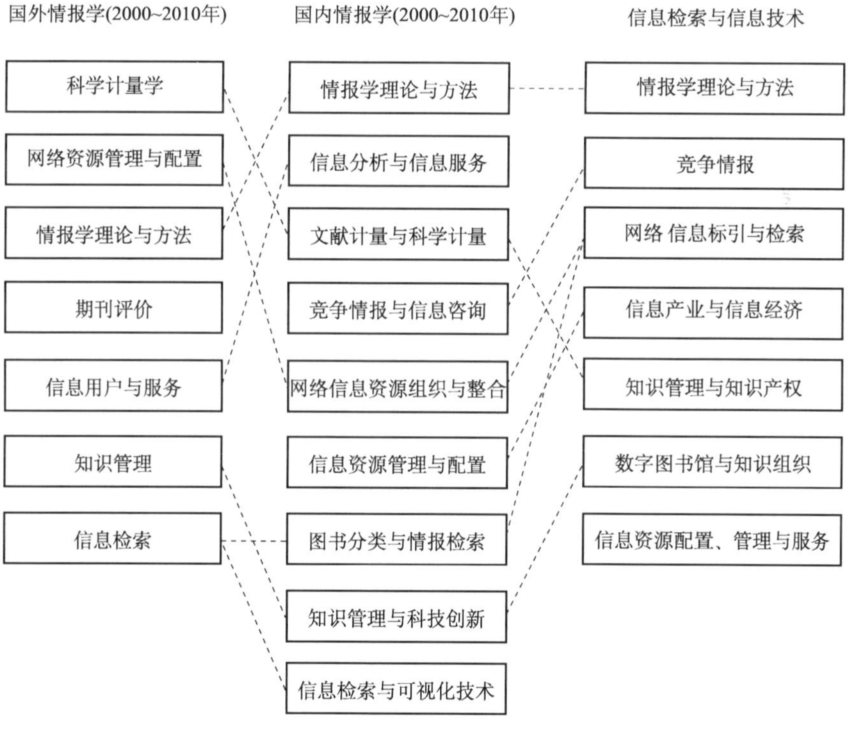

图 5-12　国内外情报学研究主题比较[①②]

① 陈远，王菲菲．基于 CSSCI 的国内情报学领域的作者文献耦合分析［J］．情报资料工作，2011，(5)：5－12.

② 马瑞敏．基于作者学术关系的科学交流研究［D］．武汉大学博士学位论文，2009.

5.3.5 研究结论

本节选取国外科技情报学的 7 种期刊，获取 2000～2010 年间的 article 类型文献的题录数据，从作者文献耦合的角度分析国外情报学的研究情况，并与国内情报学的研究结果进行比较研究。主要的研究结论有以下三点。

(1) 作者的发文数与作者的耦合关系的建立是有一定关系的，它们之间呈现一种弱相关性。Thelwall、Leydesdorff、Cronin、White、Meho 是国外情报学研究中几位重要的作者，普遍具有较高的中心性。国外情报学作者的研究活力明显高于国内情报学，更容易与其他作者建立亲密关系；相对于国外的情报学，国内情报学作者的研究过于分散、独立，与其他学者的联系过于松散。

(2)“科学计量学”“网络资源管理与配置”“情报学理论与方法”“知识管理”“信息检索”是国内外情报学中普遍存在的研究主题；“期刊评价”是国外情报学一个较为明显的研究主题，而“竞争情报”则主要是国内的研究主题。

(3) 相对于国内的情报学，国外情报学的研究关系更加紧密，连通性更强，整体性与集中性更加明显。通过网络密度分析也发现，国外情报学的网络密度要比国内高很多。网络密度反映了网络中各个节点之间联络的紧密程度，联络密切的网络会促进信息的交流和科研的合作；反之，过于稀疏的网络则会阻碍科学研究的发展。因此，目前国内情报学的发展跟国外情报学研究存在差距，仍然需要很长的不断完善的过程。

5.4 基于作者互引分析的国内外情报学科结构

引文分析作为计量学领域中的成熟的关键性研究方法，被广泛应用于科学结构发现、科研评价及科学发展趋势探测之中，尤其在科学知识图谱的辅助下，其应用广度和深度都被进一步扩大。而实际上，引文分析与知识可视化两个研究领域的发展也是密不可分的，在研究应用中互为补充、相得益彰。例如，在当前的研究中，利用知识图谱进行学科结构、热点、演化与趋势等方面的研究主要源于引文分析可视化，而知识图谱的应用也是引文分析过程中所必不可少的。

对作者的引用行为进行研究进而发现学术共同体和科学知识结构是引文分析的重要内容，主要涉及作者共被引、耦合、互引三个方面的分析研究。作者共被引分析作为主流方法，已形成了标准的作者共被引分析（ACA）或德瑞克赛模式[①]，其中，聚类图和多维尺度分析的应用便是最广泛的共引分析可视化表现。后来，随着可视化技术的发展，又有了更多可视化图谱在共引分析中的应用，同时对结果的分析也有很大帮助。例如，1981 年以后，White、McCain 和 Griffith 等通过作者共引分析，多次描绘情报学的学科结构[②-④]；最近 Klavans 和 Boyack 又通过文献共引分析比较了情报学的全域与局部知识图谱[⑤]。在基于文献耦合的研究中，Zhao 和 Strotmann 使用文献耦合分析了近期情报学领域的知识结构[⑥]；Ma 综合利用共引分析和耦合分析对国内图书情报学的学科结构进行了可视化分析[⑦]；邱均平和王菲菲也曾比较运用这两种方法对国内情报学领域内学者的研究活力和影响力进行解释[⑧]。直引-互引分析的研究也曾引起过研究人员的注意[⑨]，但是由于数据可获得性等原因而被忽视[⑩]，直到最近才被大家所逐渐重视[⑪⑫]。例如，邱均平和王菲菲也曾利用这一分析方法对于科学计量学领域的作者知识交流、学科结构情况进行了探测[⑬]。国外多集中于利用期刊互引来

---

① Mccain K W. Mapping authors in intellectual space：a technical overview [J] . Journal of the American Society for Information Science，1990，41 (1)：433 - 443.

② White H D，Griffith B. Author cocitation：a literature mesaure of intellectual structures [J] . Journal of the American Society for Information Science，1981，32 (3)：163 - 171

③ White H D，Mccain K W. Visualizing a discipline：an author co-citation analysis of information science，1972 - 1995 [J] . Journal of the American Society for Information Science，1998，49 (4)：327 - 355.

④ White H D. Pathfinder networks and author co-citation analysis：a re-mapping of paradigmatic information scientists [J] . Journal of the American Society for Information Science and Technology，2003，54 (5)：423 - 434.

⑤ Klavans R，Boyack K. Using global mapping to create more accurate document-level maps of research fields [J] . Journal of the American Society for Information Science and Technology，2011，62 (1)：1 - 18.

⑥ Zhao D Z，Strotmann A. Evolution of research activities and intellectual influences in information science 1996—2005：introducing author bibliographic-coupling analysis [J] . Journal of the American Society for Information Science and Technology，2008，59 (13)：2070 - 2086.

⑦ Ma R M. Author bibliographic coupling analysis：a test based on a Chinese academic database [J] . Journal of Informetrics，2012，6 (4)：532 - 542.

⑧ 邱均平，王菲菲 . 基于引证关系的国内情报学领域作者研究活力与影响力分析 [J] . 图书馆论坛，2012，31 (6)：51 - 61.

⑨ Shibata N，Kajikawa Y，Takeda Y，et al. Detecting emerging research fronts based on topological measures in citation networks of scientific publications [J] . Technovation，2008，28 (11)：758 - 775.

⑩ Boyack K W，Klavans R. Co-citation analysis，bibliographic coupling，and direct citation：which citation approach represents the research front most accurately? [J] . Journal of the American Society for Information Science and Technology，2010，61 (12)，2389 - 2404.

⑪ 孙海生，张曙光 . 情报学核心作者互引网络分析 [J] . 情报杂志，2011，30 (3)：78 - 83.

⑫ 张勤，马费成 . 国内知识管理领域知识交流结构研究——基于核心作者互引网络的分析 [J] . 情报学报，2012，31 (9)：925 - 933.

⑬ 邱均平，王菲菲 . 基于作者互引分析的科学结构研究探析——以科学计量学为例 . [J] 科学学研究，2012，30 (6)：829 - 840.

进行知识交流、主题分类，以及期刊评价的相关研究①②；国内对应的也有一批针对于利用期刊互引网络来揭示期刊的学术影响力③，以及期刊主题演化与领域划分④⑤等问题的研究成果。在以作者为特定分析单元的作者互引研究中，国外研究还相对较少，国内学者所开展的作者互引研究主要体现在利用中国引文数据库（CCD）数据源构建特定主题下的核心作者互引网络，继而对这种作者互引关系下的社会网络进行网络整体特征分析、节点密度与中心性分析，以及群体派系分析等⑥-⑧。然而，上述研究对作者互引分析基础上的学者知识交流特点以及科学结构揭示等问题的研究还不够深入，鉴于此，笔者曾利用国外 WoS 数据库，分别从高产作者群、高被引作者群及核心作者群出发，对特定领域内高活跃作者、高影响力作者和综合性核心作者之间不同的知识流动情况，以及学科结构主题分类与发展演化情况等进行了一定的揭示⑨⑩。本节试图利用的作者互引可视化分析对国内外情报学领域的学科结构情况进行深入、全面的剖析，并与已有相似方法进行对比分析。

5.4.1 研究方法与数据来源

1. 研究方法与工具

本节拟采用文献计量、引文网络分析、因子分析、内容分析等多种方法相结合的策略对情报学领域的核心作者互引关系进行深入发掘，并通过可视化图

---

① Zhang L，Glänzel W，Liang L. Tracing the role of individual journals in a cross-citation network based on different indicators [J]. Scientometrics，2009，81 (3)：821－838.

② Zhang L，Janssens F，Liang L，et al. Journal cross-citation analysis for validation and improvement of journal-based subject classification in bibliometric research [J]. Scientometrics，2010，82 (3)：687－706.

③ 宋歌，叶继元. 基于 SNA 的图书情报学期刊互引网络结构分析 [J]. 中国图书馆学报，2009，(3)：27－34.

④ 张紫琼，张自立，叶强，等. 基于互引网络的管理学部重要期刊内部关系研究 [J]. 科学学与科学技术管理，2010，31 (5)：66－70.

⑤ 马峥，王娜，周国臻，等. 中国科技核心期刊分类互引网络模式研究 [J]. 科学学研究，2012，30 (7)：983－991.

⑥ 孙海生，张曙光. 情报学核心作者互引网络分析 [J]. 情报杂志，2011，30 (3)：78－83.

⑦ 张勤，马费成. 国内知识管理领域知识交流结构研究——基于核心作者互引网络的分析 [J]. 情报学报，2012，31 (9)：925－933.

⑧ 李力，刘德洪. 我国竞争情报领域主要作者知识交流结构研究 [J]. 情报科学，2013，31 (10)：70－74.

⑨ 邱均平，王菲菲. 基于 SNA 的科学计量学领域作者互引网络分析 [J]. 情报学报，2012，31 (9)：915－924.

⑩ 王菲菲，邱均平. 基于作者互引分析的国外情报学科结构可视化研究 [J]. 情报科学，2015，待发表.

谱展示为读者提供更为鲜明的学科领域内知识交流情况与科学结构现状分析。

文献计量的理论贯穿研究始终，集中离散分布定律、普赖斯定律等可以协助我们找到该领域内的高被引作者和核心作者①，以作为本节的主要研究对象。引文网络分析将综合引文分析中的作者互引分析、共现分析及社会网络分析为一体，集中揭示作者交叉引证网络中的作者关系结构及其背后所隐含的社会关系网络和研究主题关联网络，并尝试解释导致这种关联存在的原因所在。其中，作者互引在某种意义上也可以视为作者在同一文献记录中发文作者与引文作者两两之间的共现，这一关系的识别将通过 VBA 编程实现；而后续的引文网络的构建则通过 UCINET 软件实现。同时，因子分析的应用是近期引文网络分析中的创新点所在②，该方法与社会网络分析结合使用，可有助于深入剖析领域内主题结构分类及学者研究贡献情况，该过程将通过 SPSS 实现。

在可视化图谱分析中，本节将充分利用引文网络分析与因子分析的结果，借鉴 Zhao 曾经提出的二维图可视化思路③，实现高产作者、高产-高被引作者及核心作者三个不同群体之间的互引关系图谱展示，希望能为情报学领域的研究学者提供更为显而易见的帮助，该过程将通过 Netdraw 和 VOSviewer 软件实现。

2. 数据样本

本节国外的研究对象来源于 WoS 数据库中“Information science and library science”分类下 JCR SSCI-2011 排名中 5 年影响因子前 16 位的期刊（虽然是从图书情报学类中进行选择的，但是这 16 种期刊都不属于图书馆学领域）。由于笔者撰写该书时恰在威斯康星大学密尔沃基分校进行访问学习，所以选择了该校图书馆镜像进行数据获取。通过进行文章类型的设定（由于本节的研究客体是科研论文，故文章类型设定为 article/proceeding paper/review3 种），截至 2012 年 10 月 9 日，这 16 种期刊的发文总数为 12 759，占图书情报分类下所有文章总数的 20%，这恰好符合科学研究中普遍适用的二八法则④。由于该研究关注的是作者之间交叉引用的情况，所以 16 种期刊中具有明确作者信息的12 750篇文章便构成了本研究的基本数据集。具体的 16 种期刊如表 5-9 所示。

① 邱均平．信息计量学［M］．武汉：武汉大学出版社，2007：192－195.

② 邱均平，王菲菲．基于 CSSCI 的国内情报学领域作者共被引分析［J］．情报学报，2012，31（1）：104－112.

③ Zhao D Z，Strotmann A. Information science during the first decade of the web：an enriched author cocitation analysis［J］. Journal of the American Society for Information Science and Technology，2008，59（6）：916－937.

④ 李荫涛．情报学的权威法则浅论［J］．情报理论与实践，1992，(6)：5－8.

表 5-9　5 年影响因子排名前 16 位的期刊列表

排名	期刊名称	排名	期刊名称
1	*MIS Quarterly*	9	*Annual Review of Information Science and Technology*
2	*Journal of Computer-mediated Communication*	10	*Journal of Management Information Systems*
3	*Journal of the American Medical Informatics Association*	11	*Information Systems Journal*
4	*Information Systems Research*	12	*Journal of the Association for Information Systems*
5	*Journal of Informetrics*	13	*Scientometrics*
6	*Information&Management*	14	*Journal of Health Communication*
7	*International Journal of Computer-Supported Collaborative Learning*	15	*European Journal of Information Systems*
8	*Journal of Information Technology*	16	*Journal of the American Society for Information Science and Technology*

在国内，CSSCI 中的来源期刊是根据期刊的影响因子、被引总次数等数量指标与各学科专家意见而确定的，选刊标准相对严格，文献质量相对较高。因此，本研究主要选取 CSSCI 数据库在 2000～2011 年所收录的中图类号为 G35（情报学、情报工作）的来源文献作为数据样本。笔者以此作为限制条件，共获取论文总数为 10 994 篇，由于该研究关注的是作者之间交叉引用的情况，所以其中具有明确作者信息的 10 308 篇文章便构成了本研究的基本数据集。

考虑到 CSSCI 获取的引文作者均为第一作者，所以本节的研究对象均选择发文和引文的第一作者。对数据集中的第一发文作者进行统计，国外共获得7725位独立作者，其中发文≥5 篇的有 327 人，≥10 篇的有 63 人，我们将其定义为高产作者；国内共获得5586位独立作者，其中发文≥5 篇的有 329 人，发文≥10 篇的有 89 人，我们将其定义为高产作者。对于数据集中具有参考文献的论文的引文数据进行统计分析，12 544 篇国外论文中，共获得126 632位作者，其中被引频次≥10 的有 8217 位，被引频次≥100 的有 495 位，可称之为高被引作者。在核心作者的构成上，我们依旧根据洛特卡、普赖斯及加菲尔德①等在学者评价研究工作中的经验做法，综合考虑发文数量和被引频次两项指标，即选择以第一作者身份发文≥5 篇、被引频次≥10 的 322 位作者作为核心作者（由于篇幅有限，文中不再详细给出具体作者列表）；而在 9581 篇国内论文中，共获得 22 265 位国内个人作者，其中被引频次≥10 的有 857 位，被引频次≥100 的有 34 位，可称之为高被引作者。依据二八定律，即在领域中 20%

① 孙海生，张曙光．情报学核心作者互引网络分析［J］．情报杂志，2011，30（3）：78－83.

的人做了 80%的工作，类似地，20%的高被引作者或高产作者也可以反映出 80%的总体情况。我们选择国内作者中总被引次数占 20%，同时总发文数量也在 20%以上的 110 位作者作为核心作者群，形成互引分析基础上学科结构揭示的对象。

为了更加深入洞察情报领域作者之间的交叉引用关系，进而发现他们之间知识流动和相互影响的情况，以及在该领域从事研究的相关度情况，我们将选择上述高产作者、高被引作者及核心作者三个作者集合进行彼此间互引关系的分析。

5.4.2　高产与高被引作者互引及可视化分析

1. 高产作者互引分析

实践证明，对高产作者互引关系进行研究，可有助于发现当前活跃作者之间研究方向的相似性，以及同一作者研究的连贯性。通过自编 VBA 程序，分别生成国内外高产作者互引矩阵（其中，对角线的数据表示作者的自引频次）。利用 Ucinet、Netdraw 可获得国外高产作者互引可视化图谱，如图 5-13 所示。

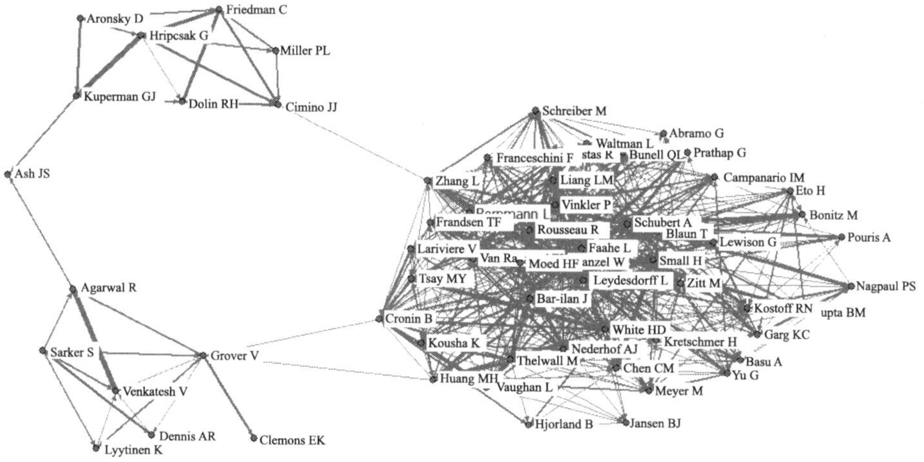

图 5-13　国外高产作者互引可视化图谱

通过图 5-13 可以发现，63 位高产作者可以归入三大类：以 Hripcsak、Friedman、Kuperman 等为代表的医学信息处理与研究；以 Venkatesh、Sarker、Grover 等为代表的信息系统技术与用户研究；以及以 Egghe、Leydesdorff、Glanzel 等为代表的庞大研究群体，主要研究方向有情报学基础理论研究、计量研究与科研评价、信息检索与可视化等。在这三个不同群体之间分别都有一定的桥连接存在，而这些桥连接在一定程度上也反映出了学者交叉研究的事实。例如，Cimino 与 Zhang 之间由于医学语言系统的研究共性而产生了引用关系，从而构成了第一群体和第三群体的连接；Kuperman、Ash 和 Ash、Agarwal 由于三者都在医学信息学中信息技术应用研究有一定的涉及而产生了一定的引证关联，进而实现了第一群体和第二群体之间的交叉互联；而第二与第三群体则通过 Grover 分别与 Cronin 和 Huang 的引用关系连接在一起，这主要是由于 Grover 与 Cronin 的研究方向都涉及了社会学的内容，而 Grover 与 Huang 则在行为科学及 Web 应用等方面有一定的研究共性。

利用 VBA 编程获得国内高产作者之间的互引矩阵（其中，对角线的数据表示作者的自引频次），利用 VOSviewer 进行可视化分析，获得国内高产作者之间的互引聚类密度图谱，如图 5-14 所示。

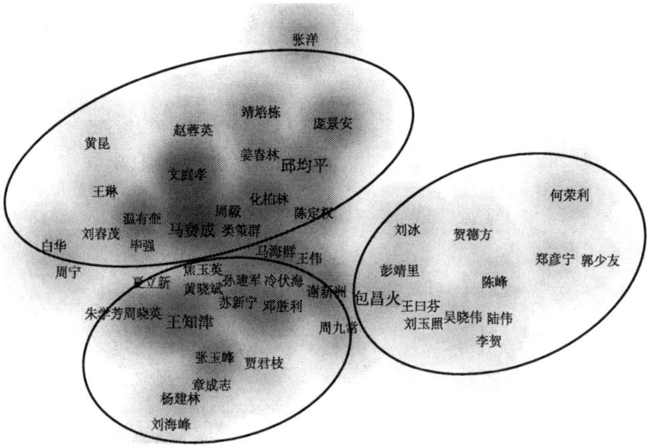

图 5-14　国内高产作者互引可视化图谱

在图 5-14 中参考 VOS 的聚类分析结果，可大致将这些高产作者分成三大类：第一类，以邱均平、马费成、文庭孝、肖勇等为代表，他们是国内情报学研究最庞大的一个群体，主要集中于情报学基础理论、情报分析与服务应用，以及文献计量与科学计量等方面的研究；第二类是以包昌火、彭靖里、吴晓伟等为代表的竞争情报与知识管理研究群体；第三类是以王知津、黄晓斌、苏新宁等为代表的信息系统、信息分析与信息资源管理研究群体。但这三种分类相对比较模糊，没有国外研究的三大类别清晰，这也在一定程度上反映出当前国内情报学领域活跃学者的研究广博性，相对国外研究仍不够精专，尤其在与现实应用的对接中还尚有不足，如医学信息处理与研究已在国外形成相对稳定且独立的研究群体，针对用户分析的特定研究也相对突出，然而，这些在国内研究力量中还仍相当欠缺。

2. 高产-高被引作者交叉引用互引分析

高产作者之间的互引关联主要揭示的是当前活跃作者之间的知识交流与研究现状，而对高产作者与高被引作者两个不同群体之间的交叉引用情况分析则可以更全面地反映出当前活跃作者与该领域的奠基人或高影响力作者之间的引用关联，从而可以揭示出过去高贡献力作者对当前研究的影响情况，以及相近研究方向内不同学者之间的研究继承与发展（由于高产作者引用高被引作者的情况具有较普遍的研究意义，所以本节主要进行了该部分的分析）。

同样，利用VBA编程获得高产-高被引作者之间的互引矩阵，并利用Netdraw软件进行可视化分析，获得聚类密度图谱（图5-15），其中圆点代表施引的高产作者，方点代表被引的高被引作者，箭头的方向指的是由施引指向被引，这种引证关系的导向也可在一定程度上表征知识流动的方向，即与引证方向相反，由高被引作者流向高产作者。

通过Ucinet对整个国外高产-高被引交叉网络进行密度测度，发现该网络密度仅为0.456 5，而高产作者之间的互引网络密度高达1.053 5。这可以在一定程度上反映出当前的活跃作者似乎更倾向于引用活跃性更高的学者的论文，而不一定是在过去产生更高影响力的学者的文章，也似乎可以说明研究者往往更加偏向于关注近期高水平作者的成果而不是时代久远的奠基性著作。其实，这或许也是科研发展与继承在引证方面的写照。

在引用频次大于5的图谱中（图5-15），可以发现，该网络可大致划分为两大研究群体，即情报理论方法研究、信息系统技术应用与用户研究，以及三个零散的研究小群，主要涉及医学信息应用、网络科学与商业信息应用等研究方向。实际上，在这个网络中，与高产作者互引网络类似，作者自引的频次是最高的，如发文最多的Egghe、Leydesdorff、Glanzel、Bornmann、Braun和Thelwall，他们的自引频次都在100次以上。其次是具有合作关系的作者交叉引用，如Glanzel和Schubert、Egghe和Rousseau，他们之间的交叉引用频次均在60次以上。当然，也有作者纯粹通过这种交叉引用而产生了强关联，如Bar-ilan和Thelwall、Leydesdorff和Small等，他们之间的引用频次已经超过了40次，但是其中却有些许不同：Bar-ilan和Thelwall他们之间互相引用的频次均在40次以上，而Leydesdorff和Small之间的关系则多表现为Leydesdorff对Small作品的引用，反之却很少。类似前者的情况可视为知识双向交流，而后者则几近于知识单向流动，而实际上，后者的存在更为普遍，如几乎所有高产作者都曾引用过Garfield的文章，而Garfield本人却甚至未曾出现在63位高产作者群中，也就是说，知识主要从Garfield

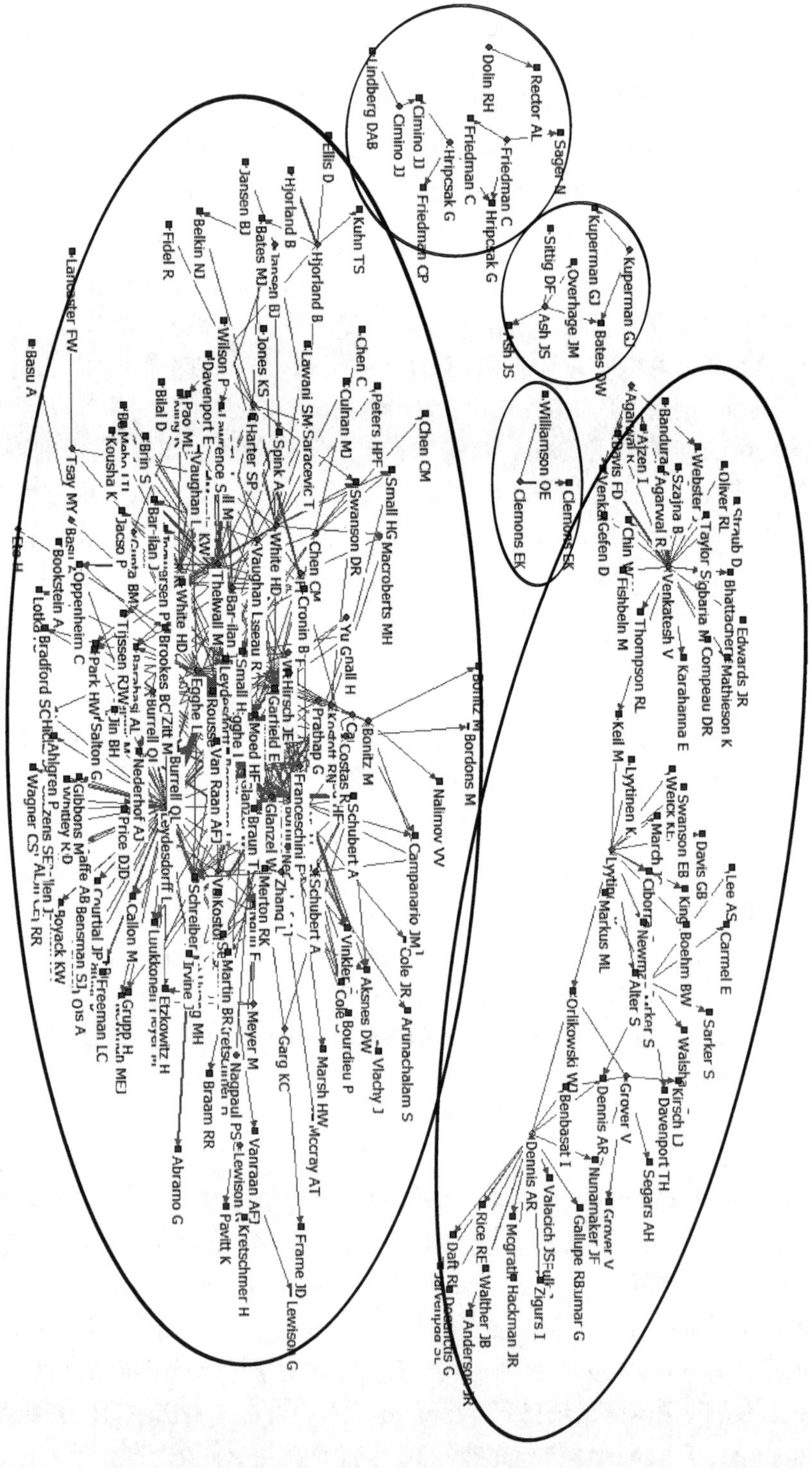

图5-15 国外高产—高被引交叉引用可视化图谱（频次>5）

这位学科奠基人流向了当代新兴研究群体中。前者的双向知识流动很容易促成科研合作的诞生，而后者的单向交流则更容易凸显出高水平学者的权威地位。

同样，利用VBA编程获得的国内高产-高被引作者之间的互引矩阵，并利用Netdraw软件进行可视化分析，获得国内聚类密度图谱，如图5-16所示。利用Ucinet软件对该网络进行密度测度，为0.629 9，这一密度值相比国外高产-高被引作者互引的网络密度值（0.456 5）稍高一点，但是考虑到国外高产作者（被引频次≥100）有490多位，比同水平国内作者数量（仅34位）高出很多，且若将国内被引频次设定为50次及50次以上时（共93位），仅获得高产-高被引互引网络密度0.327 4。由此看来国内该层次下的网络密度相比国外还是要低一些。同样，对前文中的高产作者互引网络进行密度测度，得到0.173 5，这一数值也远远低于国外高产作者互引网络水平（1.053 5），且比国内的高产-高被引作者互引网络密度值还要低一些。这一对比结果与国外的分析结论恰好相反：国外的高产互引网络密度远大于高产-高被引互引网络密度，表征活跃作者之间的知识交流更强于来自过往高影响力作者的知识流动；而国内的高产-高被引互引网络密度则更高一些，说明研究者更倾向于依赖高影响力作者所产生的权威文献的知识关注与采纳，而对新兴学者的科研成果关注和知识生产流动的认可程度还相对较低。

在高产-高被引作者互引可视化图谱中，也可以大致看到研究群体的三大分类，这与高产作者的分类情况基本保持一致，这在一定程度上说明高被引作者与高产作者的研究方向基本趋同，领域内的研究继承性相对较好。与国外分析结果类似的是，在国内的作者互引分析中，知识的单向流动相比双向流动更易形成，存在的也更为普遍，如肖勇曾引用马费成的文献52次，反之则为0，然而却鲜有作者对之间的互引频次均在5以上，这一点远不如国外的分析结果（国外作者对之间互引频次在20次以上的比较普遍，更有Bar-ilan和Thelwall之间互相引用40次以上），可见国内研究的平等性、知识交流互动性还有待重视和加强。同样，与高产作者互引网络类似，作者自引频次往往是最高的，如邱均平、马费成、吴晓伟等均达到了40次以上，其中邱均平的自引频次达107次。具有合作关系或师生关系的作者之间互引关联强度也相对更高一些，其中，后者的影响更为明显一些，如文庭孝、赵蓉英、张洋与邱均平之间的引用关联等。在除去这些现实关系的相互引用关联中则更能发现研究同行，而进一步促进科研合作。同时，在强大的单向知识流动背后也可发现权威学者有助于开展专家评价与遴选。

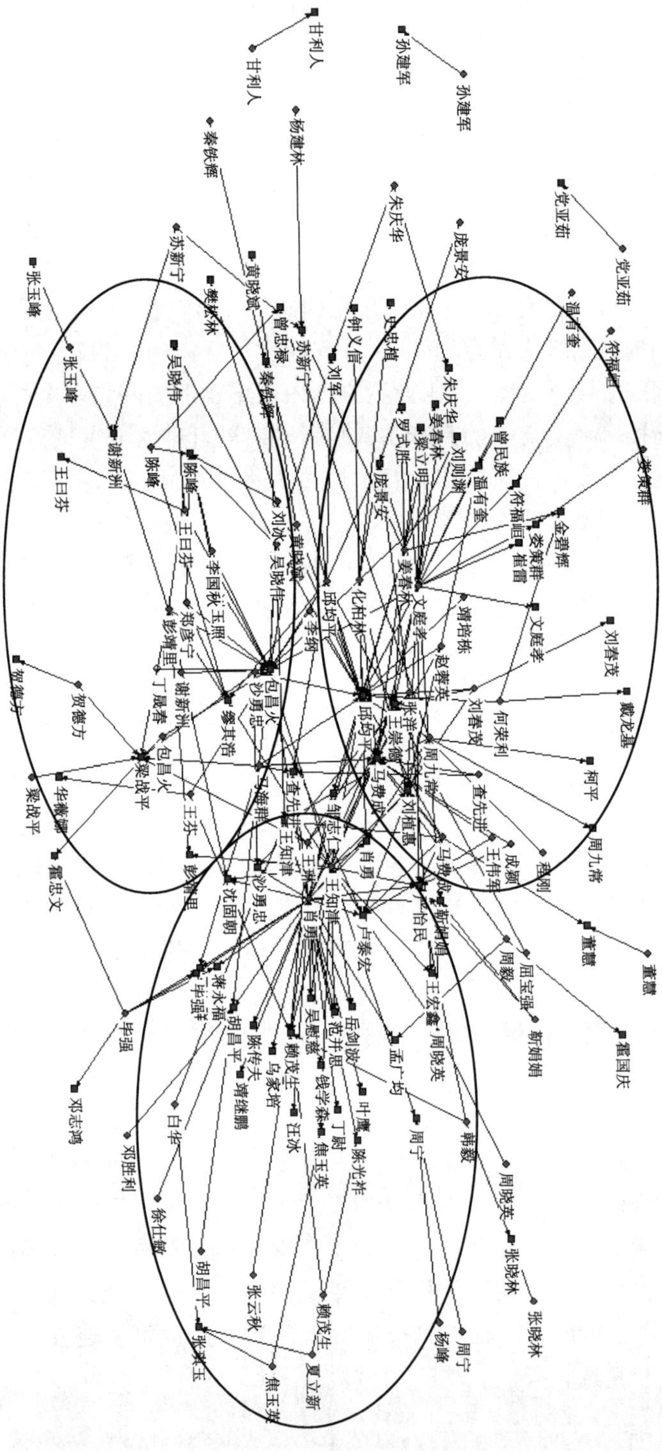

图 5-16 国内高产—高被引作者互引可视化图谱

5.4.3　核心作者互引分析基础上的学科结构揭示

高产作者的互引可以揭示当前活跃作者的研究相关度，高产-高被引作者之间的交叉引用可反映出科研工作者之间的知识交流以及科研发展情况，对领域内核心作者之间的互引分析则通过作者引用关系所建立的研究相关度对学科结构中的学术共同体、研究主题分类等进行剖析，从而帮助学者在后期的研究中总结研究规律、寻找研究同行、发现研究热点、推进学科发展。

利用 Ucinet 和 Netdraw 对国外核心作者互引矩阵进行网络分析和可视化展示，如图 5-17 所示。该网络密度为 0.142 2，在国外的三组网络中，该值最低，似乎更多的核心作者之间缺少直接的引用关系。通过网络图，与前面的分析类似，可以看出 322 位核心作者也可划分为三大类：以计量学为典型代表的情报基础理论方法研究；信息系统技术应用与用户研究；交叉学科领域等应用研究。

对于国内核心作者，首先获得他们之间的互引关联矩阵，进一步利用 VOSviewer 进行可视化分析，获得聚类密度图谱，如图 5-18 所示。其中，李广建和沈丽容两个作者在矩阵中的施引总频次为 0，所以在后面的分析中给予排除。

在该图谱中，也可大致看出三种分类的情况，但这种分类与前文的高产作者及高产-高被引互引群体分类已有所不同，核心作者中类别间的关系更加紧密，分类也相对模糊，如以王知津等为代表的一类与马费成、肖勇等为核心的群体有逐渐融合的趋势，共同集中于信息分析、信息资源配置与管理的研究，而以邱均平为代表的计量学与服务应用研究群体则相对突出，以包昌火等为代表的竞争情报研究团队仍相对独立。对核心作者互引网络的结构特征进行分析，可得到该网络的密度值为 0.238 8，该值相对国外核心作者互引网络的密度值（0.142 2）偏高一点，但是这与国内核心作者群体数量相对较少还是有一定关系的。从这一数值可以看出，国内情报学领域内核心作者间的知识交流已比较频繁，然而该值远远小于最大值 1，可见知识传播的深度和知识交流的效率还有很大的提升空间。同样，利用 Ucinet 软件可计算节点间平均距离为 2.628，表明每个作者平均至少走 3 步才能到达其他任意一个作者，这种相对远距离的传播也容易造成信息失真和发散。进一步对核心作者互引网络的节点中心性进行测度（表 5-10），可以发现肖勇、文庭孝、邱均平等的外中心度最高，处于施引网络的核心；邱均平、马费成、包昌火、王知津等的内中心度最高，居于被引网络的核心，也是三大研究群体的主要代表；邱均平、马费成、王知津、张玉峰等的中间中心度最高，多位于整个引用/被引——互引网络的间距中心，是知识传播的中间掌控力量；周晓英、陈传夫、华薇娜等的内接近中心度最高，赵星、邱均平、王知津等的外接近中心度最高，表明前者在施引网络中的自主性最强，而后者则在被引网络中的自主性最强。

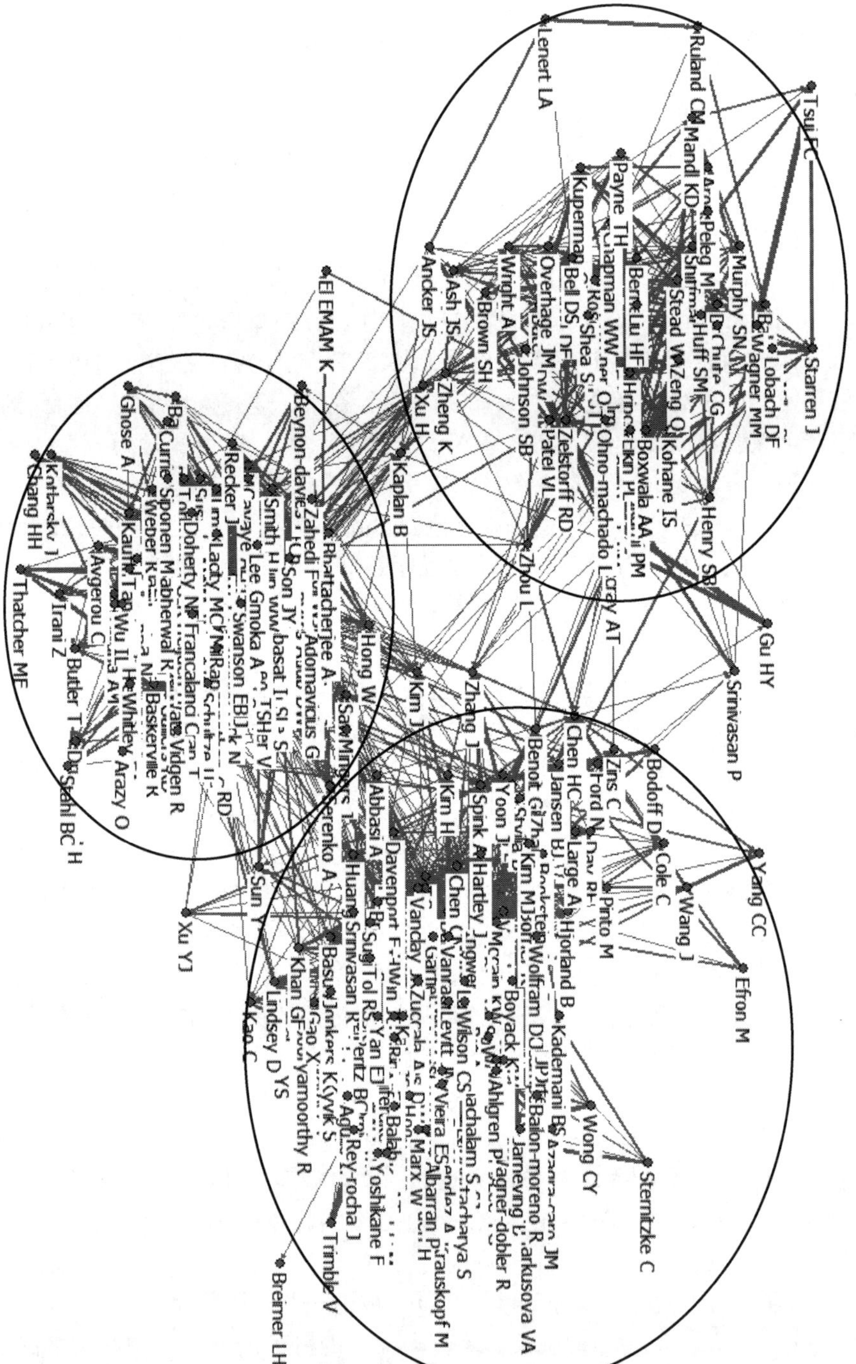

图5-17 国外核心作者互引可视化图谱

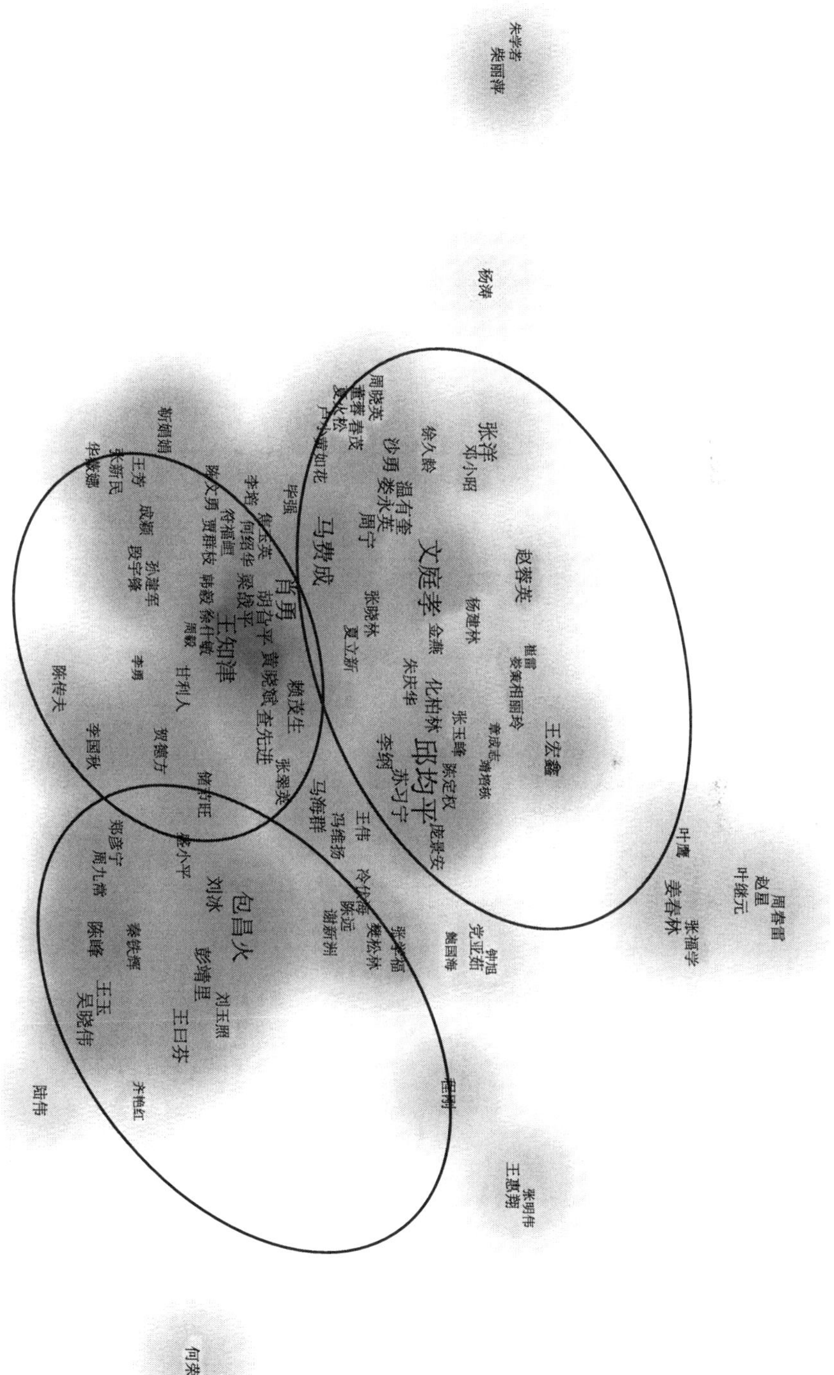

图5-18　国内核心作者互引可视化图谱

表 5-10 国内情报学领域核心作者互引网络结点的中心性测度

排序	姓名	NrmOutDeg（外中心度）	姓名	NrmInDeg（内中心度）	姓名	nBetweenness（中间中心度）	姓名	inCloseness（内接近中心度）	姓名	outCloseness（外接近中心度）
1	肖勇	3.325	邱均平	4.367	邱均平	28.996	周晓英	12.427	赵星	13.631
2	文庭孝	2.211	马费成	3.073	马费成	15.433	陈传夫	12.022	邱均平	13.194
3	邱均平	1.689	包昌火	2.983	王知津	15.193	华薇娜	11.836	王知津	13.049
4	王知津	1.671	王知津	1.348	张玉峰	4.157	崔雷	11.771	肖勇	13.001
5	张洋	1.186	温有奎	0.988	文庭孝	3.912	符福峘	11.758	文庭孝	12.892
6	吴晓伟	1.168	陈峰	0.773	肖勇	3.766	张琪玉	11.745	徐仕敏	12.876
7	彭靖里	1.078	梁战平	0.737	李纲	3.749	马费成	11.605	夏火松	12.708
8	刘冰	0.845	赖茂生	0.719	包昌火	3.65	邱均平	11.568	马费成	12.648
9	化柏林	0.809	胡昌平	0.539	王曰芬	3.394	包昌火	11.493	刘冰	12.603
10	赵蓉英	0.755	查先进	0.485	梁战平	3.375	王知津	11.275	化柏林	12.5

利用SPSS对核心作者互引矩阵进行因子分析。采用主成分萃取因素，以直接斜交进行转轴，在碎石图的参考基础之上，国外提取出10个因子，国内提取出12个因子（累计贡献率为83.42%）。通过斜交旋转的因子分析，得到两个矩阵，即因子图式矩阵（pattern matrix）和因子结构矩阵（structure matrix）。前者中的载荷系数突出的是作者（变量）对研究主题（因子）的独特影响力情况；而后者则可以通过作者对特定主题的贡献影响，以及主题之间的关联性反映出作者（变量）与研究主题（因子）之间的相关性①。因此，我们将进一步选择结构矩阵进行分析。

利用Netdraw软件对结构矩阵进行可视化显示，国外核心作者互引因子分析结果如图5-19所示。其中，圆形节点表示因子，方形节点表示作者，因子节点的大小表示所有作者对该因子的载荷总值，作者节点的颜色表征涉及因子数目的不同（颜色越深代表结点涉及因子数目越多），作者与因子节点之间的连线粗细可以表征作者对该因子的载荷大小。在该图谱中，我们也可以清晰地看出整个学科领域可以划分为三个子集，其中第一大子集是归属因子1、2、3、4、5、8、10的计量学等基础理论方法研究类，第二大子集是归属因子6、7、9的信息系统技术应用与用户研究类，第三子集便是两类之间的交叉学科领域等应用研究。

对载荷阈值做出限定之后（限定载荷在0.03以上），可以分别得到第一、第二两大子集的局部可视化图谱，如图5-20、图5-21所示。其中，因子节点的大小表示所有作者对该因子的载荷总值，作者节点的颜色表征涉及因子数目的不同，作者与因子节点之间的连线粗细可以表征作者对该因子的载荷大小。

国内对结构矩阵的可视化显示如图5-22所示，在该图谱中，我们也可以大概看出整个学科领域的三个子集分类，其中第一大子集是归属因子1、2、3、4、5、

① 张勤，马费成．国内知识管理领域知识交流结构研究——基于核心作者互引网络的分析［J］．情报学报，2012，31（9）：925－933.

图5-19　国外核心作者互引因子分析结果可视化图谱（全部）

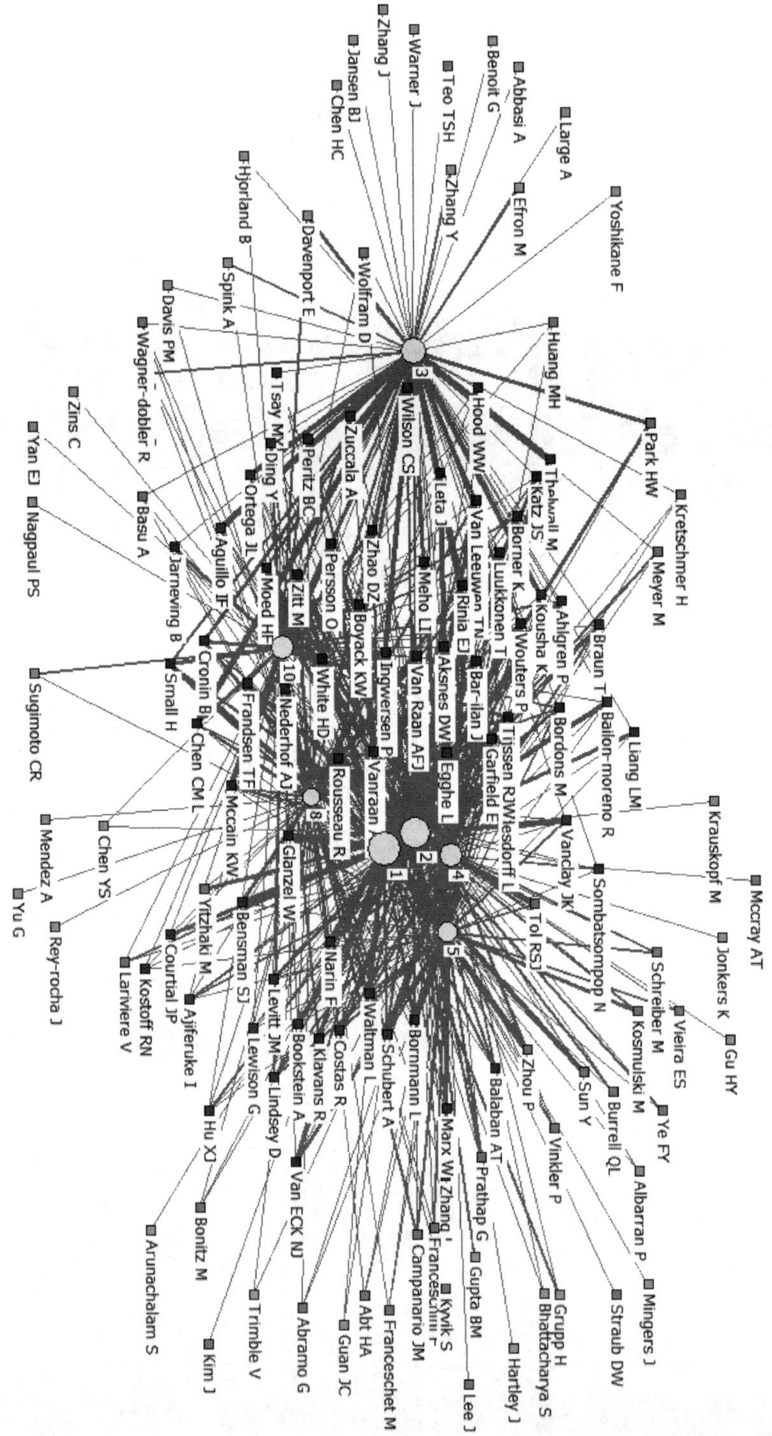

图5-20 国外核心作者互引因子分析结果可视化图谱（局部：第一子集）

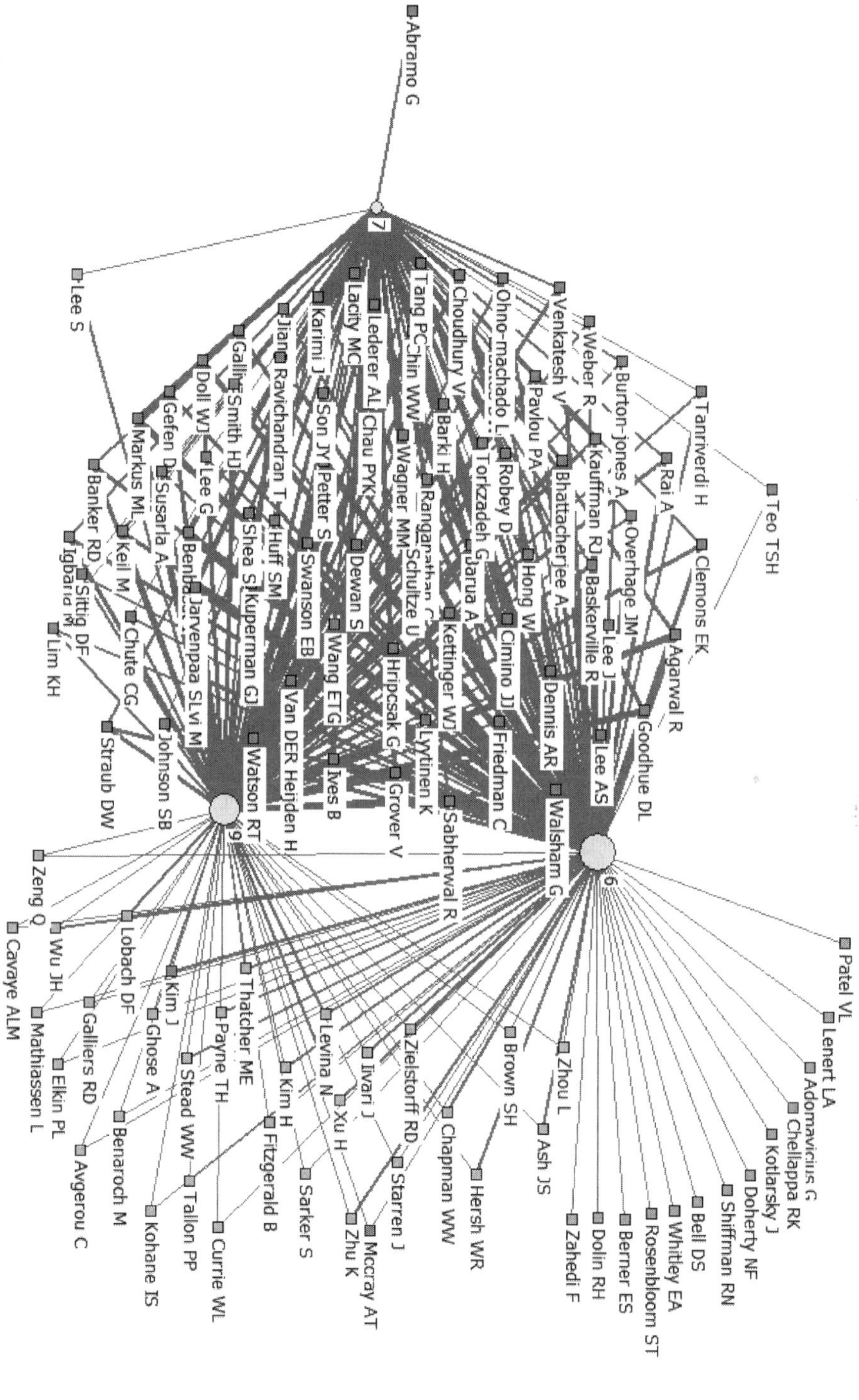

图5-21　国外核心作者互引因子分析结果可视化图谱（局部：第二子集）

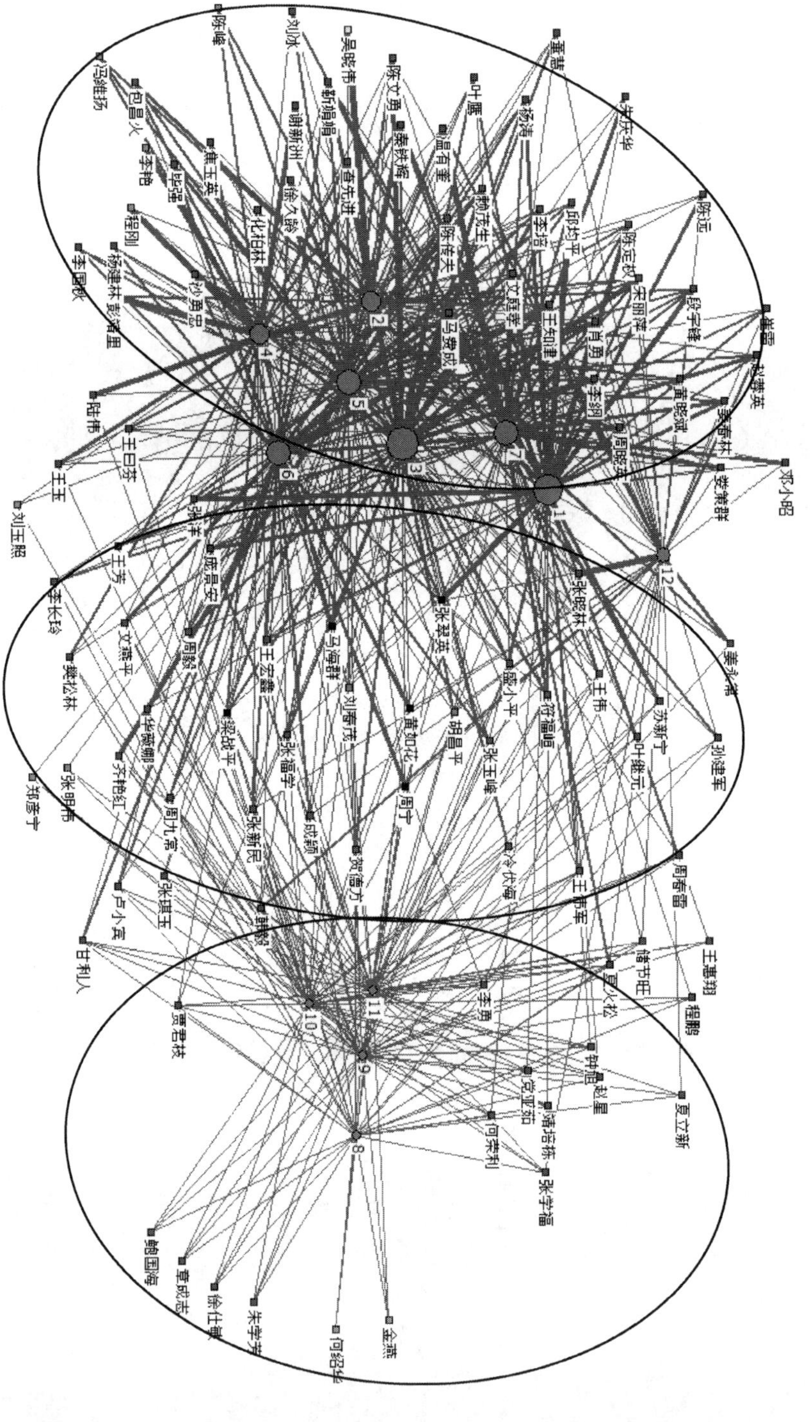

图5-22　国内核心作者互引因子分析结果可视化图谱

6、7、12 的情报学基础理论方法研究类，第二大子集是归属因子 8、9、10、11 的信息系统与信息组织研究类，第三子集便是两类之间的交叉领域——情报工作与服务应用研究类。

另外，我们对每个因子载荷下的作者所著论文的关键词进行统计分析，得到 10 个因子的研究主题，并对每个类别中的关键载荷作者进行了识别，具体如表 5-11 所示。在结果中我们可以发现，情报领域研究大致可以分为十大主题，即引文分析与期刊评价、*H* 类指数及文献计量指标、网络计量学及网络科学、文本挖掘/统计应用及定量分析、信息计量与科研评价、信息系统/信息检索及知识管理、信息安全/科研投入与产出、科学计量与科技政策制定、信息技术/市场分析及用户行为研究、专利计量与科学图谱。其中，前四个主题的载荷总值最高，但它们的载荷作者总数却不是最多的，反而却是 6、7、9 这三个载荷总值最低的主题拥有最多的载荷作者总数，这在一定程度上表明计量学等本学科独特的研究主题已经形成了相对稳定的研究团队，且研究力量和学科贡献力相对集中；而信息系统技术、用户研究以及其他相关交叉领域的研究主导力量相对薄弱，研究主体广泛而不集中，研究客体多为衍生类、交叉性的主题，不够稳定，这也是在未来研究中需要进一步加强和夯实的部分所在。

表 5-11　基于作者互引关系的因子分析结果（国外）

因子	主题领域	作者总数	最大载荷值	总载荷值	主要载荷作者
1	引文分析与期刊评价	126	0.983 4	20.087 6	Leydesdorff L，Ahlgren P，Bensman S J，Zhou P，Narin F，Boyack K W，Wouters P，Small H，Bailon-moreno R，Sun Y，Waltman L，Zitt M
2	*H* 类指数及文献计量指标	122	0.974 2	17.487 8	Egghe L，Rousseau R，Tol R S J，Bookstein A，Vanclay J K，Frandsen T F，Yitzhaki M，van Raan A F J，Liang L M，van Leeuwen T N，Levitt J M
3	网络计量学及网络科学	107	0.978 6	13.990 3	Thelwall M，Vaughan L，Aguillo I F，Bar-ilan J，Ingwersen P，Ortega J L，Zuccala A，Kousha K，Cronin B，Davenport E，Park H W
4	文本挖掘、统计应用及定量分析	123	0.957 6	12.365 6	Glanzel W，Schubert A，Leta J，Aksnes D W，Zhang L，Braun T，Lindsey D，Rinia E J

续表

因子	主题领域	作者总数	最大载荷值	总载荷值	主要载荷作者
5	信息计量与科研评价	115	0.987 7	11.437 6	Bornmann L, Marx W, Meho L I, van Eck N J, Kosmulski M, Balaban A T, Vieira E S, Franceschini F
6	信息系统、信息检索及知识管理	196	0.124 1	7.980 3	Benbasat I, Jarvenpaa S L, Chin W W, Lves B, Markus M L, Goodhue D L, Agarwal R, Robey D
7	信息安全、科研投入与产出	210	0.089 0	5.928 6	Abramo G, Lee S, Wang J
8	科学计量与科技政策制定	115	0.792 5	9.436 8	Garfield E, Nederhof A J, Sombatsompop N, Kostoff R N, Yu G, Davis P M
9	信息技术、市场分析及用户行为研究	193	0.117 2	7.436 5	Venkatesh V, Straub D W, Clemons E K, van D E R, Heijden H, Susarla A
10	专利计量与科学图谱	322	0.922 1	11.973 7	White H D, Mccain K W, Persson O, Cronin B, Jarneving B, Tijssen R J W, Zhao D Z, Chen C M

同样，对国内每个类别中的关键载荷作者进行识别，可得到表 5-12。在分析结果中，可将国内情报学研究大致可以分为九大主题领域，即文献计量与网络计量、竞争情报与知识管理、信息规划构建与信息资源管理、技术竞争情报与产业竞争情报、情报分析与网络计算、知识组织与知识经济、知识网络与知识图谱、信息系统/技术与信息服务、信息组织与信息检索。其中，从因子载荷情况来看，因子 1、3、7、12 的作者代表性更强，主题特色也比较突出；因子 5 则只有齐艳红是首要载荷作者（即在该因子上的载荷值最大），虽拥有最多的载荷作者数，但却不是他们的主要研究方向所在。基于因子分析的主题划分也并非是绝对的，因子 2 和 4 在竞争情报领域有一定的研究交叉；因子 7 所涉及的知识计量与评价与因子 1 的计量学研究也有一定的共通之处；因子 8、9、10、11 共同组成的研究主题载荷值最低，代表作者之间真实的研究共性也并不是很高，但是从关键词统计来看，其中的国家创新体系、社会信息能力、科技期刊等作为该群体中的高频词汇，也在一定程度上表征了情报学服务应用的热点取向。

表 5-12　基于核心作者互引关系的因子分析结果（国内）

因子	主题领域	作者总数	最大载荷值	总载荷值	主要载荷作者
1	文献计量与网络计量	57	0.952 9	13.071 3	邱均平、段宇锋、张翠英、陈定权、张洋、杨涛、庞景安
2	竞争情报与知识管理	58	0.973 1	8.286 8	吴晓伟、陆伟、秦铁辉、包昌火、冯维扬
3	信息规划构建与信息资源管理	63	0.968	16.842 4	马费成、李纲、宋丽萍、陈传夫、陈文勇、查先进
4	技术竞争情报与产业竞争情报	51	0.989 8	11.118 4	彭靖里、程刚、李艳、谢新洲、王玉、陈峰
5	情报分析与网络计算	82	0.801 8	14.476 6	齐艳红、王知津、邱均平、肖勇、丁蔚、李培、包昌火
6	知识组织与知识经济	54	0.897 5	15.163 2	王知津、肖勇、周晓英、赖茂生、黄如花、文燕平
7	知识网络与知识图谱	54	0.970 7	16.415 2	温有奎、文庭孝、姜春林、朱庆华、娄策群、邓小昭、赵蓉英
8，9，10，11	信息系统/技术与信息服务	63	0.075	3.836 8	鲍国海、张学福、金燕、钟旭、徐仕敏、朱学芳、储节旺
12	信息组织与信息检索	43	0.965 9	15.849 5	张晓林、姜永常、韩毅、李勇、张学福

将上述主题领域划分与国外情况进行比较（图 5-23），可以发现国外在计量学的研究方向分支相对较多，文献计量、信息计量、网络计量、科学计量、专利计量及引文分析各成一支；而国内学者虽多数都涉及了计量学的研究，然而主要集中的分支只有一个，即文献计量与网络计量，其他则对应到了科技管理与科技情报的研究中。这也可以在一定程度上解释为何虽然国外没有竞争情报这一研究方向，但是其中的专利计量、市场分析等都可列属于该研究范畴之内。同时，国内在知识网络和知识图谱研究中也有知识计量的涉及，而国外对该主题的研究还较为鲜见。国外对于信息安全、市场与用户分析的研究主题较为突出，虽与国内的知识产权、知识经济与信息服务研究可产生对应，但具体、深入的研究方向与内容还相对缺乏。国外对于信息系统与信息检索的研究相对集中，而国内则较为分散，且更多地与信息组织和信息服务交叉在一起，更偏向于服务应用的研究。

考虑到作者互引分析是建立在知识相互流动基础上的进行学科结构剖析的崭新视角，因此我们将其分析结果与传统经典的共被引分析模式下的学科结构分析结果①进行比较，如图 5-23 所示，可以发现共被引分析所揭示的学科主题

① 邱均平，王菲菲．基于 CSSCI 的国内情报学领域作者共被引分析［J］．情报学报，2012，31（1）：104－112.

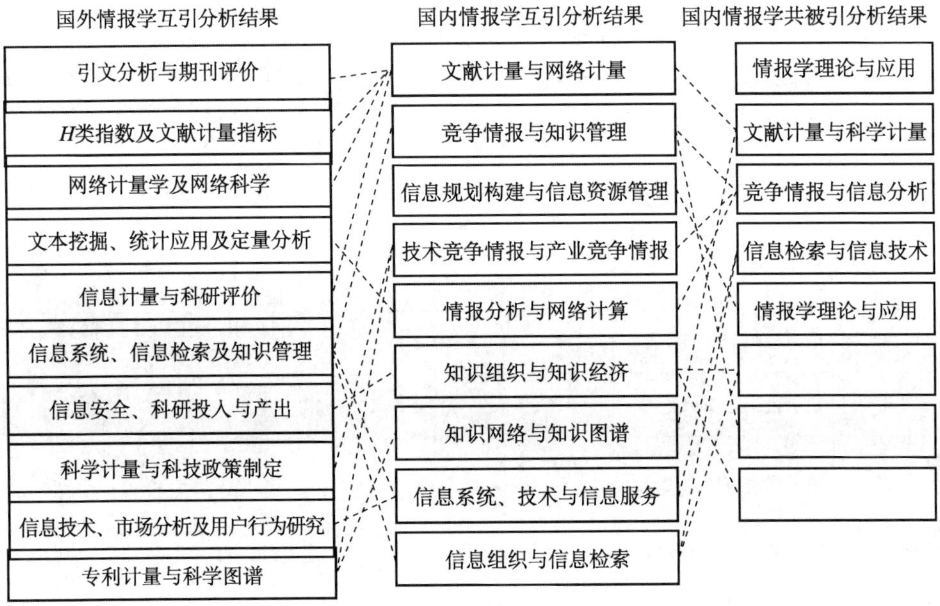

图 5-23　国内外情报学研究主题比较

分类更为集中，其中的大类情报学理论与应用在互引分析的多个研究主题中都有显现，其他类别也往往可以与互引分析中的多个类比进行对应。这种分类的不同与作者共被引分析和作者互引分析的原理是有很大关系的，前者是基于不同学者被相同文献著作共同引用这种学术关联而实现科学结构发现，更注重过往高贡献学者的影响性；后者则是综合作者的施引和被引以揭示交互引用全景下的科学知识结构情况，更侧重当前活跃学者的互动性。因此，所揭示的主题领域也就有了一定的区别，前者类似提炼与总结，更集中；而后者更能展现当前研究热点所在。

5.4.4　研究结论

本节综合运用引文网络分析、因子分析、可视化分析等方法，对国内外情报领域内高产作者、高被引作者，以及综合考虑发文和被引的核心作者三个作者群分别进行了彼此间互引关系的分析，并绘制了由这三个群体分别组成的网络关系图谱，进而对这三个交叉群体内的关系网络结构及其背后的学科主题结构进行深入探究，得出了以下结论。

(1) 无论从高产作者群体还是高产-高被引作者交叉群体，甚至是核心作者群体，都能发现国内外情报学科领域的研究大致可划分为三大类。国外分为以计量学为代表的情报学基础理论研究、信息系统技术与用户研究、交叉学科领域等应用研究（多集中在医学信息和商业信息领域）。它们分别的代表性活跃作者有 Egghe、Leydesdorff、Glanzel；Venkatesh、Sarker、Grover；Hripcsak、Friedman、Kuperman。这三大类之间也有比较显在的研究交叉关联，典型代表有 Cimino-Zhang、Kuperman-Ash 与 Ash-Agarwal、Grover-Cronin 或 Huang。国内则分为以计量学为代表的情报学基础理论、分析与服务应用研究，竞争情报与知识管理研究，信息系统、信息分析与信息资源管理研究。它们的代表性活跃作者分别是邱均平、马费成、文庭孝；包昌火、彭靖里、吴晓伟；王知津、黄晓斌、苏新宁等。然而，这三种分类却比较模糊，相互之间的交叉研究更多一些，这在一定程度上反映出当前国内情报学领域活跃学者的研究广博性，相对国外研究仍不够精、深、专。

（2）通过高产-高被引两个不同群体之间交叉引用的关联分析，可以发现活跃作者更倾向于引用活跃性相对更高的学者的论著，而并非是高影响力低活跃性的学者的文章，这也反映出研究者往往更加偏向于关注近期高水平作者的成果而不是时代久远的奠基性著作。这在一定程度上也表征了该学科领域中科研发展与继承的特性。同时，通过他们之间的知识流动可以发现高产-高被引的双向流动更容易推动科研合作的产生，而由高被引到高产作者之间的单向流动则凸显出了那些高水平作者的权威性。

通过对高产作者互引以及高产-高被引互引网络的密度分析，可以发现国外领域内活跃作者之间的知识交流更强于来自过往高影响力作者的知识流动；这反映出研究者往往更加偏向于关注近期高水平作者的成果而不是时代久远的奠基性著作。这在一定程度上也表征了该学科领域中科研发展与继承的特性。而国内的研究者更倾向于依赖高影响力作者所产生的权威文献的知识关注与采纳，而对新兴学者的科研成果关注和知识生产流动的认可程度还相对较低。实际上，这与国内研究的现实情况是吻合的，国内作者之间的相互认同是达不到国外的普遍认可程度的，因此也造成了国内作者总体互引频次都相对较低，其中多数还集中在具有地域相近关系、合作关系或师生关系的作者之间，只有刨除这些现实的关联，纯粹基于知识互动获取的动机而开展的作者互引行为才更有利于形成知识交流和科研合作与创新。同时，通过国外作者之间的知识流动可以发现高产-高被引的双向流动更频繁，更容易推动科研合作的产生，而由高被引到高产作者之间的单向流动则凸显出了那些高水平作者的权威性。国内研究中作者单向引用的情况居多，单向的知识流动也更加频繁，这种权威知识源的分析可以有助于开展专家评价与遴选。

（3）领域内核心作者互引分析对于剖析该学科领域的主题结构与研究现状大有裨益。尤其在借助因子分析的应用后，可将国外情报学科领域的研究主题划分为十类，其中计量学的理论探索与科研评价应用在整个研究领域中地位尤为突出，可谓占据了该学科主题的半壁江山。但计量研究主导的情报基础理论研究大类相对信息系统技术与用户研究小类来讲，前者研究较为封闭，学科独特性较强，而后者研究较为分散，交叉领域影响力突出。两者之间或许需要一种外在力量或学者自发的研究协调，从而使得本学科研究在特性渐长的同时及时吸收相关学科领域的营养不断发展壮大，进而形成稳定的研究主体和扎实的研究客体，进一步向成熟学科迈进。

通过对国内核心作者互引网络分析以及学科结构揭示，可以发现肖勇、文庭孝、邱均平等位于施引网络的核心；邱均平、马费成、包昌火等居于被引网络的核心；邱均平、马费成、王知津多处于整个引用/被引——互引网络的间距中心，是知识传播的中间掌控力量；周晓英、陈传夫、华薇娜等在施引网络中的自主性最强；而赵星、邱均平、王知津等在被引网络中的自主性最强。整个领域研究可在互引分析基础上划分为九大类，其中，计量学、竞争情报、信息资源管理及信息检索等方面的研究更为突出。这一主题分类可分别与国外情报学互引分析结果和国内情报学共被引分析结果进行大致对应，但比较发现国外对于信息安全、市场与用户分析的研究更为集中，而国内则相对有所欠缺。同时，传统的作者共被引分析更注重过往高贡献学者的影响性，揭示主题结构相对集中，而作者互引分析则更侧重当前活跃学者的互动性，主要展现当前研究热点所在，二者可互补应用，共同揭示整个领域的学科结构特征。

通过国内外对于作者互引分析的研究可以发现，该研究方法在领域内的知识交流情况，以及学科结构揭示方面已经产生了一定的应用，但是其研究模式、方法流程还有待进一步优化和总结。同时，由于国内期刊论文相对国外文献的引文数量更少一些，从而可能造成作者互引联系的减少，这在一定程度上也会妨碍作者互引分析的结果与比较应用。因此，在未来的相关研究中，还应进一步引入参考文献数量及作者施引总人次等指标的考量，以使作者互引分析的结果更加科学合理，从而更具认可度和推广性。

5.5 基于期刊引证分析的国内外图书情报学科知识交流

科学知识常以文献形式记载和传播，文献之间的相互引用在一定程度上表现了文献之间的知识交流与扩散[①]。学术期刊是科学文献的重要载体，期刊之间的引用与被引情况反映了期刊的知识输入与输出情况，而耦合关系、共被引关系的强弱则反映了期刊的亲疏远近关系，通过耦合分析和共被引分析可以挖掘学术期刊之间的关系并且进行期刊分类，考察学科的内部知识结构和联系情况[②]。研究期刊群的内部结构与外部关联，可以逐级揭示出整个科学大系统的学科架构和学科关系，进而考察学科之间的相互融合、相互渗透、相互交叉及相互支撑；依据期刊群所反映出的学科内部和外部关系进行学科定位和学科建设也具有深远的意义[③]。本节采用期刊耦合和共被引的分析方法，以及可视化的分析手段，对国内外图书情报学科的知识交流情况进行比较分析，旨在发现其学科结构中的异同，为国内图书情报学科的研究与发展提供借鉴[④]。

5.5.1　研究方法与数据来源

本节从两个角度进行分析，其一是对期刊文献的参考文献进行统计，以分析期刊的知识输入情况与期刊耦合情况；其二是对期刊文献的被引情况进行统计，以分析期刊的知识输出情况和期刊共被引情况。考虑到学术论文引文的时滞性，我们选取了2009年的发文及其在2009～2011年的被引数据进行分析。

对国内情况的分析采用CSSCI收录的数据。CSSCI“图书馆、情报与文献学”来源期刊名单共包括20种期刊，由于未检索到《图书馆理论与实践》2009年的“来源文献”数据（经查证，该期刊2009年未被CSSCI收录），本节只分析其余19种期刊的知识交流情况。根据CSSCI“图书馆、情报与文献学”来源期刊名单，以期刊名称为检索条件，共下载到2009年发表的“来源文献”5391篇。“被引文献”则下载到2367篇发表于2009年的被引文献在2009～2011年的4880次被引记录。

国外选择Web of Knowledge数据库作为数据来源。首先，根据2011年JCR的Social Sciences Edition，确定了Information science&library science学科的期刊名单共83种。来源文献的下载方法与国内类似，以期刊名称为检索条件下载了2009年的发文数据共4497篇。被引情况则通过JCR直接按期刊下载。

---

① Lewison G，Rippon I，Wooding S. Tracking knowledge diffusion through citations［J］. Research Evaluation，2005，14（1）：5-14.

② 王贤文，刘则渊. 基于共被引率分析的期刊分类研究［J］. 科研管理，2009，30（5）：187-195.

③ 陈立新. 力学期刊群的内外关系与学科结构［D］. 大连理工大学博士学位论文，2008.

④ 曾倩，杨思洛. 国内外图书情报学科知识交流的比较研究——以期刊引证分析为视角［J］. 情报理论与实践，2013，(10)：114-119，108.

5.5.2 图书情报学科知识输入情况分析

期刊引文数量的多少反映了该期刊的知识输入强度，其引用的文献在各期刊的分布则体现了知识输入来源的分布情况。就特定期刊而言，引文频次越高，说明其知识输入量越大；引用的期刊数量越多，说明其知识来源越丰富；引用的期刊学科差异性越大，说明其刊载的文献及输入的知识所涉猎的领域越广泛。反之，自引比例越高，引用本学科内部期刊的比例越高，则说明该期刊与其他期刊、其他学科之间的知识交流越少。

1. 国内期刊知识输入情况

笔者对国内 19 种期刊的知识输入情况进行了统计，如表 5-13 所示。

表 5-13 国内期刊引文情况统计

期刊名称	载文篇数	引文数量	篇均引文数量	自引率/%	引用学科内核心期刊比例/%
《大学图书馆学报》	133	1554	11.68	3.73	23.04
《档案学通讯》	164	916	5.59	10.04	17.90
《档案学研究》	117	558	4.77	3.94	14.34
《国家图书馆学刊》	78	732	9.38	0.96	20.36
《情报科学》	412	4483	10.88	2.83	18.85
《情报理论与实践》	389	3837	9.86	4.25	24.21
《情报学报》	130	1878	14.45	5.32	12.30
《情报杂志》	573	7120	12.43	3.13	13.99
《情报资料工作》	164	1755	10.70	3.76	34.07
《图书馆》	311	2885	9.28	6.17	37.09
《图书馆工作与研究》	409	3138	7.67	2.80	28.01
《图书馆建设》	388	3861	9.95	3.55	22.33
《图书馆论坛》	348	3367	9.68	4.43	29.22
《图书馆杂志》	288	2435	8.45	2.46	24.72
《图书情报工作》	831	9203	11.07	3.57	18.92
《图书情报知识》	140	1838	13.13	2.56	22.14
《图书与情报》	207	2172	10.49	2.07	20.40
《现代图书情报技术》	200	2612	13.06	3.52	9.69
《中国图书馆学报》	109	2023	18.56	4.60	20.46

从表 5-13 可以看出，《图书情报工作》与《情报杂志》的引文数量远大于其他期刊，这与其载文篇数多有一定的关系；《情报科学》《图书馆建设》

《情报理论与实践》等期刊也具有较高的知识输入量；引文数量最少的是《档案学通讯》《国家图书馆学刊》和《档案学研究》，它们的知识输入量最低。

引文总量反映了期刊知识输入总量，但容易受到载文量的影响，篇均引文数量则更能反映各期刊所刊载论文的平均知识输入强度。19种期刊篇均引文数量的平均值为10.58，大多数期刊在9～11之间。篇均引文数量最低的为《档案学研究》(4.77）和《档案学通讯》(5.59)，最高的为《情报学报》(14.45）和《中国图书馆学报》(18.56)。由此可见，档案类期刊由于其学科属性，无论是知识输入总量还是在单篇文献知识输入量，数值都偏低。而《情报学报》和《中国图书馆学报》虽载文量较低，但单篇文献的知识输入量最高。

自引率反映了各期刊吸收来自本期刊内部文献的知识的比例，数值越高，则输入其他期刊知识的比例越低；类似地，引用学科内核心期刊（即CSSCI收录的20种期刊）比例则反映了吸收学科内部期刊知识的比例，数值越高，则吸收其他学科知识越少。19种期刊的平均自引率为3.88%，引用学科内核心期刊比例的平均值为21.69%。自引率最高的期刊是《档案学通讯》，引用学科内核心期刊比例最高的则是《图书馆》和《情报资料工作》。《国家图书馆学刊》《图书与情报》等6种期刊的自引率和引用学科内核心期刊比例都低于平均水平，说明其注重与其他期刊乃至其他学科的知识交流。

为了揭示各期刊之间的有机联系，笔者使用自编程序生成了期刊之间的耦合矩阵，并使用Netdraw软件绘制了期刊耦合网络，如图5-24所示。该网络图将期刊视为耦合网络中的节点，将期刊之间的耦合关系（即不同期刊引用同一期刊）视为节点间的联系。节点间的连线越粗则两种期刊之间的耦合频次越高，知识输入特征越相似；节点大小由各期刊与其他所有期刊的平均耦合频次大小决定，节点越大则其知识输入特征与其他期刊的平均相似程度越高。

如图5-24所示，国内期刊耦合网络是个典型的密集型、全连通网络，任意两种期刊之间都存在耦合关系。网络密度和节点的度是社会网络分析方法中的两个重要概念。网络密度指网络中实际存在的关系数量与可能存在的最大数量之比。在无向图中，一个节点的度数是与该点相连的线（关系）的条数①。该网络的密度为1，所有节点的度数均为18，这表明国内图书情报学科各期刊之间的知识交流频繁、广泛。

---

① 刘军．社会网络分析导论［M］．北京：社会科学文献出版社，2004.

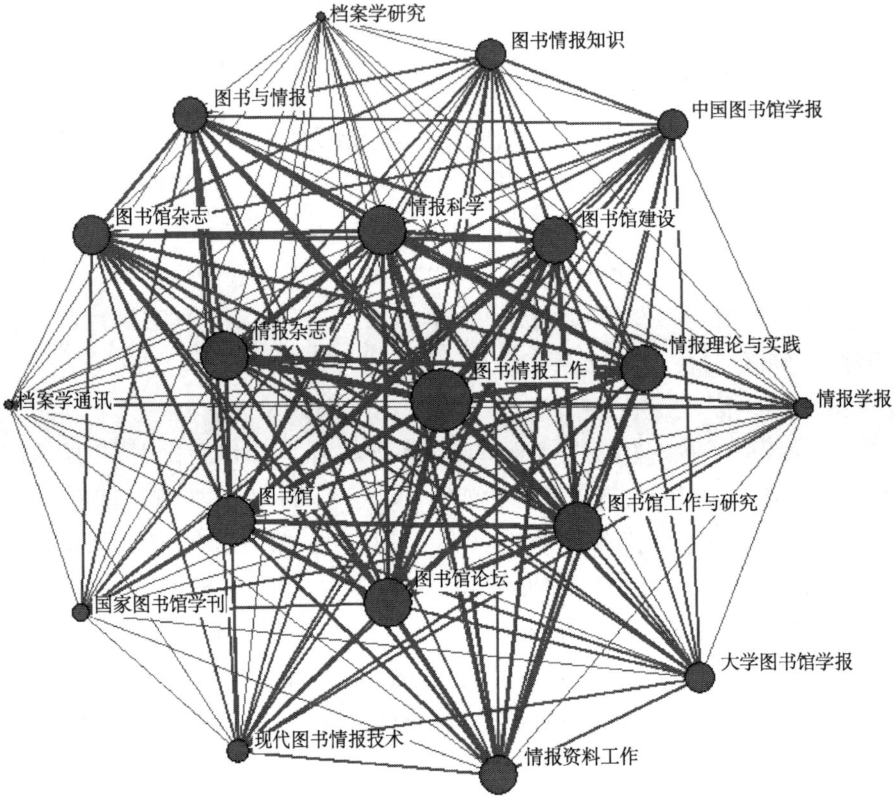

图 5-24　国内期刊耦合网络

从图 5-24 还可以看出，《图书情报工作》《情报杂志》《图书馆论坛》等期刊节点面积最大，与其他期刊平均相似度最高，是该网络的核心节点。与它们联系最紧密的是《情报杂志》等情报类或综合类期刊，其次是《图书馆》等图书馆类期刊。而《图书馆论坛》学科特征相对单一，与其相似度最高前 5 种期刊全部为图书馆类。节点面积最小的是《档案学研究》《档案学通讯》《国家图书馆学刊》《情报学报》等，这些期刊由于受到载文量和学术倾向的影响，虽与其他所有期刊之间都存在耦合关系，但相似程度都很小。

2. 国外期刊知识输入情况

2011 年 JCR 收录的 Information science&library science 学科期刊共 83 种，其中，*LIBR CULT REC* 无 2009 年发文数据，而 *ECONTENT* 和 *LIBR J* 则因为文献类型以 Book Review 和 Editorial Material 为主，无参考文献，因此这里只分析其余 80 种期刊的知识输入情况。限于篇幅，表 5-14 仅列出了引文数量最高的前 20 种期刊的引文情况统计数据。

表 5-14　国外期刊引文情况统计（部分）

期刊名称	载文篇数	引文数量	篇均引文数量	自引率/%	引用学科内核心期刊比例/%
J AM SOC INF SCI TEC	244	8989	36.84	5.58	25.24
SCIENTOMETRICS	192	4923	25.64	17.81	45.62
J AM MED INFORM ASSN	123	3666	29.80	10.20	21.41
J COMPUT-MEDIAT COMM	60	3201	53.35	1.34	4.50
MIS QUART	47	3051	64.91	8.26	24.88
J KNOWL MANAG	74	2972	40.16	0.07	3.26
ONLINE INFORM REV	111	2764	24.90	2.64	16.68
J HEALTH COMMUN	78	2678	34.33	3.51	7.92
EUR J INFORM SYST	38	2575	67.76	3.11	19.38
J MANAGE INFORM SYST	43	2525	58.72	4.55	19.41
GOV INFORM Q	93	2503	26.91	6.91	19.14
J ASSOC INF SYST	36	2390	66.39	1.76	18.74
J DOC	74	2192	29.62	4.70	30.47
INT J COMP-SUPP COLL	23	2171	94.39	2.07	4.10
TELECOMMUN POLICY	60	2009	33.48	7.52	18.32
INT J GEOGR INF SCI	82	1997	24.35	8.11	16.37
INFORM PROCESS MANAG	61	1960	32.13	4.49	17.70
INT J INFORM MANAGE	76	1944	25.58	2.52	16.82
INFORM SYST RES	31	1935	62.42	5.22	20.57
J INF SCI	47	1894	40.30	2.16	19.27

国外期刊中，引文数量最大的 *J AM SOC INF SCI TEC* 共引用 8989 条文献，其数量与国内的《图书情报工作》相当，但载文量仅为后者的 29.36%。*SCIENTOMETRICS*、*J AM MED INFORM ASSN* 等 4 种期刊的引文数量也在 3000 以上，但载文量都不大，是典型的知识吸收型期刊。引文数量在 3000 以上的期刊比国内少 2 种，引文数量在国内最小值（558）以下的有 22 种，其中最低的 2 种仅为 22 和 41。平均引文数量（1305）远低于国内（2967）。

在不考虑载文量的前提下，国外期刊的知识输入量明显小于国内，然而，从篇均引文数量来看，则情况迥异。国外 80 种期刊的篇均引文数量为 30.03，国内仅为 10.58。篇均引文数量的最大值和最小值分别为 166.82 和 0.38，而国内分别为 18.56 和 4.77。篇均引文数量大于 18.56（国内最大值）的有 51 种，小于 10.58（国内平均值）的仅 11 种，且这 11 种期刊含有较多 Book Review、Editorial Material 等文献类型，这些类型的文献无参考文献或参考文献较少。由此可见，国外期刊在篇均引文数量的分布上不像国内那样平均，但总体上远远超过国内期刊，这说明国外期刊虽载文量较小，但在各文献的平均知识输入量上胜过国内。

国外期刊的平均自引率为 3.63%，与国内情况相差不大。但这一数值主要由 10 余种自引率高的期刊造成，大多数期刊自引率都在平均值以下。23 种期刊的自引率小于 1%（国内仅 1 种），其中 5 种期刊自引率为 0。引用学科内核心期刊（即 JCR 收录的 83 种期刊）比例的平均值为 16.74%，低于国内平均值；这一数值在 10%以下的有 22 种（国内仅 1 种），其中 3 种为 0。自引率和引用学科内核心期刊比例都较高的期刊有 *KNOWL ORGAN*、*SCIENTOMETRICS* 等，*MIS Q EXEC* 等期刊自引率较高但引用学科内核心期刊比例较低，*J INF TECHNOL* 则自引率很低但引用学科内核心期刊比例较高，这些期刊由于研究方向较为细化、综合性程度低，较多地吸收学科内部甚至期刊内部的知识。而 *INFORM DEV* 等期刊自引率和引用学科内核心期刊比例都极低，*AUST LIBR J* 等则分别具有较低的自引率或引用学科内核心期刊比例，这些期刊综合性较高，研究方向以信息技术为主，较多地吸收了其他学科知识。如果从节点度数的大小来考虑，则除了 *J AM SOC INF SCI TEC* 和 *SCIENTOMETRICS* 以外，还有 *INFORM PROCESS MANAG* 等 6 种期刊的节点度数也为 79，与其他所有期刊存在耦合关系，但后 6 种期刊的平均耦合频次较小。*Z BIBL BIBL*、*INFORM DEV*、*ONLINE* 等期刊则是该网络中的边缘节点，它们的平均耦合频次和度数（关系数量）都最小。然而，除了 *INFORM DEV* 以外，其余期刊并非载文量排在最末的期刊。

国外 80 种期刊的耦合网络如图 5-25 所示。该网络虽然是全连通网络，但并非任意两种期刊之间都存在耦合关系，网络密度为 0.939 9，平均节点度数为 74.25，这表明国外不同期刊之间在知识交流活动上的相似性不如国内紧密，学科内部结构比国内松散。从平均相似程度来考察，该网络的核心节点是 *J AM SOC INF SCI TEC*、*MIS QUART* 等期刊，它们都具有较高的平均耦合频次。

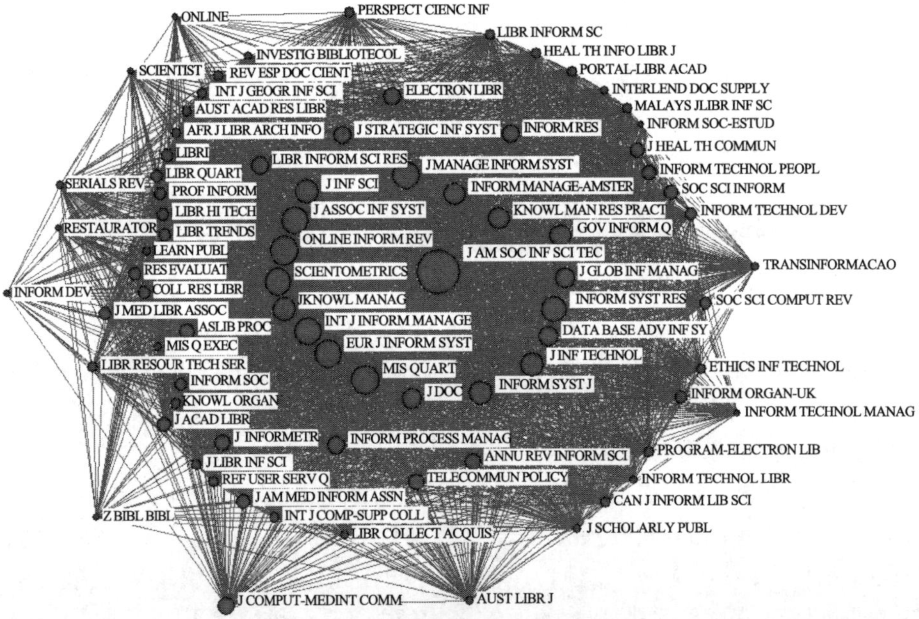

图 5-25　国外期刊耦合网络

5.5.3　图书情报学科知识输出情况分析

期刊引文数量的多少反映的是该期刊的知识输入强度，反之，被引频次的多少则反映了知识输出强度。施引期刊的分布，体现了该期刊知识输出方向。

1. 国内期刊知识输出情况

国内 19 种期刊的知识输出情况如表 5-15 所示。国内期刊总被引频次的最大值、最小值和平均值分别为 788、39 和 236.79。《图书情报工作》《情报杂志》《情报理论与实践》等 3 种期刊的总被引频次和被引论文篇数均排在前三位，其知识输出强度和输出总量均领先于其他期刊，是该学科的重要知识来源。《大学图书馆学报》的总被引频次也在 300 以上，但被引篇数较少。《档案学研究》《国家图书馆学刊》和《档案学通讯》则无论被引篇数还是总被引频次都排在最末，知识输出量最低。

表 5-15　国内期刊被引情况统计

期刊名称	载文篇数	被引篇数	被引比例/%	总被引频次	篇均被引频次	自引比例/%	被学科内核心期刊引用比例/%
《大学图书馆学报》	133	84	63.16	330	2.48	8.18	94.55
《档案学通讯》	164	50	30.49	63	0.38	49.21	96.83
《档案学研究》	117	27	23.08	39	0.33	35.90	97.44
《国家图书馆学刊》	78	37	47.44	61	0.78	3.28	98.36
《情报科学》	412	162	39.32	279	0.68	22.22	86.38
《情报理论与实践》	389	179	46.02	336	0.86	22.02	88.39
《情报学报》	130	70	53.85	161	1.24	21.74	93.17
《情报杂志》	573	237	41.36	410	0.72	28.29	78.29
《情报资料工作》	164	77	46.95	121	0.74	17.36	93.39
《图书馆》	311	108	34.73	184	0.59	19.57	89.13
《图书馆工作与研究》	409	143	34.96	223	0.55	17.94	88.79
《图书馆建设》	388	173	44.59	288	0.74	19.79	97.22
《图书馆论坛》	348	146	41.95	217	0.62	28.11	97.70
《图书馆杂志》	288	109	37.85	211	0.73	15.64	87.68
《图书情报工作》	831	414	49.82	788	0.95	24.62	90.36
《图书情报知识》	140	77	55.00	154	1.10	12.34	91.56
《图书与情报》	207	89	43.00	184	0.89	10.33	91.30
《现代图书情报技术》	200	92	46.00	166	0.77	37.95	95.78
《中国图书馆学报》	109	93	85.32	284	1.69	10.92	94.72

被引比例指被引频次不为 0 的文献数量在该期刊总载文量中的比例，从该

比例来看，《中国图书馆学报》遥遥领先，其次是《大学图书馆学报》等4种期刊；篇均被引频次（相对于载文量而非被引篇数而言）同样反映了各期刊所有论文的平均影响力，排在前五位的期刊同样是以上5种，只在位次上稍有变化。这两个指标排名的相近程度说明，这5种期刊在篇均影响力和篇均知识输出强度上具有稳固优势。而《档案学研究》《档案学通讯》《图书馆》《图书馆工作与研究》等期刊则在两个指标上都排在后四位。

表5-15的自引比例指来自本期刊的引用次数在该期刊总被引频次中的比例，该数值越高，则该期刊向其他期刊输出知识的比例越低。被学科内核心期刊（即CSSCI收录的20种期刊）引用比例则反映了各期刊向学科内部期刊输出知识的比例，数值越高，则输出到其他学科的知识越少。19种期刊的平均自引比例为21.33%，除《国家图书馆学刊》和《大学图书馆学报》外，其余17种期刊均在10%以上。《档案学通讯》自引比例最高，为49.21%，《现代图书情报技术》《档案学研究》等也具有较高的自引比例，这可能是由于这些期刊学科综合性较低或侧重技术类研究所致。被学科内核心期刊引用比例的平均值为92.15%，其中《国家图书馆学刊》高达98.36%，最低的《情报杂志》也达到78.29%，显然，国内图书情报学类期刊向其他学科输出知识甚少。

图5-26展示了国内期刊的共被引网络。该网络仍以国内19种期刊为节点，以期刊之间的共被引关系（即不同期刊被同一期刊引用）为节点间的联系。同时，被引用的期刊在主题和学术倾向上存在着或多或少的相似性或关联性，因此共被引强度越大，相似性越密切[①]。节点间的连线越粗则两种期刊之间的共被引频次越高，因此两者之间的知识输出特征越相似；节点越大则该期刊与其他所有期刊的平均共被引频次越高，其知识输出特征与其他期刊的平均相似程度越高。

与国内期刊耦合网络一样，国内期刊的共被引网络同样是一个任意两种期刊之间都存在共被引关系的密集网络，网络密度同样为1，这进一步表明国内图书情报学科内部结构非常紧密。图5-26所示网络中最突出的核心节点是《图书情报工作》，与图5-24所示的国内期刊耦合网络相同；图5-24的其他核心节点如《情报杂志》等也是图5-26的核心节点，但在图5-26中相对不够突出；边缘节点与图5-24网络相同，仍然是《档案学研究》等期刊，它们与其他节点之间的共被引关系相对较弱。

① 庞景安．科学计量研究方法论［M］．北京：科学技术文献出版社，2002.

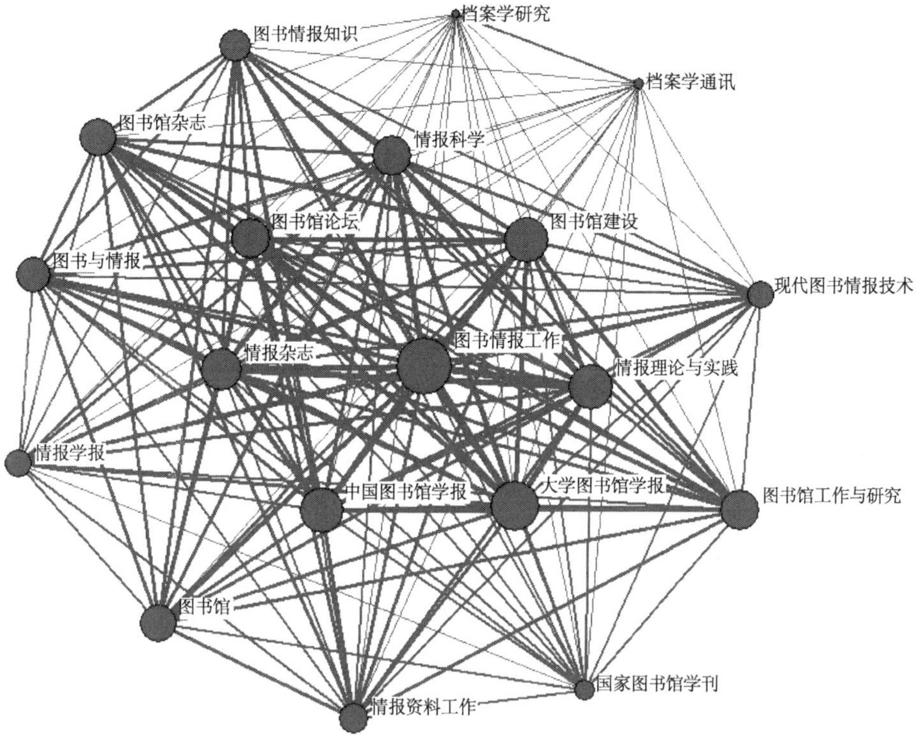

图 5-26　国内期刊共被引网络

2. 国外期刊知识输出情况

表 5-16 列出了被引频次最高的前 20 种国外期刊的被引情况。由于从 JCR 下载的被引数据是以期刊为单位，不能细化到具体文献层面，无法统计被引篇数和被引比例。

表 5-16　国外期刊被引情况统计（部分）

期刊名称	载文篇数	总被引频次	篇均被引频次	自引比例/%	被学科内核心期刊引用比例/%
J AM SOC INF SCI TEC	244	1021	4.18	24.88	62.68
J AM MED INFORM ASSN	123	865	7.03	25.78	27.17
SCIENTOMETRICS	192	796	4.15	31.66	65.70
MIS QUART	47	364	7.74	11.81	46.43
J INFORMETR	36	285	7.92	20.00	56.84
INFORM MANAGE-AMSTER	57	283	4.96	12.01	31.80
GOV INFORM Q	93	260	2.80	28.85	43.08
INT J GEOGR INF SCI	82	241	2.94	27.39	27.39
J COMPUT-MEDIAT COMM	60	233	3.88	2.58	9.87

续表

期刊名称	载文篇数	总被引频次	篇均被引频次	自引比例/%	被学科内核心期刊引用比例/%
J HEALTH COMMUN	78	219	2.81	6.39	7.76
INFORM SYST RES	31	209	6.74	5.26	41.15
J INF TECHNOL	30	191	6.37	1.05	9.95
INT J INFORM MANAGE	76	186	2.45	25.27	35.48
INFORM PROCESS MANAG	61	183	3.00	2.19	32.24
J INF SCI	47	176	3.74	12.50	37.50
TELECOMMUN POLICY	60	157	2.62	40.13	43.31
J ASSOC INF SYST	36	156	4.33	4.49	29.49
ONLINE INFORM REV	111	141	1.27	20.57	48.23
J MED LIBR ASSOC	84	137	1.63	14.60	35.77
J MANAGE INFORM SYST	43	132	3.07	19.70	39.39

国外期刊总被引频次的最大值、最小值和平均值分别为1021、1 和 108.47，后两者都小于国内数值，除了 *J AM SOC INF SCI TEC* 等少数期刊外，大多数期刊总被引频次都在国内平均值以下。从总量上来看，国外期刊知识输出强度略小于国内期刊，这与国外期刊载文量较小有一定的关系。

如果从期刊文献的平均知识输出能力的角度来考察，则国外期刊总体优于国内期刊，但水平更加参差不齐。国外篇均被引频次的平均值为 2.05，是国内的 2 倍多，*INFORM DEV*、*J INFORMETR*、*MIS QUART* 等期刊的篇均被引频次都在 6 以上，其中最突出的 *INFORM DEV* 为 11.00，这些期刊都具有较强的平均知识输出能力。当然，也有不少期刊的篇均被引频次低于国内最小值，知识输出能力最弱的 *Z BIBL BIBL* 的篇均被引频次仅为 0.04。

从平均自引比例来看，国外为 23.70%，与国内水平基本相当。值得注意的是，一半以上的期刊自引比例在国内的最大值以上，其中，*INFORM SOC-ESTUD* 高达 100%，*INTERLEND DOC SUPPLY* 等 5 种期刊也在 60%以上。另外，*DATA BASE ADV INF SY*、*LIBRI* 等 6 种期刊自引比例为 0，它们的载文量和总被引频次都极小，这是致使它们自引比例低的因素之一，然而也有载文量或总被引频次不小但自引比例较低的期刊，如 *J INF TECHNOL* 等。被学科内核心期刊引用比例的平均值为 55.07%，明显小于国内，虽有 6 种期刊高达 100%，但一半以上的期刊都在 50%以下，此外还有 8 种期刊在 20%以下，2 种期刊为 0，该指标揭示了国外期刊在向其他学科输出知识能力上相对于国内期刊的巨大优势。

国外期刊的共被引网络如图 5-27 所示。由于 *ECONTENT* 和 *LIBR J* 两种期刊 2009 年虽无参考文献，却被其他期刊引用，因此该网络由 82 个节点组成，比图 5-25 所示网络多 2 个节点。该网络是全连通网络，但平均节点度数仅 44.73，网络密度仅 0.552 2，是四个网络中密度最小的一个，这进一步说明国外学科内部结构比国内松散。

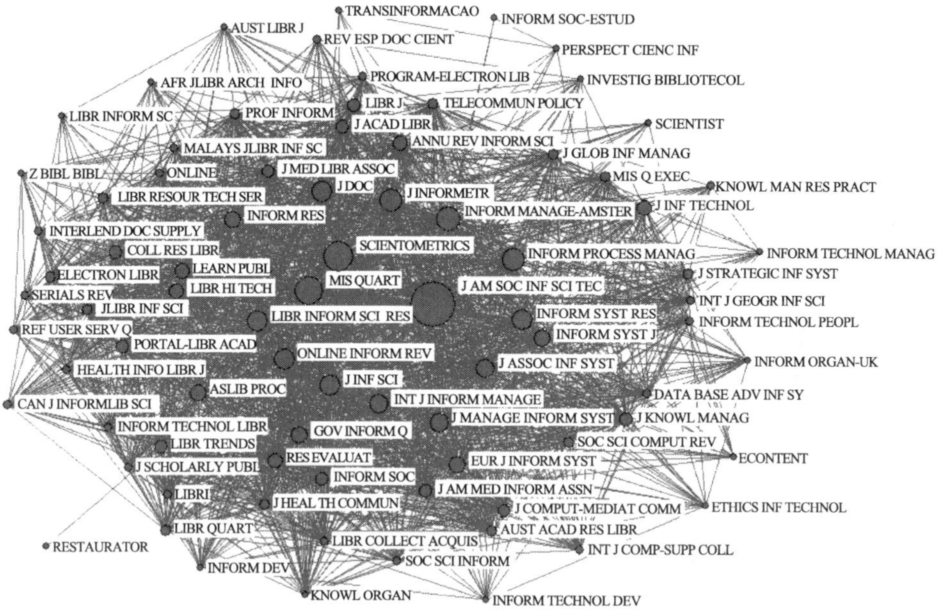

图 5-27　国外期刊共被引网络

从平均相似程度来考察，该网络核心节点是 *J AM SOC INF SCI TEC*、*SCIENTOMETRICS*、*MIS QUART*、*J INFORMETR*、*J INF SCI* 等期刊，它们都具有较高的平均共被引频次。该网络中不存在与其他所有期刊都有连线的节点。最大节点 *J AM SOC INF SCI TEC* 的度数为 79；其次是 *SCIENTOMETRICS* 和 *MIS QUART*，度数都为 73。该网络边缘节点为 *RESTAURATOR*、*NFORM SOC-ESTUD*、*TRANSINFORMACAO* 等。

5.5.4　研究结论

（1）从知识输入情况来看，国外期刊的知识输入总量小于国内，但篇均知识输入量远大于国内。国内图书情报类期刊中，知识输入总量较大的期刊也是载文量较多的期刊，而国外并非如此。国外大多数期刊的自引率和引用学科内核心期刊比例都低于国外，输入其他学科知识多于国内。国内期刊中，输入其他学科知识较多的是情报类期刊，国外则是信息工程类期刊。

（2）从知识输出情况来看，国外期刊的知识输出总量小于国内，篇均知识输出能力优于国内，但水平比国内更加参差不齐。国外期刊的平均自引比例大于国内，但被学科内核心期刊引用比例远小于国内，在向其他学科输出知识能力上相对于国内期刊具有明显优势。

（3）比较国内外期刊网络，发现国内期刊的耦合网络和共被引网络都是密度为 1 的高度密集型网络，国外虽然同样是全连通网络，但耦合网络密度略小于国内，共被引网络密度远小于国内，这说明国外期刊之间在知识交流活动（尤其是知识输出活动）上的相似性不如国内强，期刊间关联性较弱，学科内部结构比国内松散。国内外 4 个网络都是各节点之间联系广泛、难以划分派系的网络。

（4）国内期刊中，主要输出型和主要输入型期刊基本相同，耦合网络及共被引网络的核心节点/边缘节点也非常相似；而国外期刊的各方面情况则具有较大差异性。国内期刊知识交流活动的活跃程度以及与其他期刊的关系强度较多地受到了载文量的影响，载文量高的期刊知识交流活动频繁，与其他期刊联系较紧密；国外期刊受载文量影响较小，主要受到期刊学术主题的综合性大小的影响，综合性强的期刊知识交流广泛、处于网络中心，学术主题较细的期刊则交流面小、自引率高、处于网络边缘。

国内外图书情报学科知识交流最值得注意的共同点是：引用其他学科知识的比例都大于被其他学科引用的比例（国内期刊尤为明显）。这说明当前图书情报学类期刊输入其他学科知识较多，向其他学科输出知识较少。①

5.6 基于作者耦合分析的国外科学计量学科结构分析

1973 年，美国情报学家 Small 首次提出了文献共被引（co-citation）的概念，作为测度文献间关系程度的一种研究方法②。与 Small 在同一时间提出该理念的还有前苏联情报学家 Marshakova③。1981 年，White 与 Griffith 将文献共被引拓展至作者的层面，即形成了作者共被引分析（ACA）的研究方法④。随后，

① 曾倩，杨思洛．国内外图书情报学科知识交流的比较研究——以期刊引证分析为视角［J］．情报理论与实践，2013（10）：114－119，108.

② Small H. Cocitation in the scientific literature：A new measure of the relationship between two documents［J］. Journal of the American Society for Information Science，1973，24（4）：265－269.

③ Marshakova S I. System of document connections based on references［J］. Nauch-Techn. Inform，1973，2（6）：3－8.

④ White H D，Griffith B C. Author cocitation：A literature measure of intellectual structure［J］. Journal of the American Society for Information Science，1981，32（3）：163－171.

众多学者对ACA进行系统而全面的研究。这些研究中不仅包含对该方法本身的改进，如第一作者共被引、全部作者共被引①-③、矩阵对角线如何设定、矩阵是否需要转化、如何转化④-⑤，共被引强度计算方法⑥等；还包含将ACA应用于某一科学领域进行领域探测的研究，如Pamelaia将ACA应用于社会生态学领域⑦、White将其应用于情报科学领域⑧、Chen将其应用于数字图书馆⑨等。这一系列的研究成果丰富共被引的理论与方法，促进其学科发展，并使得ACA作为一种分析方法日渐成熟。

与文献共被引如火如荼的发展相比，文献耦合（bibliographic coupling，BC）作为与文献共被引形成对称关系的研究方法，其发展却相形见绌。而实际上，文献耦合的提出比文献共被引早了整整10年的时间。1963年，美国麻省理工学院教授Kessler在对《物理评论》期刊进行引文分析研究时发现，越是学科、专业内容相近的论文，其参考文献中相同文献的数量就越多。他把引证同一篇论文的两篇或多篇论文称为耦合论文（coupled papers），并把它们之间的这种关系称为文献耦合⑩。文献耦合同样是测度文献间关系程度的一种研究方法，却并未像共被引一样获得长足的发展。一直到2008年，Zhao将文献耦合拓展为作者文献耦合分析（author bibliographic-coupling analysis，ABCA），以情报学领域为例来进行实证研究，并将ABCA与ACA进行充分对比，以探析二者之间

---

① Persson O. All author citations versus first author citations [J]. Scientometrics，2001，50 (2)：339-344.

② Schneider J W，Larssen B，Ingwersen P. Comparative study between first and all-author co-citation analysis based on citation indexes generated from XML data [C]. Proceedings of the eleventh international conference of the International Society for Scientometrics and Informetrics，Spain，2007：696-707.

③ Eom S. All author cocitation analysis and first author cocitation analysis：a comparative empirical investigation [J]. Journal of Informetrics，2008，2 (1)：53-64.

④ Ahlgren P，Jarneving B，Rousseau R. Requirements for a cocitation similarity measure，with special reference to Pearson's correlation coefficient [J]. Journal of the American Society for Information Science and Technology，2003，54 (6)：550-560.

⑤ White H D. Author cocitation analysis and Pearson's r [J]. Journal of the American Society for Information Science and Technology，2003，54 (13)：1250-1259.

⑥ Rousseau R，Zuccala A. A classification of author co-citations：definitions and search strategies [J]. Journal of the American Society for Information Science and Technology，2004，55 (6)：513-629.

⑦ Pamela E S. Schlarly communication as a socioecological system [J]. Scientometrics，2001，51 (3)：573-605.

⑧ White H D，McCain K W. Visualizing a discipline：an author cocitation analysis of information science，1972-1995 [J]. Journal of the American Society for Information Science，1998，49 (4)：327-355.

⑨ Chen C M. Visualizing semantic spaces and author co-citation networks in digital libraries [J]. Information Processing & Management，1999，35 (3)：401-420.

⑩ Kessler M M. Bibliographic coupling between scientific papers [J]. American Documentation，1963，14 (1)：10-25.

的异同点[①]。但之后的几年，Zhao 并没有继续进行 ABCA 的研究，又转而进行 ACA 的研究。

根据耦合的原理，既然两篇或多篇文献可以引用同样一篇参考文献而发生相互关联，从而体现文献之间的某种隐含关系，那么，同样作为分析单元的文献关键词若被不同文章共用，也可以将不同作者的文章关联起来。通过关键词耦合起来的文献的作者之间又会隐含着一种什么样的关系？这两种关系之间又会有什么异同呢？本节试图予以探讨。本节研究有两个问题需解决：①作者关键词耦合分析（author keyword-coupling analysis，AKCA）是否是一种有效的耦合分析方法，它与另一种耦合分析方法 ABCA 在揭示学科领域的知识结构等方面有哪些异同点？②在 1991～2000 年与 2001～2010 年这两个时间段，科学计量学呈现一种什么样的知识结构，以及科学计量学在这 20 年间是如何演进的？[②]

5.6.1 研究方法与数据来源

1. 数据采集与清洗

在本节的研究中，我们有两个假设：①ABCA 是一种可信的、有效的研究学科领域知识结构的研究方法；②科学计量学领域的高活力作者的文献基本可以显示科学计量学的研究状况。为说明我们的研究，我们引入 AKCA，将它运用于科学计量学领域，并将其结果与 ABCA 的结果进行对比分析。

本节的数据源为 WoS，从该网络数据库分别检索并下载 *Scientometrics* 所刊载的 1991～2000 年及 2001～2010 年的数据，精炼结果仅保留 article 与 proceedings，分别得到科学计量学在 1991～2000 年的 790 篇以及在 2001～2000 年的 1255篇论文题录数据，数据包含题名（TI)、作者（AU)、摘要（AB)、关键词（ID)、参考文献（CR）等信息。将经过采集、清洗完毕的数据分作两个数据集存储，即 1991～2000 年的数据集与 2001～2010 年的数据集，以便于我们运用 AKCA 与 ABCA 研究科学计量学的知识结构及其在这 20 年间的演进状况。我们开发了耦合系统软件来处理该数据集，并引导该软件运行生成便于进一步进行因子分析的数据结构形式。

---

① Zhao D Z. Evolution of research activities and intellectual influences in information science 1996－2005：introducing author bibliographic-coupling analysis [J]. Journal of the American Society for Information Science and Technology，2008，59（13）：2070－2086.

② 宋艳辉，武夷山．作者文献耦合分析与作者关键词耦合分析比较研究：Scientometrics 实证分析 [J]．中国图书馆学报，2014，(1)：25－38.

2. 耦合分析

在经典的作者共被引分析中，选择多少位作者并没有严格的限制①。同 ACA 一样，作者耦合分析也没有约定俗成的做法，而且，由于这方面的研究较少，其分歧甚至比 ACA 更大。本节认为，在进行作者耦合分析时，对结果影响最大的就是作者耦合频次的计算，以及选择所要研究的科学领域的代表性作者。

第一，计算思路。关于作者文献耦合的计算方法有两个不同的视角，颇具代表性的是 Leydesdorff 和 Zhao 的算法。Leydesdorff 将其耦合分析软件挂接在其个人学术网站上，马瑞敏博士推算其算法思想为②"两个作者（作者分别为 A 和 B）的耦合首先是两个文献的耦合，即文献的耦合是基础，先求出两篇文献的耦合次数，就求出了这两篇文献的著者之间的耦合次数，然后累加"。Zhao 提供的两个作者文献耦合的计算方法③是将某个作者（只考虑第一作者）所有论文的参考文献作为一个集合，然后和另一个作者所有文献的参考文献进行比较，找出共同的参考文献次数，即为这两个作者之间的文献耦合次数。由于一篇文献在某个作者的参考文献中出现的次数不止一次，如在 A 作者的参考文献中出现 N 次，同时在 B 作者的参考文献中出现 M 次，则这篇文献要赋以权值，具体为 Min（N，M）。Leydesdorff 的方法每增加一篇文献便要和目标作者的所有文章的参考文献进行匹配，因此效率比较低，而且 Leydesdorff 仅仅提供了该软件并未用它进行任何的实证研究。本节更加倾向于 Zhao 的处理方法，并且将这种方法推广至 AKCA，每一个关键词相当于 ABCA 中的一篇引文。

第二，选择代表作者。首先，统计数据集中的高发文作者，提取发文大于 2 篇的作者；接着，计算这些高产作者之间的耦合频次，计算每位作者的平均耦合频次（作者与其他作者的耦合频次总和除以高产作者数目，再减去 1）；根据平均耦合频次对作者进行排名，抽取排名前 100 的作者，作为代表作者进行耦合矩阵的构建。至于选择多少位作者作为代表作者，也没有约定俗成的做法④。White 与 McCain 在进行作者共被引分析时选择了 120 位作者，当时由于数据库

---

① McCain K W. Mapping authors in intellectual space: a technical overview [J]. Journal of the American Society for Information Science, 1990, 41 (6): 433－443.

② 马瑞敏. 基于作者学术关系的科学交流研究 [D]. 武汉大学博士学位论文, 2009.

③ Zhao D Z. Evolution of research activities and intellectual influences in information science 1996－2005: introducing author bibliographic-coupling analysis [J]. Journal of the American Society for Information Science and Technology, 2008, 59 (13): 2070－2086.

④ McCain K W. Mapping authors in intellectual space: a technical overview [J]. Journal of the American Society for Information Science, 1990, 41 (6): 433－443.

功能的限制，他们直接从 DIALOG 中检索获得作者的共被引数据①。Zhao 和 Strotmann 效仿 White，同时也是为了与 White 的研究结果进行比较，也选择了 120 位代表作者进行作者共被引分析和作者文献耦合分析，他们的数据量是4422 篇论文。在他们的一系列相关研究中，都是沿用 120 位作者的做法，其数据样本量一般也都比本节的大，如 Scopus 收录的情报学领域的 3824 篇论文②，WoS 收录的 XML 领域的 2475 篇论文③。而本节的数据样本量仅有 2045 篇论文，因此本节选取 100 位作者作为代表作者。据统计，两个时间段、两种不同方法筛选出四组不同的作者集（都由 100 位作者组成）所发表的论文数量之和占我们数据样本量的比例如下：ABCA1991-2000 年为 46%，AKCA1991-2000 年为 44%，ABCA2001-2010 年为 35%，AKCA2001-2010 年为 36%。这几个数值都远远高于 Zhao 统计的 25%的比例值④。因此，我们选取的作者比 Zhao 的更有代表性，这 100 位作者完全可以反映出科学计量学在这两个时间段的研究状况。

3. 因子分析

分别构造出 100 位作者的作者文献耦合矩阵和作者关键词耦合矩阵，得到四个不同的矩阵。矩阵的对角线值为作者的平均耦合频次减去 1（消除自耦合）。矩阵导入 SPSS 进行因子分析，因子萃取选择主成分分析。因子数量的确定是通过检查方差的总解释度、公共因子、相关残差⑤。因子分析模型采取直接斜交转轴法。因子分析方法主要提供了两种旋转法，即垂直旋转法和直接斜交转轴法。从理论上讲，一个学科尤其是一个二级学科的各个研究主题（因子）之间不可能是孤立的，而是存在一定相关关系。因此，直接斜交转轴法可以更好地反映现实状况。

---

① White H D，McCain K W. Visualizing a discipline：an author cocitation analysis of information science，1972 - 1995 [J] . Journal of the American Society for Information Science，1998，49 (4)：327 - 355.

② Zhao D Z，Strotmann A. Comparing all-author and first-author co-citation analyses of Information Science [J] . Journal of Informetrics，2008，2 (3)：229 - 239.

③ Zhao D Z，Strotmann A. Information science during the first decade of the Web：an enriched author co-citation analysis [J] . Journal of the American Society for Information Science and Technology，2008，59 (6)：916 - 937.

④ Zhao D Z. Evolution of research activities and intellectual influences in information science 1996 - 2005：introducing author bibliographic-coupling analysis [J] . Journal of the American Society for Information Science and Technology，2008，59 (13)：2070 - 2086.

⑤ Hair J F，Anderson R E，Tatham R L，et al. Multivariate Data Analysis [M] . 5th ed. Upper Saddle River，NJ：Prentice Hall，1998.

4. 结构可视化

很早就有学者选择因子分析结果中载荷值超过某一自行设定的阈值的载荷作者进行分析①②。早期的学者在因子结构可视化方面一般选择表格形式或者多维尺度图谱（MDS maps）③④，这种可视化展示形式虽然展示的信息量够大，但是占用的空间也很大，且不够形象直观。Zhao 和 Strotmann 在借鉴前人的基础上，引入了一种新的可视化方法，以更加浓缩的社会网络图谱形式呈现各因子及其高载荷作者⑤。该网络图谱的绘制是通过 Pajek 执行的 Kamada-Kawai 图谱分布算法（Kamada-Kawai graph layout algorithm）实现的，这是一种以发明者名字命名的可视化算法。本节的研究，借鉴 Zhao 和 Strotmann 的可视化展示形式，但区别于他们的是，本节所绘制的图谱是通过执行 Ucinet 中集成的 Netdraw 软件实现的。该图谱依然可以以较小的空间呈现尽可能多的信息，且展示效果直观明了。

在本节的图谱中，作者以方形节点表示，因子以圆形节点表示。方形节点与圆形节点之间连接，表示作者在该因子上承载一定的荷值，载荷值越大，连线就会越粗；连线的色度也表明载荷值的大小，浅灰色的连线表示载荷值较小，黑色的连线表示载荷值较大。需要说明的是，只有作者在因子上的载荷值大于 0.3 才会被选入图谱并与因子建立连接。

图谱中节点的大小也表示不同的含义，是通过计算载荷数值而得出的结果。作者节点（方形）的大小与作者所承载在因子上的载荷值成正比；因子节点（圆形）的大小与连接在该因子上的载荷数值大于 0.3 的作者的载荷值之和成正比。图谱中节点的色度表示它们之间互相连接的次数，即网络中节点的点度。网络节点之间的距离远近可以近似地表示它们之间的亲密程度。如果两个因子之间距离较近，则这两个研究主题之间很可能有较强的相关性。

---

① White H D，Griffith B C. Author cocitation：a literature measure of intellectual structure［J］. Journal of the American Society for Information Science，1981，32（3）：163－171.

② Eom S B，Farris R S. The contributions of organizational science to the development of decision support systems research subspecialties［J］. Journal of the American Society for Information Science，1996，47（12）：941－952.

③ White H D，McCain K W. Visualizing a discipline：an author cocitation analysis of information science，1972－1995［J］. Journal of the American Society for Information Science，1998，49（4）：327－355.

④ McCain K W. Mapping authors in intellectual space：a technical overview［J］. Journal of the American Society for Information Science，1990，41（6）：433－443.

⑤ Zhao D Z，Strotmann A. Can citation analysis of web publications better detect research fronts［J］. Journal of the American Society for Information Science and Technology，2007，58（9）：1285－1302.

5.6.2 可视化结果和讨论

1. 作者排名情况

无论是作者文献耦合还是作者关键词耦合，作者能够与其他作者建立较高的耦合关系就表示该作者具有较高的研究活力。根据作者跟其他作者的平均耦合频次对作者进行排名，然后对排名结果进行相关分析，可以建立四对相关分析，如表5-17所示。对1991～2000年的136位作者分别进行ABCA和AKCA，并根据排名各自选取100位代表作者，在这100位代表作者中有79位相同作者，对这79位作者在AKCA与ABCA中的排名进行相关分析。同理，可以从2001～2010年的203位作者中提取68位相同作者进行AKCA与ABCA排名的相关分析。如此，分别得到相关系数0.396、0.398。另外，还可以分别对两个时间段的所有作者的AKCA与ABCA排名进行相关分析，得到相关系数0.407、0.520。结果显示，作者文献耦合与作者关键词耦合之间并不是没有关系，而是呈现一种弱正相关性，并且随着我们样本数据量的增大，这种相关性也在变强①。

表5-17 ABCA与AKCA作者平均耦合排名相关分析

	1991～2000年 ABCA共有作者	2001～2010年 ABCA共有作者	1991～2000年 ABCA所有作者	2001～2010年 ABCA所有作者
1991～2000年 AKCA共有作者	0.396			
2001～2010年 AKCA共有作者		0.398		
1991～2000年 AKCA所有作者			0.407	
2001～2010年 AKCA所有作者				0.520

在作者文献耦合与作者关键词耦合的100位代表作者中有很高的重合率（1991～2000年79%的重合，2001～2010年68%重合），即在作者文献耦合中的高耦合频次作者依然是作者关键词耦合的高耦合频次作者，这进一步论证了ABCA与AKCA存在着相关性。至于1991～2000年与2001～2010年的科学计量学耦合情况比较，虽然是79%>68%，却不足以说明这种相关性在减弱，因为针对1991～2000年的统计，是从136位作者中选取100位代表作者；而针对2001～2010年的统计，是从203位作者中选取100位代表作者。事实上，

① 宋艳辉，武夷山．作者文献耦合分析与作者关键词耦合分析比较研究：Scientometrics实证分析[J]．中国图书馆学报，2014，(1)：25-38.

ABCA与AKCA的这种相关性在2001～2010年略有变强，因为，在分析过程中我们若如1991～2000年的一样，同样仅选定前136位作者作为分析基础，结果显示有80位共有作者，即80%的重合率，略大于79%。

2. 因子模型拟合分析

将我们构建的ABCA与AKCA的作者耦合矩阵进行相似矩阵的转化，导入SPSS进行因子分析。因子模型的拟合结果如表5-18所示。从整体结果上看，耦合分析模型拟合优度非常理想，例如，1991～2000年的ABCA中，16个因子可以解释93.76%的总方差；只有47个数值的观察值和预测值的相关差异大于0.05，几乎100%的残差都是小于0.05的；公因子变动的数值最小为0.76，最大为0.99，小于0.7的公因子为0（或0%），小于0.8的公因子为1（或1%），小于0.9的公因子也只有18（或18%）。

表 5-18　因子模型拟合结果

耦合分析	因子数	总方差解释度/%	非冗余残差 >0.05（%）	公因子			
				变动范围	<0.7（%）	<0.8（%）	<0.9（%）
1991～2000年ABCA	16	93.76	47（0）	0.76～0.99	0（0）	1（1）	18（18）
1991～2000年AKCA	8	97.17	15（0）	0.86～0.998	0（0）	0（0）	2（2）
2001～2010年ABCA	11	93.86	71（1）	0.76～0.995	0（0）	2（2）	15（15）
2001～2010年AKCA	10	94.55	37（0）	0.81～0.99	0（0）	0（0）	8（8）

两个时间段都显示，作者关键词耦合比作者文献耦合拟合结果更为理想，这表示作者关键词耦合的结果比作者文献耦合的结果更易于解释。1991～2000年的AKCA分析结果显示，作者耦合分析仅用8个因子就可以解释高达97.17%的总方差，比ABCA的16个因子的93.76%好很多；最小公因子数值为0.86远远大于0.76；98%的公因子数值都是大于0.9的，而ABCA大于0.9的公因子数仅占88%。2001～2010年的数据仍然显示AKCA好于ABCA，AKCA的10个因子可以解释94.55%的总方差，几乎100%的残差绝对值都是小于0.05；ABCA则是11个因子揭示93.86%的总方差，99%的残差绝对值小于0.05；AKCA的公因子最小值0.81大于ABCA的0.76；ABCA小于0.8的公因子数占2%，小于0.9的公因子数占15%，而AKCA没有小于0.8的公因子，小于0.9的公因子也仅占8%。

3. 科学计量学（1991～2000年）

针对科学计量学在1991～2000年的数据构建的作者文献耦合矩阵与作者关键词耦合矩阵，分别进行因子分析，以主成分方法萃取因子，并进行直接斜交旋转，然后可视化其结构矩阵。

1）科学计量学（1991～2000年）知识结构

文献耦合在揭示学科领域知识结构方面已经受到越来越多学者的认同，并得到实证分析。因此，我们以作者文献耦合分析方法来呈现科学计量学的知识结构。经过因子分析，我们探测到科学计量学（1991～2000 年）共 16 个因子，如表 5-19 所示。载荷数表示研究主题（因子）在学科内的活跃度，载荷数是因子上载荷大于 0.3 的代表作者数目，其计算方法不仅计算首要载荷作者数，同时计算次要载荷作者数，我们认为次要作者也可以表示研究主题的活跃性，忽略次要载荷作者数的做法不太合理①②。各因子上最高载荷表示它所代表的各因子（研究主题）在学科内的显著度。因子标签的标注是一项比较困难的工作，为此我们充分考虑耦合的原理，即耦合的发生是作者共同引用了一篇文献或者一个关键词。我们检查各因子中高载荷作者以及高耦合强度作者的共同研究主题，其中，ABCA 主要检查源数据集中高耦合强度作者的耦合文献及它们的题名；AKCA 主要检查源数据集中高耦合强度作者的耦合关键词。我们发现，各因子中高载荷作者跟高耦合强度作者往往保持一致，而且各因子中与最高载荷作者发生最高耦合强度的作者往往也是因子中第 2、第 3 高载荷作者，如 ABCA 引文分析 Luukkonen（1）与 Wouters（3）、学科领域计量 Jain（1）与 Karki（2）、专利分析 Tijssen（1）与 Meyer（3）；AKCA 科学计量指标 Sancho（1）与 Whitney（2）；期刊计量指标 Pichappan（1）与 Egghe（2）、医学计量 Breimer（1）与 Zhang（2）等。这使得因子的标注工作变得相对容易很多，只需要检查这些高载荷与高耦合强度作者的共同研究主题，即可确定因子标签。因子的确定主要是根据模式矩阵，因为模式矩阵中的作者体现了作者对因子的独特贡献。如果模式矩阵的载荷作者过少，无法进行标注时再借助结构矩阵。通过以上方法就可以确定 16 个因子的标签，其中，有 3 个因子无论是在模式矩阵还是结构矩阵中都无法找到高载荷作者，因此无法准确地确定其因子标签，我们以“未查明”来表示。

表 5-19　ABCA 因子及其载荷（1991～2000 年）

因子	载荷数	最高载荷	因子	载荷数	最高载荷
国际合作	23	0.97	科学知识图谱	8	0.83
科学合作	16	0.75	专利分析	7	0.94
期刊影响因子	14	0.84	文献计量应用研究	6	0.94
科学创新	13	0.85	文献计量基础规律研究	4	1.04
引文分析	12	0.70	期刊评价	1	0.31
共词分析	12	0.88	未查明	3	0.42

① Zhao D Z. Towards all-author co-citation analysis [J]. Information Processing & Management, 2006, 42 (6): 1578-1591.

② Zhao D Z, Strotmann A. Can citation analysis of web publications better detect research fronts [J]. Journal of the American Society for Information Science and Technology, 2007, 58 (9): 1285-1302.

续表

因子	载荷数	最高载荷	因子	载荷数	最高载荷
学科领域计量	10	0.92	未查明	1	0.31
期刊引证	9	0.68	未查明	0	0.00

结构矩阵中的作者载荷体现了作者之间以及因子之间的相关性，也就是说这些载荷不仅承载了作者与因子之间的相关性，也包含了各因子之间的相互作用①。因此，我们认为结构矩阵可以更充分地体现学科领域的结构特性，因子分析结果的16个因子的结构矩阵可视化结果如图5-28所示。如果在图谱中央画一条虚线，则科学计量学（1991～2000年）研究泾渭分明地被分为两个研究区域，左侧的区域明显表现为科学计量学的文献研究，右侧的区域则表现为科学计量学的政策研究。文献研究是科学计量学基本的、传统的问题、方法及规律的研究，主要包含期刊影响因子、引文分析、期刊引证、期刊评价、共词分析、文献计量基础规律研究等。政策研究是科学计量学与科学学的实践问题、方法及规律的应用等的研究，主要包含国际合作、科学合作、科学创新、文献计量应用研究、学科领域计量、专利分析等。科学知识图谱，由引文分析衍生而来，似乎正在成为连接文献研究与政策研究的一个领域。在科学计量学（1991～2000年）中，科学知识图谱还是一个规模较小的研究主题。但下面的研究显示，在科学计量学（2001～2010年）中，该研究已经发展为一个主流研究主题，而且其与引文分析研究变得更加的紧密相关。

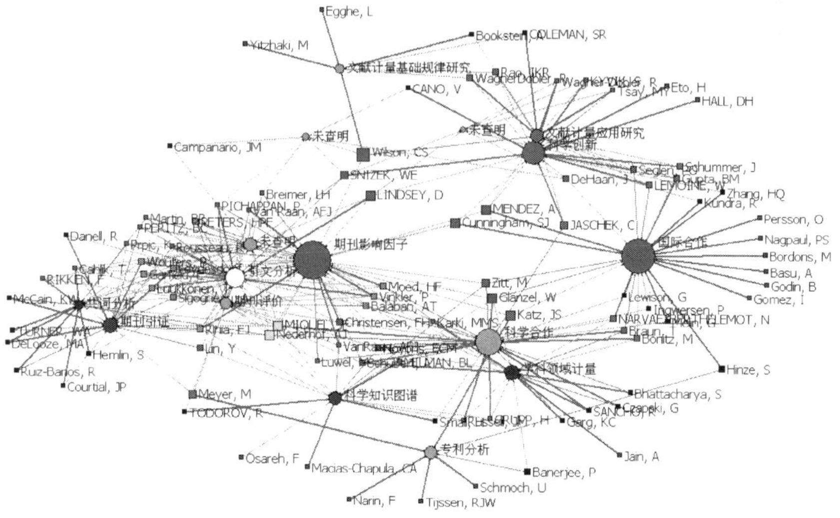

图 5-28　ABCA 结果（科学计量学 1991～2000 年）

① Hair J F, Anderson R E, Tatham R L, et al. Multivariate Data Analysis [M]. 5th ed. Upper Saddle River, NJ: Prentice Hall, 1998.

2）ABCA 与 AKCA 对比分析

A. 主题探测

对科学计量学（1991～2000 年）的数据进行文献关键词耦合分析所探测到的因子及其载荷如表 5-20 所示。AKCA 的因子分析结构矩阵的可视化结果如图 5-29 所示。

表 5-20　AKCA 因子及其载荷（1991～2000 年）

因子	载荷数	最高载荷	因子	载荷数	最高载荷
科学计量指标	33	0.92	区域计量	14	0.94
科学合作与分布	29	0.85	科学与技术	11	0.92
科研合作	20	0.93	医学计量	6	1.02
期刊计量指标	19	0.99	未查明	4	0.38

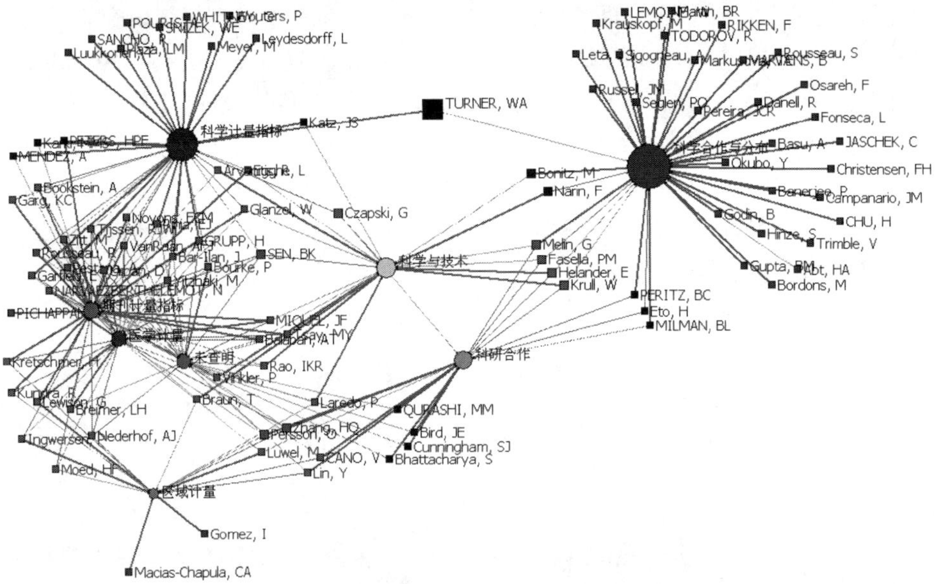

图 5-29　科学计量学（1991～2000 年）的 AKCA 结果

分别比较表 5-19 与表 5-20，图 5-28 与图 5-29，我们可以发现以下问题。

(1) ABCA 可以探寻到比 AKCA 更多的研究主题。针对科学计量学 1991～2000 年的数据，ABCA 探寻出了 16 个研究主题，而 AKCA 仅探寻到 8 个研究主题。究其原因如下：①耦合的基础数据项（引文、关键词等）数量不同。ABCA在计算耦合频次时比 AKCA 依赖更多的数据项。统计 136 位作者的引文数量，它们的引文数量总和为 5576，平均每位作者的引文数量为 41；而统计 136 位作者的关键词数量，其数值远远小于引文数量，关键词数量总和为 935，平均每位作者的关键词为 6.88。统计科学计量学 2001～2010 年的数据，依然是这种现象，203 位作者的引文数量总和与关键词数量总和分别为 16 737，2982；平均每位作者的引文数量与关键词分别为 82.45，14.69。不可否认的是，数据项越多，发生耦合的可能性就越大，但也更易产生大的变数。②耦合发生的学科差异。ABCA 所依赖的引文数据不仅包含本学科的文献还依赖其他众多学科的文献，而 AKCA 依赖的关键词一般都是反映文章实质内容的本学科领域范围内的分类主题词。③年代追溯性的差异。文献耦合关系一旦确立，这两篇文献的耦合频次便不会随时间发生变化，这一点不仅适用于 ABCA，也同样适用于 AKCA。但是，作者文献耦合发生的追溯性更强，可以跨越数个年代。也就是说，虽然文献耦合发生是在文献出版的时间，但致使耦合发生是可以追溯到数个年代之前的文献，AKCA 则在这些方面表现得弱很多。因此，我们认为，以上三点原因使得 ABCA 增加了耦合发生的多变性和不稳定性，当文献耦合上升到作者耦合时就会增加作者耦合的多变，致使作者呈现多样性，因而降低了因子对总方差的解释度，使得 ABCA 的模型拟合不及 AKCA 理想，要充分解释其总方差就比 AKCA 需要更多的因子。

（2）在研究热点主题发现上，ABCA 与 AKCA 的探测结果基本是一致的。以科学计量学（1990～2000 年）为例，ABCA 探测到的排名第 1 与第 2 的研究主题是“国际合作”与“科学合作”，这与 AKCA 中探测到的排名第 2 与第 3 的研究主题“科学合作与分布”与“科研合作”基本是对应的，虽然在表述或者合作方式上有所差异，实质上都是关于合作的研究主题。ABCA 中排名第 3 的“期刊影响因子”与 AKCA 中排名第 1 的“科学计量指标”、第 4 的“期刊计量指标”有对应关系。“期刊影响因子”应属于期刊计量指标的研究范畴，而后二者又是科学计量指标的一个方面，因此，三者之间具有一定的隶属关系。由此看来，针对科学计量学 1991～2000 年的数据，ABCA 探测到的前 3 位的研究主题与 AKCA 探测到的前 4 位的研究主题基本一致。这也进一步说明，ABCA 与 AKCA 存在着一定的相关性，在 ABCA 中建立高耦合关系的作者，在 AKCA 中也极易建立高的耦合关系。

（3）AKCA 同样具有一定的预测性。AKCA 的这种特性我们会在后面结合科学计量学（2001～2010 年）的数据加以说明。

B. 耦合矩阵余弦相似度比较

前面已经比较 ABCA 与 AKCA 中作者的排名存在弱相关性，并论证 ABCA 与 AKCA 具有一定的相关性。这种相关性还可以通过比较 ABCA 与 AKCA 中的两个耦合矩阵的余弦相似度得到进一步的论证。将本节构建的科学计量学（1991～2000 年）的 100×100 耦合原始矩阵导入 SPSS，计算得出 ABCA 与 AKCA 的余弦相似度为 0.398。筛选出二者共同拥有的 79 位作者重新构建 79×79 矩阵，计算得出二者的余弦相似度为 0.504。以同样方法计算科学计量学

(2001～2010 年）的耦合矩阵，得出 ABCA 与 AKCA 的余弦相似度为 0.526，二者共同拥有的 68 位作者构建的 68×68 耦合矩阵的余弦相似度为 0.704。

从这四个数值上看，ABCA 与 AKCA 具有一定的相似度，实际上更具有统计意义的是 ABCA 与 AKCA 过程中共有作者耦合矩阵的相似度。由于作者耦合方式（文献、关键词）的不同必然导致不同的作者被选入代表作者，从而进入我们的耦合矩阵。因此，只有算出两种耦合矩阵中共有作者的耦合频次在多大程度相似，才能更好地说明两种耦合矩阵以及 ABCA 与 AKCA 这两种耦合方式的相似度有多大。结果表明，两个时间段的共有代表作者矩阵的余弦相似度分别为 0.504、0.704，这说明 ABCA 与 AKCA 这两种不同耦合方式下产生的不同结果具有很大的相似性，也同时表明这种相似性在科学计量学（2001～2010 年）中比在科学计量学（1991～2000 年）中体现得更为明显。而且，这个结论也与前面的研究结论保持高度一致，前面根据作者跟其他作者的平均耦合频次对作者进行排名，然后对排名结果进行相关分析，无论是 AKCA 与 ABCA 的共有作者还是所有作者，都表明科学计量学第二个时间段中的 ABCA 与 AKCA 的相关性比第一个时间段更强。

4. 科学计量学（2001～2010 年）

采用与前面同样的方法对科学计量学（2001～2010 年）作者文献耦合矩阵与作者关键词耦合矩阵分别进行因子分析，然后可视化其结构矩阵。

1）科学计量学（2001～2010 年）知识结构

经过因子分析，我们探测到科学计量学（2001～2010 年）共 11 个因子，如表 5-21 所示。检查高载荷与高耦合强度作者的共同研究主题，确定因子标签。该阶段二者依然保持高度的一致。

表 5-21　ABCA 因子及其载荷（2001～2010 年）

因子	载荷数	最高载荷	因子	载荷数	最高载荷
h 指数	24	0.99	科研生产力	10	0.95
科学与技术	22	0.93	学科交互融合	4	0.45
学科合作	21	0.79	科学知识图谱	2	0.35
期刊影响因子	16	0.81	社会网络分析	1	0.33
区域合作	12	0.86	网络计量	0	0.00
引文分析与可视化	12	0.73			

如 h 指数的 Ye（1）与 Liu（2）、科学知识图谱的 Porter（1）与 Rafols（2）、区域合作的 Boshoff（1）与 Sooryamoorthy（2）、科学与技术的 van Looy（1）与 Verbeek（2）、期刊影响因子的 Campanario J M（1）与 Sombatsompop N（2）、科研生产力的 Lariviere V（1）与 Archambault E（3）等。该阶段科学计

量学最活跃的研究主题是“*h* 指数”。最小的因子“网络计量”因其载荷数为 0，是检查结构矩阵的作者载荷确定的因子标签。

因子分析结果的 11 个因子的结构矩阵可视化结果如图 5-30 所示。同样在图谱的中央画一条虚线，科学计量学（2001～2010 年）的研究较为明显的分为四个研究领域：①科学与技术指标，包含“期刊影响因子”和“*h* 指数”两个研究因子。②科学合作研究，包含“区域合作”“学科合作”和“科研生产力”三个研究因子。③科学与技术交融研究，包含“科学与技术”和“学科交互融合”两个研究因子。④引文分析与可视化研究，包含“科学知识图谱”“社会网络分析”和“引文分析与可视化”三个研究因子。我们可以发现，研究领域①与研究领域②交织在一起，没有明显的界线。实际上，研究领域①与研究领域②分别属于科学计量学 1991～2000 年所论述的文献研究与政策研究范畴，这说明该时期科学计量学的发展不再像前 10 年所表现出的文献研究与政策研究、理论问题与实践问题相分离，而是更加注重二者之间的融合，从而呈现一种良性的发展态势。在科学计量学（1991～2000 年）中，科学知识图谱源自引文分析，且并未形成一定规模。在 2001～2010 年，科学知识图谱与可视化研究俨然已成为科学计量学的一个独立的研究热点领域，更重要的是，该领域各个研究主题之间的联系更加紧密，相互作用与影响在扩大。“网络计量”就是由该领域衍生出来的一个较新的研究主题，检查该因子下的作者及其共同研究主题发现，该主题主要集中在“网络链接分析”的研究，我们认为网络链接分析属于网络计量的研究内容。

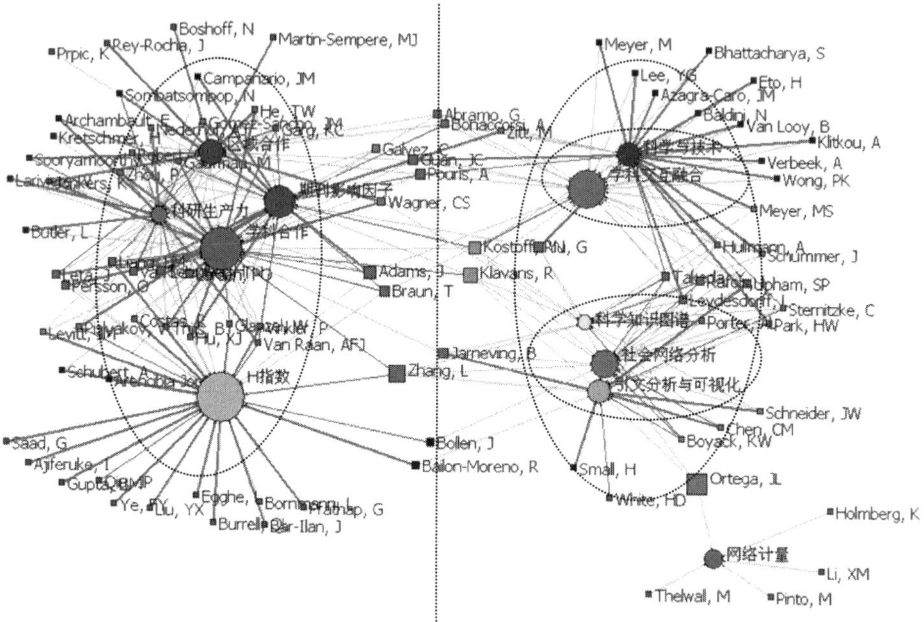

图 5-30　科学计量学（2001～2010 年）的 ABCA 结果

经过比较可以看出，经过一段时间的发展，科学计量学（2001～2010 年）的结构比科学计量学（1991～2000 年）的结构更加清晰明朗，而且各个研究主题之间不再孤立，而是更加融合贯通。

2）ABCA 与 AKCA 综合对比

科学计量学（2001～2010 年）进行文献关键词耦合分析所探测到的因子极其载荷，如表 5-22 所示。AKCA 的因子分析结构矩阵的可视化结果如图 5-31 所示。

表 5-22 AKCA 因子及其载荷（2001～2010 年）

因子	载荷数	最高载荷	因子	载荷数	最高载荷
影响因子	31	0.79	科学指标与模型	11	1.01
科学与技术	29	0.86	科学交流模式	9	0.66
期刊指标	14	0.77	引文分析	9	0.97
网络计量与影响因子	13	0.98	未查明	1	0.37
科学指标与生产力	13	1.03	未查明	1	0.40

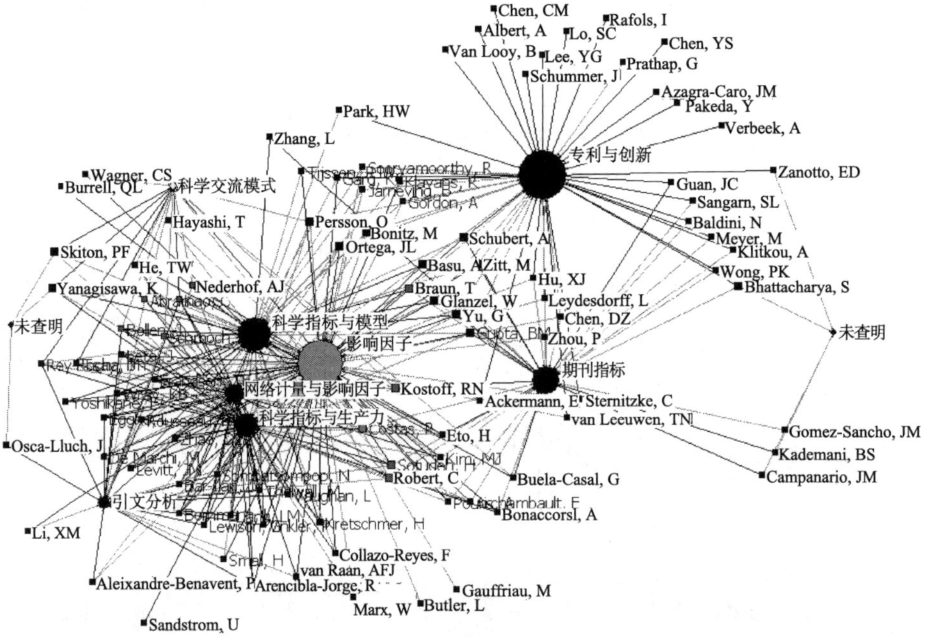

图 5-31 科学计量学（2001～2010 年）的 AKCA 结果

前面我们阐明了 ABCA 可以比 AKCA 探测到更多的研究主题，并对其原因进行过详细分析。在该阶段，该论断可以得到进一步的论证，ABCA 探测到 11 个因子，AKCA 则探测到 10 个因子。在研究主题发现上，该阶段的研究结果与前面论述过的研究结论也保持一致。比较表 5-22、图 5-31 与表 5-21、图 5-30，可以看出，在研究热点主题发现上，AKCA的研究热点主题依次是“影响因子”“科学与技术”和“期刊指标”；ABCA的研究热点主题依次是“h指数”“科学与技术”“学科合作”和“期刊影响因子”。除了“学科合作”外，其他研究主题基本一致。

Kuusi与Meyer研究发现，文献耦合分析很适合用于预测，如运用于预测技术突破[①]。另外一些学者也论证了耦合分析可以显示微弱的信号来进行研究前沿的探测，这是由于耦合分析并不像共被引分析选取过去的高被引文献，而往往是选取最近发表不久的有影响的文献作为分析基础[②③]。而Strotmann与Zhao等则坚持将作者共被引分析（ACA）与作者文献耦合（ABCA）分析结合起来预测学科发展，他们认为，ACA未探测到而ABCA探测到的研究主题很有可能成为学科未来发展的趋势[④]。比较表5-19、图5-28，表5-20、图5-29，表5-21、图5-30，本节认为，AKCA同样对研究领域的发展有一定的预测性，而且这种预测性并不会比ABCA弱。本研究的过程是，分别以ABCA方法揭示科学计量学（1991～2000年）与科学计量学（2001～2010年）的知识结构及其演进过程，并以该领域的数据为样本展示ABCA与AKCA这两种分析方法的异同。在研究过程中发现，与科学计量学（2001～2010年）的知识结构（表5-21、图5-30）更为接近的是AKCA揭示的科学计量学（1991～2000年）的知识结构（表5-20、图5-29）。在AKCA结果（科学计量学1991～2000年）中探测到的研究主题在ABCA结果（科学计量学2001～2010年）中基本都可以找到相同或者相关的研究主题。例如，对比表5-20和表5-21，AKCA中的“科学计量指标”“期刊计量指标”与ABCA中“h指数”“期刊影响因子”相对应；“科学与技术”与ABCA中“科学与技术”一致；“科研合作”“科学合作与分布”对应于ABCA中的“学科合作”“区域合作”；“区域计量”对应于ABCA中“区域合作”；只有“医学计量”未找到与之相对应的主题。因此可以认为，科学计量学（2001～2010年）的知识结构在科学计量学（1991～2000年）的AKCA中早已有所体现，换言之，科学计量学（1991～2000年）经过作者关键词耦合分析可以在某种程度上预示科学计量学（2001～2010年）的某些结构特性。因此，AKCA是有一定预测性的，它可以预测学科在下一阶段的发展趋势。

---

① Kuusi O，Meyer M. Anticipating technological breakthroughs：using bibliographic coupling to explore the nanotubes paradigm [J]. Scientometrics，2007，70（3）：759－777.

② Glänzel W，Czerwon H J. A new methodological approach to bibliographic coupling and its application to the national，regional，and institutional level [J]. Scientometrics，1996，37（2）：195－221.

③ Bassecoulard E，Lelu A，Zitt M. Mapping nanosciences by citation flows：a preliminary analysis [J]. Scientometrics，2007，70（3）：859－880.

④ Zhao D，Strotmann A. The knowledge base and research front of information science 2006—2010：An author cocitation and bibliographic coupling analysis [J]. Journal of the Association for Information Science and Technology，2014，65（5）：995－1006.

另外，我们认为，ABCA 与 AKCA 结合起来会是一种探寻学科知识结构及其发展的研究方法。在研究过程中，我们发现在 ABCA 结果（科学计量学 1991～2000 年）与 AKCA 结果（科学计量学 1991～2000 年）中都出现的研究领域在科学计量学（2001～2010 年）中也有出现，而仅仅在 ABCA 结果（科学计量学 1991～2000 年）或者 AKCA 结果（科学计量学 1991～2000 年）中出现的研究领域在科学计量学（2001～2010 年）中出现的可能性较小。科学合作研究与科学技术指标这两大研究领域在第一个时间段的 ABCA 结果（表 5-19、图 5-28）与 AKCA 结果（表 5-20、图 5-29）中都有出现，并在第二个时间段成为科学计量学的两个主流研究领域；而仅仅在 ABCA 结果中出现的“科学创新”“共词分析”“学科领域计量”“专利分析”“文献计量应用研究”“文献基础规律研究”，以及在 AKCA 中出现的“医学计量”都未在科学计量学（2001～2010 年）的主题探测中被发现。而仅仅在 ABCA 中出现的“引文分析”与“科学知识图谱”相互作用形成了科学计量学在 2001～2010 年时间段的主流研究领域，仅仅 AKCA 中出现的“科学与技术”也逐渐演变为科学计量学在 2001～2010 年时间段的另一主流研究领域，这并不影响我们的结论。

毫无疑问，在 2001～2010 年，“科学与技术”已经成为科学计量学的一个重要的研究领域，因为它不仅在 ABCA 结果中出现，且出现在 AKCA 的分析结果中。该领域的重要性在 AKCA 结果（科学计量学 1991～2000 年）中就已经有所体现，在 AKCA 结果中它位于图谱的中央，成了联系科学分布研究与科学计量指标、期刊计量指标的一个关键节点因子（图 5-29）。我们分析，该因子的重要性主要跟科学与技术指标国际会议（International Conference on Science and Technology Indicators）的密集召开有很大关系。在 1991～2000 年，《科学计量学》收录了两届该会议的论文（第 4、第 5 届），而在 2001～2010 年《科学计量学》连续收录了五届该会议的论文（第 6、第 7、第 8、第 9、第 10 届）。这一方面说明国际会议在推动学科发展甚至仅是学科某一方向发展的重要作用，也从另一方面论证了我们的因子探析结果与实际情况基本吻合，我们的研究结论是可信的。

5.6.3 研究结论

引入作者关键词耦合分析，然后结合作者文献耦合分析来揭示科学计量学 1991～2010 年的研究状况。以 10 年为限，将这 20 年分为两个时间段，分别揭示这两个时间段的知识结构及其演进，并以这 20 年的数据为样本分析比较 ABCA与 AKCA 这两种分析方法的异同。

研究发现，在 1991～2000 年，科学计量学的研究可以划分为文献研究与政策研究，而这两个研究领域以及研究主题之间的相互作用较弱；科学计量学在

2001～2010年的发展中，其知识结构变得更加清晰明朗，而且其研究主题之间变得更加亲密，相互作用力也明显加强。该阶段有四个较为明显的研究区域：科学与技术指标、科学合作研究、科学与技术交融研究、引文分析与可视化研究。

对于ABCA与AKCA这两种分析方法，从作者排名相关分析、研究主题探测、余弦相似度计算、研究主题变迁等角度，以实证的方式，论证ABCA与AKCA间存在高度相关性。例如，对作者的平均耦合频次排名进行相关分析发现ABCA与AKCA是相关的，这种相关性会随着样本的增大有变强的趋势；在研究热点主题探测上，ABCA与AKCA的结果基本是一致的；计算ABCA与AKCA构建的耦合矩阵的余弦相似度，尤其是提取二者共有作者构造新的耦合矩阵并进行余弦相似度的计算，表明这两种矩阵具有很强的相关性；两个时间段、两种分析方法的研究主题迁移状况表明，AKCA与ABCA一样具有一定的学科发展的预测性。本节在论证ABCA与AKCA存在着众多的相同或者相似之处的同时，也发现二者之间有些许的不同。在因子分析时，对二者进行相同的参数设置，并完全采取相同的分析过程，结果却显示AKCA比ABCA具有更为理想的因子分析模型拟合结果。在研究主题探测方面，ABCA可以探寻到比AKCA更多的研究主题，我们将其原因归纳为三点：耦合的数据基础的数量不同；耦合发生的学科差异；年代追溯性的差异。

结论认为，ABCA与AKCA二者不可以完全互为取代。虽然ABCA的实证文献较少，但这种方法很早便被提出，其基本原理和思想也深受广大学者的认同；而本节的研究也显示，AKCA能比ABCA显示更多的信号来反映学科的技术突破，以及研究前沿的发展。因此，ABCA与AKCA结合起来会是一种探寻学科知识结构及其发展的研究方法①。

5.7 本章小结

本章重在分析学术流派与学科结构等基本理论问题。通过学科结构识别的系统梳理，认为从文献的角度对文献中知识单元进行定量研究，由此来识别学科或领域的内容结构，则是其中的重要方法，也是图书情报学研究的重点内容。在此基础上，构建基于文献计量的知识结构分析维度模型。

采用词频分析、共现网络分析和聚类分析等方法，分析国内外图书情报学

① 宋艳辉，武夷山．作者文献耦合分析与作者关键词耦合分析比较研究：Scientometrics实证分析[J]．中国图书馆学报，2014，(1)：25-38.

研究主题的分布特征及其异同。研究发现，中外图书情报学研究广泛涉及学科的理论、方法、实践、应用等内容。不同之处主要体现在国外图书情报学的研究始终围绕着图书情报知识的管理和服务特性，注重技术支撑和文献计量分析，研究主题更为广泛；而国内图书情报学的研究对象较为狭窄，研究主题也较少。

选取 WoS 数据库中 2000～2010 年国外情报学的期刊论文数据，以作者文献耦合方法分析国外情报学的学科结构，并跟国内相关状况进行对比。析取了 78 位高产作者代表国外情报学，进行耦合频次分析、整体网分析、因子分析。研究发现，国外情报学作者的研究活跃度要比国内高很多，国内情报学的研究关系网络仍然处于一种比较松散的状态，缺乏系统性、整体性与集中性。“三计学①”“知识管理”“信息检索”等 5 个主题是国内外情报学共同关注的内容；而“竞争情报”的研究在国外则有弱化的趋势。

综合利用引文网络分析、因子分析、可视化分析等方法对国内外情报学科领域的高产作者、高被引作者、核心作者 3 个不同群体之间的互引情况进行深入剖析。研究发现，国外情报学领域的研究主要表现为 3 个大类、10 个子主题；国内该领域研究大致分为 3 个大类、9 个子主题，然而这种主题分类相对模糊，学者研究交叉性和涉及主题多元化现象较为突出，不如国外研究的精、专、深。国外高活跃作者之间的双向知识流动推动了科研合作，而由高被引作者向活跃作者之间的单向知识流动则促进了权威学者的产生；国内学者之间的相互认可度未达到国外水平，知识双向流动较少，单向的流动也多局限于地域接近、合作或师生关系中。国外学科结构发展不够均衡，要向成熟学科迈进，还需致力于研究特性与交叉综合性的协调提升；国内文献计量学、竞争情报、信息资源管理及信息检索等研究方向较为集中，但信息安全、市场与用户分析的研究则相对欠缺。与传统的作者共被引分析结果相比，共被引更注重过往高贡献学者的影响性，揭示结果更集中；而作者互引分析更侧重当前活跃学者的互动性，主要展现当前研究热点所在，揭示结果较为分散，二者可互补应用，共同揭示整个领域的科学结构特征。

运用引文分析法和社会网络分析法，以 CSSCI 收录的图书馆、情报与文献学来源期刊和 JCR 收录的 Information science & library science 来源期刊为研究样本，分析了国内外图书情报学期刊的引用和被引概况，绘制了期刊之间的耦合网络图和共被引网络图，以期刊间的引证关系为视角，比较分析了国内外图书情报学科的知识交流情况。

以 *Scientometrics* 1991～2010 年刊载的 2045 篇论文作为数据样本，分两个时间段研究这 20 年科学计量学的知识结构与演进状况，并以此来研究作者文献

① “三计学”指信息计量学、科学计量学和文献计量学。

耦合分析法（ABCA）与作者关键词耦合分析法（AKCA）这两种学科结构探寻方法。研究发现，2001～2010 年的科学计量学的知识结构要比 1991～2000 年的更加清晰明朗，而且其研究主题之间更为亲密，相互作用力明显要强。作者排名相关分析、研究主题探测、余弦相似度计算、研究主题变迁等方面均显示，AKCA 与 ABCA 存在高度相关性；通过因子分析的模型拟合、研究主题的探测与变迁分析，又显示二者略有不同，ABCA 可以探寻到比 AKCA 更多的研究主题，AKCA 比 ABCA 能显示更多的信息来反映学科（领域）的重要发展突破，以及研究前沿的情况。我们建议：作者文献耦合分析法与作者关键词耦合分析法都是有特色的重要分析方法，两者不可互相替代，而将其结合起来是探寻学科知识结构及其发展的较为理想的方法。

第6章

中外图书情报学科研究趋势可视化比较分析

宇宙就其总体而言，总是不断从无序走向有序，从低级的有序发展到更高一级的有序。

——武汉大学人文社会科学资深教授马费成[①]

① 马费成．导言：情报学中的序［J］．图书情报知识，2008，(3)：5-7.

科学研究是运用严密的方法，通过一定的手段和设备，从事有目的、有计划、有系统的认识客观世界和人类社会，探索客观真理并用以指导实践的活动过程，是对研究变量或指标的共同的本质的概括①。实际上，科学研究是一种探索自然界和社会中客观规律的活动。科学研究对人类社会发展具有越来越重要的意义，受到了世界各国的普遍重视，党的十八大也明确提出实施创新驱动发展战略②。科学研究的特点是探索未知，追求创新性，即研究其他人没有发现的东西。在此过程中，对学科研究趋势的把握是各学科学者梦寐以求的事情。因为知道了研究的趋势，可以减少走弯路、做重复劳动，避免在错误或不正确的研究内容和方向上浪费金钱、人力和物力；认识了学科的发展趋势，可以引领先机，站在学科研究的最前沿，追求最大的原创性研究和发现。

6.1 学科研究趋势可视化分析

学科研究趋势可视化中，一方面是基于信息计量、文献计量和科学计量的学科基础；另一方面是基于信息和知识可视化的技术基础。涉及以下几个方面的重要内容：学科范式是学科内部整体性认识的框架（共同体）；特定学科范式的变化形成了学科演化过程；学科前沿代表了学科发展某阶段中的最新状况；学科趋势则是在学科前沿基础上的进一步推进。

6.1.1 学科范式与学科演化

“范式”的英文为“paradigm”，源自希腊词“paradeig-ma”，意指“模范”或“模型”，由美国哲学家托马斯·库恩于1962年在其经典著作《科学革命的结构》一书中提出。库恩对科学发展持“历史阶段论”，认为每一个科学发展阶段都有特殊的内在结构和学科制度，而体现这种结构的模型即范式③。库恩指出，“一种范式通过革命向另一种范式的过渡，便是成熟科学通常的发展模式”。任何一门科学知识的发展都是一个演化与革命、积累与创新、连续与间断交替发生的历史过程，典型的形态是受某个既定的哲学范式支配的积累性常规研究

① 科学研究［EB/OL］.［2011-1-31］. http://www.baike.com/wiki/科学研究.

② 人民日报：基础研究经费，该涨了！［N/OL］.［2014-4-3］. http://news.sciencenet.cn/htmlnews/2014/3/290830.shtm.

③ 范式［EB/OL］.［2013-7-21］. http://wiki.mbalib.com/wiki/%E8%8C%83%E5%BC%8F.

同突破旧范式的创新性非常规研究交替出现的历史进程。按照范式孕育、形成、发展和新旧范式更替的过程，库恩形成了一套独特的关于科学发展模式的理论，发展的内在机理是范式的形成与变革：前科学（前范式阶段）—常规科学（范式主导阶段）—科学革命（范式危机阶段）—新常规科学（新范式形成阶段）[①]。科学的成长或发展，在库恩看来，根本上就是一种科学的革命，或称范式转换。库恩认为，任何理论体系都是假设命题，当这种理论体系能较好地解释并指导解决某一领域的大部分问题时，它就是科学的，反之则需要进行范式转换[②]。范式作为一种思维工具，在分析学科进化和发展趋势的过程中，具有重要的方法论价值：首先，范式是学科或领域划界的标准；其次，范式是确立科学认识主体的整合机制；再次，范式是科学理论自我完善的手段和工具；最后，范式是科学革命和发展的内在动力[①]。

演化又称进化，指生物在不同代际之间具有差异的现象，以及解释这些现象的各种理论；演化的主要机制是生物的可遗传变异，以及生物对环境的适应和物种间的竞争，演化对生物具有重要意义和作用。科学的发展也有类似生物的演化现象，借用相关思维，学科演化被提出，指特定学科根据内在因素和外部环境影响，而有规律地随时间变化和发展的现象。学科演化是与学科范围的转变密切相关的概念，针对具体学科，还出现了与演化思想密切相关的新兴交叉学科，如天体演化学、系统演化学、演化证券学、演化金融学、演化经济学等。学科演化分析是以时间为轴的，从时间节点来看，演化分析关注三个阶段：对过去的发展变化进行梳理总结；对当前的最新动态进行跟踪监测；对未来的发展趋势进行前瞻预测。梳理总结过去的情况需要借助时序分析、生命周期分析、老化分析等方法，如通过引文时序分析挖掘学科结构及发展变化的规律、通过生命周期分析探测某一产品或领域的发展轨迹。监测当前动态需要借助突增分析、渐变分析等方法，如通过爆发词分析方法来监测研究热点、通过“领头羊”分析方法来监测网络舆情变化等。预测未来发展需要借助趋势外推、场景预测等方法，如用 Backcasting 方法来判断不同的未来场景对于今天的决策意味着什么[③]。通过学科演化分析实现趋势判断、动向感知、前瞻预测、前景研判等。一般情况下，相关学科研究内容的演化过程分为六种形式，分别是产生、消亡、分裂、合并、扩张及收缩[④]。

---

① 靖继鹏，马费成，张向先．情报科学理论［M］．北京：科学出版社，2009.

② 杨素萍．比较教育的范式研究［D］．西南大学博士学位论文，2009.

③ 化柏林，武夷山．动态环境需要演化分析［J］．情报学报，2013，32（9）：1.

④ 王晓光，程齐凯．基于 NEviewer 的学科主题演化可视化分析［J］．情报学报，2013，32（9）：900-911.

6.1.2 学科前沿与学科趋势

前沿（front，frontier）本意是指阵地的前方边界。对于学科领域而言，学科前沿代表了研究领域接近边界的部分。学科前沿对于学科领域的发展具有重要的作用，是改变学科领域结构，推动研究领域发展的驱动力量，是为解决研究领域内关键问题而受到或者即将受到科学共同体关注的最新研究。普赖斯最早提出“研究前沿”的概念，用它来描述研究领域的动态本质，即科学领域不断继承与创新的现象。他观察到，学者往往倾向于引用最新发表的文献，并将其称为即时因子；某个领域的研究前沿是由科学家积极引用的文献所体现的，也就是学者集中频繁引用的少量文献；经过大量考察，他认为某个研究前沿由40～50篇最新发表的文章组成①。陈超美认为，研究领域的概念和可视化基于信息科学中的两个概念——“研究前沿”和“知识基础”间的时变对偶；研究前沿被定义为一组突现的动态概念和潜在的研究问题；研究前沿的知识基础是它在科学文献中（即由引用研究前沿术语的科学文献所形成的演化网络）的引文和共引轨迹②。Upham认为，研究前沿代表了学者们所关注的最具活力的科学技术领域，该领域也吸引了科学研究者的关注；研究前沿表现为增长与影响力，而这两方面具体表现有巨大差异；可采用一种定量的方法来描述前沿——前沿可以概念化为科学发现和社会关注的交集，表现为一组高被引文献③。

Zhao和Strotmann通过对XML领域两个时间段的实证分析发现：发表在传统期刊上与发表在网络上的文献可能分别代表着特定领域的不同演进阶段，在使用作者同被引分析来检测研究前沿时，期刊论文所体现的内容平均要比网络落后几年。因此，如果要检测当前的研究前沿，使用网络文献数据源比传统期刊更好④。Zhao和Strotmann在最近的研究中又认为，作者共被引分析可提示学科的知识基础；而作者文献耦合可分析学科的研究前沿⑤。一般情况下，知识基础具有基础性、相对稳定性、容易识别等特征，而学科前沿相对于知识基

① Price D D. Networks of scientific papers [J]. Science，1965，149：510-515.

② 陈超美，陈悦，侯剑华，等. CiteSpaceⅡ：科学文献中新趋势与新动态的识别与可视化 [J]. 情报学报，2009，(3)：401-421

③ Upham S P，Small H. Emerging research fronts in science and technology：patterns of new knowledge development [J]. Scientometrics，2010，83 (1)：15-38.

④ Zhao D，Strotmann A. Can citation analysis of Web publications better detect research fronts? [J]. Journal of American Society for Information Science and Technology，2007，58 (9)：1285-1302.

⑤ Zhao D，Strotmann A. The knowledge base and research front of information science 2006-2010：an author cocitation and bibliographic coupling analysis [J]. Journal of the Association for Information Science and Technology，2014. DOI：10.1002/asi.23027.

础具有前瞻性、时效性、新颖性、灰色性等特征。知识基础和学科前沿是相对的两个概念。学科前沿的识别是图书情报研究的重要组成部分，具有重要的理论和实践意义。准确地识别前沿对于情报跟踪、科技创新、科学合作、科研决策、推动科技发展具有重要的作用[1]。识别学科前沿的方法主要分为定量分析方法和定性分析方法，基于文献计量的定量分析方法是主流，定量分析方法按照分析的层次分为四类，一是基于参考文献的定量分析方法，如文献引用频次统计、文献共被引分析、文献耦合分析、h 指数、特征因子等；二是基于作者层次的合著网络分析、作者共被引分析；三是基于词汇的词频统计、关键词共现、词汇的历时变化分析，此外也还有其他层面的知识单元及其关系的分析，也可识别学科前沿；四是综合了上述几种方法并结合可视化技术的知识图谱方法[1]。

趋势是指事物未来发展的动向，为了更好地实现各种目标和计划，在社会、经济和文化的各方面都需要对事物的趋势进行识别和预测。学科趋势主要指特定学科或领域未来的发展动向，既包括短期的发展趋向也包括长期的发展方向。对学科趋势的把握是包括所有学科学者和政府、企事业单位都十分重视和关注的内容。对学科发展趋势的良好把握，有利于学者和各单位进行准确的定位、管理决策等活动。学科趋势与学科结构之间关系密切，学科结构代表现状，学科趋势是发展未来，未来的发展是以现状为基础的，对学科未来的预测往往基于学科现状的把握。与学科结构研究类似，预测学科趋势可以通过专家访谈、问卷调查、专家讨论等方法实现，也可利用基于文献定性的综述和定量的分析得到。目前，一般是定性与定量相结合进行，特别是基于文献计量的方法具有客观、易于建立数据模型等优点，成为主要方法。

基于文献计量的学科趋势分析主要有两类指标：第一类是一维的趋势分析，指自变量为时间，因变量为时间的数学函数模型，具体包括趋势平均法、指数平滑法、直线趋势法、非直线趋势法。趋势预测法的主要优点是，考虑时间序列发展趋势，使预测结果能更好地符合实际；计算简单易行，如发文量、被引量、半衰期、即年指标、h 指数等的随时发展变化趋势[2]。第二类是结构类指标，包括连接密度、集中度及跨学科度，是在考虑时间的同时，重点关注学科内容结构网络的变化分析，可以从基于关键词、基于引证关系，以及两者结合来进行，主要包括同被引分析法（co-citation approach）、直引分析法（direct citation approach）或相互引用法（intercitation approach），以及文献耦合法（biblio-graphic coupling approach）、共词网络分析（co-word approach）、合作

① 盛立．生物医学领域研究前沿识别与趋势预测［D］．中国人民解放军军事医学科学院博士学位论文，2013.

② 趋势预测法［EB/OL］．［2013－7－30］．http：//wiki. mbalib. com/wiki/趋势预测法．

网络分析（co-author approach），同时也包括基于语义相似性的文本挖掘技术[①]。

学科趋势关注未来可成为新兴领域或重点研究的内容，它与研究前沿是同一事物的不同发展阶段，前者是后者发展的一种结果。以时间为轴，学科研究前沿与学科发展趋势最接近，学科前沿具有不同的发展模式，不同模式下的研究前沿发展趋势差别很大，需要我们把握各种模式的特点进行具体抉择。在分析影响研究前沿的内部因素和外部因素后，掌握其发展模式就能更好地对研究前沿的发展趋势进行预测。研究前沿的发展模式有突发型、一过型、渐进型、衰退型等四种基本类型。此外，研究前沿的实际情况远不只这四种模式，也有可能出现这四种类型的结合或组合模式，但这四种基本类型的模式为预测研究前沿提供了基本的参考，可以使预测的过程变为拟合模型的过程，从而大大简化了研究[②]。

6.1.3　学科趋势的可视化

基于已有文献知识的推断是学科趋势分析较好的一种方法，而对文献知识单元及其相互关系进行分析过程中，往往借助于知识图谱等可视化工具；可视化在学科趋势研究中具有重要意义。一方面，学科趋势的分析和识别是比较复杂的过程，往往涉及知识单元及其组成网络的历时变化，可视化能把相关复杂关系形象展示出来，甚至可以发现一些隐含的内容。另一方面，学科趋势的识别，往往涉及突变检测、中心性测度等算法，这些算法比较复杂，而可视化工具集中这些算法并且通过可视化展示趋势，能够使得趋势分析方便和快捷地进行。此外，对学科趋势的分析具有复杂性和很大的不确定性，识别趋势是一项系列工程，可视化将便利这一工程的进展，直观的、以图形图像表示的、随时间和空间变化的知识单元呈现在学者面前，使他们能够观察、模拟和计算其中内容。在可视化图中，既可以浏览全局，又可以重点把握局部细节，通过不同颜色、形态及位置的空间多维呈现，全面地展示出学科的相关内容及变化情况。

在学科趋势的可视化中，陈超美具有重要贡献，在国际的信息可视化和知识可视化领域具有很大影响力。Freeman 提出，中间中心性测度可以使表示潜在范式变化的关键点凸显出来。在此基础上，陈超美设计并实现了两个互补的视图：聚类视图（cluster views）和时区视图（time-zone views）；这种方法对于可视化学科趋势的贡献在于：通过对研究前沿术语的算法运算，在动态中认识

① 周萍．新兴领域的文献计量学预测方法综述（待续）[J]．情报科学，2013，(11)：143－149.

② 盛立．生物医学领域研究前沿识别与趋势预测 [D]．中国人民解放军军事医学科学院博士学位论文，2013.

知识基础的本质；用研究前沿专业术语概念明确标出共引聚类的确切含义；直观的和靠算法识别的关键点的一致性大大简化了可视化的复杂性①。在陈超美所研制的学科趋势识别软件 CiteSpace 中，为更好地识别学科趋势，充分考虑时间维，通过三种不同视图展示学科知识历时变化的不同方面。另外，不同时间点的内容在特定的年限区间，且通过不同颜色表示不同时间点的内容。例如，在关键词共现网络中，不同词间的连线粗细表示共现频率，不同颜色表示关键词共现的年份；而关键词本身通过类似树的年轮来表示，年轮大小代表词频，年轮不同颜色代表关键词出现的年份，其厚度与某个时间分区内词的频率成比例。该软件通过标注共引聚类，能够从不引人注目的较为持久的主题中识别出明显的新趋势和快速变化，便于我们发现隐含的知识及其关系；能显著提高可视化共引网络的时效（timelines）；能快捷辨认关键点，因为关键点是通过一定的算法辨认并呈现出来的，所以在可视化网络中用紫色的圈来突出显示。辨认关键点具有选择性，可以使研究者根据需要，仅对那些少数有解释意义的关键点进行分析和操作①。目前，有大量的学科趋势的可视化应用研究，主要是针对特定学科，使用 CiteSpace 等工具进行分析，往往从关键词或引文分析两个角度出发，结合因子分析、聚类分析、社会网络分析、多维尺度分析等技术。

6.2 国外图书情报与档案学科研究前沿与整体趋势

图书馆学、情报学与档案学是三个有着紧密关系的学科。图书情报与档案学（以下简称图情档）一级学科自设立以来，不少学者已经对该学科的发展进行了研究。在国内，沙勇忠和牛春华②采用内容分析方法，对 1994 年以来国外 5 种情报学核心期刊所载 2175 篇学术论文的主题进行了统计分析，调查情报学论文在主题上的分布状况及其结构变化，探寻当前情报学的研究进展及学术前沿领域。杨文欣③以 2000～2004 年国内外情报学立项的情况为切入点，以假设检验法得出国内外情报学的前沿研究领域。叶鹰④采用客观识别与主观选择相结合

① 陈超美，陈悦，侯剑华，等．CiteSpaceⅡ：科学文献中新趋势与新动态的识别与可视化［J］．情报学报，2009，(3)：401－421.

② 沙勇忠，牛春华．当代情报学进展及学术前沿探寻——近十年国外情报学研究论文内容分析［J］．情报学报，2005，24（6)：643－650.

③ 杨文欣．探询中外情报学前沿研究领域——2000～2004 年中外情报学项目研究［J］．图书情报工作，2007，51（3)：41－44.

④ 叶鹰．图书情报学前沿研究领域选评［J］．中国图书馆学报，2008，34（4)：63－70.

的方法分析图书情报学1990年以来前沿研究领域。廖胜姣①基于汤姆森公司开发的工具TDA（德温特分析家）研究国外情报学1991～2007年情报学的研究前沿。郑俊生②从13种国内图书馆学期刊的研究主题分布的角度研究图书馆学的研究前沿。在国外，Anegon等③运用聚类分析、多维尺度分析、主成分分析方法以可视化形式呈现西班牙图书情报学研究前沿。Astrom④选取1990～2004年图书情报学的21种期刊以共被引分析方法研究这15年间图书情报学的研究前沿的变化。Persson⑤通过引文的直接引证与共引分析进行比较，分解引文网络，从而建立一种强连接网络来研究图书情报学的研究领域。

国内外从不同的角度、运用不同的方法研究图书情报学的研究前沿领域，其中也有从知识图谱可视化的角度进行的，但基本还处于第一代信息可视化的层面。实际上，基于加菲尔德、普赖斯和斯莫尔等构建的日臻完善的引文分析、共被引分析理论与方法，知识可视化已经由通过多元降维、化繁为简算法实现的单一、静态的第一代可视化技术推进至多元、分时、动态的复杂网络分析的第二代信息可视化技术。当前，美国德雷塞尔大学的华人学者陈超美在第二代信息可视化技术领域作出了巨大的贡献。在第二代信息可视化方面颇具代表性的是陈超美等开发的CiteSpace，而且他本人运用此软件研究分析了多个学科领域的研究进展状况，并刊载在*J AM SOC INF SCI TEC*等图书情报领域的顶级期刊上。

从国内外的研究状况看，相关研究基本是对一级学科下的某一分支学科或者把图书情报学作为一个整体来研究。针对国内外研究的不足，我们认为有必要全面研究包含档案学在内的图情档一级学科下的各二级学科的研究情况。这样既可以保证研究的系统性，也可进行各分支学科之间的比较分析，探析学科之间的联系与差异，对促进国内图情档学科的发展也会有积极的借鉴意义⑥。

---

① 廖胜姣．基于TDA的情报学研究前沿知识图谱的绘制及分析［J］．情报理论与实践，2009，32（11）：98－102.

② 郑俊生．图书馆学科前沿研究分析［J］．情报资料工作，2010，（1）：16－20.

③ Anegon F D，Contreras E J，Corrochano M D. Research fronts in library and information science in Spain（1985～1994）［J］. Scientometrics，1998，42（2）：229－242.

④ Astrom F. Changes in the LIS research front：time-sliced co-citation analyses of LIS journal articles，1990－2004［J］. Journal of the American Society for Information Science and Technology，2007，58（7）：947－957.

⑤ Persson O. Identifying research themes with weighted direct citation links［J］. Journal of Informetrics，2010，4（3）：415－422.

⑥ 宋艳辉，杨思洛．国际视野下的图书情报与档案学二级学科研究进展分析［J］．图书馆论坛，2014，（6）：1－13.

6.2.1 研究方法与数据采集

1. 数据来源

从SSCI2009年信息科学与图书馆学主题领域的66种专业期刊中筛选出了20种具有各分支学科代表性的期刊。筛选的基本原则如下：①剔除明显偏向计算机类的期刊；②剔除其他专业性较强的期刊，如医学信息、法律信息、政府信息等；③剔除学科交叉性期刊，如图书馆学与情报学的交叉、情报学与计算机的交叉、图书馆学与计算机的交叉等。

经此筛选最终保留20种期刊，基本可以代表图情档各分支学科，其中情报学为7种，图书馆学为11种，档案学为2种。根据影响因子排列如表6-1所示。下载1996～2010年连续15年的题录数据，共获得11 757条（仅下载article类），并将数据以方便我们处理的方式保存。

表6-1　图情档各分支学科的主要代表性期刊

序号	类别	期刊中文名称	期刊简称	影响因子	论文量
1	情报学	信息科学与技术年评	*ANNU REV INFORM SCI*	2.929	19
2	情报学	美国信息科学与技术学会杂志	*J AM SOC INF SCI TEC*	2.3	1371
3	情报学	信息与管理	*INFORM MANAGE-AMSTER*	2.282	796
4	情报学	科学计量学	*SCIENTOMETRICS*	2.167	1393
5	情报学	信息技术杂志	*J INF TECHNOL*	2.049	291
6	情报学	信息处理与管理	*INFORM PROCESS MANAG*	1.783	865
7	情报学	情报科学杂志	*J INF SCI*	1.706	614
8	图书馆学	学术图书馆杂志	*J ACAD LIBR*	1	801
9	图书馆学	图书馆与学术界	*PORTAL-LIBR ACAD*	0.896	260
10	图书馆学	图书馆季刊	*LIBR QUART*	0.857	219
11	图书馆学	大学与研究机构图书馆	*COLL RES LIBR*	0.855	483
12	图书馆学	电子图书馆	*ELECTRON LIBR*	0.544	639
13	图书馆学	图书馆资料与技术服务	*LIBR RESOUR TECH SER*	0.444	254
14	图书馆学	图书馆馆藏、采访与技术服务	*LIBR COLLECT ACQUIS*	0.429	275
15	图书馆学	馆际互借与文献提供	*INTERLEND DOC SUPPLY*	0.403	305
16	图书馆学	图书馆趋势	*LIBR TRENDS*	0.393	613
17	图书馆学	图书馆杂志	*LIBR J*	0.343	1739
18	图书馆学	图书馆高新技术	*LIBR HI TECH*	0.272	347
19	档案学	国际图书与档案资料保护杂志	*RESTAURATOR*	0.4	238
20	档案学	档案工作者学会杂志	*J SOC ARCH*	0.3	235

2. 研究工具及思路

对于如何表现一个研究领域。CiteSpace的开发者陈超美认为，可以用“研究前沿”和“知识基础”随着时间相对应地变化情况来表示一个研究领域的状况。

CiteSpace 提供很多功能方便我们对构建的网络及历史模式进行解释，这其中就包含查明快速增长的主题词。该功能主要是通过突变检测算法实现的，而这些主题词则被定义为研究前沿。其基本原理就是统计相关领域论文的标题和摘要中词汇频率，根据这些词汇的增长率来确定哪些是研究前沿的热点词汇。本节以时间分区的方式展现研究前沿随时间变化的过程，以此探析不同的时间段涌现的不同的研究前沿，并根据近些年来涌现的研究前沿词汇预测未来几年各个学科可能会出现的研究热点。

研究热点、前沿的知识基础（intellective base），即含有研究热点、前沿的术语词汇的文章的引文，实际上它们反映的是当前研究中的概念在科学文献中的吸收利用知识的情况。对这些引文也可以通过它们同时被其他论文引用的情况进行聚类分析，这就是同被引聚类分析，最后形成了一组被当前研究所引用的科学出版物的演进网络，即“知识基础文章的同被引网络”。本节尝试构建一个引文的共被引聚类与施引文献关键词共现的综合混合网络，来探寻各个学科的研究热点，在图谱中我们不仅可以看到高频关键词簇聚而形成的主流研究领域，也可观察到构成这些研究热点的知识基础引文群。

具体做法包括：从 WoS 中检索并以固定格式下载某一主题的文献记录，主要包括作者、题目、摘要和文献的引文等字段，即研究所要抽取的数据项。输入到系统之后，设置参数，如确定要分析领域的总的时间段范围、分割后每一个时间片段的长度，本节的时间段范围是 1996～2010 年，时间片段的长度是每两年一个，然后根据不同的研究目的（研究领域探析、研究前沿探析）的需要选取不同的选择项：名词短语（noun phase）和突变词（burst term）。点的类型为主题词和引文数据，再根据需要设定一定的阈值及路径选择算法（pathfinder）。

6.2.2　国外图书馆学的进展分析

表 6-1 中共有 11 种图书馆学专业期刊，将这 11 种专业期刊的题录数据共计 5935 条导入 CiteSpace 软件，绘制图书馆学的可视化图谱。

1. 图书馆学的主流研究领域

在 CiteSpace 选择界面选择名词短语，运行结果如图 6-1 所示。

根据图谱，我们可以将图书馆学研究划分为四个主题研究领域：①F1 数字

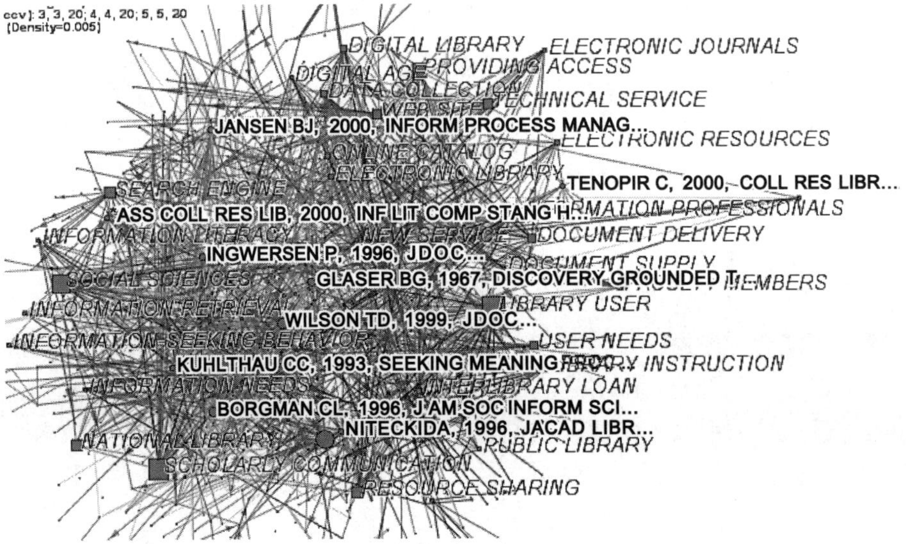

图 6-1　图书馆学主流研究领域

图书馆。代表性高频主题词有 digital liberty（数字图书馆）、electronic library（电子图书馆）、electronic resources（电子资源）、electronic journals（电子期刊）、technical service（技术服务）、web site（网站）、data collection（数据采集）。代表人物为 Borgman 等。②F2 图书馆服务。代表性高频主题词为 user needs（用户需要）、library user（图书馆用户）、collection development（馆藏发展）、document supply（文献提供）、document delivery（馆藏传递）、library instruction（图书馆指导）。代表人物为 Davis、Nitecki、Taylor 等。③F3 专门图书馆与馆际合作。代表性高频词有 public library（公共图书馆）、national library（国家图书馆）、interlibrary loan（图书馆借贷）、resource sharing（资源共享）、scholarly communication（学术交流）。代表人物为 Leckie、Lynch 等。④F4 信息检索。代表性高频词有 information literacy（信息素养）、information retrieval（信息检索）、information-seeking behavior（信息获取行为）、search engine（搜索引擎）。代表人物为 Kuhlthau 等。

产生较高的被引及同被引结果的文献作品被认为是对学科发展有重要贡献的文献，文献作者则基本可以反映该学科的研究状况。结合图 6-1，考察这些作者的研究领域，我们认为，图书馆学的代表人物有 Kuhlthau（1991、1993）、Nitecki（1996）、Taylor（1968）、Ellis（1989，1993）、Strauss（1998）、Borgman（1996）、Davis（2001）、Leckie（2003）、Lynch（2001）。

图 6-1 还显示了图书馆学研究的关键性节点，这些关键节点具有较高的中间

中心性，往往是连接两个聚类的关键性文献，如表 6-2 所示。图 6-1 显示，Bertot[①] 的 *Statistics and Performance Measures for Public Library Networked Services* 一书是图书馆学研究的重要节点文献，该书论述了网络环境下公共图书馆面临的挑战和机遇，并阐述了公共图书馆如何利用网络开展服务，被引 73 次。另一关键性节点为 Kuhlthau[②] 的 *Inside the Search Process：Information Seeking from the User's Perspective*。文中在指出传统的信息检索是从系统的角度出发的基础上，构建了基于用户视角的信息检索思想。这篇文章成为了信息检索研究领域的经典之作，在 Google Scholar 中的被引频次为 825 次。Wilson[③] 的 *Models in Information Behaviour Research* 也是关键节点文献。文章讨论了信息检索系统中，信息获取、信息搜索、信息行为之间的关系，在 Google Scholar 中的被引频次为 1034 次。Ingwersen[④] 的 *Cognitive Perspectives of Information Retrieval Interaction：Elements of a Cognitive IR Theory* 介绍了文本检索中从传统的检索理论到感知检索的交互检索理论，文章勾勒出了检索系统中用户的感知空间与信息空间的感知框架结构，在 Google Scholar 中的被引频次为 607 次。Nitecki[⑤] 的 *Changing the Concept and Measure of Service Quality in Academic Libraries*，提出了对图书馆服务质量评价的必要性，并开发了有效的分析工具来测度图书馆的服务，文章在图书馆服务方面产生了一定影响，在 Google Scholar 中被引 224 次。

表 6-2　图书馆学研究的关键性节点文献

中心度	作者	出版年份	文献源
0.13	Bertot J C	2001	*STAT PERFORMANCE MEA*
0.08	Kuhlthau C C	1993	*SEEKING MEANING PROC*
0.07	Wilson T D	1999	*J DOC*
0.06	Borgman C L	1996	*J AM SOC INFORM SCI*
0.05	Ingwersen P	1996	*J DOC*
0.05	Glaser B G	1967	*DISCOVERY GROUNDED T*
0.04	Nitecki D A	1996	*J ACAD LIBR*
0.04	Jansen B J	2000	*INFORM PROCESS MANAG*
0.03	Tenopir C	2000	*COLL RES LIBR*
0.03	Negroponte N	1995	*BEING DIGITAL*

① Bertot J C，McClure C R，Ryan J. Statistics and Performance Measures for Public Library Networked Services [M]. Chicago：American Library Association，2001.

② Kuhlthau C C. Inside the search process：information seeking from the user's perspective [J]. Seeking Meaning Proc，1991，42 (5)：361－371.

③ Wilson T D. Models in information behaviour research [J]. Journal of Documentation，1999，55 (3)：249－270.

④ Ingwersen P. Cognitive perspectives of information retrieval interaction：elements of a cognitive IR theory [J]. Journal of Documentation，1996，52 (1)：3－50.

⑤ Nitecki D A. Changing the concept and measure of service quality in academic libraries [J]. The Journal of Academic Librarianship，1996，22 (3)：181－190.

2. 图书馆学研究前沿与发展趋势

在 CiteSpace 选择界面选择突变词短语，运行结果如图 6-2 所示。

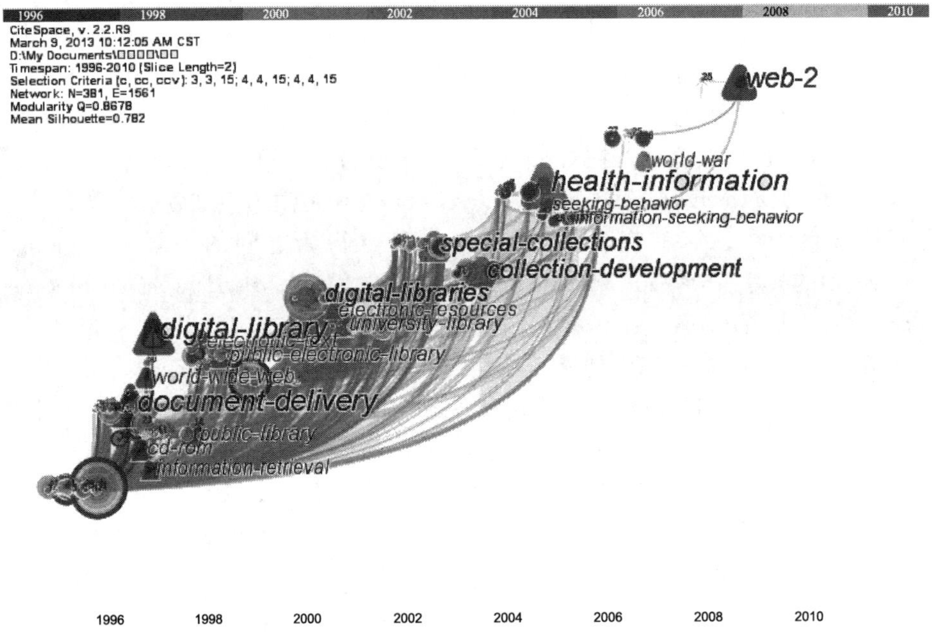

图 6-2　图书馆学的前沿与趋势

根据图 6-2 中的时间分区及显示的主题词短语的大小可以看出，在这 15 年间，早期的突变词有 document delivery（文献传递）、cd-rom（光盘存储）、information retrieval（信息检索），表示信息存储与检索在早期就受到密切关注。20 世纪 90 年代末期，digital library（数字图书馆）、world wide web（万维网）、public electronic library（公共电子图书馆）、electronic text（电子文本）等词涌现，这表明图书馆的发展开始面向数字化、电子化、网络化，而这正好应和了 20 世纪 90 年代信息高速公路的建设与发展的大背景。这也推动了数字图书馆在 21 世纪初的进一步发展，digital libraries（数字图书馆）、electronic resources（电子资源）在该时期的涌现即可证明这一点。在 2004 年左右，special collections（特色馆藏）、collections development（馆藏发展）的突变，表明该时期图书馆学普遍开始重视图书馆馆藏的建设。在 2006 年左右，health information（健康信息）、seeking behavior（搜寻行为）、information seeking behavior（信息搜寻行为）等词的突变度较高，而这几个词都与信息搜寻、检索有关，这说明在信息检索方面开始关注信息的搜寻行为及对优质信息资源的搜寻，信息检索已经不再片面追求技术层面的检索实现，而是更加注重人文层面的内容。

近些年，最为明显的“突变词”是 web-2.0；world war 也有一定的突变度。这表示 Web2.0、战争等社会因素对图书馆学的影响等成了最新的研究前沿，并有可能成为图书馆学研究未来的发展趋势。world war 在《图书馆趋势》中研究的最多，主要是研究图书馆服务、政策、文化等在两次世界大战期间和战后的变化。观察这些研究前沿术语的渐变过程发现，未来图书馆学的研究将更加深入，已经开始关注健康信息、世界战争、信息行为等精细领域，而且更加注重图书馆学研究的人文层面。而在社会发展的国际化和网络化的大环境下，Web2.0 服务等也被推到了图书馆学研究的前沿领域。

6.2.3　国外情报学的进展分析

表 6-1 中所列的 7 种情报学期刊除了《信息处理与管理》外，其他 6 种期刊不仅被 SSCI 收录，且为 SCI 全文收录，其载文可以代表世界范围内情报学研究的进展状况。这 15 年间 7 种期刊共载文 5349 篇，其题录数据为情报学的分析对象。

1. 情报学的主流研究领域

以同样方法运行 CiteSpace，可以得到情报学的相关知识图谱，见图 6-3。

图 6-3　情报学主流研究领域

根据图 6-3，information science（情报科学）居于核心位置，我们可以将情报学的研究划分为三个大的主题研究领域：①F1 信息检索。高频主题词有 Information retrieval（信息检索）、search engine（搜索引擎）、significant difference（显著性差异）、web site（网站）、digital library（数字图书馆）。该领域的代表人物及其文献有 Salton（1983）、Porter（1980）。②F2 信息技术（Information technology）。该领域的代表人物及其文献有 Davis（1989）。③F3文献计量。高频主题词有 science citation index（科学引文索引）、impact factor（影响因子）、bibliometric analysis（文献计量分析）、social sciences（社会科学）。该领域的代表人物及其文献有 Hirsch（2005）、Lotka（1926）。图 6-3 显示，Hirsch（2005）关于 h 指数的那篇文章出现频次最高。

表 6-3 列出了情报学的关键性文献，Hair① 的《多媒体数据分析》一书是最重要的节点，短短 10 几年的时间在 Google Scholar 中的被引频次高达 1730 次。Small② 的 *Visualizing Science by Citation Mapping* 也是关键性节点，在 Google Scholar、SCIE 中分别被引 248 次、155 次，文章对 36 000 条引文数据记录集进行基于科学知识图谱方法的可视化分析。Lotka③ 在 1926 年发表的 *The Frequency Distribution of Scientific Productivity*，论述了科研产出的频次分布，成为了文献计量领域的奠基性文献，被引频次为 1089 次。

表 6-3 情报学关键性节点文献

中心度	作者	出版年份	文献源
0.17	Hair J F	1998	*MULTIVARIATE DATA AN*
0.16	Small H	1999	*J AM SOC INFORM SCI*
0.14	Lawrence S	1999	*NATURE*
0.13	Lotka A J	1926	*J WASHINGTON ACADEMY*
0.09	Brin S	1998	*COMPUT NETWORKS ISDN*
0.08	Harter S P	1992	*J AM SOC INFORM SCI*
0.08	Spink A	1998	*INFORM PROCESS MANAG*

2. 情报学研究前沿与发展趋势

情报学前沿领域的知识可视化图谱如图 6-4 所示。图中每个三角形代表一个突然涌现的主题词，颜色的渐进变化表示突变词随时间的渐变过程，三角形标签字体的大小表示“涌现”词的突变程度。该图谱显示，在 20 世纪 90 年代中

① Hair J F，Black W C，Babin B J，et al. Multivariate Data Analysis［M］. London：Pearson Education，1998.

② Small H. Visualizing science by citation mapping［J］. Journal of the American Society for Information Science and Technology，1999，50（9）：799－813.

③ Lotka A J. The frequency distribution of scientific productivity［J］. J Washington Academy，1926，16（2）：317－324.

期，information systems、information system 成了突变程度最高的词，表明信息系统的研究成为当时情报学研究最重要的研究内容，类似的突变词还有 expert systems（专家系统）、system success（系统成功），都表明管理信息系统的研究成了当时情报学研究的前沿领域，这跟情报学向来重视技术的传统是极为吻合的，也是当时企业大规模使用管理信息系统的大背景对情报学研究的一种导向。此外，citation analysis（引文分析）、image retrieval（图像检索）、use satisfaction（用户满意）也成为当时研究的重要方面。到了 20 世纪 90 年代末期，electronic commerce、neural networks 突然涌现，表明电子商务、中心网络突然融入情报学学者的研究视野，这跟当时企业电子商务的崛起关系很大。步入 21 世纪，knowledge management 开始涌现，知识管理成了当时的研究前沿，一方面表示企业知识管理的兴起；另一方面也表示情报学研究已经从对情报、信息的管理升级为对知识的管理，而转变的关键的年份即为 2000 年左右。严怡民教授认为，知识是人类通过信息对自然界、人类社会，以及思维方式与运动规律的认识和掌握，是人的大脑通过思维重新组合的系统化的信息的集合[①]。

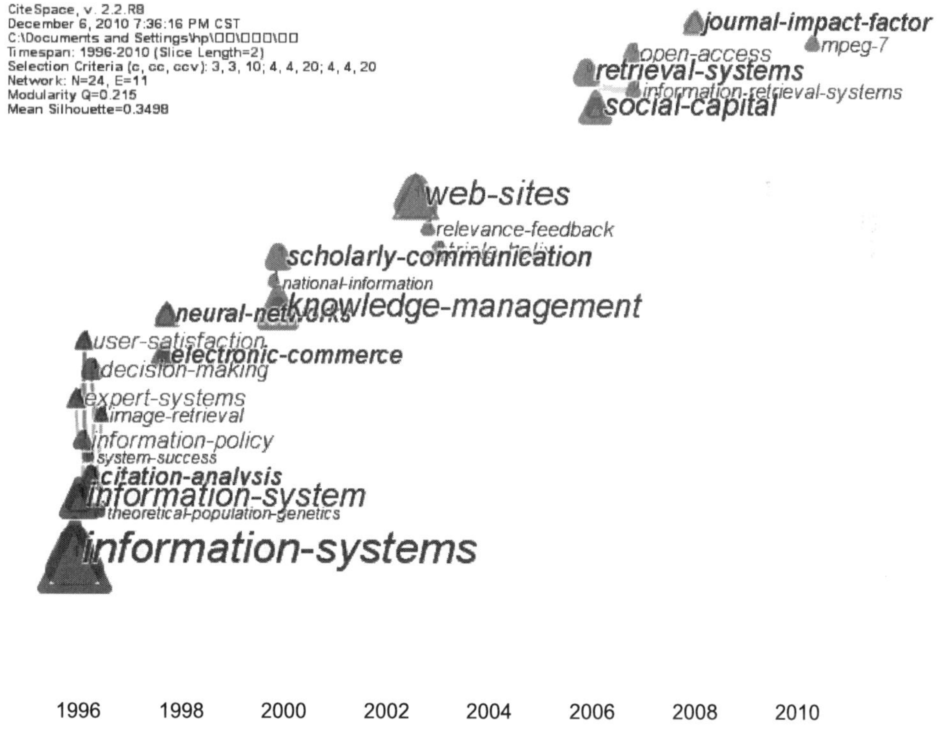

图 6-4　情报学的前沿与趋势

① 娄策群．信息管理学基础［M］．北京：科学出版社，2005.

21 世纪初期，社会开始受到网络的冲击，也就是在 21 世纪最初的几年里 Internet 走进了千家万户，websites（网站）在 2003 年成为情报学的研究前沿。近几年来，retrieval systems、information retrieval systems、open access、social capital、journal impact factor 词频增长较快，表明情报学对管理信息系统的研究已经推进至信息检索系统的阶段，知识管理中的社会资本、期刊影响因子、开放获取也可能成为未来情报学研究的热点领域。2010 年，mpeg-7 作为“突变”词，mpeg-7 是 mpeg（moving pictures experts group）家族的新成员，被称为多媒体内容描述接口，是 mpeg 为解决日渐庞大的图像、声音信息的管理和迅速搜索的矛盾于 1998 年 10 月提出，计划于 2010 年完成并公布的一项工作[①]。mpeg-7 也很有可能成为未来几年的情报学研究热点。

笔者对近几年突然涌现的主题词进行分析发现，这几个主题词与前面笔者所提出的情报学三大主题研究领域高度吻合，基本可以代表这三大主题领域的发展趋势。

（1）retrieval systems（检索系统）、information retrieval systems（信息检索系统）、open access（开放存取）可能成为领域 1——信息检索的未来发展趋势。open access（开放存取）是用户通过公共互联网可以免费阅读、下载、复制、传播、打印及检索论文的全文，或者对论文的全文进行链接、为论文建立索引、将论文作为素材编入软件，或者对论文进行任何其他出于合法目的的使用，而不受经济、法律和技术方面的任何限制，除非网络本身造成数据获取的障碍[②]。

（2）mpeg-7（多媒体内容描述接口）可以体现领域 2——信息技术的未来发展。实际上，mpeg-7 也可划为领域 1——信息检索的研究范畴，因为 mpeg-7 是随着信息爆炸时代的到来，应对在海量信息中基于视听内容的信息检索上的困难而构建的标准。而领域 1 中的 retrieval systems（检索系统）、information retrieval systems（信息检索系统）也可以归为领域 2——信息技术的研究范畴。我们认为，这两个领域是有所交叉的。

（3）journal impact factor（期刊影响因子）可以表示领域 3——文献计量学的未来发展趋势。随着定量化研究及评价工作的盛行，像期刊影响因子、特征影响因子、*h* 指数等计量指标和评价指标在未来情报学的研究中会备受关注，并可成为文献计量学研究未来几年的研究热点。

---

① ISO. MPEG-7 标准［EB/OL］.［2013 - 8 - 15］. http：//ce. sysu. edu. cn/hope/Education/ShowArticle. asp.

② Bernius S. The impact of open access on the management of scientific knowledge［J］. Online Information Review，2010，34（4）：583 - 602.

6.2.4 国外档案学的进展分析

SSCI 收录的档案学期刊不多，可查到的仅有《国际图书与档案资料保护杂志》和《档案工作者学会杂志》两种，将其 15 年间的 474 的篇论文数据作为我们进行档案学研究的分析样本。

1. 档案学的主流研究领域

根据档案学主流研究领域图谱，档案学的研究可划为 1 个主流领域（F）和 3 个非主流领域（C1、C2、C3）。连接两个聚类路径上的文章被称作关键点，CiteSpace Ⅱ可以将主流领域的关键文献和引发非主流研究热潮的关键文献探测出来[①]。

（1）F 是档案学研究的核心研究领域。高频主题词有 accelerated ageing、alkaline reserve、paper conservation、conservation treatment、mechanical property、relative humidity，表明加速老化、碱储备、纸保护、保护措施、机械性能、相对湿度等涉及文献档案保护的一些研究构成了档案学的主流研究领域。图 6-5 显示该主流领域的两位最重要的学者是 Neevel（1995）和 Zou（1994、1996）。Neevel[②] 的 *Phytate：A potential Conservation Agent for the Treatment of Ink Corrosion Caused by Irongall Inks* 与 Zou[③④] 的两篇文章 *Prediction of Paper Permanence by Accelerated Aging I*，*Kinetic Analysis of the Aging Process* 和 *Accelerated Aging of Papers of Pure Cellulose：Mechanism of Cellulose Degradation and Paper Embrittlement* 是 3 篇关键性节点文献，被引频次分别为 64、63、42。

（2）C1 为 iron gall ink（鞣酸铁墨水）的研究。鞣酸铁墨水耐水、变黑，色持久不褪，是一种很好的书写材料[⑤]。引发该领域研究的关键性文献就是 Neevel[⑥] 的 *Phytate：A Potential Conservation Agent for the Treatment of Ink Corrosion Caused by Irongall Inks*，文中详述了鞣酸铁墨水抵制墨水衰退老化的

① Chen Chaomei. Searching for intellectual turning point：progress knowledge domain visualization ［C］. Proceedings of the National Academy of Sciences of the United States of America，2004：5303－5310.

② Neevel J G. Phytate：a potential conservation agent for the treatment of ink corrosion caused by irongall inks［J］. Restaurator，1995，16（3）：143－160.

③ Zou X，Gurnagul N，Uesaka T，et al. Prediction of paper permanence by accelerated aging I. Kinetic analysis of the aging process［J］. Cellulose，1996，3（1）：243－267.

④ Zou X. Accelerated aging of papers of pure cellulose：mechanism of cellulose degradation and paper embrittlement［J］. Polymer Degradation and Stability，1994，43（3）：393－402.

⑤ 鞣酸铁墨水［EB/OL］.［2013－8－16］. http：//baike. com/view/1935453. html.

⑥ Neevel J G. Phytate：a potential conservation agent for the treatment of ink corrosion caused by irongall inks［J］. Restaurator，1995，16（3）：143－160.

理想性能。C2 为 paper document（纸质文档）研究。引发该领域研究的关键性文献是 Santucci① 的 *Cellulose Viscometric Oxidometry*，文中论述了由碱引起的纸张等氧化纤维素的解聚降解度、氧化程度可以予以评估测量，并详述了两种评估方法，一种粗略的方法和一种精确的方法。C3 为 article ageing（人工老化）研究，引发该领域研究的关键性文献是 Bicchieri② 的 *The Degradation of Cellulose with Ferric and Cupric Ions in a Low-acid Medium*，是关于含有铁离子和铜离子的纤维素在低酸性介质中的降解原理的一篇文章（图 6-5）。

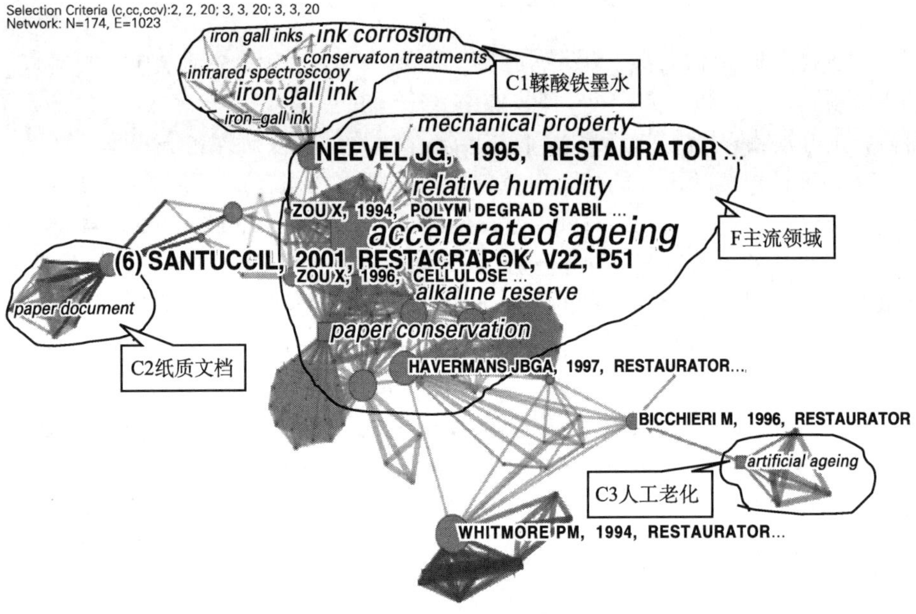

图 6-5 档案学主流研究领域

2. 档案学研究前沿与发展趋势

图 6-6 中紫色圆环所代表的文献为档案学发展的重要的知识基础。在世纪之交，relative humidity、light induced oxidation、alkaline reserve 词频增长较快，表示相对湿度、光致氧化、碱储备的研究在当时开始增多并有所突破。近几年词频增长较快的有calcium phytate、calcium hydrogen carbonate、phytate treatment，说明植酸的研究已成了档案学的最新研究前沿。植酸是从植物中提取的一种有机化合物，具有很强抗氧化和抗腐蚀作用，现已广泛应用于食品、

① Santucci L. Cellulose viscometric oxidometry [J]. Restaurator，2001，22（1）：51－65.

② Bicchieri M. The degradation of cellulose with ferric and cupric Ions in a low-acid medium [J]. Restaurator，1996，17（3）：165－183.

医药、油漆涂料、日用化工、金属加工、纺织工业、塑料工业及高分子工业等行业领域[①]。我们认为，植酸极有可能用于档案文献的保护，并可成为档案学研究的新的研究热点。从 record keeping 到 records management 的演变，也说明档案学研究已由档案记录的保存演进至档案记录的管理。我们认为，这种改变应该与“信息大爆炸”时代的到来有关系。图 6-6 中 iron gall ink 突变度最大，也是近两年涌现的突变词，说明近年来档案学中鞣酸铁墨水的研究突破较大。结合图 6-5 中展示的档案学的研究领域，我们知道，鞣酸铁墨水目前仅是档案学研究的边缘领域，根据 iron gall ink 的突变度及突变发生的年代，笔者分析鞣酸铁墨水在档案保存中的应用研究很有可能成为未来档案学研究的一个核心领域。

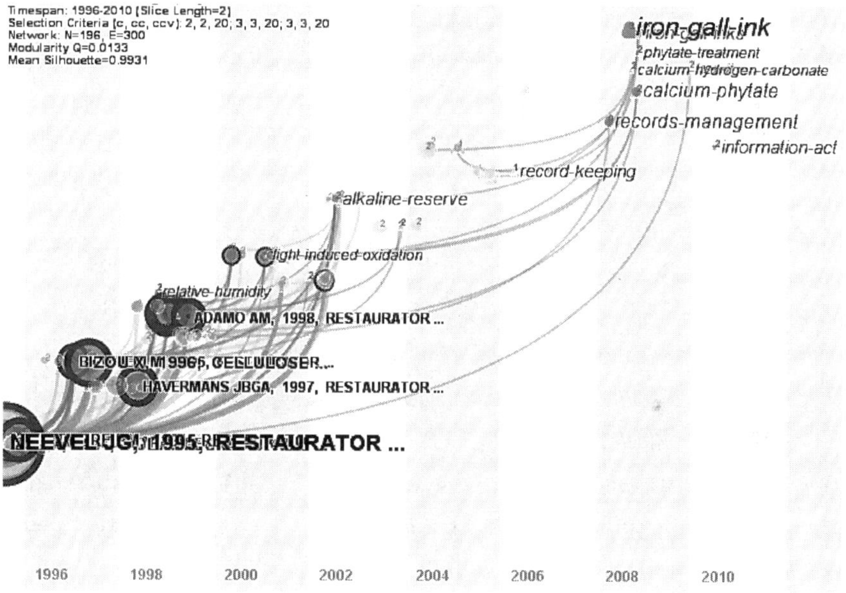

图 6-6　档案学的前沿与趋势

6.2.5　国外图情档学科比较分析

真正对图书馆学学科、档案学学科进行可视化分析的文章很少，很多是针对数字图书馆领域进行的[②③]。可视化分析情报学学科以探析学科发展的文章中，

① 植酸 [EB/OL]. [2013-8-20]. http://baike.com/view/140757.html.

② Wan G. Visualizations for digital libraries [J]. Information Technology and Libraries，2006，25(2)：88-94.

③ Chen Chaomei. Domain visualization for digital libraries [C]. IEEE International Conference on Information Visualisation. London，2000：261-267.

颇有代表性的是 White 和 McCain 的 *Visualizing a Discipline：An Author Co-Citation Analysis of Information Science*，1972-1995[①]。与我们的研究过程相似，他们以 1972～1995 年情报学领域的 12 种重要期刊为数据源，选取 120 位作者进行作者共被引分析，然后进行因子分析进行作者之间的聚类。他们探测到 12 个研究领域（因子）：experimental retrieval（实验检索）、citation analysis、online retrieval、bibliometrics、general library systems、science communication、users theory、OPACs、imported ideas、index theory、citation theory、communication theory。很明显，White 的研究更侧重于微观分析，而我们的结果表现得更为宏观，如果继续将这 12 个因子进行聚类，可以发现其结果跟我们的结果基本一致：①信息检索。experimental retrieval（实验检索）、online retrieval（在线检索）、OPACs（在线公共检索）；②信息计量。citation analysis（引文分析）、bibliometrics（文献计量）、index theory（指标理论）、citation theory（引文理论）；③信息技术。general library systems（一般图书馆系统）；④科学交流。science communication（科学交流）、users theory（用户理论）、imported ideas（输入思想）、communication theory（交流）。只有第四个研究领域——科学交流是我们没有探测到的，毕竟，White 选取的是 1972～1995 年的数据，我们的数据是 1996～2010 年的。另一篇情报学学科领域可视化探析的文章是 Zhao 和 Strotmann[②] 的 *Information Science during the First Decade of the Web：An Enriched Author Cocitation Analysis*，他们可视化分析了情报学（1995～2005 年）领域的数据，他们探测到的主题是：user studies、citation analysis、experimental retrieval、webometrics、visualization of knowledge domains、science communication、users' judgments of relevance（situational relevance）、information seeking and context、children's information searching behavior、metadata & digital resources、bibliometric models & distributions、structured abstracts（academic writing）。可以看到，大部分主题是 White 在 1998 年探测到，依然可以将这些主题归类为信息检索、信息计量、信息技术等。因此，我们对情报学的研究结果跟 White、Zhao 等的结果基本是一致的。

从各分支学科的横向比较看，图书馆学和情报学交合的一个主流研究领域是信息检索。可见，信息检索对于图书馆学和情报学的发展有着极其重要的意义。从主流研究领域、学术代表人物、重要被引文献、关键被引文献、突变术语等方

① White H D，McCain K W. Visualizing a discipline：an author co-citation analysis of information science，1972-1995 [J]．Journal of the American Society for Information Science，1998，49 (4)：327－355.

② Zhao Dangzhi，Strotmann A. Information science during the first decade of the web：an enriched author co-citation analysis [J]．Journal of the American Society for Information Science and Technology，2008，59 (6)，916－937.

面看，虽然图书馆学、情报学、档案学同为图情档一级学科下的相关分支学科专业，图书馆学与情报学研究有很多共同的地方，而档案学却明显跟它们相脱离，很少有重合之处。而且研究主流领域也表现为 1 个核心区和 3 个边缘区。

从各学科的研究前沿及发展趋势的横向对比来看，国外情报学发展的直接现实性最强，其演进过程与企业活动有着密不可分的关系，管理信息系统、电子商务、知识管理、网站这几个曾引发企业发生巨大变革的事件都曾为情报学的研究前沿。而且，情报学的未来发展趋势比图书馆学、档案学更加明朗，在各个主流研究领域上都有各自代表性的发展趋向。档案学的直接现实性最弱，它对化学、物理等学科的依赖性较强；而情报学、图书馆学对计算机等应用学科的依赖性最强。

6.2.6　研究结论

以 SSCI 收录的图书馆学、情报学、档案学代表性期刊 15 年的论文数据为样本，借助 CiteSpace 的一些算法思想进行各学科的可视化，可以得到以下结论。

（1）图书馆学有四个主流研究领域：数字图书馆、图书馆服务、专门图书馆与馆际合作、信息检索。未来图书馆学的研究将走向深入、精细的领域，如健康信息、信息行为、战争对图书馆的影响等，而且将更加注重图书馆学研究的人文层面。而基于网络大环境的 Web2.0 服务研究代表着图书馆未来几年的研究趋向。

（2）情报学可划为三个主流研究领域：信息检索、信息技术、文献计量学。信息检索的未来走向会是信息检索系统、开放获取；以 mpeg-7（多媒体内容描述接口）为代表的多媒体技术代表情报学信息技术研究的未来走向；而文献计量学未来可能会更加侧重于期刊影响因子、h 指数、特征影响因子等计量和评价指标。

（3）档案学的研究分为 1 个主流和 3 个非主流领域。植酸、鞣酸铁墨水等与纸质保护密切相关的化合物可能会进入档案学的核心主流研究区域，代表着档案学研究的未来走向。

情报学与企业出现较明显的依存关系，情报学与企业的这种关系在未来可能会依然存在。而从图书馆学及情报学涌现的研究前沿术语来看，二者的未来去向必然脱离不了网络这个大环境，它们的研究将会围绕网络而展开。档案学的研究与图书馆学、情报学有较多不太一样的地方。

6.3　国内外图书馆学科研究现状与趋势可视化比较

在知识经济时代，知识已成为经济社会发展的首要资源与第一动力，作为一种有效获取知识、发现知识和探测知识的新领域与新手段——以知识单元为分析基础的科学知识图谱正在蓬勃兴起[①]。对科学（学科）研究结构与趋势的分析一直是图书情报学科研究和实践的重要内容；对图书馆学科本身也有众多探索[②]。目前，除传统文献计量或定性的历程回顾和综述总结外，运用知识可视化方法分析图书馆学科的相关研究中，有些是国内外学者在研究知识图谱的工具和方法中，以图书情报学科为例进行论证[③]。另外，少量研究把图书情报学科作为一个整体进行分析[④]。此外，也有部分论文针对图书馆学中特定内容的可视化研究，如研究数字图书馆、图书馆服务、公共图书馆、农村图书馆、图书馆管理、某一图书馆学期刊等[⑤⑥]。虽然有一些论文对国内外图书馆学科知识图谱进行过探讨[⑦-⑨]，但是缺少基于比较视角的系统研究。新时期图书馆学学科的结构如何？发展趋势怎样？国内外的差异有哪些？这些关系学科发展的重要问题，一直为业界人士所孜孜探究，但却未能很好地解决[⑩]。本节可视化分析图书馆学科的研究热点和发展趋势，分析比较发现国内外相关研究的异同，旨在认识图书馆学科的新现象和规律，为国内图书馆学研究与实践提供借鉴[⑪]。

6.3.1 研究方法与数据来源

学术论文是对某科学领域中的学术问题进行研究后，表述和交流研究成果的重要载体和形态，也是知识图谱主要的数据来源。从研究内容的可对比性、研究数据的代表性和可获得性、研究工具和软件的可用性等多方面考虑。经过反复实验和多方面咨询专家，最后决定选择 10 年的国内外数据进行分析。国内选择 CSSCI 数据库，具体检索式为“LY02，LY03，LY04，LY05，LY06，LY07，LY08，LY09，LY10，LY11：LX=论文^XK=图书馆、情报与文献学

① 刘则渊．科学知识图谱：方法与应用［M］．北京：人民出版社，2008.

② 杨思洛，韩瑞珍．知识图谱研究现状及趋势的可视化分析［J］．情报资料工作，2012，(4)：22-28.

③ 刘启元，叶鹰．文献题录信息挖掘技术方法及其软件 SATI 的实现——以中外图书情报学为例［J］．信息资源管理学报，2012，(1)：50-58.

④ 邱均平，温芳芳．近五年来图书情报学研究热点与前沿的可视化分析［J］．中国图书馆学报，2011，(2)：51-60.

⑤ 胡晓梅．我国图书馆管理研究现状的知识图谱分析［J］．图书馆，2011，(6)：114-117.

⑥ 刘丽．基于知识图谱的国际公共图书馆研究可视化分析［J］．情报科学，2012，(4)：546-552.

⑦ 赵蓉英，王菊．图书馆学知识图谱分析［J］．中国图书馆学报，2011，(2)：40-50.

⑧ 杨国立，李品，刘竞．我国图书馆学研究知识图谱分析［J］．国家图书馆学刊，2012，(1)：52-59.

⑨ 宗乾进，袁勤俭，沈洪洲．2001～2010 年我国图书馆学研究知识图谱——基于知识图谱的当代学科发展动向研究［J］．国家图书馆学刊，2012，(2)：84-91.

⑩ 黄长著，等．网络环境下图书情报学科与实践的发展趋势［M］．北京：社会科学文献出版社，2010.

⑪ 杨思洛，韩瑞珍．基于知识图谱的国内外图书馆学科内容比较研究［J］．图书馆，2014，(1)：72-76.

^XW＝120 501＄”，共检索到 15 121 篇论文。国外选择 WoS 数据库，具体检索表达式为“主题＝（librar*）；精炼依据：Web of Science 类别＝（INFORMATION SCIENCE LIBRARY SCIENCE）AND 文献类型＝（ARTICLE）；时间跨度＝2003－01－01－2012－10－21. 数据库＝SSCI. 词形还原＝打开”，共检索到 6657 篇论文。综合使用文献计量分析法和社会网络分析法，将相关论文下载到 Excel 分类汇总处理，使用 VBA 自编程序和使用 SATI 软件对合著和共词进行分析，并通过 Netdraw 和 CiteSpace 软件可视化结果。

6.3.2　中外图书馆学知识基础图谱

图书馆学的知识基础可以分为两类：一是由图书馆学的早期奠基性文献组成；二是由一组共被引频次和中心性都比较高的关键文献组成[①]。图 6-7 和图6-8 分别为国内外图书馆学研究论文中，共被引网络形成的知识基础图谱，它们形成了图书馆学研究的脉络。

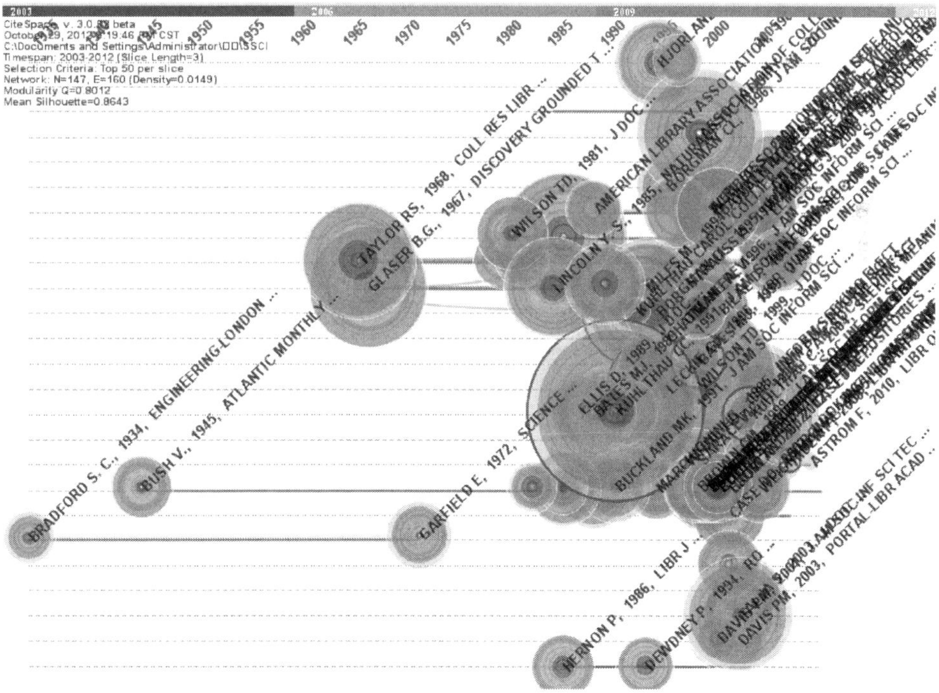

图 6-7　国外图书馆学文献的共被引时间序列图谱

① 赵蓉英，王菊．图书馆学知识图谱分析［J］．中国图书馆学报，2011，(2)：40－50.

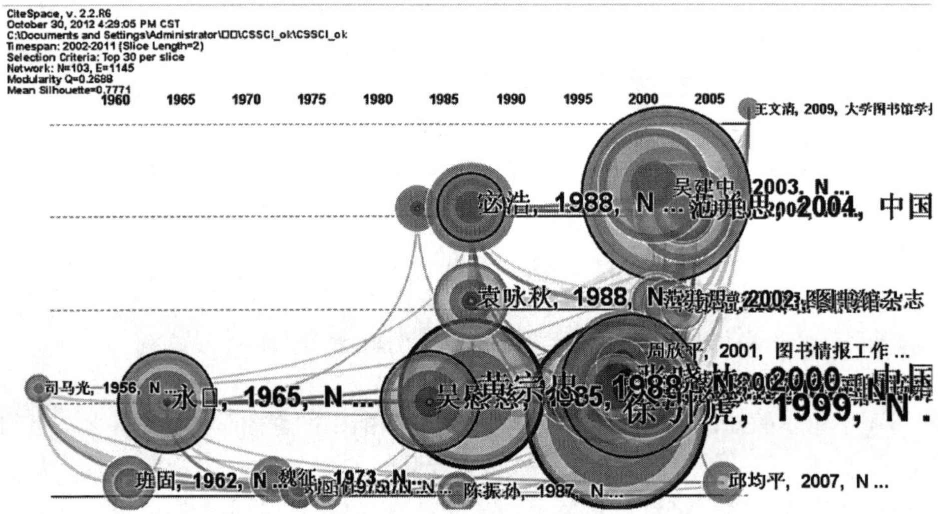

图 6-8　国内图书馆学文献的共被引时间序列图谱

1. 国外图书馆学领域经典文献

从图 6-7 中看出，图书馆学的第一篇奠基性文献是 Bradford 于 1934 年发表在 *Engineering* 上的论文 *Sources of Information on Specific Subjects*。布拉德福是世界著名的文献学家和化学家，创立了布拉德福文献分散定律，是文献计量学的主要奠基人。他选择了应用地球物理学和润滑领域为样本，最早发现文献分散（离散）规律，在图书情报领域产生了重大影响。与这一杰作同一主题线上的是 Garfield 于 1972 年发表在 *Science* 上的论文 *Citation Analysis as a Tool in Journal Evaluation*①。加菲尔德是 SCI 创始人、美国科学情报研究所和科学计量学的奠基者。其实，他发的论文影响最大的是 1955 年第一次在 *Science* 上提出了“引文索引”的设想，开创了从引文角度来研究文献及科学发展动态的新领域。但是，在图书馆学领域影响最大的还是其 1972 年的论文，在该文中他提出“科学政策研究可以通过引文的频次和影响来排序期刊”，在核心期刊和科学评价方面与布拉德福定律一脉相承。

另外，一篇奠基性文献是美国科学研究与发展局局长 Bush 于 1945 年发表在 *Atlantic Monthly* 上的论文 *As We May Think*。他首次提出了机械化检索的设想，这一极具影响力的论文被视为情报学的开端，对图书馆学领域也产生了深远影响②。此外，Glaser 于 1967 年出版了专著 *The Discovery of Grounded*

① Garfield E. Citation analysis as a tool in journal evaluation [J]. Science，1972，178：471.

② Bush V. As we may think [J]. The Atlantic Monthly，1945，176：101.

Theory：*Strategies for Qualitative Research*。该书在 Google Scholar 中被引高达 46 732 次，是社会科学中影响力最大的论著之一。该书提出扎根理论（grounded theory），这是一种定性研究及理论建构的方法，这种研究范式以不设定任何理论假设为前提，针对某一研究问题和具体现象，通过对搜集的大量相关原始资料的系统性分层归纳，自下而上地建构理论，提炼出扎根于实际现象和实际资料的理论体系，特别适用于定性研究，在图书馆学领域也有大量应用①。Taylor 于 1968 年发表在 *College and Research Libraries* 上的论文 *Question-negotiation and Information Seeking in Libraries*，通过对特定图书情报专家的访谈，研究了图书馆中信息需求问题的交涉与文献查找行为和过程②。

2. 国外图书馆学高影响力文献

除了年代较久远的高被引文献外，近期也出现了一系列高被引或中心度较高的文献，在图书馆学领域具有高影响力。点的中心性是一个用以量化点在网络中地位重要性的图论概念，中心性高的文献一般是图书馆学研究中的关键节点。

被引量最高的文献是 Kuhlthau 于 1991 年发表在《美国情报学会会刊》（*JASIS*）上的论文 *Inside the Search Process*：*Information Seeking from the User's Perspective*，领域内被引量高达 71 次，其中心度排列第二位，为 0.13。该文从用户的角度分析了信息查寻过程，通过实践调查构建了信息检索过程模型；认为信息查找过程的认知与影响方面，用户本身的信息利用过程与信息系统，以及信息提供的传统中介模式之间存在差异③。被引居第二位的论文是 Wilson 于 1999 年发表在 *Journal of Documentation* 上的论文 *Models in Information Behaviour Research*。该文研究了信息检索系统的查寻与检索，交流与信息行为间的联系；通过引入模型的嵌套分析不同层次信息行为问题④。被引居第三位的同样是 Kuhlthau 的关于信息检索方面的著作 *Seeking Meaning*：*A Process Approach to Library and Information Services*（2004 年第二版），其 1993 年第一版中心度排列第四位，为 0.12。她还有多篇关于信息检索与信息行为的论著具有重要影响。

---

① Glaser B，Strauss A. The Discovery of Grounded Theory：Strategies for Qualitative Research ［M］. New York：Aldine De Gruyter，1967.

② Taylor R S. Question-negotiation and information seeking in libraries ［J］. College and Research Libraries，1968，29（3）：178－194.

③ Kuhlthau C C. Inside the search process：information seeking from the user's perspective ［J］. Journal of the American Society for Information Science，1991，42（5）：361－371.

④ Wilson T D. Models in information behaviour research ［J］. Journal of Documentation，1999，55（3）：249－270.

中心度最高的文献是 Fisher 等于 2004 年发表在 *Journal of the American Society for Information Science and Technology* 的论文 *Information Grounds and the Use of Need-based Services by Immigrants in Queens*，中心值为 0.15。该文阐述了 Information grounds 理论，通过对纽约皇后区的移民进行定性的实证，调查分析皇后区公共图书馆服务移民的知识需求和应对技能方案；认为图书馆协同性的 Information grounds 能帮助满足移民广泛的心理、社会及实际的需要①。其次是 Bates 于 1999 年发表在 *Journal of the American Society for Information Science* 上的论文 *The Invisible Substrate of Information Science*。阐明了隐含性的情报学科基础性的科学范式的关键要素；他认为情报学应该是一门元科学，学科专业实践的重点是表示与组织信息，这些使其所需的人才与技能也与其他学科显著不同；他也分析了情报学科的研究方法和价值。另外，Hider 和 Pymm 于 2008 年发表在 *Library & Information Science Research* 上的论文 *Empirical Research Methods Reported in High-profile LIS Journal Literature*。该文通过内容分析，分析了高影响力的图书情报学科期刊在 2005 年发表的论文所用的实证研究策略和方法的分布。

3. 国内图书馆学领域经典文献

国内图书馆学领域的重要经典文献是宋朝司马光所著《资治通鉴》，1956 年由中华书局出版，它是中国第一部编年体通史，在中国官修史书中占有极重要的地位，与国内图书馆学领域研究文献史等方面相关。东汉的班固所著《汉书》，由中华书局于 1962 年出版，是中国第一部纪传体断代史。清代永瑢等所撰《四库全书总目》，由中华书局于 1965 年出版，为我国古代最巨大的官修图书目录。此外，魏征的《隋书》和刘昫的《旧唐书》其被引率也较高。

对比国内外图书馆学领域经典文献，可看出国内的领域经典文献都为文献学或历史学方面的著作；国外则集中在图书馆学的文献计量、信息检索与研究方法方面的论文。其原因主要有以下四点：第一，虽然国内图书馆方面的实践与研究源远流长，但古代主要研究文献学、目录学和版本学等内容；现代图书馆学研究起源于国外，相关经典文献也较多。第二，国内外图书馆学的引用行为存在差异，在 20 世纪中前期国内也出现众多图书馆学研究者的论著，如相关分类法、图书馆学基础理论方面的著作，但是国内趋向于引用最新的研究成果，

① Fisher K E，Durrance J C，Hinton M B. Information grounds and the use of need-based services by immigrants in Queens，NY：a context-based，outcome evaluation approach [J]. Journal of the American Society for Information Science & Technology，2004，55 (8)：754－766.

而不像国外研究中的追本溯源，当然其中也与国内外行文习惯相关，国外论文前言部分都有对现状综述。第三，国内图书馆学研究人文趋向明显，喜欢利用图书；而国外以规范实证研究为主，引用论文较多。第四，因为样本来源于索引库，研究过程中样本的差异也是一个可能的原因。

4. 国内图书馆学高影响力文献

国内高被引文献出现众多专著，其中被引最高的前三位都是专著，在高被引的前 30 位中有 18 本图书。中心度最高的前 30 位文献中也有 12 本图书，见图 6-8。

被引频次最高的著作是徐引篪和霍国庆于 1999 年的著作《现代图书馆学理论》，由北京图书馆出版社出版（被引高达 128 次）。它主要将图书馆学置于网络环境下信息资源管理理论框架中探讨，融合社会学等相关学科知识，系统而深入地探讨了现代图书馆学的研究对象和学科体系、东西方图书馆学流派和学说、图书馆类型的理论重组、图书馆的作用等重大议题。其次是于良芝的《图书馆学导论》（2003 年）和黄宗忠的《图书馆学导论》（1998 年）被引量分列第二和第三位，都是图书馆学理论研究专著。被引量排第四位的是张晓林于 2000 年发表在《中国图书馆学报》的论文《走向知识服务：寻找新世纪图书情报工作的生长点》，该文在国内较早系统研究现代信息环境和知识经济对图书情报工作的深层次影响；提出将图书情报工作核心能力定位于知识服务；分析了知识服务的观念、形式及操作模式。

国内中心度较高的图书馆学研究文献，前 10 篇都集中研究图书馆学精神、图书馆学核心价值等基础理论方面。中心度最高的为范并思于 2004 年发表在《中国图书馆学报》上的论文《公共图书馆精神的时代辩护》，其被引量也居第五位。该文认为，公共图书馆精神的发展经历了平民化、社会教育和民主社会的保障三个阶段，并提出了系列观点“公共图书馆精神实质是保障社会成员获取信息机会的平等，从信息知识角度维护社会公正；‘收费对免费’的讨论是对这一精神的挑战”等。中心度并列第一的还有蒋永福于 2003 年发表在《图书馆》上的《维护知识自由：图书馆职业的核心价值》。该文在论述知识自由的概念、类型与障碍的基础上，提出“图书馆是维护知识自由的社会制度，图书馆职业的核心价值是维护公民的知识自由权利，图书馆职业必须坚持公益原则、服务原则和自由存取原则”。此外，位列第三和第四位的论文都为范并思发表的，关于图书馆核心价值和公共图书馆核心能力方面的论文。

从国内外高影响力文献来看，相同点就是一些作者都有系列的高影响力论著；除个别的外，高被引和中心度较高的论著并不重合。但是，国内外在研究内容上差异显著。第一，国外相关高被引文献大多为论文，而国内则有众多专著。第二，国外的高影响力方面主题分布广泛，包括信息检索、用户信息行为与需求、文献计量方法，甚至也有情报学的理论研究；而国内研究主题集中在图书馆学基础理论、图书馆价值及图书馆精神等方面。

6.3.3 中外图书馆学研究内容结构图谱

关键词是作者从论文中摘出的能够反映文章基本内容的词。由于科研人员对同一内容或概念的掌握较为准确，所使用的关键词也趋向一致。一篇论文的关键词是其核心内容的浓缩和提炼，某学科相关论文关键词的分布频次与特征，能显示该学科的总体内容特征、研究内容之间的内在联系、学术研究的发展脉络与发展方向、学术研究的重点与热点等①。通过共词分析法可以分析共词网络的结构与特征，结合可视化工具，还能将分析结果直观形象地显现出来，进而达到可视化的效果②。

表 6-4 为国内外图书馆学研究论文的前 20 个高频关键词，其中合并了部分关键词（如 libraries 和 library)。从统计的高频关键词来看，国内外图书馆学研究的热点高度重合。随着国内研究条件和科学交流的加深，国内外的研究成果可即时地获取和共享，还要许多业界学者以会议、进修和攻读学位等形式进行日益广泛的交流。第一，国内外对数字图书馆的研究都是热点问题，都出现了高校图书馆和公共图书馆等特指类型的词；第二，有关文献传递等信息资源共享受到共同关注；第三，对网络新技术及数字资源也都是重点研究内容。但是，国内外也存在一些差异：第一，国外对情报科学和信息管理等研究比较关注，这可能是国外图书馆学与情报学一般合为一体，称为“图书情报学”的缘故；第二，国内高频词中出现了一些国家，主要是对特定地区的研究，而国外词涉及面更加广泛。

表 6-4 国内外图书馆学研究论文的前 20 个高频关键词

国外				国内			
关键词	频率	关键词	频率	关键词	频率	关键词	频率
libraries	422	public libraries	90	图书馆	2023	资源共享	215
digital libraries	294	information literacy	86	数字图书馆	1855	文献学	194
academic libraries	216	librarians	84	高校图书馆	894	数据库	192
Internet	197	United Kingdom	76	图书馆学	575	图书馆服务	188
information science	138	India	71	信息服务	499	图书馆员	172

① 马费成，张勤．国内外知识管理研究热点——基于词频的统计分析［J］．情报学报，2006，(2)：163－171.

② 马费成．国内知识管理研究结构探讨——以共词分析为方法［J］．情报学报，2008，(2)：93－102.

续表

国外				国内			
关键词	频率	关键词	频率	关键词	频率	关键词	频率
information retrieval	125	user studies	67	公共图书馆	365	元数据	171
interlending	123	information management	66	网络环境	309	图书馆事业	151
document delivery	122	research	65	图书馆管理	285	读者服务	148
information	117	electronic books	57	知识管理	254	数字资源	139
university libraries	115	communication technologies	55	信息资源	244	网络信息资源	137

1. 国外图书馆学研究内容结构

国外 6657 篇图书馆学领域论文共有 4688 个关键词，共出现 12 850 次。前 80 个高频关键词出现 4467 次（35%），对这些词构建共现矩阵，为反映重点情况，把共现频次阀值设为≥3 次，然后再通过 Netdraw 可视化，得到图 6-9。在图 6-9 中，连线粗细代共现次数，其中各结点的大小和颜色的差异用度中心性表示；各结点标记文字的大小用介数中心性、颜色用紧密度表示。关键词中表示研究的词主要包括图书馆、公共图书馆、高校（学术）图书馆及国家图书馆等类型，这些词聚集在图中心；其中，数字图书馆作为图书馆发展趋势，不应该作为研究内容，所以以研究对象对待。根据关键词的频率及共词联系，将国外图书馆学研究内容分为五大部分，需要说明的是，本节忠于原论文作者的标引，没有进一步处理一义多词和一词多义关键词的合并等，同时关键词知识单元间的关系错综复杂，所以图 6-9 中有部分连线交错在一起。

①信息检索与文献计量研究。广义的信息检索包括“信息存储与检索”，国外图书馆学集中关注网络环境下，海量的信息资源检索问题，出现网络（internet）、数据库（database）、搜索引擎（search engine）及信息检索（information retrieval）等关键词。此外，出现了引文分析（citation analysis）、文献计量学（bibliometrics）及评价（evaluation）等词，说明文献计量是国外图书馆学研究的重要内容，而且信息检索与文献计量也是十分相关的两个领域。②信息资源建设。图书馆学界历来比较重视信息资源方面。一方面，主要研究数字信息资源的建设，包括电子书、电子杂志、数字出版，以及在线编目和数字存储等系列关键词。另一方面，资源共享、文献传递、馆际互借等词频次很高且联系紧密，说明信息资源共享是其研究重要内容。③信息服务是图书馆存在的目的。国外相关研究涉及面广泛，包括 Web2.0 环境下的信息服务、高校信息素养教育、参考咨询服务、读者研究、E-Learning 等众多内容。④区域研究。在国外相关研究论文中出现许多国名关键词，包括美国、英国、加拿大、印度、中国

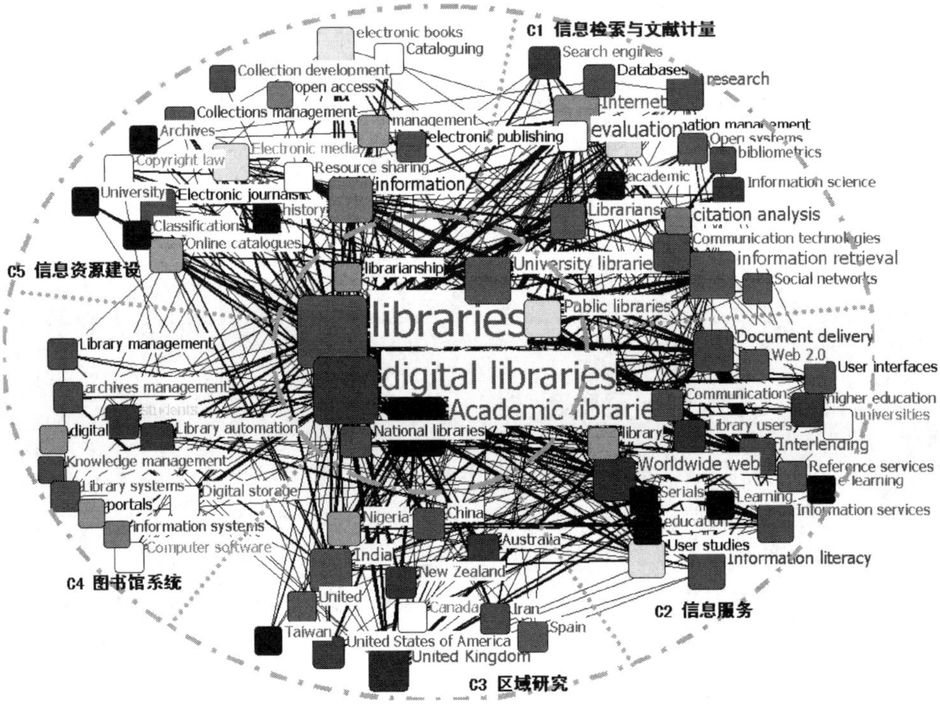

图 6-9　国外图书馆学研究论文的关键词共现图谱

和中国台湾等。因为 SSCI 收录的论文中出现了众多针对特定国家的研究，作者往往对研究区域予以标引，这些关键词也在一定程度上反映了全球图书馆学研究分布。⑤图书馆管理系统研究是国外关注的重点内容之一。研究图书馆自动化（library automation）、图书馆系统（library system）、信息系统（information system）、计算机软件（computer software）等词大量出现。

2. 国内图书馆学研究内容结构

国内 15 121 篇相关论文共有 22 326 个关键词，出现 58 105 次。前 80 个高频关键词出现 13 626 次（24%），与国外相比，国内关键词一方面集中在“图书馆”等少数几个词，另一方面则更加分散。对这些词构建共现矩阵，为反映重点情况，把共现频次小于 3 次的数据清零处理，然后再通过 Netdraw 可视化，得到图 6-10。与国外的情况类似，表示研究对象的各类型图书馆术语集中在图的中央。根据各词频次和关键词网络的测度，把国内图书馆学研究内容分为五大方面。然后，对比国内外图书馆学研究论文的关键词共现图谱，可以发现，图书馆学研究内容结构的异同情况。

（1）图书馆学基础理论研究。一方面，国内围绕“图书馆学”“情报学”和“图书情报学”，以及图书馆学“研究对象”“图书馆事业”“比较研究”等展开；

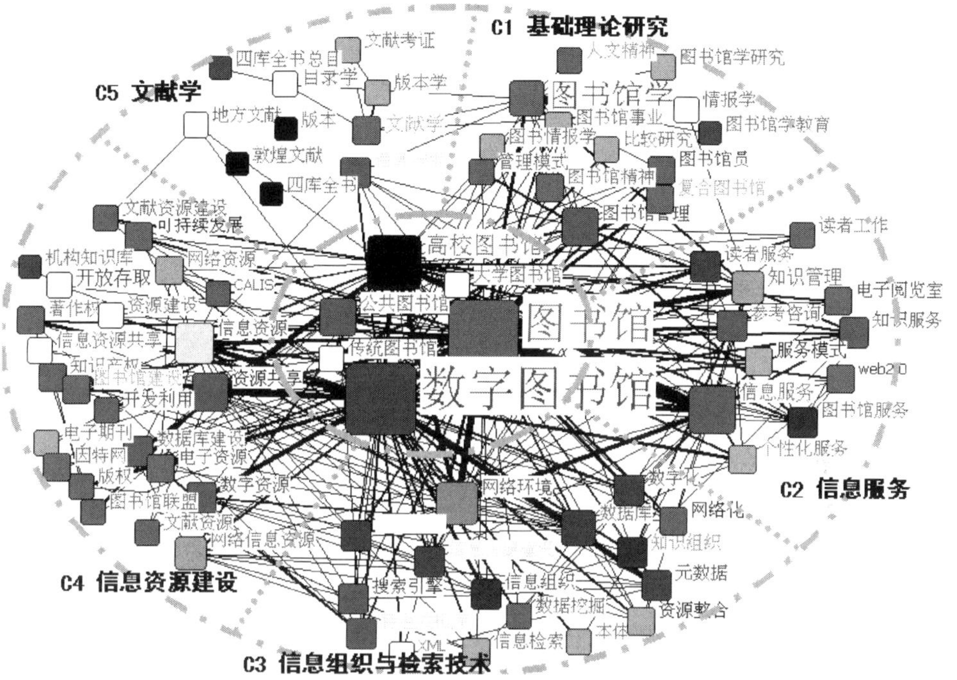

图 6-10　国内图书馆学研究论文的关键词共现图谱

另一方面，则集中在“图书馆精神”“人文精神”等图书馆价值层面的探讨。

（2）信息组织与检索技术。随着计算机网络技术的深入发展，在“因特网”环境下，实现“网络信息”从“信息组织”向“知识组织”和“知识管理”升级，主要研究“本体”“XML”“元数据”“搜索引擎”等新的“信息技术”，实现“资源整合”和“信息检索”。

（3）信息资源建设是图书馆存在的前提和基础。国内一方面研究“文献资源”“电子资源”“网络资源”“地方文献”和“特色数据库”的建设问题；另一方面则重点分析“图书馆联盟”“资源共享”等信息资源共享内容，其中，对国内资源共享的典范“Calis”较为关注。此外，对网络环境下，新兴的“开放获取”和“机构知识库”也有一些研究；对资源建设过程引起的“版权”“著作权”等“知识产权”问题也是当前我国图书馆学研究的重要主题。

（4）信息服务是图书馆学研究与实践永恒的主题。一方面，在“Web2.0”等新的“网络环境”下，“图书馆服务”的“服务模式”在不断变革之中，主要涉及“个性化服务”和“知识服务”等内容；另一方面，“读者服务”中也包括“电子阅览室”和“数字参考咨询服务”等新内容。

（5）文献学研究。文献学是以文献和文献发展规律为研究对象的一门科学，国内主要关注历史文献学、古典文献学等。一方面，研究“版本”和“文献考证”等“版本学”相关主题；另一方面研究《四库全书总目》等“目录学”相关知识；其中也有对“四库全书”和“敦煌文献”等古代经典文献研究。

6.3.4 中外图书馆学研究前沿图谱

把国内外图书馆学研究论文近5年的题录数据，分别利用CiteSpace软件中提供的膨胀词探测（burst detection）技术和算法，通过考察词频的时间分布，将其中频次变化率高的词（burst term）从大量的主题词中探测出来，并根据词频的变动趋势，而不仅仅是频次的高低，来确定研究的前沿领域①。

由图6-11可以看出：①主题词变化率较高的词中出现了Web、internet、电子资源（electronic resources）、数字图书馆（digital library）、电子杂志(electronic journals）等词，而且其中一些词年轮的外圈为红色，表明它们是近期突变出来的词，有关网络数字资源的研究将是其重要前沿领域。②公共图书馆(public library)、学术图书馆（academic libraries)、大学图书馆（university library)、国家图书馆（national library）等表示图书馆实际类型的词大量出现，说明对图书馆学实践研究的加强，特别是实际影响和作用（practical implications）一词突现。③信息素养（information literacy)、图书馆服务（library service)、信息检索（information retrieval)、馆际互借（interlending）等词的Burst值较大，信息服务与用户仍将是图书馆学研究中的重要内容。④情报学(information science)、引文分析（citation analysis）和影响（impact）等词表明，国外图书馆学与情报学之间的紧密关系，文献计量学等是共同关注的主题。

由图6-12可以看出，在国内：①图书馆、数字图书馆、高校图书馆、公共图书馆、图书馆管理、知识管理、图书馆学教育等词出现频率较高，表明关于各类型图书馆实践一直将是图书馆学研究的重点。②知识服务、信息服务、图书馆服务、信息共享空间、图书馆2.0和Web2.0等词在近期的Burst值较大，网络环境下信息服务是图书馆学研究永恒的主题。③特色数据库、数字资源、开放存取、机构知识库等关于网络信息资源建设方面的词大量出现，也将是未来的研究内容。④文献学、古籍、文献考证、版本等词出现较多，表明国内关于古典文献学和目录学仍将是研究内容之一。⑤情报学一词年轮的外圈红色最大，说明国内图书馆学对情报学方面的研究将大大加强，这也与实际情况相吻合，国内图书馆学情报学相结合，无论是理论研究、实践工作，还是专业教育都有越来越融合的趋势。

---

① 栾春娟，侯海燕，王贤文．国际科技政策研究热点与前沿的可视化分析［J］．科学学研究，2009，27（2）：240-243.

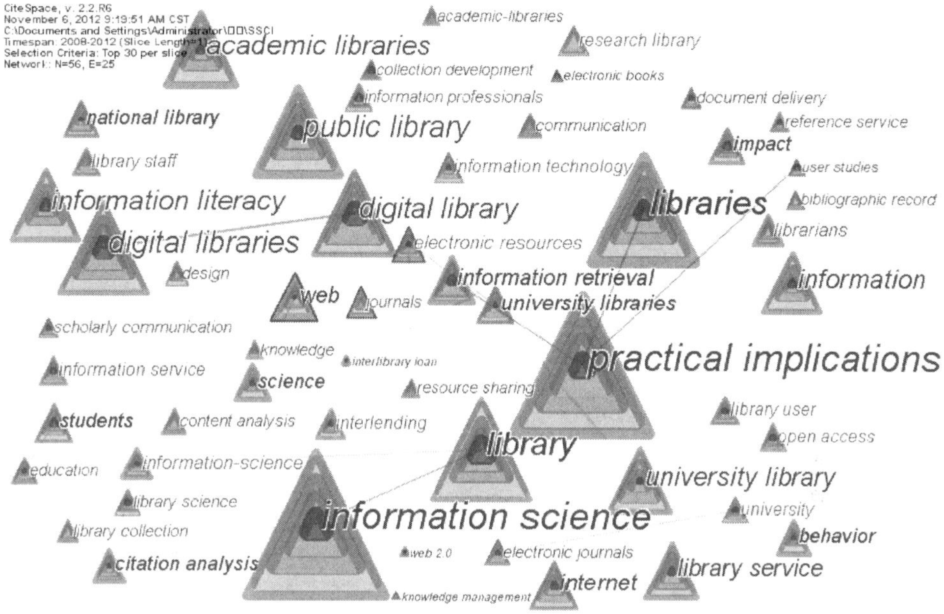

图 6-11　国外图书馆学研究前沿图谱

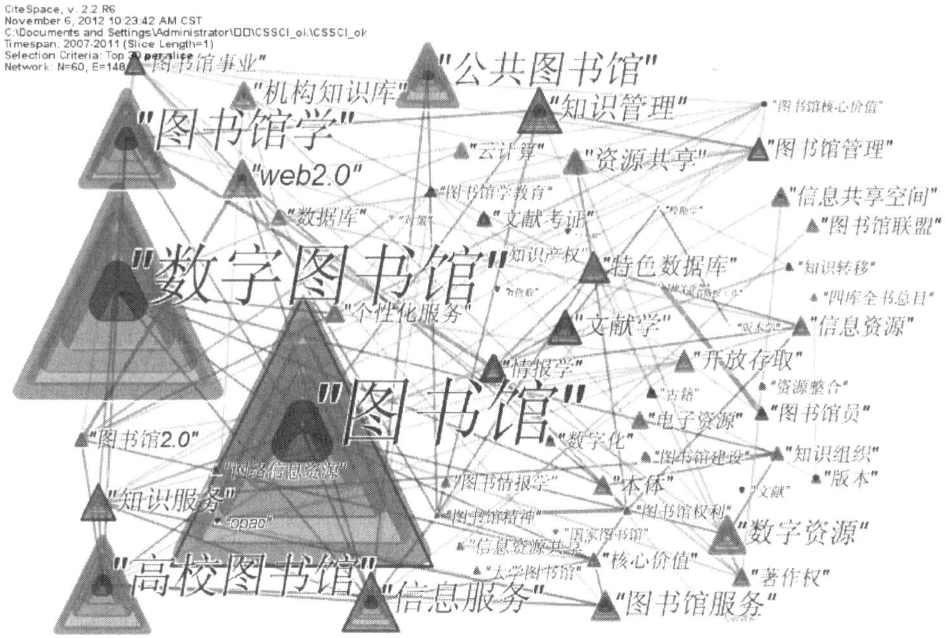

图 6-12　国内图书馆学研究前沿图谱

6.3.5 研究结论

我们以国内外两大权威索引数据库 SSCI 和 CSSCI 为数据来源，系统对比分析了图书馆学学科的研究内容，并以可视化的形式予以展示，得出以下结论①。

(1) 图书馆学高影响力作者情况国内外较相似，一方面，近期作者其论文被引量较高，如国外的 Tenopir、Nicholas，国内的张晓林、蒋永福及邱均平等；另一方面，则是一些业内的资深专家，近年被引次数多，特别是早期的经典论著，影响深远，至今仍被大量引用，如国外的 Garfield、Borgman 和国内的吴慰慈、黄俊贵、黄宗忠等。

(2) 对比国内外图书馆学领域经典文献，可看出国内的领域经典文献都为文献学或历史学方面的著作；国外则集中在图书馆学的文献计量、信息检索与研究方法方面的论文。从国内外高影响力文献来看，相同点是少量作者都有系列的高影响力论著；除个别外，高被引和中心度较高的论著并不重合。但是，国内外在研究内容上差异显著。第一，国外相关高被引文献大多为论文，而国内则有众多专著。第二，国外的高影响力论文主题分布广泛，包括信息检索、用户信息行为与需求、文献计量方法，甚至也有情报学的理论研究；而国内研究主题集中在图书馆学基础理论、图书馆价值及图书馆精神等方面。

(3) 国内外图书馆学研究内容最相似的领域是图书馆的信息资源建设。信息服务领域在整体上也相似，但国内着重研究服务的模式和形式，国外则重视信息素养、高校读者，以及读者本身的研究。此外，信息检索也受到国内外的共同关注。在差异方面，国外崇尚实证与规范性的分析，重视文献计量方面的研究，对图书馆管理系统也研究较多，众多论文也有对特定国家或地区的分析探讨；而国内，历来重视图书馆学基础理论研究，包括图书馆精神与图书馆价值等，对古典文献学和目录学也很重视。

(4) 从国内外研究的趋势来看，随着国际科学交流的频率与深入，国内外图书馆学研究内容将趋同发展。对公共图书馆、高校图书馆等各类型图书馆的实践是国内外图书馆学研究共同关注的内容。网络环境下图书馆服务和数字资源建设的研究仍将是图书馆永恒的主题。未来，国内外图书馆学情报学将有更加融合的趋势。但是，国内古典文献学和目录学仍将是国内图书馆学研究的重要内容之一。

---

① 杨思洛，韩瑞珍. 基于知识图谱的国内外图书馆学科内容比较研究 [J]. 图书馆，2014，(1)：72-76.

6.4 国内外情报学科研究现状与趋势可视化比较

随着计算机为代表的信息技术深入普及应用，加上网络环境下知识和信息的海量增长，专门以科学知识为对象，对学科结构、发展历程和趋势等方面进行可视化的研究兴起，知识图谱研究成为热点。由于对学科前沿和趋势的把握是情报学的重要研究内容，从学科知识可视化研究的早期开始，就有业界学者对本学科知识图谱的分析①。对科学（学科）研究结构与趋势的分析一直是图书情报学科研究和实践的重要内容；对情报学科本身也有众多探索②。目前，除传统文献计量或定性的历程回顾和综述总结外，运用知识可视化方法分析情报学科的相关研究中：有些是国内外学者在研究知识图谱的工具和方法中，以图书情报学科为例进行论证③；另外，少量研究把图书情报学科作为整体进行分析④；此外，也有部分论文针对情报学中特定内容的可视化研究，如研究情报学期刊、信息检索、引文分析、知识管理等⑤⑥；虽然有一些论文对国内外情报学科知识图谱的探讨⑦-⑩，但是缺少基于比较视角的系统研究。新时期情报学科的结构如何？发展趋势怎样？国内外的差异有哪些？这些关系学科发展的重要问题，一直为业界人士所孜孜探究，但却未能很好地解决⑪。本节可视化分析情报学科的研究热点和发展趋势，分析比较发现国内外相关研究的异同，旨在认识情报学科的新现象和规律，为国内情报学研究与实践提供借鉴⑫。

---

① 刘则渊．科学知识图谱：方法与应用［M］．北京：人民出版社，2008.

② 杨思洛，韩瑞珍．知识图谱研究现状及趋势的可视化分析［J］．情报资料工作，2012，(4)：22-28.

③ 刘启元，叶鹰．文献题录信息挖掘技术方法及其软件SATI的实现——以中外图书情报学为例［J］．信息资源管理学报，2012，(1)：50-58.

④ 邱均平，温芳芳．近五年来图书情报学研究热点与前沿的可视化分析［J］．中国图书馆学报，2011，(2)：51-60.

⑤ 梁永霞，刘则渊，杨中楷，王贤文．引文分析领域前沿与演化知识图谱［J］．科学学研究，2009，(4)：516-522.

⑥ 赵蓉英，陈瑞．跨语言信息检索的知识图谱研究［J］．情报理论与实践，2011，(10)：96-100.

⑦ 宗乾进，袁勤俭，沈洪洲，等．2001—2010年国内情报学研究回顾与展望——基于知识图谱的当代学科发展动向研究［J］．情报资料工作，2012，(1)：10-15.

⑧ 廖胜姣．基于TDA的情报学研究前沿知识图谱的绘制及分析［J］．情报理论与实践，2009，(11)：98-101.

⑨ 赵勇，沙勇忠．当代情报学研究的知识图谱：基于ACA的分析［J］．图书馆论坛，2008，(6)：63-69.

⑩ 张金柱．情报学的学科结构及其演化分析［J］．情报资料工作，2011，(3)：34-37.

⑪ 黄长著，等．网络环境下图书情报学科与实践的发展趋势［M］．北京：社会科学文献出版社，2010.

⑫ 韩瑞珍，杨思洛．基于知识图谱的国内外情报学科内容比较研究［J］．情报科学，2015，待发表.

6.4.1 研究方法与数据来源

数据样本是进行学科知识图谱研究的前提和基础。需要根据研究目标，对数据来源的质量、代表性、可对比性等多方面进行综合考量。本节主要选择学科的主流期刊论文为样本。具体选择 CSSCI（2002～2011 年）的图书馆、情报与文献学类目中，刊名含有“情报”的 5 种期刊所载论文，但是排除包括“图书”的两栖期刊。国外 JCR（2011 年）的 Information Science & Library Science 类目中有 83 种期刊，根据影响因子、期刊报道范围和国内已有相似研究所采用样本，最后选择近 10 年（2003～2012 年）5 种具有代表性的期刊，见表 6-5。共检索到国内相关论文 15 525 篇，国外 5619 篇。表 6-5 列出了各期刊刊期和 10 年中的论文量，需要说明的是，许多刊物在这些年内大多刊期缩短，页码增加，以应对科学知识量的增长，如《情报学报》在 2011 年由双月刊改为月刊。总体上，国外刊物刊期较长，且每期载文量较少，每篇论文页码较多，这是国内外论文风格的差异。

下载论文题录并清洗数据后，综合使用 Excel、VBA 自编程序、SATI、Netdraw 和 CiteSpace 软件进行数据分析和可视化展示结果。

表 6-5 国内外情报学代表性期刊

序号	国内期刊	刊期	10 年论文量	国外期刊	刊期	10 年论文量
1	情报学报（CSSCI&CSCD）	月刊	1334	*Journal of the American Society for Information Science and Technology*（SSCI&SCI）	月刊	1991
2	情报理论与实践（CSSCI）	月刊	2492	*Scientometrics*（SSCI&SCIE）	月刊	1592
3	情报资料工作（CSSCI）	双月刊	1678	*Journal of Information Science*（SSCI&SCIE）	双月刊	487
4	情报科学（CSSCI&CSCDE）	月刊	4065	*Information Processing & Management*（SSCI&SCIE）	双月刊	865
5	情报杂志（CSSCI）	月刊	5956	*Journal of Documentation*（SSCI）	双月刊	684

6.4.2 中外情报学知识基础图谱

情报学的知识基础可以分为两类：一是由情报学的早期奠基性文献组成；二是由一组共被引频次和中心性都比较高的关键文献组成①。对于两类文献基本上以 2000 年左右为划分依据。图 6-13 和图 6-14 分别为国内外情报学研究论文

① 赵蓉英，王菊. 图书馆学知识图谱分析［J］. 中国图书馆学报，2011，(2)：40－50.

中，共被引网络形成的知识基础图谱，它们形成了情报学研究的脉络。

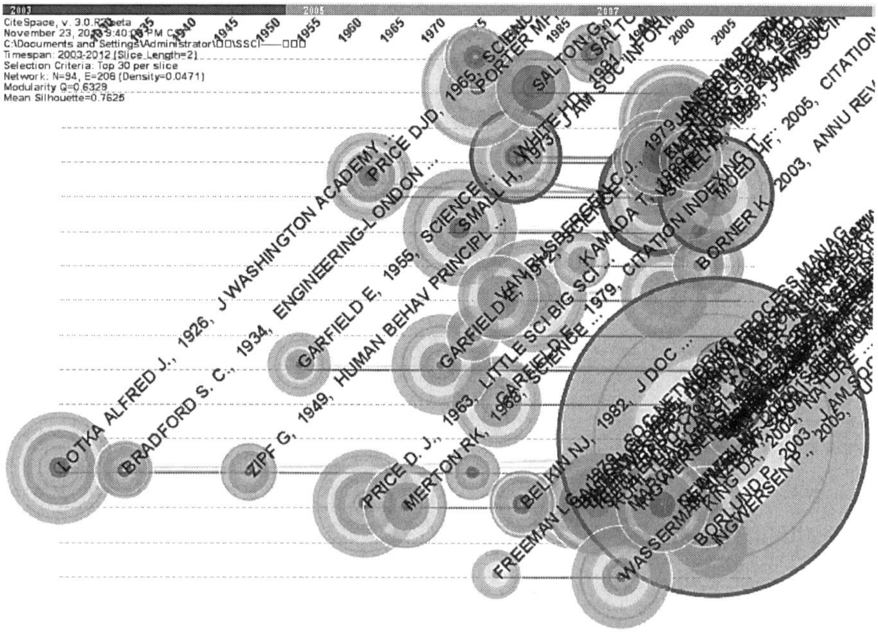

图 6-13　国内情报学文献的共被引时间序列图谱

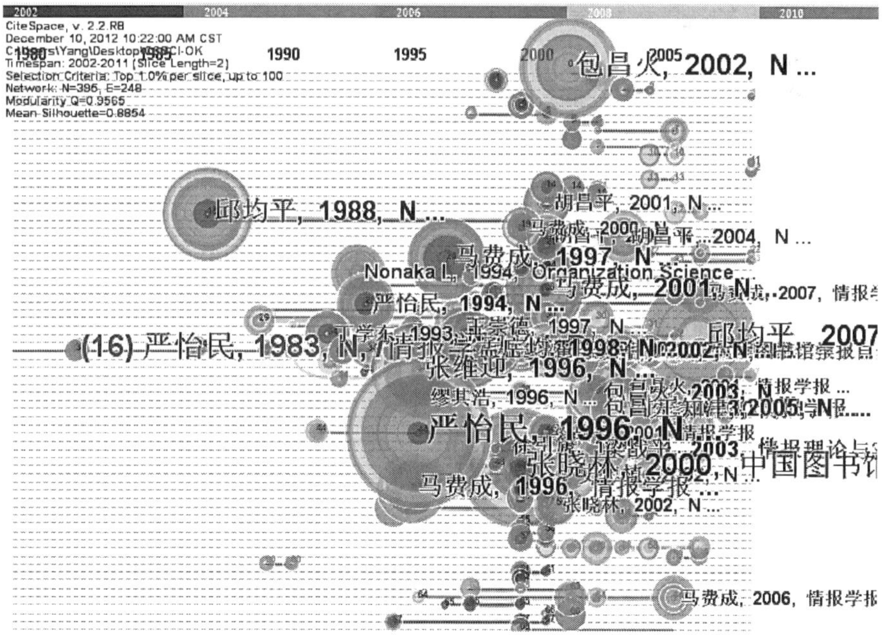

图 6-14　国外情报学文献的共被引时间序列图谱

1. 国外情报学领域经典文献

从图 6-13 可以看出：①情报学的第一组经典文献由三篇论文组成，分别提出了文献（信息）计量学的三大定律：美国学者 Lotka 在 1926 年提出描述科学生产率的经验规律——洛特卡定律（又称倒数平方定律）；英国著名文献学家 Bradford 于 1934 年提出的描述文献分散规律的经验定律——布拉德福定律；美国学者 Zipf 于 1949 年提出的词频分布定律——齐普夫定律。三大定律在图书情报界产生了重大影响。②第二组则是加菲尔德的三篇文献，加菲尔德是 SCI 创始人、美国科学情报研究所和科学计量学的奠基者。1955 年，他第一次在 *Science* 上提出了“引文索引”的设想，开创了从引文角度来研究文献及科学发展动态的新领域；1972 年，他发表在 *Science* 上的论文 *Citation Analysis as a Tool in Journal Evaluation* 提出“科学政策研究可以通过引文的频次和影响来排序期刊”；1979 年，他又出版引文分析方面专著 *Citation Indexing*：*Its Theory and Application in Science*，*Technology*，*and Humanities*。③第三组则是普赖斯的两篇文献：1963 年，普赖斯出版专著《小科学，大科学》提出了科学规模的指数增长规律；1965 年，他在 *Science* 上发表 *Networks of Scientific Papers*，创造性地研究了科学论文之间的引证和被引证关系，以及由此形成的“引证网络”。④此外，1973 年，斯莫尔发表论文 *Co-citation in the Scientific Literature*：*A New Measure of the Relationship Between Two Documents*，首创共引分析法；1981 年，White 的论文 *Author Cocitation*：*A Literature Measure of Intellectual Structure* 则是在前者基础上的深入研究。1980 年，Porter 发表的论文 *An Algorithm for Suffix Stripping*，提出新算法，解决信息检索中英文单词后缀自动去除的问题，在文献检索领域具有里程碑意义。1968 年，Merton 的专著 *Social Theory and Social Structure* 研究人类社会结构及其相关理论，在情报学领域也有较大影响。1983 年，Salton 的专著 *Introduction to Modern Information Retrieval* 是对计算机信息检索总体介绍，尤其是介绍向量检索模型的经典专著。1994 年，Wasserman 的 *Social Network Analysis*：*Methods and Applications* 则是社会网络分析的经典专著，在文献计量与可视化方面也有重要应用。1991 年，Kuhlthau 的论文 *Inside the Search Process*：*Information Seeking from the User's Perspective*，基于用户视角，通过实际调查用户查寻行为，构建了信息检索模型。

2. 国外情报学高影响力文献

除了年代较久远的高被引文献外，近期也出现了系列高被引或中心度较高的文献，在情报学领域具有高影响力。点的中心性是一个用以量化点在网络中地位重要性的图论概念，中心性高的文献一般是情报学研究中的关键节点。

被引量最大的是 2005 年 Hirsch 发表的论文 *An Index to Quantify an Individual's Scientific Research Output*，在样本数据中被引高达 247 次，中心性值为 0.38（排第二），该文提出 *h* 指数来定量评价学者的科研产出，随后迅速掀起对其应用和改进的分析热潮。此外，2000 年 Jansen 的论文 *Real Life，Real Users，and Real Needs：a Study and Analysis of User Queries on the Web*，通过对搜索引擎 Excite 中较大规模用户搜索记录实证分析，得出用户网络搜索的行为与真实需求。1998 年 White 的论文 *Visualizing a Discipline：An Author Co-citation Analysis of Information Science*，1972～1995 是对共引分析的后续研究，运用作者共引分析学科结构。2005 年 Moed 的专著 *Citation Analysis in Research Evaluation*，对运用引文分析来评价科学成果进行了系统阐述。2006 年 Egghe 的论文 *Theory and Practise of the G-index*，提出评价学术成果的 G 指标，是对 *h* 指数的改进。

中心度最高的（0.46）是 1998 年 Brin 发表的论文 *The Anatomy of a Large-Scale Hypertextual Web Search Engine*。Brin 是 Google 的创建者之一，在该文中分析了 Google 这种大规模的网络搜索引擎的原型和原理。此外，2006 年 Garfield 发表的论文 *The History and Meaning of the Journal Impact Factor* 则是对期刊影响因子的内涵提出的最初动机及发展历史进行系统回顾。

3. 国内情报学领域经典文献

国内高被引文献出现众多专著，在高被引的前 10 位中有 8 本图书，只有两篇期刊论文；而在高被引的前 30 位中有 24 本图书；前 50 位中有 35 本图书。而在被引的前 15 篇论文中有 7 篇来自《情报学报》，充分说明该刊在国内情报学领域的地位（图 6-14）。

被引率最大的是 1996 年严怡民出版的专著《现代情报学理论》，内容包括情报学的理论基础和方法论、用户情报行为、信息交流与“栈”理率、信息产业、信息系统和情报政策等方面，是国内情报学基础理论研究的经典专著。其实，作为国内情报学理论研究的先驱，严怡民教授在 20 世纪 80～90 年代就有《情报学概论》和《情报学研究导论》等多部专著面世，而且被引率和影响都较高。此外，2004 年张维迎所著《博弈论与信息经济学》，对博弈论和信息经济学的主要内容和研究方法作比较全面系统的讨论和分析，是国内社科领域高被引的著作之一，在情报学领域也有重要影响。还有，1988 年邱均平的专著《文献计量学》论述了文献计量学的基本定律和理论基础，讨论了引文分析等主要的定量分析方法，阐述了在情报学、图书馆学、科学学等学科领域及其定量管理等方面的应用，此外还有 1993 年丁学东和 1997 年王崇德的文献计量专著。1996

年马费成所著《情报学的进展与深化》从情报学产生的背景出发，讨论了情报学的目标与基本任务，回顾了情报学的发展历程及主要成果，被引率和中心度均较高。1998 年孟广均的《信息资源管理导论》和 1997 年马费成的《信息经济学》，这两本专著则分别是信息资源管理和信息经济学领域的经典著作。1994 年 Nonoka 的论文 *A Dynamic Theory of Organizational Knowledge Creation* 则是知识管理领域的奠基性经典文献。

对比国内外情报学领域，可看出国内的领域经典文献大多为著作，大部分作为教材使用；国内相关文献年代较近，说明国内情报学比国外发展较晚，而且大多是对情报学或特定部分领域的总体介绍。国外的大多为论文，且出现年代较远，内容集中在两大方面——文献计量与引文分析，还有就是关于信息检索与用户查询行为。

4. 国内情报学高影响力文献

国内近期（2000 年后）出现的情报领域的重要高影响力文献有：2000 年张晓林的论文《走向知识服务：寻找新世纪图书情报工作的生长点》，研究现代信息环境和知识经济对图书情报工作的深层次影响，提出将图书情报工作核心能力定位于知识服务，并且分析了知识服务的观念、形式和操作模式，从此国内掀起了知识服务的研究热潮。2007 年邱均平的著作《信息计量学》从理论、方法、应用三个角度，首次构建了信息计量学的内容体系。这是我国第一次以“信息计量学”为书名出版的专著，融入了编者 20 多年的教学心得和研究成果。2002 年包昌火的著作《企业竞争情报系统》论述了竞争情报系统的基本问题，包括竞争情报系统的结构与功能、设计与运行、未来发展，并结合国内外的具体实践对典型案例进行剖析；内容类似的还有 2005 年王知津的著作《竞争情报》。2001 年马费成的《信息资源管理》是普通高等学校管理科学与工程类学科专业主干课程教材，主要内容包括信息资源管理的历史沿革、国内外研究现状及发展，信息资源管理的目标与任务、内容管理与系统管理，企业与政府信息资源管理，信息政策与法规，信息资源优化配置，知识管理，等等。2003 年梁战平所著《情报学若干问题辨析》，综合国内外各观点基础上，提出情报学是研究有效地运用信息、知识和情报的规律性的一门科学；发源于图书馆学和文献学，已发展成为自然科学、技术科学和社会科学的交叉学科；2001 年他的《情报学的新发展》也有相似内容。

国内高被引和中心度的论著较重合，故大部分高中心度的文献在前面有介绍。此外，有 2006 年包昌火的论文《人际情报网络》以人际网络理论为指导，系统论述了人际情报网络的含义、理论、构建和实施等基本问题，以及发展人际情报网络、搭建一个社会平台对我国情报工作和情报学研究的重要意义。

2003年他的另一论文《人际网络分析》也有较高被引和中心度。2007年包昌火论文《情报缺失的中国情报学》提出重要观点：认为用两个中文词语——情报和信息代表同一个概念；两个学科——情报学和信息科学同用一个英文词语——Information Science，是造成情报学研究困境的重要原因。

从国内外高影响力文献来看，相同点就是一些作者都有系列的高影响力论著；除个别的外，高被引和中心度较高的论著并不重合。但是国内外在研究内容上差异显著。第一，国外相关高被引文献大多为论文，而国内则有众多专著。第二，国外的高影响力方面主题分布广泛，包括信息检索、网络用户信息查询行为、文献计量方法，也有关于科学评价的研究；而国内研究主题集中宏观的理论分析，包括信息计量、竞争情报、知识服务等方面。

6.4.3　中外情报学研究内容结构图谱

关键词是作者从论文中摘出的能够反映文章基本内容的词。由于科研人员对同一内容或概念的掌握较为准确，所使用的关键词也趋向一致。一篇论文的关键词是其核心内容的浓缩和提炼，某学科相关论文关键词的分布频次与特征，能显示该学科的总体内容特征、研究内容之间的内在联系、学术研究的发展脉络与发展方向、学术研究的重点与热点等①。共词分析法的思想来源于文献计量学的引文耦合与共被引概念，即当两个能够表达某一学科领域研究主题或研究方向的专业术语（一般为主题词或关键词）在同一篇文献中出现时，表明这两个词之间具有一定的内在关系，并且出现的次数越多，表明它们的关系越密切、距离越近。利用多元分析方法和社会网络分析法，可以分析共词网络的结构与特征，通过可视化工具，还能将分析结果直观形象地可视化展示②。

CSSCI的15 525篇相关论文中只有1篇没有关键词，共59 838个关键词，篇均3.8个；SSCI的5619篇相关文献中只有2337篇有关键词（41.6%），共11 530个关键词，篇均5个。可见篇均关键词数量，国外情报学领域要比国内的多，一方面与国外学术论文普遍比国内论文篇幅长，涉及内容相对多和深有关；另一方面则可能是国外作者较为重视关键词的著录。但是，国外有一半多的论文没有关键词，其中重要原因是表6-5中的前两种期刊*JASIST*和*Scientometrics*论文题录中都没有关键词“DE”项，另外，国外书评等类型论文也没有著录关键词。

表6-6为国内外情报学研究论文的前20个高频关键词。从我们统计的高频

---

① 马费成，张勤．国内外知识管理研究热点——基于词频的统计分析［J］．情报学报，2006，(2)：163－171.

② 马费成．国内知识管理研究结构探讨——以共词分析为方法［J］．情报学报，2008，(2)：93－102.

关键词来看，国内外情报学研究的热点高度重合。随着国内研究条件和科学交流的加深，国内外之间的研究成果可即时地获取和共享，还要许多业界学者以会议、进修和攻读学位等形式进行了日益广泛的交流，使得国内外研究可交差融合。图书馆和数字图书馆、信息服务、信息检索、知识管理等是国内外共同关注的热点问题。但是国内外也存在一些差异，国外出现大量关于文献计量方面的关键词，而国内则出现了竞争情报、电子商务等热点研究内容。

表 6-6　国内外情报学研究论文的前 20 个高频关键词

国内				国外			
关键词	频率	关键词	频率	关键词	频率	关键词	频率
图书馆	1047	网络环境	269	information retrieval	229	libraries	48
知识管理	786	数据挖掘	257	bibliometrics	112	h-index	43
数字图书馆	775	本体	244	citation analysis	72	digital libraries	43
信息服务	584	电子政务	228	information science	71	analysis	42
竞争情报	444	信息技术	207	information	69	citations	39
信息资源	443	知识共享	206	evaluation	67	information seeking	37
高校图书馆	428	搜索引擎	204	classification	58	user studies	36
信息检索	386	信息管理	184	research	57	information management	36
情报学	375	知识服务	173	Internet	53	scientometrics	33
电子商务	279	企业	168	knowledge management	51	collaboration	33

1. 国外情报学研究内容结构

国外 5619 篇相关文献中共有关键词 5904 个，共出现 11 530 次。前 80 个高频关键词（频次在 15 次以上）出现 2428 次（21%），对这些词构建共现矩阵，通过 Netdraw 可视化，得到图 6-15，为反映重点情况，把共现频次阈值设为≥2 次。图 6-15 中连线粗细代共现次数，其中各结点的大小和颜色的差异用度中心性表示；各结点标记文字的大小用介数中心性，颜色用特征向量表示；连线粗细表示合作频次。已有一些学者从信息计量角度，对国外情报学科内容结构的研究，但大多是从作者或文献的引证角度进行①。本节从关键词共现角度，根据关键词的频率及共词联系，将国外情报学研究内容分为三大部分。需要说明的是，一方面，本节忠于原论文作者的标引，没有进一步

① Zhao D Z，Strotmann A. Evolution of research activities and intellectual influences in information science 1996 - 2005：introducing author bibliographic-coupling analysis [J] . Journal of the American Society for Information Science and Technology，2008，59 (13)：2070 - 2086.

处理一义多词和一词多义关键词的合并等；另一方面，关键词知识单元间的关系错综复杂，所以图 6-15 中也是部分连线交错在一起。关键词中，除大部分涉及研究内容的词外，也包括少量的研究对象和研究范围等词；对这些词，根据其与研究内容的词间的共现关系进行归类。

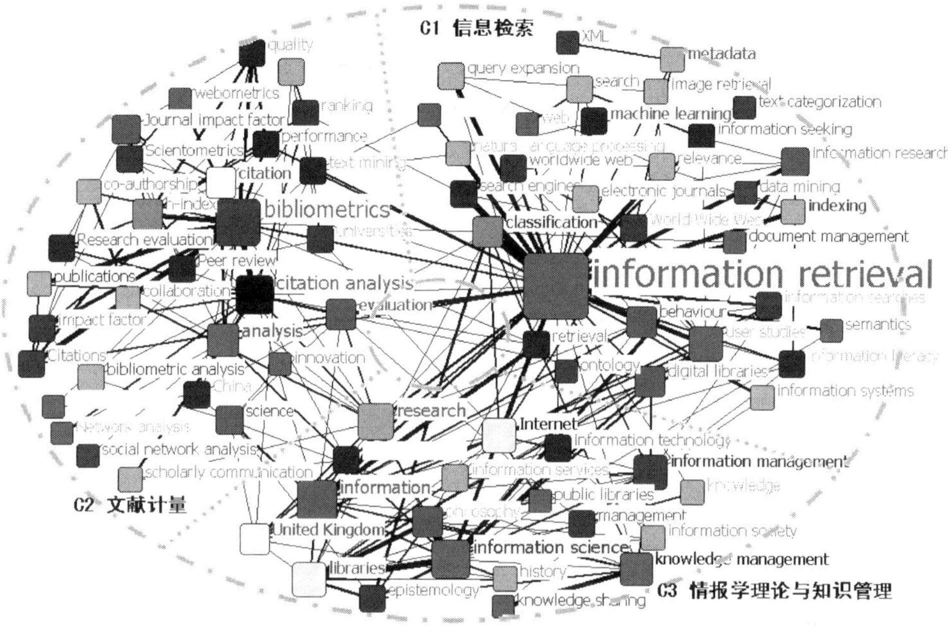

图 6-15　国外情报学研究论文的关键词共现图谱

国外情报学研究内容三大部分，即信息检索、文献计量、情报学理论与知识管理，其中前两大部分占主要地位，这与国外已有研究相吻合。①信息检索。从情报学的产生与发展历史来看，很大程度上与信息检索特别是计算机检索密切相关，所以国外情报学研究中，信息检索是最大的领域。一方面涉及信息检索技术，包括元数据、XML、文本分类、搜索引擎、机器学习、自然语言处理等词；另一方面研究用户查询行为，出现了用户研究、信息素养、行为（behaviour）、信息查找（information seek）、问题扩展（query expansion）等关键词。②文献计量。众多关于文献计量（包括信息计量和科学计量）方面的词汇聚集在一起，说明文献计量是国外情报学研究的重要内容。既出现了一些关于文献计量方法的词，如引文分析、合著、合作、期刊影响因子、*h* 指数、社会网络分析，也出现了大量文献计量应用方面的词汇，包括科学交流、科学创新、科学评价（包括排名、研究评价）等。此外，还出现纳米技术（nanotechnology）和中国（China）两词，纳米技术是一门交叉性很强的综合学科，研究的内容涉及现代科技的广阔领域，文献计量也应用其中；有一些研究主要针对国内的情况进行计量研究，而这也是国外学者较感兴趣，故也现出中国一词。③情报学理论与知识管理。从关键词来看，国外情报学理论主要研究情报（信息）本身、情报学与图书馆学的关系、情报学的认识论(epistemology)、情报学的历史等；而且从共词关系来看，这部分内容与信息检索关系密切。此外，国外情报学研究对知识管理也有所涉及，出现知识、知识共享、管理等词汇。

2. 国内情报学研究内容结构

国内 15 525 篇相关论文共有 20 491 个关键词，出现 59 838 次。前 80 个高频关键词（频次在 15 次以上）出现 13 655 次（23%）。对 80 个词构建共现矩阵，然后再通过 Netdraw 可视化，为反映重点情况，把共现频次阀值设为≥5 次，得到图 6-16。根据各词频次和关键词网络的测度，把国内情报学研究内容分为四大方面。对比国内外情报学研究论文的关键词共现图谱，可以发现，情报学研究内容结构的异同情况。一方面，由于国际交流的频繁和学科知识传递的快捷，情报学的主要研究主题在国内外都有涉及。另一方面，国内外情报学研究内容存在较大差异；由于历史、研究风格、社会经济等各方面的不同，再加上国内外本身研究侧重点有些不同；情报与信息间的区别与联系也是造成存在差异的原因之一。

①信息检索与文献计量。与国外情报学研究主要集中在这两个领域相比，国内相关研究的词汇较少。信息检索方面主要研究“本体”“XML”“文本分类”“元数据”和“聚类分析”等检索技术问题，也关注“信息需求”。文献计量方面主要涉及“文献计量学”“引文分析”“统计分析”和“核心期刊”等内容。此外，也出现少量“情报学”的“理论研究”，以及与“图书馆学”关系的词。②图书馆信息服务。国内情报学研究涉及大量关于“图书馆”方面研究内容的词，说明国内情报学研究的取向。既出现了“高校图书馆”“图书馆管理”“图书馆联盟”等词，更出现大量“信息服务”方面词汇，包括“个性化服务”“知识服务”“参考咨询”“服务模式”等词。③知识管理与竞争情报。对“知识管理”的研究是国内情报学重要内容，包括“知识经济”“知识产权”“知识组织”“隐性知识”“知识共享”及“知识转移”等。在国内，知识管理与竞争情报是既有所区别，更相互联系的内容，竞争情报也较为被重视，主要研究“企业”中的“竞争情报”和“竞争情报系统”等内容。④信息资源管理。国内对“信息资源管理”较为关注，涉及的内容面较广，包括“电子商务”“政府信息”“信息管理”“信息构建”，也出现了“信息化”“信息产业”及“企业信息化”，以及“网络信息”“层次分析法”及“信息共享”等内容。

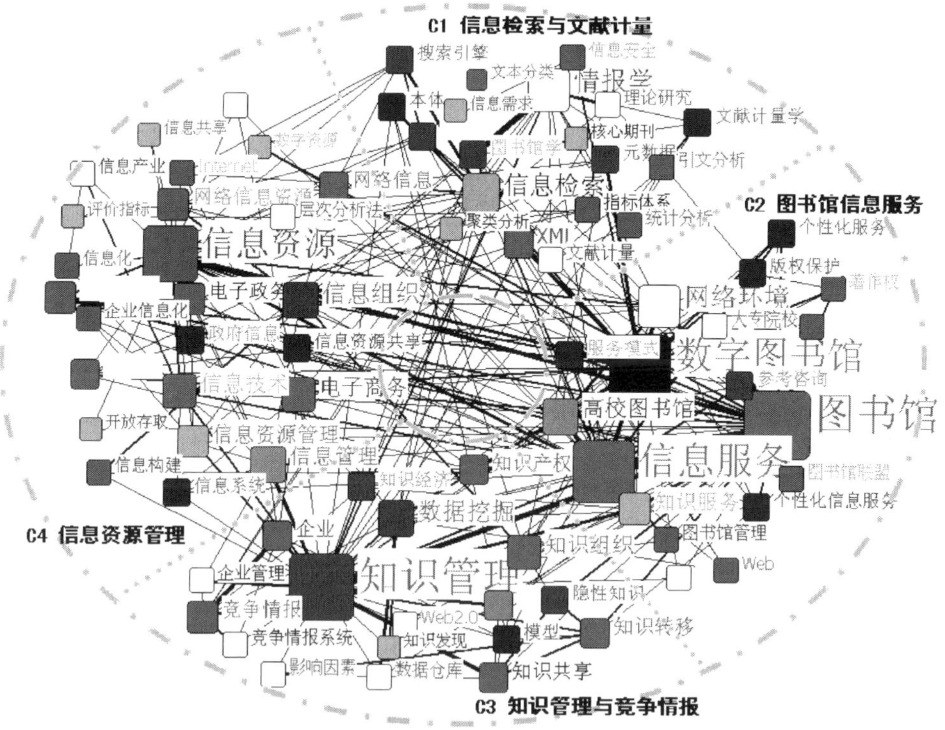

图 6-16　国内情报学研究论文的关键词共现图谱

6.4.4　中外情报学研究前沿图谱

把国内外情报学研究论文近 5 年的题录数据，分别利用 CiteSpace 软件中提供的膨胀词探测技术和算法，通过考察词频的时间分布，将其中频次变化率高的词从大量的主题词中探测出来，并根据词频的变动趋势，而不仅仅是以频次的高低来确定情报学研究的前沿领域①。

由图 6-17 中可以看出：①主题词变化率较高的词中科学（science）一词特别突出，而且词年轮的外圈为红色，其出现频率也最大；包括指标（indicators）、影响（impact）、国际合作（international collaboration）、网络（networks）等与之联系密切。可见有关对科学本身的研究（科学学）将是情报学的重要前沿领域；情报学，特别是科技情报学对科技政策、科学评价、科学结构和科学史等研究将是其核心内容。②有关文献计量（bibliometric analysis）的词

① 栾春娟，侯海燕，王贤文．国际科技政策研究热点与前沿的可视化分析［J］．科学学研究，2009，27（2）：240－243.

大量出现，引文分析（citation analysis）、h 指数、影响因子（impact factor）等词年轮的外圈较大，文献计量仍将是情报学研究中的重要内容。③信息检索（information retrieval）、查寻（seeking）相关的词较少，而且近期表现不突出，但是搜索引擎（search engine）、搜索（search）和 Web 等词 Burst 值较大，对网络信息检索研究将是国外情报学研究的重要趋势。

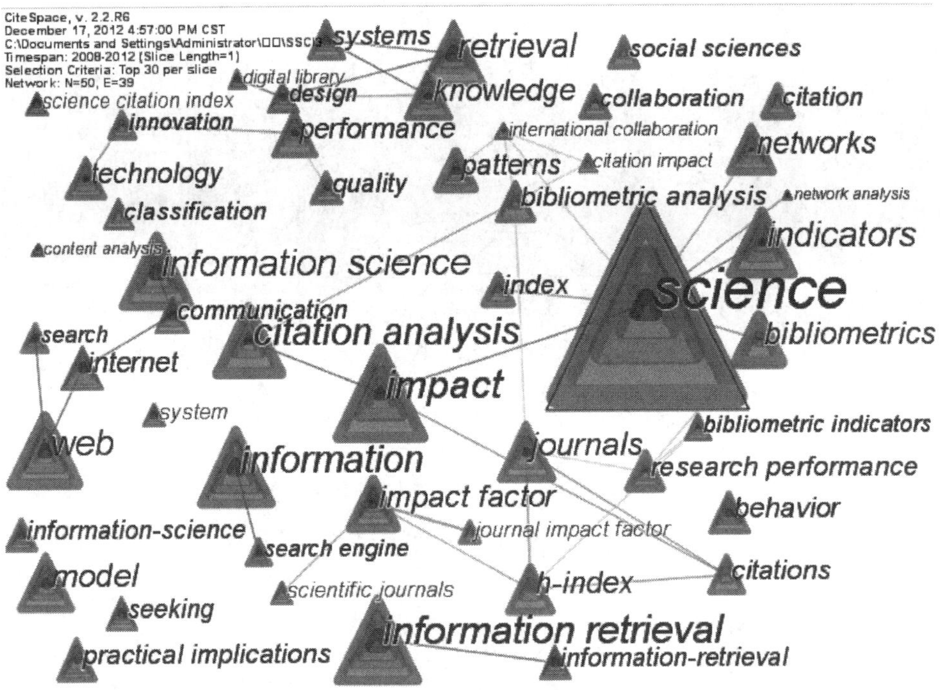

图 6-17　国外情报学研究前沿图谱

由图 6-18 可以看出，在国内：①图书馆、高校图书馆、图书馆联盟等词出现频率较高，表明图书馆领域一直将是国内情报学研究的重点。②知识管理、知识共享、知识转移、影响因素、知识网络、知识创新等词大量出现，而且近期变化较大，在知识时代，知识管理研究将在国内情报学领域占有越来越重要的地位。③引文分析、文献计量、社会网络分析等词，虽然年轮很小，但近期颜色占大部分，说明文献计量方面的研究的突然增多，将是未来的研究热点。④从相关词汇的变化来看，对“企业”的“竞争情报”的研究是国内情报学领域比较独特的研究内容，近几年内热度将持续。⑤对 h 指数、云计算、网络舆情等近年出现的研究热点，也有所体现，这些领域还将继续得到国内情报学研究的关注。

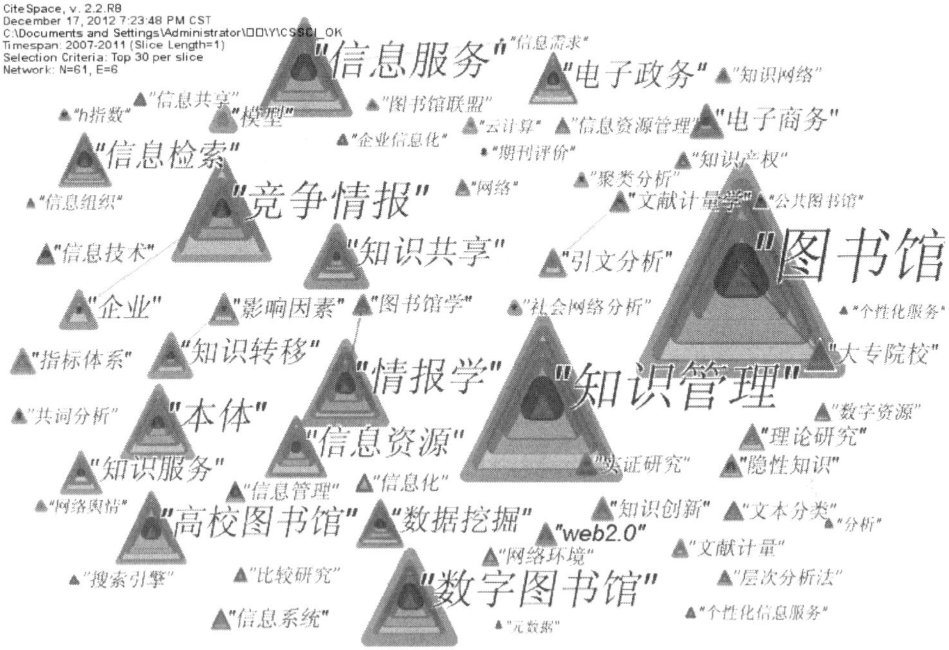

图 6-18　国内情报学研究前沿图谱

6.4.5　研究结论

以国内外两大权威索引数据库 SSCI 和 CSSCI 为数据来源，系统对比分析了情报学科的研究内容，并以可视化的形式予以展示。发现，整体上国内外情报学的研究较为相似，但历史、经济和社会条件的不同，以及学科本身的定位不同，造成国内外情报学存在差异。

(1) 情报学高影响力作者情况国内外较相似。一方面，一些业内的资深专家，近年发文量少但被引次数多，特别是早期的经典论著，影响深远，至今仍被大量引用，如国外的 Lotka、Bradford、Price、Small、White、Garfield 等，国内的严怡民、孟广均和王崇德等前辈。另一方面，近期国外的 Hirsch、Moed、Egghe 等，以及国内的张晓林、包昌火、邱均平、马费成等一批知名学者在业界都较活跃。

(2) 国内的领域经典文献大多为著作。国内相关文献年代较近，说明国内情报学比国外要发展较晚，而且大多是对情报学或特定部分领域的总体介绍。国外的大多为论文，且出现年代较远；内容集中在两大方面，信息检索和文献计量。从国内外高影响力文献来看，一些作者都有系列的高影响力论著；除个别的外，高被引和中心度较高的论著并不重合。但是国内外高影响力文献的内容上差异显著。第一，国外相关高被引文献大多为论文，而国内则有众多专著。第二，国外的高影响力方面主题分布广泛，包括信息检索、网络用户信息查询行为、文献计量方法，也有关于科学评价的研究；而国内研究主题集中宏观的理论分析，包括信息计量、竞争情报、知识服务等方面。

(3) 从研究内容结构来看，国外情报学内容在国内都有涉及，知识管理是国内外情报学共同重点关注的内容。但是，国内外研究内容差异明显，国外情报学重点研究信息检索与文献计量两大领域，对情报学理论也有所涉及。国内重点研究图书馆领域的信息服务、信息资源管理相关内容，以及竞争情报，而对文献计量与信息检索研究所占比重较小。

(4) 从国内外研究的趋势来看，随着国际科学交流的频率与深入，国内外情报学研究内容将趋同发展。对文献计量和信息检索仍将是国外情报学的重点，在国内也将越来越重视。但是，国外情报学将侧重对科学本身的研究；而图书馆领域、知识管理及新兴的信息技术等内容仍将是国内情报学研究的重要内容。

本节通过知识图谱，对国内外情报学科内容进行可视化的对比展示，力图客观、科学，但也存在一些不足：由于引文分析存在问题，所以对经典文献和高影响力文献的阐述可能有遗漏；而关键词是由学者著录形成的，由于个人理解差异，也会造成分析误差，特别是对高频关键词分析更会有一定的问题。此外，对比研究样本的选取也需要进一步完善。

6.5 本章小结

本章主要探讨学科范式与学科演化、学科前沿与学科趋势等理论问题；认为可视化是对学科趋势研究的有效方法，而学科趋势的把握是所有学科都共同关注的重要问题。

以图书情报与档案学领域的 11 757 篇论文为数据样本，运用知识可视化软件 CiteSpace，揭示近 15 年该一级学科下的图书馆学、情报学、档案学的主流研究领域、研究前沿、对各学科发展产生重要影响的学者及其代表文献作品，并进行了学科之间的比较分析。结果发现，这 15 年间，图书馆学表现为 4 个主流研究领域，情报学 3 个主流研究领域，档案学 1 个核心领域；图书馆学与情报学有 1 个共同的主流研究领域——信息检索，而档案学的研究与二者相脱离。通过研究前沿的分析发现，情报学的直接现实性最强，与企业的联系最为紧密，其各分支领域的发展趋势也较为明朗。

以 SSCI 和 CSSCI 为数据源，分别选择近 10 年的国内外 15 121 篇和 6657 篇图书馆学研究论文。使用知识图谱软件，比较分析了国内外图书馆学科内容的异同：国内的重要文献大都为文献学、基础理论、图书馆价值及精神方面的著作；国外则集中在用户信息行为与需求、文献计量、信息检索与研究方法方面的论文。信息资源建设、信息服务和信息检索是国内外图书馆学共同的研究主题；但国外重视文献计量、图书馆管理系统等内容，国内侧重基础理论研究和文献学研究。从研究趋势来看，各类型图书馆实践、网络环境下图书馆服务和数字资源建设将受到国内外共同关注，古典文献学和目录学仍将是国内的重要研究内容。

以 SSCI 和 CSSCI 为数据源，分别选择近 10 年的国内外 15 525 篇和 5619 篇情报学研究论文。使用知识图谱软件，比较分析国内外情报学科内容的异同：国内的重要文献大都为信息计量、竞争情报、知识服务等方面宏观分析的著作；国外则集中在信息检索与行为、文献计量方面的论文。国外情报学重点研究信息检索与文献计量两大领域；国内侧重分析图书馆信息服务、信息资源管理及竞争情报等内容。从研究趋势来看，文献计量和信息检索将受到国内外共同关注；国外情报学将侧重对科学本身的研究，而图书馆领域、知识管理等仍将是国内的重要研究内容。

第7章

相关对策建议

事业和学科的巨变是一种世界性的现象。

——中国社会科学院研究员、学部委员黄长著[①]

① 黄长著，等．网络环境下图书情报学科与实践的发展趋势［M］．北京：社会科学文献出版社，2010：1.

7.1 关于知识图谱研究与应用的具体建议

知识可视化目前处于探讨阶段，其结论也仅起辅助验证作用。基于前面对知识图谱研究问题及其原因的分析，以及我们在知识图谱实践研究中得到的启发，加上调查了解相关知识图谱理论研究而得到的启示，我们认为未来知识图谱的研究应该着重往以下几个方面发展。

7.1.1 加强知识图谱理论研究

基础理论研究是一项艰苦而漫长的工作，而且不容易出成果，只有那些“十年磨一剑”、勇于攀登科学高峰、有执著学术追求的人才能静下心来认真搞理论研究；相反，应用研究获得成果快，短期效果明显，容易使人有成就感，特别是在社会相关风气和一些政策的影响下，许多人更加舍弃理论而追求应用①。在知识图谱研究领域这一现象更加明显，知识图谱使用起来需要有一定门槛，有大量的数据和计量分析，但是一旦掌握使用一些工具软件，不需要使用繁杂的计算和高深的可视化算法，同一思路和方法在短时间可以炮制出大量的论文来。这一现象导致了短期研究的繁荣，但是相关理论研究进展缓慢。

理论研究的进展可以大大促进实践应用的开展，扎实的基础理论是知识图谱深入应用的前提和基础。因此，领域学者有必要提高对理论研究重要性的认识，改变文风；社会和各级科研管理部门也应该大力倡导，鼓励和支持学者进行知识图谱的基础理论研究。对知识图谱和知识可视化的基础原理、产生机理、运行机制、相关规律进行系统分析；对知识图谱研究对象、相关概念假设、应用条件和适用范围进行深入总结；将知识图谱作为一个独立领域来对待，全面把握其理论基础、相关规律和技术方法等内容①。其次，因为知识图谱相关研究起源于国外，可以学习和借鉴国外相关的先进理论和经验，加强与国外知名学者和机构的交流合作，实现自主创新与赶超。另外，知识图谱理论研究过程中也应积极吸收其他相关学科（领域）的先进理论。科学知识图谱是一个交叉性前沿领域，是众多学科的交叉点，包括三计学、计算机科学、应用数字、信息科学、科学学。一方面，有赖于这些学科理论的完善（如引文分析理论、文献计量学理论等），也可积极从这些学科中寻找理论基础和理论指导；另一方面，

① 梁永霞．引文分析学知识图谱［M］．大连：大连理工大学出版社，2012.

则可广泛汲取其他学科的理论知识，如知识图谱可视化结果的绘制与展示就与认知心理学、社会学、行为学等学科密切相关，需要参考相关学科的成熟理论。

7.1.2 完善文献数据库功能

知识图谱研究依赖于高质量的文献数据，目前文献数据主要来源于各类型的文献数据库。但是，一方面，国内各文献数据库不仅功能上差异巨大，检索和分析结果也迥异。例如，邱均平等通过对 14 种 CSSCI 中 1998～2009 年图书情报来源期刊，运用 CSSCI、CCD 两种不同的引文数据库统计分析，在对同一研究对象进行科学评价时，不同的数据库会产生不同的评价结果，越是重要的指标，如文中的篇均被引率、*h* 指数，就往往越会表现出较大的差异；选择不同的引文库对评价结果往往会产生颠覆性的影响①。另一方面，与国外数据库相比，国内数据库无论是使用的便利性、功能的丰富性、结果的稳定性等方面都有诸多不足，急需完善。例如，中国知网虽然有大而全的优点，但是下载的题录数据没有参考文献，不能进行引文分析；CSSCI 虽然较为权威，但是存在数据收录滞后严重、批量下载只能每次 50 条，且速度慢、常常出错等缺陷。未来国内文献数据库在检索功能、人机交互、检索效率、批量套录、数据质量及规范性等方面需要大力改进。

首先，相关样本数据的获取更加容易，一方面新兴的网络数据库增多，检索途径多样且可免费使用，在可视化研究中可供选择余地更多，出现专门用于知识可视化的数据库；许多可视化功能可集成在数据库中，或者数据库提供接口直接与现有的知识图谱无缝对接。另一方面，数据库的功能增加，提供多途径、多视角、多方式的数据下载和套录功能，可方便快捷、免费地获取较大规模的样本数据，减少在数据收集、清洗及处理方面的时间精力。

其次，数据库中数据质量的提高。在前面的实证分析研究的数据处理过程中，我们深感国内数据库数据质量的问题：数据格式不规范、数据内容错误、数据项缺失等现象比比皆是。有必要多管齐下，多方努力提高数据质量，作者是质量改善的主体，因为相关论文摘要、参考文献等方面都是作者完成的；期刊是内容质量的保障，在对论文内容和格式方面有不可替代的作用，特别是编辑需要提高责任意识，认真审查论文的内容和格式；政府和社会组织是重要的参与者，可以通过制定相关数据格式规范标准，颁布相关法规指导和引导文献数据质量的提高；数据库商是数据内容质量的关键，在内容录入、数据处理及

---

① 邱均平，宋艳辉，温芳芳，等．不同引文库对学术期刊评价的影响研究——以 CSSCI 1998—2009 图情类期刊为例［J］．重庆大学学报（社会科学版），2010，(4)：67－72.

格式统一等方面扮演重要角色。

最后，国内文献数据库之间的互补与合作，提供各种标准接口与知识链接，如引文数据库与全文数据库厂商多方合作，整合开发综合的网络文献检索体系，实现无缝对接，提供一站式服务；可借鉴国外 ISI Web of Knowledge 思路，进一步丰富和完善文献数据库功能，为科学知识图谱的绘制和应用提供一种动态的、交互的、综合的、基于网络的文献数据库环境①。

7.1.3 开发中文知识图谱软件

信息计量工具的发展已经历了四个阶段的演进发展，即手工处理阶段、系统支持阶段、机助数据处理阶段、网络化专用软件数据处理阶段，并已经初步进入可视化与人工智能阶段。可视化工具不只是知识的一种图解方式，更需要人工智能、知识科学、计算语言学和认知语言学等学科的支持，作为连接认知心理学和人工智能研究的新桥梁，未来可视化计量工具有两个发展趋势：二维到多维的转变，知识可视化技术与虚拟现实空间相结合，向多维空间迈进；静态向动态、交互的转变，可视化工具将建立一种迭代的、协作的过程，使可视化过程动态发生②。除了鼓励个人的软件开发，因为知识图谱软件的复杂性，也可联合多机构集体攻关；或者由国家支持或出面立项科技攻关项目，汇集图书情报学、计算机科学、信息科学等领域专家共同研制大型的知识可视化工具。

目前，在改进已有的中文知识图谱绘制软件工具同时，需要开发更多相关专门软件和工具。一方面，软件工具能输入的数据格式越来越多，且能够直接从数据库中导入数据；另一方面，软件功能强大，能处理不同知识单元，并且根据研究目的有多种知识单元处理算法供选择，在可视化的展示过程中也集成了不同的图形展示方式，可根据研究目的和数据的特点进行不同层次不同角度的可视化。另外，处理速度和效率高，能在短时间内对较大规范的数据进行输入、清洗并且处理；开发菜单式界面，简单易用，可实现一站式操作。

开发的中文软件，应该可视化效果更好、图谱更加真实与准确，能根据需要从多角度对知识形象展示且能够容纳其他可视化插件、输出标准结果数据。在可视化展示效果的改进方面；虽然可视化展示的方式有多种多样，如各种表格、柱形图、折线图、点线图、饼图、条形图、面积图、曲面图、圆环图、气泡图、雷达图、聚合图、等高线图、三维图及多维图等，但每种可视化图形展示都有自身的优点和特色，要根据特定内容特点和展示需要，合理选择可视化

---

① 赵蓉英，雷将，马瑞敏，等．我国五大数据库引文功能的比较研究［J］．情报理论与实践，2008，(4)：589-593，605.

② 赵蓉英，赵月华．信息计量工具发展研究［J］．情报科学，2013，31 (12)：19-26.

表示图形。找到合适的图形来展示可视化结果，一直是可视化研究和可视化软件所要重点关注的内容；虽然图形本身漂亮与否并不重要，可视化的目的是挖掘和发现文献知识所表达的含义并进行可视化展示，但是，符合人们的使用习惯和认知心理、易于理解和接受的可视化展示效果，可以更加方便用户从文献知识中发现其表现的本质现象①。

根据用户认知来设计中文知识图谱软件。软件最终目的是便于用户使用，特别是知识图谱软件的可视化功能。对知识可视化所形成的图谱的辨别和解读，涉及人们对事物的认知心理，因此对用户认知行为和心理的理解和把握是设计知识可视化系统的基础，这正如文献信息检索系统的设计也需要掌握用户检索行为和心理。此外，用户认知行为和心理与知识图谱的判断直接相关。例如，对知识图谱中不同聚类内部各结点之间相似性的判别，对结点的历时变化趋势的鉴别和认识，以及对结点之间隐含关系或内在联系的发现等；要实现这些功能，都需要研究用户对图谱的认知行为，才能开发出满足用户需求、符合用户行为习惯的知识可视化系统②。

7.1.4 改进研究方法和手段

为更加完整和全面地展示文献知识。一方面，开发完善新的方法，形成研究规范流程，并且对相关数据选择、处理进行标注，加强研究的科学性；另一方面，方法的改进与完善。一是多种计量方法的结合，如共被引、耦合方法、直引和互引方法、共词方法的结合，解决合作研究作者识别和真假合作问题等；二是文献计量方法与其他方法结合，如文本挖掘等；三是二阶计量（second-order)，如通过手段解决异形同义词的问题，通过参考文献之间的被引情况间接建立联系。

方法的改进，在已有知识单元构建关系基础上进一步完善相关算法和模型。①在简单的知识单元频次统计基础上，引入加权和基于位置的相关性算法。引文引用不同地方作用不同，如在共引分析中，可根据两个被引文献（或作者等）在同一文献中的相近程度给予不同的权值，以显示不同的重要度，如同一文献、段落、章节、句子中分别给予 1、1/2、1/4、1/8、1/16 的权重。国外的研究表明，基于位置的共引分析方法比传统方法优势明显③。此外，还可根据施引文献的期刊或作者的重要性赋值。②引用内容的分析。传统引文分析中，只关注施

① 鲁超，刘清．引文分析可视化现状［J］．情报杂志，2010，(11)：48－52.

② 李运景，侯汉青．引文分析可视化研究［J］．情报学报，2007，(2)：301－308.

③ 刘盛博，张春博，丁堃，等．基于引用内容与位置的共被引分析改进研究［J］．情报学报，2013，32 (12)：1248－1256.

引和被引文献的简单频次统计，而引用的上下文语境内容分析可以较客观地提示文献的本质。例如，具体分析施引文献中，被引文献所在位置周围语句的语义。与被引文献的摘要和关键词不同，引用的内容分析提示了被引文献的实际应用价值和特定内容的利用情况，目前国外也有系列探索①。

方法的融合。知识图谱实际上是对知识单元及其关系进行可视化分析与展示。目前，对文献内容知识单元的统计和计量方法也有很多，因为每种方法有其侧重点和优缺点，所以可以多方法的融合，取长补短，更加真实、快捷、客观和有效地分析文献知识单元及其相关关系。具体有关键词共现＋作者共被引，以及作者共被引＋作者耦合、作者＋关键词＋期刊共现（共被引）等两种或多种方法的简单结合，也可以是作者关键词共现分析、作者关键词耦合等多种方法的深度结合，还可以是文献计量方法与其他领域方法的结合利用（如知识挖掘和社会网络分析等方法结合）。

根据融合的程度，任红娟较系统地总结了国外对文献内容和引用特征分析的方法：第一种是在共被引分析时，利用文献的内容特征词，如标题词、关键词或其他的能够表征文献内容的词汇来对共被引聚类得到的类名进行标注；第二种是在共被引分析的基础上，利用得到的聚类文献的施引文献内容特征词来进行共词分析；第三种是词汇引用图方法，利用文献互引关系找出强关联文献，在此基础上再进行共词分析；第四种是词—参考文献共现方法；第五种是利用核融合函数把从文献内容特征和从文献引用特征得到的相似或不相似关系利用核融合函数整合②。

其他方面。文献知识单元间的测度趋向精确与合理，如通过计算机语义理解的实现，解决同名作者的鉴别、一词多义和一义多词、关键词英美拼写的差异等词形与词性问题。对知识单元综合的可视化分析的加强，多种方法的结合分析是未来的研究重点方向之一；知识图谱的进展也有待于引文分析、可视化技术等相关领域的发展③。

7.1.5　加大宣传推广力度

目前对知识图谱的认识面还很窄，除图书情报学科、科技政策与管理相关

---

①　刘盛博，丁堃，刘则渊．基于引用内容的引文检索与推荐系统［J］．情报学报，2013，32(11)：1157－1163.

②　任红娟．基于文献内容和引用特征融合的科学结构分析方法研究［J］．情报学报，2013，32(10)：1068－1074.

③　杨思洛．引文分析存在的问题及其原因探究［J］．中国图书馆学报，2011，(3)：108－117.

少数学科外，广大其他学科学者对其认识不足，或者不知道有此方法和技术可以使用。应该引入营销理念，有计划地进行知识图谱应用的宣传推广。相关宣传推广需要详细的规划方案 、计划 、方式等。具体可从以下几方面着手。

（1）调查和分析用户的实际需求，研究用户对知识图谱使用和理解的心理认识。因为不同用户的使用目的、背景知识、分析视角不同，对知识图谱需求的层次、方式和手段也各异。例如，在本书研究过程中，笔者调研了部分经济学、法学和物理学等学科的学者，这些学者都对知识图谱很感兴趣，觉得很有必要，很有意义，也很想使用知识图谱处理文献信息。但是他们对知识图谱的理解和要求却大相径庭，这需要建立互动机制，加强用户沟通交流。只有真正掌握了需求，才能有的放矢地进行知识图谱应用的宣传推广，进行知识图谱方法和工具的完善和改进工作。

（2）充分利用互联网，制作宣传片，进行网络宣传。在现代社会，网络可谓最有效的宣传推广手段之一。互联网的发展给我们带来了知识图谱应用的契机，如果能够把知识图谱推广到网络上，随着网络的深入普及应用，在网络上宣传，加上传播速度很快，将会起到很好的效果。具体可以制作宣传片，嵌入广告等方式进行，此外，在网络发布通俗易懂、简明扼要的知识图谱操作指南也是一种重要方式。

（3）进行培训讲座。除了图书情报人员进行知识图谱绘制提供服务外，更重要的是要使各学科领域学者或科研管理者会使用相关软件，促进知识图谱软件的普及应用。这需要通过讨论会和培训讲座的形式提高知识图谱的认识度，使更多的潜在需求向当前需求转化。例如，为进一步普及处于国际前沿的科学知识图谱与 CiteSpace 可视化技术，大连理工大学网络-信息-科学-经济计量实验室与中国科学学与科技政策研究会科学学理论与学科建设专业委员会联合主办了“科学知识图谱与科学计量学方法与应用高级讲习班”；目前已举办三期，每期都取得了良好的效果和影响；2013 年举办的第三期讲习班的主讲人有 CiteSpace 的发明人、信息可视化的权威专家、大连理工大学“长江学者”讲座教授陈超美博士，我国科学学理论学者、科学知识图谱倡导者刘则渊教授等资深专家；根据前两期讲习班的反馈意见，第三期讲习班主要以科学学理论、科学计量学，以及 CiteSpace 的基本理论、方法与应用为主题，并在讲习班中增加案例讨论的环节①。

（4）加强合作。合作是一种无形的宣传，特别是知识图谱本来就是多学科

① “科学知识图谱与科学计量学方法与应用高级讲习班（第三期）”通知［EB/OL］.［2014-5-14］. http://www.kygl.net.cn/CN/news/news382.shtml.

交叉领域，需要合作才能充分发挥作用。在合作过程中，其他领域的学者慢慢地领略到知识图谱的魅力，会无意识地加深对知识图谱的印象。例如，在增强自身学科知识背景的同时，需要与其他学科专家（特别是理工科学者）进行合作，及时地进行沟通交流，或者与其他学科领域专家共同对知识可视化的结果进行判读与解释①。

（5）营销推广。营销推广是企业的核心工作之一，目前相关理论也渗入政府部门、事业单位的工作中，成为一种基本的工作理念。图书情报部门的服务也在逐渐引入营销观念、手段和方法，进行定制营销、黏性营销、视觉营销、博客营销等。知识图谱应用也需要营销推广，图书情报领域学者可以把相关成熟营销方式运用其中。此外，可以借鉴其他领域，引入新的营销手段，如进行知识图谱应用的体验营销，包括娱乐营销、美学营销、情感营销、生活方式营销、氛围营销、网络营销；多种方式结合，为用户创造一种整体体验，将各种体验恰如其分地组合在一起，模糊它们之间的界限，创造出更真实、更具感染力的体验，让用户在体验中感受知识图谱的魅力②。

目前知识图谱的作用没有完全发挥，其结论也仅起辅助验证作用。首先，应用方面需要深入加强，使之成为人们掌握知识、把握学科领域、理解学科进展等方面的主要工具；同时在广度方面发展，除主要应用于学科（领域）结构可视化，更可在科技管理和科学决策、企业创新与竞争情报、科学研究与合作等方面发挥重要作用。另外，知识图谱应用受其基础理论的完善、可视化方法和软件工具改进的制约；这方面与知识挖掘和人工智能发展密切相关，也需要与本体等语义网技术和大数据技术结合来可视化应用；还很大程度上取决于对人脑的进一步了解，理解人们对图谱的认知心理。总之，透过表面现象，真正发现学科知识的趋势与规律，并可视化直观展现，还有很长的路要走；这也需要图书情报界广大学者和实践工作者长期不懈地共同努力。

7.2 关于国内图书情报学科发展的战略建议

经过前面系列实证分析，我们总结得出国内外图书情报学科的一些研究结论，以及国内外学科对比分析内容异同的原因，从而对国内图书情报学科未来发展提出建议。

① 鲁超，刘清．引文分析可视化现状［J］．情报杂志，2010，(11)：48－52.

② 张惠梅．体验营销：图书馆服务推广的新思维［J］．图书馆杂志，2003，(6)：54－56.

7.2.1 国内外图书情报学科对比研究结论

新时期、新环境下，学科的巨大变化是一种世界现象，国内外程度不同，表现形式有异。需要我们重新科学地审视图书情报学科，对其理论与实践给予正确的定位。通过比较分析，简要总结前面各方面的研究结论。

从中外图书情报学科合著行为对比分析。一方面，从合著模式整体分析，国内外图书情报学：①总体上，国内合作率略高于国外，但合作度略低于国外。国内外合作率和合作度都呈增长趋势；国内外情报学期刊较图书馆学期刊有着较高的合作率与合作度。②国内外图书情报学者合作频次均呈现出集中与分散分布，国外的合作作者群体更加庞大和分散。③国内外主流合作模式都是 2 人合作及 3 人合作，国外作者合作规模较大。④国内外主流合作模式都是同城合作。但国内集中在同城和同机构合作，没有实现多种合作类型的协调发展，国际合作尤显不足。从国内外档案学样本期刊论文合著现象的分析，可以看出：①总体上，国内外的作者合作率和合作度都较低，国内稍高于国外。国内合作率和国内外合作度都呈增长趋势，但国外合作率整体上有所下降。国内期刊间合作率和合作度相差小，国外期刊间合作率和合作度相差较大。②国内外档案学作者合作频次均呈现出集中与分散分布，国外的合作作者群体更加庞大和分散。③国内外主流合作模式都是 2 人及 3 人合作，国外作者合作规模较大。④国内外主流合作模式都是同城合作。但国内集中在同城和同机构合作，没有实现多种合作类型的协调发展，国际合作尤显不足。另一方面，基于社会网络分析视角，发现中外情报学合作模式既呈现出共同的发展规律，又存在着显著的差异。共性包括合作化趋势不断增强、中外合作网络具有小世界网络效应、小团体普遍存在但整体网络连通性较差。差别包括国外的合作程度高于国内、国外的业缘型合作模式优于国内的亲缘型合作模式。基于社会网络分析中外图书馆学合作模式的对比研究发现，国内图书馆学的合作程度显著提升、中外图书馆学合作网络均呈现出显著的小世界效应、国内合作网络呈现出极端的分布状况、国内合作模式存在一定的问题和不足（如师生合作和强弱联合等）。

从中外图书情报学科引证行为对比分析。一方面，国内外图书馆学论文篇均引用量呈递增趋势；国内附引率呈稳步上升态势，英文引用率大幅度增加。国外图书馆学引用文献量分布区间更长，更加不均匀，高引文量论文篇数高于国内。期刊、图书、网页文献是中外图书馆学主要引用文献来源。国内高被引文献中图书占大多数，国外则是期刊论文占多数。《中国图书馆学报》《大学图书馆学报》和 *College and Research Libraries* 分别是国内外图书馆学者引用最多的期刊。国内图书馆学高被引作者是张晓林、吴慰慈等学者，国外则是著名团体作者和 Hernon、Davis 等学者。根据学者共被引分析图谱，国外图书馆学学者引用的内容侧重图书馆服务，对用户行为和读者需求特别重视；国内关注图书馆基础理论，重视图书馆精神和价值的研究；文献计量则是共同的关注内容。国外图书馆学引文半衰期比国内长，但国内引文半衰期较国外相对稳定。另一方面，国外情报学论文具有高引文量、低载文量的特征；国内外附引率均呈整体上升态势。国外情报学论文引文分布区间更长，高引文量论文更多。期刊、图书、网络文献是国内情报学主要引用来源；期刊、网络、学位论文等的引用有增加的趋势。英文引文在国内情报学论文中的比例越来越高。《图书情报工作》和 *Scientometrics* 分别是国内外情报学引用最多的期刊。国外情报学引文半衰期比国内更长，且相对稳定。另外，档案学科领域，国内引文总量高于国外，但附引率和篇均引文量低于国外，外文在国内档案学论文中的引用越来越多；国内引文数量集中区间长于国外，但高引文量的论文篇数低于国外；期刊论文、图书、史料和网络文献是档案学学者主要的引用来源，网络文献的引用越来越多；国内档案学高被引文献大多为专著，国外则多为期刊论文；《档案学通讯》和 *Restaurator* 分别是国内外档案学者引用最多的期刊；冯惠玲和 Neevel 分别是国内外被引频次最高的档案学者；国内档案学者倾向于引用新文献，国外档案学引文半衰期比国内长。

通过对国内外图书情报学科内容的比较分析。第一，发现国内外相关研究广泛涉及图书情报学的理论、方法、实践、应用等内容。不同之处主要体现在国外图书情报学的研究始终围绕着图书情报知识的管理和服务特性，注重技术支撑和文献计量分析，研究主题更为广泛；而国内图书情报学的研究对象较为狭窄，研究主题也较少。第二，发现国外情报学作者的研究活跃度要比国内高很多，国内情报学的研究关系网络仍然处于一种比较松散的状态，缺乏系统性、整体性与集中性。“三计学”“知识管理”“信息检索”等 5 个主题是国内外情报学共同关注的内容；而“竞争情报”的研究在国外则有弱化的趋势。第三，发现国外情报学领域的研究主要表现为三个大类、10 个子主题；高活跃作者之间的双向知识流动可推动科研合作，而由高被引作者向活跃作者之间的单向知识流动则可促进权威学者的产生；但该学科结构发展不够均衡，要向成熟学科迈进，还需致力于研究特性与交叉综合性的协调提升。国内该领域研究大致分为三个大类、9 个子主题，然而这种主题分类相对模糊，学者研究交叉性和涉及主题多元化现象较为突出，不如国外研究的精、专、深；国内学者之间的相互认可度未达到国外水平，知识双向流动较少，单向的流动也多局限于地域接近、合作或师生关系中；计量学、竞争情报、信息资源管理及信息检索等研究方向在国内较为集中，但信息安全、市场与用户分析的研究则相对欠缺。与传统的作者共被引分析结果相比，共被引更注重过往高贡献学者的影响性，揭示结果更集中；而作者互引分析更侧重当前活跃学者的互动性，主要展现当前研究热点所在，揭示结果较为分散，二者可互补应用，共同揭示整个领域的科学结构特征。第四，国内外图书情报学知识交流情况之间的主要差异在于国外期刊的篇均知识输出、输入能力都优于国内；由于国外期刊的国际化特征，国外各期刊之间的知识交流活动不如国内频繁，各项指标的数值分布较离散，各网络的核心节点差异较大，期刊耦合网络、共被引网络关系的紧密程度比国内低，学科内部结构不如国内一致、紧密。国内外图书情报学科知识交流的共同点在于，引用其他学科知识的比例都大于被其他学科引用的比例，国内这一情况更加突出。第五，国外 2001～2010 年的科学计量学的知识结构要比 1991～2000 年的更加清晰明朗，而且其研究主题之间更为亲密，相互作用力明显要强。作者排名相关分析、研究主题探测、余弦相似度计算、研究主题变迁等均显示，AKCA 与 ABCA 存在高度相关性；通过因子分析的模型拟合、研究主题的探测与变迁分析，又显示二者略有不同，ABCA 可以探寻到比 AKCA 更多的研究主题，AKCA 比 ABCA 能显示更多的信息来反映学科的突破以及研究前沿的进展。

通过对国内外图书情报学科发展趋势的比较分析。首先，近年来，国外图书馆学表现为 4 个主流研究领域，情报学 3 个主流研究领域，档案学 1 个核心领域；图书馆学与情报学有 1 个共同的主流研究领域——信息检索，而档案学的研究与二者相脱离。通过研究前沿的分析发现，情报学的直接现实性最强，与企业的联系最为紧密，其各分支领域的发展趋势也较为明朗。其次，分析了国内外图书馆学科内容的异同：国内的重要文献大都为文献学、基础理论、图书馆价值和精神方面的著作；国外则集中在用户信息行为与需求、文献计量、信息检索与研究方法方面的论文。信息资源建设、信息服务和信息检索是国内外图书馆学共同的研究主题；但国外重视文献计量、图书馆管理系统等内容，国内侧重基础理论研究和文献学研究。从研究趋势来看，各类型图书馆实践、网络环境下图书馆服务和数字资源建设将受到国内外共同关注，古典文献学和目录学仍将是国内的重要研究内容。最后，比较分析国内外情报学科内容的异同。国内的重要文献大都为信息计量、竞争情报、知识服务等方面宏观分析的著作；国外则集中在信息检索与行为、文献计量方面的论文。国外情报学重点研究信息检索与文献计量两大领域；国内侧重分析图书馆信息服务、信息资源管理和竞争情报等内容。从研究趋势来看，文献计量和信息检索将受到国内外共同关注；国外情报学将侧重对科学本身的研究；而图书馆领域、知识管理等仍将是国内的重要研究内容。

7.2.2　国内外图书情报学科异同的原因

1. 国内外图书情报学科发展有趋同的趋势

在本质上来看，学科发展具有自身的规律性，具有独特研究对象、研究方法和自身逻辑的稳定的知识体系，不会因外界的因素影响而转移。目前，与国外相比，国内图书情报学科无论是理论还是实践研究都存在明显差距。而缩小差距的重要途径就是学习和借鉴国外的先进理论知识和实践经验。近代西学东渐使得学科共同发展较为明显，目前国内外都十分重视国际学术交流，随着这种学习和借鉴的深入，学科的发展势必也越来越趋同。

2. 全球信息交流越来越及时和频繁，图书情报学科越来越融合

许多新理论、新概念只要一产生，马上就会传入国内，而不像以前那样要滞后很多年。其主要原因有：由于计算机互联网技术的普及，世界变成地球村，任何一个角落的信息都可短时间内传遍整个世界。另外，国内外学术交流也越来越多，具体包括各种会议，通过各种数字传播媒体，特别是开放获取运动的进行，使得学术信息可以在全球范围内免费、高效共享。国内外对科研人员的学术交流也非常重视，每年有成千上万的国内学者到国外访学，更有大量的学生直接留学攻读学位。这些人员留学或留在当地，也有相当部分学成报效祖国。全球化背景下，人才在世界范围内流动是大势所趋。目前，在美国移民已成科研不可或缺的力量①。近年来，我国制订了更加积极的国际人才引进计划，吸引海外高层次人才；具体包括 2008 年起实施的“千人计划”，2011 年推出的“外专千人计划”，2012 年年底发布的《外国人在中国永久居留享有相关待遇的办法》，2013 年修订的《出入境管理法》等②。近几年来，中国留学归国人数也逐年增加。2010 年，中国留学生年度回国人员为 13.48 万人；2011 年，这一数字达到 18.62 万人；2012 年是 27.29 万人；2013 年则达到 35.35 万人③。此外，国内不仅紧跟国外研究潮流，近年来更提倡自主创新，如国内高校和科研单位提出各项奖励政策，鼓励学者在国外发表学术成果，发出国内学术界的声音，

---

① 美国人才战略启示：移民已成科研不可或缺的力量［EB/OL］.［2015-6-7］. http://news.sciencenet.cn/htmlnews/2014/6/296144.shtm.

② 光明日报：中国吸引海外人才政策详解［EB/OL］.［2015-6-7］. http://news.sciencenet.cn/htmlnews/2014/6/296135.shtm.

③ 最大回国潮：留学人员回流折射经济向好［EB/OL］.［2014-5-15］. http://edu.163.com/14/0418/10/9Q3V8FEO00294MA8.html.

掌握学术界的话语权。以上种种原因，都促进了国内外图书情报学科的交融发展。

3. 国内外图书情报学科发展存在差距明显

差异的主要原因有：其一，作为一门社会科学，图书情报学科深刻地受到社会政治经济和文化环境影响。经济基础是指由社会一定发展阶段的生产力所决定的生产关系的总和，它是构成一定社会的基础；上层建筑是建立在经济基础之上的意识形态以及与其相适应的制度、组织和设施，在阶级社会主要指政治法律制度和设施①。我国是社会主义国家，并且目前正处于社会主义初级阶段，这些国情从基础上决定了国内图书情报学科不可能完全照搬国外发展模式，也不可能走和西方国家发展一样的道路。其二，图书情报学科具有较强的应用和实践性，其来源于实践，最终须服务于实践；深刻地受到应用对象和服务群体的影响。无论是行为习惯、文化氛围，还是知识结构，国内外相关图书情报单位服务对象都存在差异；国内图书情报单位的服务流程和服务人员管理也具有中国特色，从而造成了国内外图书情报学科发展的差异。其三，中外词语不对等，也造成一些差异。例如，国内图书情报学科与国外相关术语的对应就存在一些争议，也存在一些语义上的差异。例如，情报学与国外的“information science”“intelligence”“information studies”存在关系；而反过来，“information”既可以对应该国内的情报也可对应国内的信息概念等。其四，我国是世界上四大文明古国之一，具有悠久的历史。虽然图书情报学科作为一门学科产生于西方，但是图书情报学科理论与实践在国内经过了漫长的发展历程，形成了一些独特的图书情报学思想和理念，也有较为出色的长期图书情报工作实践，这些古代文化的传承将长期存在的。

7.2.3 国内图书情报学科发展建议

经过多年的发展，国内外图书情报学科确定了自身的学科地位，有了较稳定的专业学者、正式的学术组织和会议、专门的学术刊物，也形成了较有影响的图书情报实践部门、较完整的专业教育培训体系。但是，仍远未完善，特别是在急剧变化的数字化、网络化、知识化环境中，面临诸多挑战。需要我们继续共同努力奋斗，把握机遇、迎接挑战，实现图书情报学科的更大发展。下面提出一些相关建议。

---

① 经济基础与上层建筑［EB/OL］.［2014－5－15］. http://baike.baidu.com/view/107932.htm?fr=wordsearch.

（1）发展中国的图书情报学。我们要坚持“国际化”和“本土化”双重发展原则，既紧跟国外步伐，又具备自身特色。具体来讲，即立足中国实际，发扬中国的优秀文化传统，同时借鉴吸收国外的图书情报学理论与思想。在图书情报学科体系方面，遵循学科基础规范基础上，以马克思列宁主义、毛泽东思想、邓小平理论和“三个代表”重要思想作为指导，认真领会十八大精神，确定图书情报学科体系建设的“价值取向”，建立有中国特色的学科基本理论体系。在图书情报学专业教育方面，在与国际接轨的同时，根据国内实际需要和国家方针政策，构建满足网络环境下现代职业需要的图书情报学教育体系。稳定发展本科和博士层面专业教育，大力发展硕士层面教育，积极开展非学历的在职专业教育。做到学术培养与职业实践教育并重，国际教育与国内教育相辅的、较为完善的专业教育体系。在图书情报学科交流平台方面，继续加强专业期刊的建设；专业期刊内容和形式上既符合国际规范又具有国内的特色；加强国内相关期刊标准的制定，在此基础上，有条件的刊物尝试创办英文专刊，宣传和推广国内的研究特色和内容。另外，加强国内图书情报专业学会和协会的引导与管理，积极与国际和国外专业组织和机构进行合作，力争在国际图联等顶尖国际组织中起到重要作用，使得中国特色的图书情报学影响到国际专业领域。

（2）学科合作方面。在“大科学时代”，合作成为一种趋势与必然要求。国内的图书情报合作网络以亲缘关系为首要联结纽带，以师生和同事关系为主。业缘型合作模式更加符合科学发展的客观规律与现实需求，而亲缘型合作模式容易导致学术上因循守旧和近亲繁殖。应该加强以业缘关系为首要联结纽带，跨组织、跨地区、跨国合作。此外，国内整个合作程度需要加强，随着学科研究难度加大，以及研究广度和深度范式的转变，需要国内专业学者重视加大合作程度。最后，在协同创新背景下，专业学者需要与领域内不同研究方向的学者紧密合作，也需要与其他学科学者合作进行交叉学科领域的研究，更需要与图书情报实践单位进行深入合作，理论与实践结合创新。

（3）学科引证方面。引证是学者基本的学术行为，引文也是学术文献不可缺少的组成部分，引证行为和方式的正确规范意义深远，对整个学科的研究起到重要保障和推进作用。国内在引证规范化和标准化方面需要加强。无论是在我们实证分析处理国内外样本数据过程中，还是专门针对国内外引文的对比分析中，国内引文的规范性都存在很多问题。虽然国内有参考文献格式国家标准（GB-T 7714-2005），但是实施效果并不理想。这个需要国内学者、政府管理者、期刊编辑、数据库商等共同努力，才能构建规范的引证氛围，产生标准的引文。特别是在引证意识方面需要加强，因为国内的随意引用、引用动机不纯等现象较为普遍，再加上引文规范的执行不力，造成了业界诸多引证问题的存在。图书情报领域作为文献信息的管理和研究部门，也是专门研究引证行为和进行引文分析的学科，应该在引证行为方面起到领先和表率作用。另外，在引用内容方面，国内可适当加强对期刊论文的引用，也重视对经典文献的利用；在引证数量和质量方面需要加强，同时增加对网络文献引用的关注程度。

（4）学科研究内容方面。一方面，与时俱进，紧紧把握国际研究前沿。国内图书情报学科发展与国外还有一些差距，缩小差距的最好办法是借鉴和学习，努力学习国外研究的方法和范式，重点把握国外图书情报学科研究的文献检索、信息计量、信息服务等主体内容。同时，关注数字化网络这一大环境，研究新问题、提出新理论、改进新方法，如近期对大数据环境下网络知识交流、网络信息计量、网络科学数据管理、网络知识服务等的关注。另外，紧密与国家的社会经济文化建设需求相关结合，有为才有位，图书情报学研究既要“顶天”，进行理论研究，跟踪尖端领域，也要“立地”，扎根实践，解决图书情报工作中的实际问题，为社会经济文化发展服务。例如，研究新时期图书情报工作和服务方式，协同创新过程中的信息服务，网络环境下用户的信息行为与知识需求等。另一方面，继续保持自身的研究特色内容，如历来重视图书情报学基础理论研究，包括图书馆精神与图书馆价值等；重视对古典文献学和目录学方面的研究等。

7.2.4 国内图书情报学科研究建议

在本书已有研究基础上，需要后续深入研究。一方面，当今科技日新月异，图书情报学科也处于快速变化之中，需要根据外界环境和内容需求的改变而进行相应的研究。研究学科发展出现的新情况和新问题。此外，知识图谱与计算机网络技术密切相关，也处于不断完善中，相关知识图谱的发展我们也将紧密跟踪。另一方面，本书遵循“有所为有所不为”的原则，进行了重点研究，还有很多问题没有研究解决，所以后续研究中需要把相关学科问题进行全面分析，重点解决一些关键的问题。例如，国内外图书情报学科专业教育的可视化比较、中外档案学领域知识图谱分析；重点分析一些子领域或下级学科或领域的可视化比较等内容。在未来，扩大利用知识图谱研究学科的地域范围；除了关注以美国为首的国际学科进展外，也使用其他发达国家国内的文献数据样本、发展中国家的数据样本，进行全方位的对比分析；在国内，港澳台地区具有特殊性，其学科研究发展也有自身特色。

更多地关注通过网络计量学方法进行学科可视化比较研究的尝试，重点关注国外兴起的 Altmetrics（替代计量学）领域，使用网络科学知识交流过程中产生的下载、评论、转载、链接等相关数据来分析图书情报学科情况。

下阶段有必要完善相关方法和改进相关流程，并且尽可能多地把这些方法应用到其他学科中去。力争为其他学科知识图谱的研究提供参考与指南，发挥本学科的作用。

研究知识可视化算法，在对已有相关算法优缺点比较分析基础上，提出新的算法，提高知识可视化的信度和效度，以及可视化过程中的效率和效果。联合计算机科学、心理学等领域专家，以继承与创新相结合、借鉴与自主研发相结合，合作开发针对国内需求的知识可视化软件，并免费推广使用。编写通俗易懂的知识图谱操作指南，适合各学科领域学者或学生使用；即不需要太多前期的专业知识门槛，能依照指南轻松地操作和绘制特定领域的知识图谱。通过操作指南吸引所有学科领域的人员都使用知识图谱工具和软件，在此基础上再不断改进和提高知识图谱应用水平。